《列国志》编辑委员会

主　任　陈佳贵
副主任　黄浩涛　武　寅
委　员　（以姓氏笔画为序）
　　　　于　沛　王立强　王延中　王缉思
　　　　邢广程　江时学　孙士海　李正乐
　　　　李向阳　李静杰　杨　光　张　森
　　　　张蕴岭　周　弘　赵国忠　蒋立峰
　　　　温伯友　谢寿光
秘书长　王延中（兼）　谢寿光（兼）

中国社会科学院重大课题
国家"十五"重点出版项目

列国志

GUIDE TO THE WORLD STATES

中国社会科学院《列国志》编辑委员会

危地马拉
牙买加
巴巴多斯

王锡华　周志伟　编著

社会科学文献出版社
SOCIAL SCIENCES ACADEMIC PRESS (CHINA)

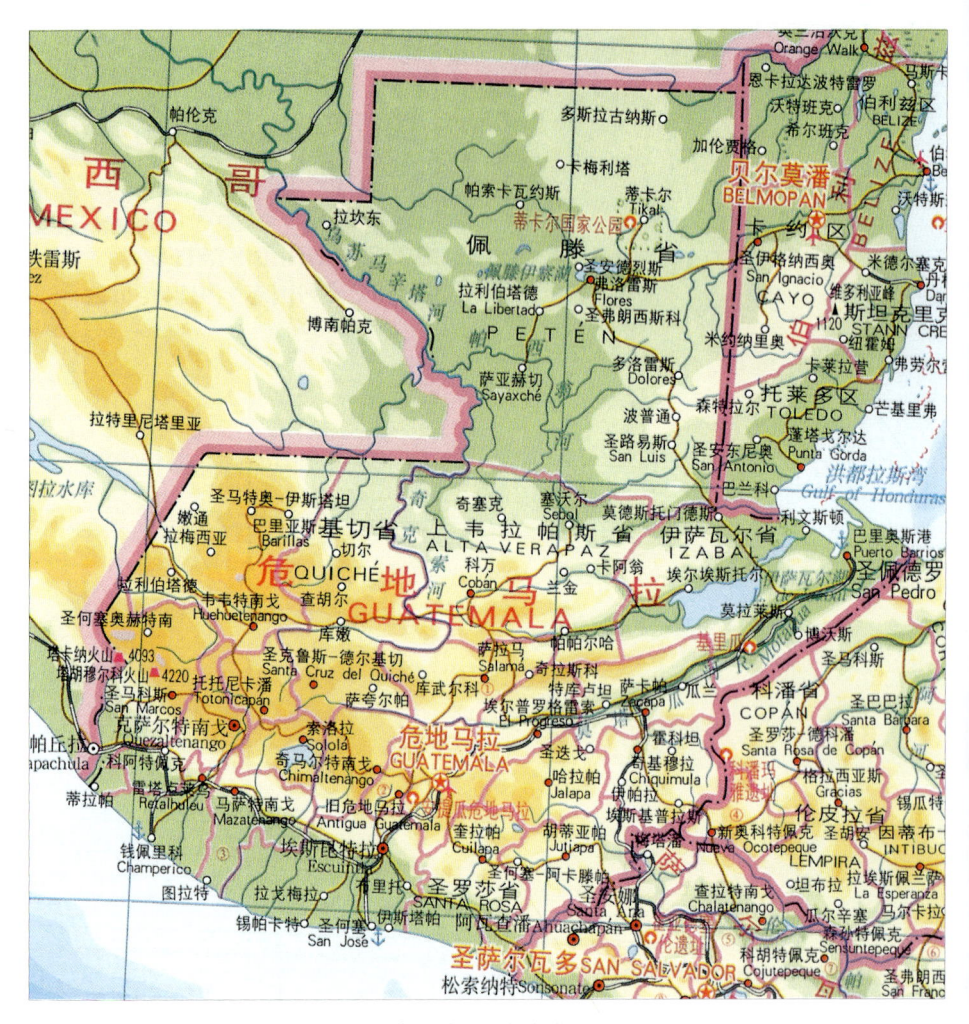

危地马拉行政区划图

牙买加行政区划图

巴巴多斯行政区划图

危地马拉国旗

危地马拉国徽

牙买加国旗

牙买加国徽

巴巴多斯国旗

巴巴多斯国徽

牙买加解放公园雕塑

西印度大学莫纳校区校门

朝气蓬勃的牙买加儿童

牙买加圣玛丽区露天集市

牙买加圣托马斯区的甘蔗种植园

巴巴多斯的桑百利种植园

巴巴多斯民间艺术节

巴巴多斯的卡伦海滩

前　言

　　自1840年前后中国被迫开关、步入世界以来，对外国舆地政情的了解即应时而起。还在第一次鸦片战争期间，受林则徐之托，1842年魏源编辑刊刻了近代中国首部介绍当时世界主要国家舆地政情的大型志书《海国图志》。林、魏之目的是为长期生活在闭关锁国之中、对外部世界知之甚少的国人"睁眼看世界"，提供一部基本的参考资料，尤其是让当时中国的各级统治者知道"天朝上国"之外的天地，学习西方的科学技术，"师夷之长技以制夷"。这部著作，在当时乃至其后相当长一段时间内，产生过巨大影响，对国人了解外部世界起到了积极的作用。

　　自那时起中国认识世界、融入世界的步伐就再也没有停止过。中华人民共和国成立以后，尤其是1978年改革开放以来，中国更以主动的自信自强的积极姿态，加速融入世界的步伐。与之相适应，不同时期先后出版过相当数量的不同层次的有关国际问题、列国政情、异域风俗等方面的著作，数量之多，可谓汗牛充栋。它们对时人了解外部世界起到了积极的作用。

当今世界，资本与现代科技正以前所未有的速度与广度在国际间流动和传播，"全球化"浪潮席卷世界各地，极大地影响着世界历史进程，对中国的发展也产生极其深刻的影响。面临不同以往的"大变局"，中国已经并将继续以更开放的姿态、更快的步伐全面步入世界，迎接时代的挑战。不同的是，我们所面临的已不是林则徐、魏源时代要不要"睁眼看世界"、要不要"开放"问题，而是在新的历史条件下，在新的世界发展大势下，如何更好地步入世界，如何在融入世界的进程中更好地维护民族国家的主权与独立，积极参与国际事务，为维护世界和平，促进世界与人类共同发展做出贡献。这就要求我们对外部世界有比以往更深切、全面的了解，我们只有更全面、更深入地了解世界，才能在更高的层次上融入世界，也才能在融入世界的进程中不迷失方向，保持自我。

与此时代要求相比，已有的种种有关介绍、论述各国史地政情的著述，无论就规模还是内容来看，已远远不能适应我们了解外部世界的要求。人们期盼有更新、更系统、更权威的著作问世。

中国社会科学院作为国家哲学社会科学的最高研究机构和国际问题综合研究中心，有11个专门研究国际问题和外国问题的研究所，学科门类齐全，研究力量雄

前言

厚,有能力也有责任担当这一重任。早在20世纪90年代初,中国社会科学院的领导和中国社会科学出版社就提出编撰"简明国际百科全书"的设想。1993年3月11日,时任中国社会科学院院长的胡绳先生在科研局的一份报告上批示:"我想,国际片各所可考虑出一套列国志,体例类似几年前出的《简明中国百科全书》,以一国(美、日、英、法等)或几个国家(北欧各国、印支各国)为一册,请考虑可行否。"

中国社会科学院科研局根据胡绳院长的批示,在调查研究的基础上,于1994年2月28日发出《关于编纂〈简明国际百科全书〉和〈列国志〉立项的通报》。《列国志》和《简明国际百科全书》一起被列为中国社会科学院重点项目。按照当时的计划,首先编写《简明国际百科全书》,待这一项目完成后,再着手编写《列国志》。

1998年,率先完成《简明国际百科全书》有关卷编写任务的研究所开始了《列国志》的编写工作。随后,其他研究所也陆续启动这一项目。为了保证《列国志》这套大型丛书的高质量,科研局和社会科学文献出版社于1999年1月27日召开国际学科片各研究所及世界历史研究所负责人会议,讨论了这套大型丛书的编写大纲及基本要求。根据会议精神,科研局随后印发了《关于〈列国志〉编写工作有关事项的通知》,陆续为启动项目拨付研究经费。

为了加强对《列国志》项目编撰出版工作的组织协调，根据时任中国社会科学院院长的李铁映同志的提议，2002年8月，成立了由分管国际学科片的陈佳贵副院长为主任的《列国志》编辑委员会。编委会成员包括国际片各研究所、科研局、研究生院及社会科学文献出版社等部门的主要领导及有关同志。科研局和社会科学文献出版社组成《列国志》项目工作组，社会科学文献出版社成立了《列国志》工作室。同年，《列国志》项目被批准为中国社会科学院重大课题，新闻出版总署将《列国志》项目列入国家重点图书出版计划。

在《列国志》编辑委员会的领导下，《列国志》各承担单位尤其是各位学者加快了编撰进度。作为一项大型研究项目和大型丛书，编委会对《列国志》提出的基本要求是：资料翔实、准确、最新，文笔流畅，学术性和可读性兼备。《列国志》之所以强调学术性，是因为这套丛书不是一般的"手册"、"概览"，而是在尽可能吸收前人成果的基础上，体现专家学者们的研究所得和个人见解。正因为如此，《列国志》在强调基本要求的同时，本着文责自负的原则，没有对各卷的具体内容及学术观点强行统一。应当指出，参加这一浩繁工程的，除了中国社会科学院的专业科研人员以外，还有院外的一些在该领域颇有研究的专家学者。

前言

现在凝聚着数百位专家学者心血，共计141卷，涵盖了当今世界151个国家和地区以及数十个主要国际组织的《列国志》丛书，将陆续出版与广大读者见面。我们希望这样一套大型丛书，能为各级干部了解、认识当代世界各国及主要国际组织的情况，了解世界发展趋势，把握时代发展脉络，提供有益的帮助；希望它能成为我国外交外事工作者、国际经贸企业及日渐增多的广大出国公民和旅游者走向世界的忠实"向导"，引领其步入更广阔的世界；希望它在帮助中国人民认识世界的同时，也能够架起世界各国人民认识中国的一座"桥梁"，一座中国走向世界、世界走向中国的"桥梁"。

《列国志》编辑委员会
2003年6月

CONTENTS

目　录

危地马拉（Guatemala）

《危地马拉》自序 / 1

第一章　国土与人民 / 3

第一节　自然地理 / 3

一　地理位置 / 3

二　行政区划 / 3

三　地形特点 / 4

四　河流和湖泊 / 7

五　气候 / 8

第二节　自然资源 / 9

一　矿产资源 / 9

二　植物 / 10

三　动物 / 11

四　国家公园 / 12

CONTENTS

目 录

第三节　居民与宗教／14

　　一　人口／14

　　二　民族／15

　　三　语言／19

　　四　宗教／20

第四节　民俗和节日／25

　　一　民俗／25

　　二　节日／29

第五节　国旗、国徽、国歌、国乐、国花、
　　　　国树、国鸟、国币和国名／31

　　一　国旗／31

　　二　国徽／32

　　三　国歌／33

　　四　国乐／35

　　五　国花／36

　　六　国树／37

　　七　国鸟／38

　　八　国币／39

　　九　国名／43

CONTENTS

目 录

第二章　历　　史 / 44

第一节　哥伦布"发现"美洲前的危地马拉 / 44

第二节　危地马拉沦为殖民地 / 48

第三节　危地马拉独立和独立后的政权更迭 / 52

第四节　1944年革命和阿雷瓦洛与阿本斯的民主改革 / 57

第五节　军事独裁统治下的危地马拉 / 64

第六节　艰难的文人执政道路 / 69

第三章　政　　治 / 79

第一节　国体与政体 / 79

　一　演变过程 / 79

　二　国体与政体 / 80

　三　宪法 / 80

第二节　国家机构 / 84

第三节　立法和司法 / 86

　一　立法 / 86

　二　司法 / 87

CONTENTS 目 录

第四节 政党和团体 / 89

    一 政党 / 89

    二 工会组织 / 94

    三 企业组织 / 95

    四 著名人物 / 96

第四章 经 济 / 100

第一节 概况 / 100

第二节 农牧业 / 104

第三节 工业 / 109

    一 制造业 / 110

    二 矿业 / 111

    三 石油工业 / 111

    四 电力工业 / 112

    五 建筑业 / 114

第四节 交通与通信 / 115

    一 交通 / 115

    二 通信业 / 116

CONTENTS

目 录

　　三　旅游业／116

第五节　财政金融／122

　　一　财政／122

　　二　金融／124

　　三　主要银行、保险公司和证券公司／126

第六节　对外经济关系／131

　　一　对外贸易／131

　　二　外资、外债、国际储备／134

第五章　军　　事／136

第一节　概述／136

　　一　建军简史／136

　　二　国防体制／137

　　三　国防预算／138

第二节　军种与兵种／138

　　一　陆军／138

　　二　空军／140

CONTENTS

目　录

　　三　海军 / 142

　　四　预备役部队 / 142

　　五　准军事部队 / 143

　第三节　军事院校 / 143

第六章　教育、科学、文艺、体育和新闻出版 / 147

　第一节　教育 / 147

　　一　教育简史 / 147

　　二　教育体制 / 156

　第二节　科学技术 / 162

　第三节　文学艺术 / 170

　　一　文学 / 170

　　二　电影 / 181

　　三　音乐舞蹈 / 183

　　四　文化设施 / 192

　第四节　体育 / 195

　　一　体育概况 / 195

　　二　体育水平 / 197

CONTENTS

目 录

第五节　新闻出版 / 200

　　一　通讯社和报刊 / 200

　　二　出版社 / 201

　　三　广播、电视 / 202

第七章　外　　交 / 204

第一节　外交政策 / 204

第二节　同美国的关系 / 206

第三节　同欧洲国家的关系 / 211

第四节　同中美洲国家的关系 / 214

第五节　同伯利兹的关系 / 216

第六节　同墨西哥和其他拉美国家的关系 / 218

第七节　同中国的关系 / 221

附　　录　/ 226

危地马拉历届总统一览表 / 226

主要参考文献 / 229

CONTENTS

目 录

牙买加（Jamaica）

第一章　国土与人民 / 235

第一节　自然地理 / 235

　一　地理位置 / 235

　二　行政区划 / 235

　三　地形特点 / 236

　四　山脉、河流、港口和海岛 / 237

　五　气候 / 239

第二节　自然资源 / 240

　一　矿产 / 240

　二　林业资源 / 241

第三节　居民和宗教 / 242

　一　人口 / 242

　二　民族 / 243

　三　语言和宗教 / 244

第四节　民俗与节日 / 246

　一　国旗、国徽与国歌 / 246

CONTENTS

目 录

二 民俗 / 247

三 节日 / 249

第二章 历 史 / 251

第一节 西班牙殖民前时期 / 251

第二节 西班牙对牙买加的征服和殖民统治 / 253

一 西班牙对牙买加的征服 / 253

二 西班牙对牙买加的殖民统治 / 256

三 西班牙在牙买加面临的挑战 / 259

第三节 英国殖民统治时期 / 261

一 英国的殖民统治 / 261

二 种植园经济及奴隶起义 / 264

第四节 从直辖殖民地到独立国家（1938~1962年）/ 268

第五节 独立后的牙买加 / 274

一 独立初期的牙买加（1963~1972年）/ 274

二 人民民族党执政及"民主社会主义"
（1972~1980年）/ 275

三 牙买加工党执政（1980~1989年）/ 279

CONTENTS 目 录

　　四　人民民族党长期执政与工党东山再起
　　　（1989年至今）/ 282

第三章　政　治 / 287
第一节　宪法 / 287
第二节　国家机构 / 288
　　一　总督 / 288
　　二　行政机构 / 289
　　三　立法机构 / 291
　　四　司法机构 / 292
第三节　政党 / 293
　　一　政党制度 / 293
　　二　主要政党 / 293

第四章　经　济 / 297
第一节　概述 / 297
第二节　农业 / 299
第三节　工业 / 305
　　一　制造业 / 305

CONTENTS

目　录

　　二　矿业 / 307

　　三　建筑业 / 310

　　四　能源工业 / 311

第四节　旅游业 / 312

第五节　财政与金融 / 315

　　一　财政 / 315

　　二　金融 / 317

　　三　货币与汇率 / 321

第六节　交通与通信业 / 323

　　一　交通运输 / 323

　　二　通信业 / 324

第七节　对外经济关系 / 326

　　一　外贸政策 / 326

　　二　外贸现状 / 327

　　三　外国资本 / 329

第五章　军　　事 / 336

第一节　概述 / 336

　　一　军事简史 / 336

　　二　国防体制 / 338

CONTENTS
目 录

第二节　军队编制 / 339

  一　陆军 / 340

  二　海岸警卫队 / 341

  三　空军 / 341

  四　工兵团 / 342

第六章　教育、文化、卫生、体育 / 344

第一节　教育 / 344

  一　教育简史 / 344

  二　教育体制 / 346

  三　教育现状 / 347

第二节　文化 / 348

  一　文学 / 348

  二　音乐 / 350

第三节　医疗卫生 / 351

第四节　体育 / 353

第七章　对外关系 / 358

第一节　外交政策 / 358

CONTENTS

目 录

第二节 与美国、英国和加拿大的关系 / 359

 一 与美国的关系 / 360

 二 与英国的关系 / 362

 三 与加拿大的关系 / 363

第三节 与拉美和加勒比国家的关系 / 363

第四节 与其他发展中国家的关系 / 365

第五节 与中国的关系 / 366

 一 两国政治关系回顾 / 366

 二 经贸关系及经济技术合作 / 369

 三 文化、教育、新闻、体育等领域的交流与合作 / 370

第六节 牙买加与国际组织的关系 / 372

附 录 / 374

 一 20世纪初以来牙买加历任总督 / 374

 二 牙买加独立后历届总理 / 375

 三 著名人物介绍 / 375

主要参考文献 / 379

CONTENTS

目 录

巴巴多斯（Barbados）

第一章　国土与人民 / 383

第一节　自然地理 / 383

一　地理位置 / 383

二　行政区划 / 383

三　地形特点 / 386

四　气候 / 387

第二节　自然资源 / 388

一　矿产 / 388

二　动植物资源 / 388

第三节　居民和宗教 / 389

一　人口与种族 / 389

二　宗教 / 390

第四节　民俗与节日 / 391

一　民俗 / 391

二　节日 / 393

CONTENTS

目 录

第五节 国旗、国徽和国歌 / 396

一 国旗 / 396

二 国徽 / 397

三 国歌 / 397

第二章 历 史 / 399

第一节 英国殖民者占领巴巴多斯及初期统治 / 399

一 英国殖民者占领前的巴巴多斯 / 399

二 英国殖民者占领巴巴多斯 / 400

第二节 种植园经济和奴隶制度 / 402

一 种植园经济的发展和奴隶制度 / 402

二 反对奴隶制度的斗争和奴隶制的废除 / 403

第三节 反对殖民统治的斗争和西印度联邦的建立 / 405

一 20世纪初期反对殖民统治的初期斗争 / 405

二 民主意识的增强和政党的建立 / 406

三 西印度联邦的建立 / 407

四 巴巴多斯独立 / 409

第五节 独立后的巴巴多斯 / 410

CONTENTS

目 录

第三章 政 治 / 416

第一节 宪法 / 416

第二节 国家机构 / 417

 一 总督 / 417

 二 行政机构 / 418

 三 立法机构 / 419

 四 司法机构 / 421

第三节 政党 / 422

第四章 经 济 / 427

第一节 概述 / 427

 一 经济简史 / 427

 二 经济结构 / 430

第二节 农业 / 430

 一 概况 / 430

 二 种植业 / 431

 三 畜牧业和渔业 / 433

CONTENTS

目 录

第三节 工业 / 434

　　一 制造业 / 434

　　二 能源工业 / 437

　　三 建筑业 / 438

第四节 财政与金融 / 439

　　一 财政 / 439

　　二 税收 / 441

　　三 金融业 / 445

第五节 旅游业 / 451

　　一 概况 / 451

　　二 著名景点 / 454

第六节 交通运输与信息业 / 457

　　一 交通运输 / 457

　　二 信息业 / 458

第七节 对外经济关系 / 460

　　一 基本方针和政策 / 460

　　二 外贸 / 462

　　三 外债和国际储备 / 465

　　四 外国投资 / 466

CONTENTS
目 录

第五章 **军　　事** / 468
　　第一节　概况 / 468
　　第二节　军种 / 469

第六章 **教育、科学、文化、卫生、体育** / 471
　　第一节　教育 / 471
　　第二节　科技 / 474
　　第三节　文化 / 475
　　第四节　医疗卫生 / 476
　　第五节　体育 / 480
　　　　一　体育项目 / 480
　　　　二　体育设施 / 481
　　第六节　新闻出版 / 482
　　　　一　政府主管新闻工作的机构 / 482
　　　　二　报刊 / 483
　　　　三　电台和电视台 / 484

第七章 **对外关系** / 485
　　第一节　外交政策 / 485

CONTENTS
目 录

第二节 与美国的关系 / 485

第三节 与英国的关系 / 489

第四节 与加拿大的关系 / 490

第五节 与拉美和加勒比国家的关系 / 492

第六节 与中国的关系 / 494

 一 高层互访 / 495

 二 经贸合作 / 495

 三 文化交往 / 497

第七节 巴巴多斯与国际组织 / 498

附 录 / 500

 一 巴巴多斯独立后历任总督 / 500

 二 巴巴多斯独立后历届总理 / 500

 三 著名人物简介 / 501

主要参考文献 / 503

《危地马拉》自序

对于国人来说,危地马拉的名字或许有些陌生。一来因为它是中美洲一个小国,国土面积仅有 10 万多平方公里,人口不过 1400 多万;二来它还未同我国建交,比起其他拉美国家,双方的交往委实不是很多,人们对它的了解相对少一些,这是很自然的事。然而,若提起印第安玛雅文化,那就不是鲜为人知的了。因为,玛雅文化是拉丁美洲古代印第安三大文明之一,有点儿世界历史知识的人都会略知一二。但要想真正了解光辉灿烂的玛雅文化,就必须首先了解危地马拉,因为危地马拉曾是玛雅文明的中心,也是玛雅文化的发祥地。

危地马拉位于中美洲地峡北部,东临加勒比海,南濒太平洋。国土面积虽然不大,但境内高山、谷地、平原、沙漠、低地、沼泽遍布,应有尽有。复杂的地形,使它成为中美洲地形的缩影。危地马拉古老的文化,旖旎的风光,终年吸引着游客。北部佩滕低地密林中,曾出现玛雅古典时期的第一个城市,也是最大的玛雅城邦蒂卡尔,那里隐藏着众多古代玛雅废墟和遗迹,引起人们无限的遐想。西部与太平洋海岸平行的马德雷山脉的支脉火山山脉,是世界上最活跃的火山带之一,火山多达 37 座。其中,海拔 4220 米的塔胡穆尔科火山为中美洲最高峰。在星罗棋布的湖泊中,危地马拉城附近山岭深处的阿蒂特兰湖景色最为壮观。三座烟云缭绕的活火山环绕湖边,湖中有火山喷发后形成的

危地马拉

18个岩岛，沿岸则散布着许多充满诗情画意的印第安人村落。危地马拉拥有独特的地形和得天独厚的气候，造就了密度极高且多样性的生态系统，吸纳了众多南、北美洲的植物品种，集中了8000多种维管植物，不少树种属危地马拉所特有。此外，还有种类繁多的野生或人工栽培的花卉，更增添了危地马拉迷人的色彩。

危地马拉最早的土著居民是印第安人，早在公元292年，玛雅人便在佩滕地区建立了帝国。玛雅人修建起高耸的金字塔、雄伟的宫殿，雕刻出精美绝伦、内涵深邃的记事石碑，在天文和数学等方面达到了相当高的水平。危地马拉也是印第安人最多的拉美国家之一。经过几个世纪的种族融合，印第安人、印欧混血种人、不同种族、多种肤色的人共同生活在一起，形成了带有危地马拉鲜明特色的文化。

危地马拉人具有顽强的斗争精神，与西班牙殖民者进行过长期浴血奋战。基切国王特库姆－乌曼曾召集7万名勇士，勇敢迎击侵入境内的西班牙殖民军，最后终因势力悬殊而失败。特库姆－乌曼战死，几千名勇士也倒在血泊中。危地马拉沦为殖民地后，印第安人遭受了殖民者残酷的剥削和压迫。印第安人不断举行起义，反对殖民统治。19世纪初，在拉美波澜壮阔的独立运动的影响下，危地马拉也不断发生人民起义，强烈要求独立。1821年9月15日，中美洲独立宣言公布。1822年1月25日，中美洲诸省合并于墨西哥。1823年7月1日，宣布成立包括危地马拉在内的"中美洲联合省"（次年改成中美洲联邦）。1839年，危地马拉宣布废除联邦条约，成为一个单独的独立国家。

此后的一百多年中，代表新生资产阶级的自由党与代表大土地占有者和教士上层集团的保守党之间展开了争夺政权的激烈斗争。1944年6月，危地马拉爆发大规模的人民运动，推翻了豪尔赫·乌维科·卡斯塔涅达将军的独裁血腥统治。通过大选当选的人民阵线党的胡安·何塞·阿雷瓦洛博士和后来继任的哈科沃·阿本斯·古斯曼对内进行大刀阔斧的民主改革，对外坚持实行独立自主、维护国家主权的政策。他们的改革措施沉重打击了国内大地产主和外国垄断资本家，特别是美国联合果品公司的利益，引起这些人的强烈不满。1954年6月，反革命武装头目卡洛斯·卡斯蒂略·阿马斯在美国支持下从洪都拉斯分两路攻入危地马拉，摧毁了民主政权。

此后，危地马拉长期处于军事独裁统治下，并从20世纪60年代初开始，经历了一场长达36年的内战。直到1996年，内战各方最终签署了和平协定。内战结束后，危地马拉连续举行了三次大选。尽管危地马拉还存在着社会治安混乱、暴力犯罪和贩毒活动猖獗、贫富悬殊、人民生活水平低下等严重问题，但进入21世纪后，特别是近几年来，危地马拉经济有所恢复和发展，并成为中美洲国家中整体经济实力较强的国家。目前，危地马拉同我国虽未建立外交关系，但两国经贸关系不断发展。

为了帮助读者了解这个中美洲国家，本人通过努力，收集了大量的中外文资料，编写了本书。因本人水平所限，书中错漏之处在所难免，望读者给予批评指正。

危地马拉
（Guatemala）

王锡华　编著

列国志

第一章

国土与人民

第一节 自然地理

一 地理位置

危地马拉位于中美洲地峡北部,全称危地马拉共和国。国名源于印第安语"Quauhtemallan",意为"森林茂密的土地",故被称为"森林之国"。地处西经87°24′~92°14′、北纬13°44′~18°30′之间。总面积为108890平方公里,其中陆地面积108430平方公里,水域面积460平方公里。东临加勒比海的洪都拉斯湾,东南与洪都拉斯和萨尔瓦多相接,东北接伯利兹,南濒太平洋,西部和北部与墨西哥毗邻。海岸线长400公里。边境线长1687公里,其中与伯利兹边境线为266公里,与萨尔瓦多边境线为203公里,与洪都拉斯边境线为256公里,与墨西哥边境线为962公里。[①]

二 行政区划

1994年修改后的危地马拉宪法规定:"为便于管理,国家领土被划分为省,省下划分为市、镇。实施分权管

---

① *The World Factbook 2002—Guatemala*; www.ign.gob.gt/; Instituto Geográfico Nacional. 5-4-2004.

理，并将按照经济、社会和文化标准建立开发区；后者可以由一个省或几个省构成，以便合理地推动国家的全面发展。但在符合国家利益时，议会可以改变国家的行政区划，建立省、市、镇制度，或其他某种系列，并不得有损于市、镇的自治权。"根据宪法，全国分为 22 个省：埃斯昆特拉、危地马拉、韦韦特南戈、伊萨瓦尔、胡蒂亚帕、佩滕、普罗格雷索、克萨尔特南戈、基切、奇马尔特南戈、雷塔卢莱乌、奇基穆拉、哈拉帕、萨卡特佩克斯、圣马科斯、圣罗萨、索洛拉、苏奇特佩克斯、托托尼卡潘、上维拉帕斯、下维拉帕斯、萨卡帕。省下设 331 个市镇。①首都为危地马拉城。全国有 11 个大城市：危地马拉城、米斯科、比亚努埃瓦、克萨尔特南戈、埃斯昆特拉、阿马蒂特兰、奇瑙特拉、科万、奇马尔特南戈、马萨特南戈和科阿特佩克。

三 地形特点

危地马拉国土面积虽仅 10 万多平方公里，但境内地形十分复杂，是中美洲地形的缩影。境内既有高山、高地，又有热带平原、低地、沼泽和次沙漠谷地。海拔 1500 米以上的高地占国土面积的 43%，海拔 3000 米以上的高地占 20%。全境大体可分三个地理区域：北部平原、中南部高地和太平洋沿岸平原。

北部平原即佩滕低地，海拔 150~210 米，属尤卡坦半岛的一部分，是危地马拉人口最稀少且最落后的地区。该地区广布岩溶地貌，缺乏地表径流，多森林，大部分是长满落叶林的赤道雨林。佩滕低地是危地马拉主要的林木产区，在密林深处存有许多古代玛雅废墟，其中最著名的是蒂卡尔。平原上还长有可以提炼口香糖树胶的林木。

---

① 姜世林等主编《世界宪法大全》，青岛出版社，1997，第 1756 页；www.ign.gob.gt/：Instituto Geográfico Nacional. 5-4-2004。

表1-1 1994年、2002年和2007年危地马拉各省人口与面积

省份\年度	1994年人口(万)	2002年人口(万)	2007年人口(万)	面积(平方公里)	省首府
上维拉帕斯	54.38	77.63	98.35	8686	科万
下维拉帕斯	15.55	21.60	24.65	3124	萨拉马
奇马尔特南戈	31.48	44.61	54.65	1979	奇马尔特南戈
奇基穆拉	23.08	30.25	34.10	2376	奇基穆拉
普罗格雷索	10.84	13.95	14.90	1922	瓜斯塔托亚
埃斯昆特拉	38.65	53.87	63.98	4384	埃斯昆特拉
危地马拉	181.38	254.16	293.73	2126	危地马拉城
韦韦特南戈	63.44	84.65	102.82	7403	韦韦特南戈
伊萨瓦尔	25.32	31.43	37.42	9038	巴里奥斯港
哈拉帕	19.69	24.29	29.03	2063	哈拉帕
胡蒂亚帕	30.75	38.91	41.05	3219	胡蒂亚帕
佩滕	22.49	36.67	53.88	35854	弗洛雷斯
克萨尔特南戈	50.39	62.47	72.12	1951	克萨尔特南戈
基切	43.77	65.55	83.24	8378	圣克鲁斯德尔基切
雷塔卢莱乌	18.88	24.14	27.81	1858	雷塔卢莱乌
萨卡特佩克斯	18.07	24.80	29.04	465	安提瓜
圣马科斯	64.54	79.50	92.91	3791	圣马科斯
圣罗萨	24.67	30.14	32.45	2955	奎拉帕
索洛拉	22.21	30.77	38.61	1061	索洛拉
苏奇特佩克斯	30.72	40.39	47.00	2510	马萨特南戈
托托尼卡潘	27.21	33.93	42.02	1061	托托尼卡潘
萨卡帕	15.70	20.02	21.11	2690	萨卡帕
全国合计	833.21	1123.72	1334.87	108894	

资料来源：The Economist Intelligence Unit, *Country Profile: Guatemala 2004, 2007*; www.world-gazetteer.com; www.citypopulation.de/Guatemala; Economist。

作者注：该表格提供的数据与其他来源的数据略有出入。2007年为预测数据。

中南部地区以山地高原为主，内有从墨西哥延伸而来的两支东西走向的山脉：北支为由石灰岩构成的上库丘马塔内斯山脉

5

（Altos Cuchumatanes），平均海拔 3500 米，其中的赫马尔峰（Xemal）高 3800 米；南支为更为高峻的马德雷山脉（Sierra Madre），长约 400 公里。圣伊萨贝尔河（Río Santa Isabel）流域和卡邦河（Río Cahabon）流域之间是查马山脉（Sierra de Chama），绵延于伊萨瓦尔湖以北地区，直至利文斯顿。其支脉延伸至佩滕和伯利兹，名为马亚斯山脉（Sierras Mayas）。伊萨瓦尔湖和莫塔瓜河流域之间的丘瓦库斯山脉（Sierra Chuacus）、拉斯米纳斯山脉（Sierra de las Minas）和米科山脉（Montanas del Mico）是马德雷山脉的组成部分，一直延伸至加勒比海。与太平洋海岸平行的火山山脉（Cordillera Volcánica）是马德雷山脉的支脉，它是世界上最活跃的火山带之一，火山多达 37 座。马德雷山脉的塔胡穆尔科火山（Volcán de Tajumulco）是一座死火山，位于圣马科斯省中部，西距墨西哥边界 20 公里，海拔 4220 米，为中美洲最高峰，它主要由安山岩、玄武岩构成，周围覆盖硫黄堆积物。此外，还有高达 4093 米的塔卡内火山（Volcán Tacane）、高达 3772 米的圣玛丽亚火山（Volcán Santa María）、高达 3837 米的阿蒂特兰火山（Volcán Atitlán）、高达 3776 米的阿瓜火山（Volcán de Agua）、高达 2552 米的帕卡亚火山（Volcán Pacaya）和高达 1962 米的特夸姆布罗火山（Volcán Tecuamburro）等。靠近萨尔瓦多的火山多为死火山，如莫尤塔火山（Volcán Moyuta）、胡迈火山（Volcán Jumay）、苏奇坦火山（Volcán Suchitan）等。危地马拉的活火山至今还很活跃，最为活跃的 3 座是帕卡亚火山（Volcán Pacaya）、桑蒂亚吉托火山（Volcán Santiaguito）和富埃戈火山（Volcán Fuego）。2004 年 1 月 9 日，距首都危地马拉城 60 公里的富埃戈火山爆发，汹涌的岩浆从火山口喷发而出，迫使山下大批居民撤离。与此同时，该国地震活动频繁。1976 年 2 月 4 日，危地马拉发生 7.5 级地震，夺去了 2.3 万人的生命。

太平洋沿岸平原宽 70~80 公里，长约 250 公里，海拔约 300

米，为该国主要农业区之一。太平洋沿岸平原沉积物源于火山地区。历史上，发源于火山地区的众多河流携带了大量火山灰渣，在注入太平洋过程中留下的火山灰渣，形成了太平洋沿岸平原的三角洲和沙洲。太平洋沿海林莽丛生，其东部的蒙特里科（Monterrico）有林莽2500公顷，拉斯利萨斯（Las Lisas）有林莽2000公顷；其西部的曼琼－瓜穆查尔（Manchón-Guamuchal）有林莽4000公顷。众多林莽对平原结构的固定起了重大作用。

四　河流和湖泊

危地马拉靠近大西洋沿岸，汇集着多条注入洪都拉斯湾的河流。

发源于危地马拉库丘马塔内斯山的乌苏马辛塔河（Río Usumacinta）是中美洲最长、流量最大的河流，全长1100公里，是商业运输的重要河道。其上游河名为奇索伊河和萨利纳斯河，与帕西翁河交汇后，河名改称为乌苏马辛塔河；流向西北时与拉坎图姆河汇合，成为危、墨两国的界河；后与里哈尔瓦河汇合，经弗龙特拉斯后注入坎佩切湾。主河流长约1000公里，其中480公里可通航，运输木材、树胶等产品。河谷地带曾为玛雅文化的中心。

发源于危地马拉中部高原奇奇卡斯特南戈的莫塔瓜河（Río Motagua），又称格兰德河，全长400公里。此河有两个名称：发源地称塞拉佩克河（Río Selapec），从乌苏马特兰至加勒比出海口段改称莫塔瓜河。该河从西南向东流经奇马尔特南戈省、萨卡帕省和伊萨瓦尔省中部高原，河下游至出海口10公里河段为危地马拉与洪都拉斯界河，在与洪都拉斯交界处注入洪都拉斯湾。下游通航，吃水浅的船只可从瓜兰起航，是附近出产的香蕉、咖啡、水果等农产品的主要运输通道。沿河有金沙矿。沿河谷有铁路和公路。

杜尔塞河（Río Dulce）源于伊萨瓦尔湖，注入阿马蒂克湾。

波洛奇克河源于塔克蒂克，汇入伊萨瓦尔湖。

太平洋沿岸平原地带也有很多短小的河流，大多不宜航行，但景色秀美。比较重要的河流有苏恰特河（Río Suchiate）、萨马拉河（Río Samala）、米查托亚河（Río Michatoya）、洛斯埃斯克拉沃斯河（Río Los Esclavos）和埃尔帕斯河（Río El Paz）。

危地马拉的湖泊星罗棋布，最大的 5 个湖是阿马蒂特兰湖（Amatitlán）、阿蒂特兰湖（Atitlán）、圭哈湖（Guija）、伊萨瓦尔湖（Izabal）和佩滕伊特萨湖（Petén Itzá）。

在危地马拉众多湖泊中，最大的湖泊是位于东南部的伊萨瓦尔湖，它由河流汇集而成，全湖面积 591 平方公里，坐落在索洛拉省。

危地马拉城附近山岭深处的阿蒂特兰湖最为著名，是危地马拉第二大湖，属火山喷发形成的湖泊。阿蒂特兰湖位于危地马拉中西部，在索洛拉省境内，长 17 公里，宽 9 公里，海拔 1562 米，流域面积 127 平方公里，水深 333 米。该湖因源于火山喷发，周围被三座烟云缭绕的活火山环绕，湖中有火山喷发后构成的 18 个岩岛。湖岸边有小港口特桑胡尤，沿岸多印第安人村落。这个美丽的火山湖，是危地马拉著名的风景区，每年吸引众多游客，带动了周边旅游服务业的发展。

在佩滕地区还有许多因地面下陷、地下水涌出而形成的湖泊，如佩滕伊特萨湖、圭哈湖（Yaxha）、佩特斯巴通湖（Petexbatun）、圣胡安阿库尔湖（San Juan Akul）和佩尔迪达湖（Perdida）。

五　气候

危地马拉地处北纬 13°～18°之间，属热带和亚热带，全年气候温和。但由于地形复杂，各地气温相差较大。气候呈阶梯状分布，太平洋沿岸年平均温度为 27℃，大西洋沿岸为 28.3℃，海拔 800～1000 米的热带地区年平均温度为 22～26℃，温带为 15～22℃，海拔在 2000 米以上的地区为 10～17℃，海拔超过 3500 米的高原地区气温在 10℃以下，甚至结冰。3 月和 4

月是该国最热的两个月,高地最高温度为28℃,低地最高温度达38℃。12月和1月是该国最冷的两个月,高地最低温度为0℃,低地最低温度为15℃。

在次沙漠地带,常有信风光顾。信风通常是通过北大西洋高压区由东和东北方向刮来。6~11月高气压远离,海水温度上升,空气明显潮湿,降雨量增大。夏末秋初,是加勒比飓风肆虐的季节。危地马拉大部分地区年降雨量超过1000毫米,其中沿海地区为2000毫米;内地降雨量为3000~5000毫米,如库丘马塔内斯高地、上维拉帕斯北部坡地、拉斯米纳斯山区和火山山脉中部。相反,被丛山围绕的盆地因缺雨而显干燥,属于干旱和半干旱地区,如在莫塔瓜河附近地区年均降雨量仅为250毫米;东北部年均降水量为2000~3000毫米;南部为500~1000毫米。在广阔的佩滕地区常年阴雨绵绵,有的地区甚至每年有6~9个月降雨期。太平洋沿岸有4~5个月是旱季。莫塔瓜低地旱季持续8~9个月。

表1-2 危地马拉城平均温度

单位:℃

月份	1	2	3	4	5	6	7	8	9	10	11	12
温度	16.7	17.4	18.9	19.9	19.9	19.1	19.0	19.0	18.6	18.2	17.4	16.5

第二节 自然资源

一 矿产资源

危地马拉有锑、金、银、铜、铅、锌、铬、锑、镍、煤、水银、重晶石、大理石、石灰石、硅石、沙和砾石等,石油储量为14.3亿桶。

二　植物

危地马拉地处中美洲、北回归线内，热带常绿雨林气候范围，独特的地形和得天独厚的自然条件适于万物生长。与此同时，作为北美洲和南美洲的桥梁，它吸纳了许多南、北美洲的植物品种。它的国土面积虽然不大，但却集中了8000多种维管植物，与美国不相上下。境内有宽叶树450多种，兰科植物近800种，蕨类植物110种，苔藓植物500多种。它与墨西哥接壤地区是世界上多种农作物的发源地，如玉米、番木瓜、红菜豆、鳄梨、可可、辣椒等。北部的佩滕低地、汇入伊萨瓦尔湖的众多河流流域和高达600~1000米的太平洋火山山脉南坡，雨量充足，气候湿润，茂密的热带雨林像绿色的海洋。不少树种属危地马拉所特有，如危地马拉冷杉。那里盛产的桃花心木、乌木、罗望子树、红雪松和人心果树等名贵树木，在世界上享有盛名。此外，它还盛产可制作口香糖的糖胶树。

旱季长达4个月的太平洋沿海平原、佩滕北部和莫塔瓜河流域部分地区，遍布热带树林，也有桃花心木、雪松和木棉树等名贵树种。潮湿地区有海枣林。

危地马拉高原地区拥有20种松柏：冷杉1种、柏树2种、欧洲刺柏2种、松树13种、杉树1种和紫杉树1种。高原林区地势低的地段，生长有栎树和针叶树；地势稍高地段的森林，则以栎树、松树和樟树为主；2000~3000米的高地林区，主要生长松树和意大利柏；海拔3000米以上地区，还出现枞树、落叶松和危地马拉冷杉等。

20世纪50年代森林面积占全国面积的65%。近几十年来，由于乱砍滥伐，森林资源遭到很大破坏，现已降至占全国面积的34.5%。

降水量低于1000毫米的最干旱地区，如莫塔瓜河上、中游

第一章 国土与人民

地区，分布着草原、灌木林、适旱低丛莽和草木丛。

曾被古代玛雅人称为圣树的木棉树（Ceiba）是危地马拉国树。它是高达 30 米以上的落叶大乔木，树干上有扁圆形皮刺，其复叶为掌状，互生；小叶为长椭圆形，有 5~7 枚。它是美洲最大的热带树种之一，花呈红色，果为长椭圆形。

危地马拉是一个著名的花卉生产国和出口国。危地马拉具有各种海拔及特殊地形的气候，不仅盛产种类繁多的野生花卉，而且人工栽培的花卉更是品种繁多，主要有天堂鸟、康乃馨、菊花、玫瑰、满天星、唐菖蒲、银叶桉、革叶蕨和哈特。仅栽培的兰科花卉就有 80 多种、300 多个变种，如虎尾兰、尤加王兰、酒瓶兰等。此外还有天竺葵、万寿菊、孔雀草等众多品种。生长在危地马拉西北部雷纳地区的白色修女兰（Monja Blanca），是 3.5 万种兰花之一，也是危地马拉近 800 种兰花中最稀有的兰花之一，花朵非常漂亮，危地马拉把它选为国花。

三　动物

危地马拉约有 1500 种脊椎动物，其中的 45 种为该国特有动物。危地马拉的哺乳动物超过 250 种，属于 8 个不同的目。两栖动物有 112 种。爬行动物有 200 多种。蛇有 119 种，其中 18 种为毒蛇。因危地马拉地处中美洲，境内既有新北区的动物鹿、浣熊、丛林狼，又有新热带区的动物蚁熊、貘、鹦鹉等。危地马拉有一种叫做"斯塔乌利维"的巨型蜘蛛，能吐出闪亮的彩色蛛丝，编织出的方格网中间有酷似八卦图的美妙图案。当地居民喜欢把这种绚丽多彩的蜘蛛网当做窗帘挂在窗上。当地还有一种特殊的蜘蛛，会把吐出的丝滚成许多圆球挂在自己的螯肢上，发现小昆虫时，便将丝球投出，并且百发百中。

危地马拉

危地马拉的鸟类有 700 多种，其中约有 180 种是候鸟。成千上万只候鸟在佩滕过冬，在秋季和春季只有 38 种候鸟留在危地马拉。危地马拉北部的深山密林中栖息着多种稀有鸟类。一种叫做金刚鹦鹉的鸟是世界珍稀动物，它身披猩红色羽毛，结伴生活。由于人类的滥捕滥杀，目前野生金刚鹦鹉仅剩不到 600 只，分布于危地马拉、墨西哥和洪都拉斯。

危地马拉还有一种叫做"格查尔"（Guetzal）的鸟，备受危地马拉人的尊崇。格查尔是印第安语，意为"金绿色的羽毛"。格查尔鸟羽毛艳丽，红腹绿背，头和胸部呈浅色，是世界上著名美鸟。格查尔鸟在危地马拉人民心目中享有崇高的地位，曾是古代印第安人崇拜的"神鸟"。1524 年，印第安人奋起抵抗西班牙殖民者的入侵。传说就在决战前夕，格查尔鸟飞临印第安人居住地上空盘旋啼鸣，为他们祈祷祝福，使印第安战士士气倍增，一举击溃敌人。从此，危地马拉人民把格查尔鸟视为民族的骄傲。格查尔鸟性情高洁，酷爱自由，宁可绝食而死，也不愿失去自由，故有"自由之鸟"之称。这种鸟比翼双飞，雌雄鸟形影不离，所以又是男女爱情的象征。格查尔鸟是危地马拉人民的骄傲，它被视为自由、爱国、友谊的象征。1872 年，危地马拉政府正式定它为国鸟，并作为国旗、国徽和钱币上的标志。该国法律明令禁止捕捉格查尔鸟。

四　国家公园

危地马拉就生态学来说，正好位于南、北美洲的交接处，由于地理位置的特殊及气候的优越造就了密度极高且多样性的生态系统，大致可区分为 14 个生态系统，其中有几个还未开发。危地马拉政府为了保护其珍贵的自然遗产及得天独厚的动植物资源，建立了 44 个保护区，其中包括 7 个国家公园，而最重要的是蒂卡尔国家公园和阿蒂特兰国家公园。

第一章 国土与人民　Guatemala

蒂卡尔国家公园　位于危地马拉北部佩滕省的东北部丛林中，建立于 1955 年，面积为 576 平方公里。这个国家公园地处白垩纪和新生代沉积岩的起伏区，内有湖泊、沼泽和丘陵。位于热带和亚热带森林中，有多种植物。动物则有美洲狮、美洲豹、浣熊、小豹猫、大食蚁兽、三趾树懒、蜘蛛猴和九带犰狳等。蒂卡尔国家公园还是考古、游览胜地。公元 3～9 世纪，玛雅文化进入鼎盛时期，玛雅人建立了百余个城邦，蒂卡尔则是玛雅古典时期出现的第一个城市，也是最大的玛雅城邦。公元 8 世纪，城市文明达到顶峰，城市面积超过 165 平方公里，居民有 5 万人，使用统一的象形文字和立法。蒂卡尔公园为人类保存了珍贵的文物，其中的印第安玛雅古城遗址极为令人震撼，遗址总面积 130 平方公里，3000 多座玛雅时代的建筑大致沿着一条南北中轴线而建，分布于 16 平方公里的地带，包括宫殿、庙宇、祭坛、投球游戏场、住宅、广场、街道、蒸汽浴室等。在蒂卡尔中心广场上竖立着 200 多块被称为"石碑仪仗"的排列整齐的纪念碑，碑上刻有雕像、纪年和象形文字，记载着当时的自然现象、政治事件和重大宗教仪式。最早有记录的一个年代是公元 290 年，最晚是 869 年。被称为大美洲豹的神庙高 52 米，被称为洛斯马斯卡罗内斯的神庙高 42 米。两庙之间的空地约 1 公顷，其路面筑于公元前 150 年。空地上有 70 块石碑和祭坛，石碑上刻有象形文字。建于公元 470 年的 4 号神庙是蒂卡尔和玛雅世界最高的庙宇，高 60 米以上。该神庙现在只露出顶部，底部仍埋在泥土和树木之下。距蒂卡尔中心广场较远的 6 号神庙建于公元 736 年，其特点是神庙墙上有铭刻。玛雅古城遗址在中美洲文化形成期时就聚为村落，到晚形成期时成为重要的祭祀中心，公元 800～900 年间被遗弃。约在 1696 年被发现，1848 年开始考古发掘，1955 年起对外开放。通往古城遗址小路口的博物馆，陈列着大量出土文物，其中有玉雕、骨雕、贝壳、饰物、器具、祭品等。

该国家公园除古城遗址外，还有5万公顷林地。1979年联合国教科文组织将蒂卡尔国家公园命名为世界文化遗产。蒂卡尔国家公园是目前世界上唯一被联合国教科文组织同时指定为世界自然遗迹及世界文化遗产的保护区。

阿蒂特兰国家公园 1955年建立，面积为130平方公里。园区包括阿蒂特兰湖和周围的安山岩和玄武岩群山，内有多处火山和硫黄泉。该国家公园内的植被包括橡树林、柏树林、松林、草地、地衣和苔藓，动物有白尾鹿、松鼠、棉尾兔和多种鸟类。

第三节　居民与宗教

一　人口

危地马拉是中美洲人口最多的国家，2007年已达1334.87万人。它不仅是中美洲人口最稠密的国家之一，还是20世纪以来人口增长速度最快的拉美国家之一。20世纪上半期，危地马拉的人口出生率为50‰，死亡率为25‰，人口增长率为2%~3%。1921年全国人口仅为200.49万，1964年猛增至428.80万，43年间人口增长一倍以上。1950年以后，随着医疗、卫生和保健条件的改善，危地马拉的人口死亡率逐渐下降，从1943~1952年间的24.2‰降至1970年的14.4‰，1980年再降至10‰以下。与此同时，婴儿死亡率从1942年的143‰降至1962年的86‰，1984年再降至66‰。人口出生率稳定在40‰~42‰。已婚妇女生育子女数从1950~1955年的平均7.1个降至1975~1980年的5.7个。人口增长率1960年为3.1%，1970年为2.5%。1970~1975年的年均人口增长率为2.8%，1980~1985年为2.5%，1995~2000年为2.6%。近年来，危地马拉人口增长率仍很高，2002年为2.75%。根据1981年3月23日的人口调查，危地马拉的人口为750万。根据1994年4月17日的人口调查，危地马拉人口为832.2万，2007年达到1334.9万人。

在人口的年龄构成中，0~14岁人口占总人口的41.8%，15~64岁人口占54.5%，65岁以上人口占3.7%。危地马拉人均预期寿命为66.85岁，其中女性为69.66岁，男性为64.16岁。①

危地马拉的人口密度很高，在中美洲地区仅次于萨尔瓦多。2000年，平均每平方公里有110.1人。大量人口集中在危地马拉省和中部高地，北方地区的佩滕、伊萨瓦尔和上维拉帕斯北部则人口稀少。危地马拉的整体人类发展指数排名仍保持稳定，2008年在177个国家中排名第118位。

20世纪50年代以来，危地马拉的城市化有很大发展。1950年城市人口占全国人口的25%，1984年上升至30%，2000年再提高至39.4%。像中美洲其他国家一样，危地马拉的城市集中于内地，这与南美洲国家的城市集中于沿海地区有所不同。危地马拉2万~10万人的中小城市为数很多，数量在25个以上。首都危地马拉城集中了全国城市人口的大部分，占有压倒性的优势。

二　民族

在拉美国家中，危地马拉是印第安人最多的国家之一。据美洲印第安人研究所统计，1994年危地马拉有494.6万印第安人，占当年拉美印第安人总数的14.89%，仅次于秘鲁（26.47%）和墨西哥（26.19%）。危地马拉的民族数量在拉美也是较多的国家之一。据墨西哥人种生态学家维克托·托

---

① www.odci.gov/，cia-The World Factbook 2002 - Guatemala.

莱多的调查统计，在拉美的489个印第安民族中，危地马拉有23个。在危地马拉的人口构成中，印欧混血种人占全国人口的55%，印第安人占43%，白人和其他人种占2%。

与拉美其他国家一样，印第安人是危地马拉最早的主人，他们属于玛雅-基切族印第安人。危地马拉曾是玛雅文化的中心之一。早在公元初年，玛雅人已在危地马拉的北部建立起城邦。公元292年，玛雅人在佩滕湖地区建立了帝国。公元9世纪玛雅帝国衰落后，其他部族的印第安人陆续移居此地。西班牙侵入危地马拉以前，主要居住着基切、卡克奇克尔和特苏图西尔三大部族的印第安人。其中，基切人人口最多，也最为强盛，控制了危地马拉最富庶的地区。1523年，西班牙殖民者阿尔瓦拉多带领一支队伍来到了这个地区，建立了欧洲人第一个居民点。初期来到这里的欧洲人，比美洲其他殖民地少些，到了19世纪欧洲人的后代有2万人左右。经过几个世纪的种族融合，印欧混血种人、拉迪诺人——被同化了的印第安人（注：现代人称拉迪诺人还有另外的含义，指那些住在城市里讲西班牙语、穿欧式服装、看不起讲印第安本族方言的人）已占全国人口一半以上。但仍有很多印第安人至今仍保持自己的语言、文化、民族区域和生活习俗。危地马拉宪法规定，国家承认他们的生活方式、风俗、传统、社会组成形式、印第安服装和方言。

目前，危地马拉的印第安人主要由属于玛雅语族的印第安人、辛卡人组成。印第安玛雅语族有基切人、卡克奇克尔人、乔尔蒂人、凯克奇人、伊特萨人和波科马姆人等20多个部族，其中基切部族人数最多。

基切人的祖先原来在墨西哥高原定居，后来逐渐向东南方迁移，并在危地马拉中部定居。基切人的历史和神话记载在《圣书》中。《圣书》是于1524年西班牙人征服中美洲后用拉丁文字母的基切语写成的。基切文化受到玛雅文化的深刻影响，政治、经济较其他印第安部族发达。在西班牙入侵危地马拉时，基切人的王国领地包括里维纳尔、库乌尔科、克萨尔特南戈等地，其势力较其他印第安部族的王国强大得多。基切人善于制作织物和陶器。他们虽然信奉天主教，但也保留对传统宗教的信仰。

卡克奇克尔人分布在危地马拉高原的西部，以从事种植业为主，其文化和宗教是西班牙和玛雅文化成分的混合体。社会组织上有自己的村社，每个村社都有自己的政治和宗教统治集团和自己的服饰、守护神和经济特点。

乔尔蒂人居住在危地马拉的东南部，既有务农的也有经商的，他们在村庄之间进行货物交易，大部分人信奉天主教，也信奉当地神灵。

凯克奇人居住在危地马拉中部，他们以种植业为生，刀耕火种，生产落后。他们以天主教信徒的身份组成团体，负责村社圣人节庆祝活动和保护圣像，同时又完整地保留了对天主教信仰之前的神灵崇拜。

伊特萨人是玛雅人的一支，1441年玛雅古城被抛弃后，1897年西班牙殖民者占领了该城。伊特萨人在危地马拉的埃尔佩顿伊察湖西面建立了"塔亚萨尔"城邦。目前，伊特萨人数量不多，他们生活在佩滕伊特萨湖的北部。

波科马姆族居住在危地马拉的东南部。

中美洲最落后的民族之一拉坎顿族在乌苏马辛塔河一带难以通行的森林地区过着漂泊的生活。

辛卡人居住在危地马拉的东南部，他们所讲的辛卡语正在消亡。1524年西班牙殖民者阿尔瓦拉多入侵危地马拉时，发现了洛斯埃斯克拉沃斯河至萨尔瓦多边境地区的辛卡人。当时，辛卡人居住在木屋组成的村镇中。两年后，这个地区被另一殖民者波托卡雷罗所占领。西班牙殖民者残酷奴役辛卡人，在辛卡人身上烙上烙印，把他们沦为奴隶，并把辛卡人地区的河流

危地马拉

取名为洛斯埃斯克拉沃斯河,即奴隶河。随着时间的推移,现在辛卡人已普遍讲西班牙语,本民族语言逐渐消亡。

在危地马拉,白种人不多,除了殖民初期抵达的西班牙殖民者及其后裔外,19世纪末从欧洲来了一批德国移民。其中,犹太人占有一定的数量,他们在危地马拉的经济生活中占有一席之地。定居在危地马拉的犹太人分为阿什克纳西塔斯人(Ashkenazitas)和塞法拉迪塔斯人(Sefaraditas)。阿什克纳西塔斯人来自西欧和东欧;塞法拉迪塔斯人则是被西班牙和葡萄牙驱逐的犹太人,他们来自土耳其、巴勒斯坦(今以色列)、埃及和叙利亚(原奥斯曼帝国)。来到危地马拉的第一批犹太移民是德国的阿什克纳西塔斯人。19世纪下半期,德国出现反犹太运动。当时由于危地马拉自由党政府欢迎外国移民到该国,所以19世纪末一批德国犹太人抵达危地马拉定居,并帮助其他犹太人陆续来到危地马拉。他们居住在经济较为发达的克萨尔特南戈,从事纺织品贸易。20世纪初,因咖啡价格下跌和1902年发生地震,犹太人前往危地马拉城,并于1913年成立了危地马拉犹太人协会(Sociedad Israelita de Guatemala)。20世纪30年代,德国纳粹疯狂迫害犹太人,又有不少德国犹太人抵达危地马拉。20世纪头十几年,由于奥斯曼帝国社会和经济形势恶化,塞法拉迪塔斯人从奥斯曼帝国(土耳其、希腊、巴勒斯坦、叙利亚)以及埃及和北非前往美洲国家,一部分人在危地马拉定居。这些移民资金不多,开始做流动商,后来作为服装和布匹商定居下来,1923年成立了马古恩·戴维犹太协会。来自东欧的阿什克纳西塔斯人是从1920年开始移居危地马拉的,他们大都是手工工匠(钟表匠、卖肉者、裁缝等),主要来自俄国和巴尔干国家。

危地马拉的华人数量不是很多,据1994年年底统计,只有14000人。早在1912年,危地马拉华侨总会就在危地马拉城成立了。

三　语言

危地马拉宪法规定，西班牙语是危地马拉的官方语言，当地的各种语言是危地马拉民族文化遗产的组成部分。目前，全国60%的人口讲西班牙语。西班牙语被誉为"与上帝对话的语言"，是联合国6种工作语言之一，全世界约有4亿人口使用西班牙语。然而，危地马拉个别地区所讲的西班牙语已与西班牙本土的西班牙语有很大的不同。随着西班牙人与当地印第安人的相互融合，西班牙语受到当地以玛雅语为基础的印第安语很大的影响，有了自己的特色，发音上与传统西班牙语有所不同，吸纳了许多印第安土语词汇。比如，"tú"（你）被"vos"所取代；动词第二人称单数变位时，要把原动词去掉字母"r"加上字母"s"，并在最后一个音节上加上重音符号。举例来说，危地马拉人说"你吃饭"是"Vos comés"，西班牙人说的则是"Tú comes"。危地马拉西班牙语动词命令式的构成是把原动词中的"r"去掉，并在最后一个音节上加重音符号。如"trabajá vos"（你干活吧）、"vení vos"（你来吧）；而西班牙人则说"trabaja tú"和"ven tú"。在危地马拉，代词"ti"也被换成"vos"。

拉美地区大部分印第安人都保留了本民族的语言，危地马拉更是如此，危地马拉使用印第安语的人口占全国人口的40%。危地马拉的印第安语共有20多种，其中绝大多数属于玛雅语族，源自古代玛雅语。危地马拉是古代玛雅人生活栖息的主要地区之一，他们创造了自己独特的文明。早在公元前后，就已出现了玛雅文字。5世纪中叶，玛雅语言和文字普及到包括现今危地马拉在内的整个玛雅地区。从考古发现的石碑、木板、陶器和书籍中，可看到玛雅人使用的象形文字，分别代表一周各天和月份的名字、数字、方位、颜色以及神祇的名称。他们文字中的每个词都有4个音节，有点儿类似于汉字。然而到目前为止，人们对玛雅象形文字

仍然知之甚少，大部分玛雅象形文字还很难解读。2003年年底，语言学家发现，危地马拉几千名印第安人所操的乔尔蒂语与古代玛雅文明有着直接的继承关系，是古代玛雅统治者和宗教神职人员使用的语言的"直系后裔"，因而保留了古代玛雅语言的大部分特征。由于乔尔蒂语对解玛玛雅象形文字的奥秘至关重要，所以语言学家和考古学家表示要进一步研究这种印第安土著的语言和文字。

现今，危地马拉的印第安语有：阿奇语（achi），阿瓜卡特科语（aguacateco），卡克奇克尔语（cakchiquel），乔尔蒂语（chortí），丘赫语（chuj），伊特萨语（itza），伊克西尔语（ixil），哈卡尔特科语（jacalteco），坎霍巴尔语（kanjobal），凯克奇语（kekchi），马姆语（mam），莫潘语（mopan），波科马姆语（pokomam），基切语（quiché），萨卡普尔特科语（sacapulteco），萨帕卡彭塞语（sapacapense），塔卡内科语（tacaneco），特克蒂特科语（tectiteco），特苏图西尔语（tzutujil），乌斯潘特科语（uspanteco）。此外还有加里福纳语（garifuna）和新卡语（xinca）。在这些印第安语言中，基切语、凯克奇语、卡克奇克尔语和马姆语是四个最大的语种。

四　宗教

危地马拉宪法规定，危地马拉人有信仰宗教的自由，有权公开或私下通过布道、礼拜和遵守教规来信仰和尊奉宗教。危地马拉宪法第66条规定，宗教信仰自由是受保护的。每一个公民都有权通过教育、崇拜和修持公开地或私下地实践其宗教或信仰；除了遵守公共秩序、道德与和平，以及崇敬国家象征之外，别无其他限制。危地马拉绝大部分人信奉罗马天主教，天主教徒约占全国人口的90%。但当地印第安人也遵行耶稣出生前的许多宗教仪式，他们除了崇信上帝、耶稣及圣母玛丽亚外，也供奉本地神灵。

(一) 罗马天主教

天主教是伴随西班牙殖民者一起进入危地马拉的,在西班牙殖民入侵过程中,成为殖民统治者手中的工具,强制印第安人改变宗教信仰,皈依天主教。1534 年,弗朗西斯科·马罗金神父(Francisco Maroquín)成为危地马拉第一任主教。1524～1821年,危地马拉是西班牙政府在中美洲的统治中心,奥古斯汀会、方济各会、多明我会和耶稣会在危地马拉势力比较强大。17 世纪,方济各会在此建立了 22 所修道院,多明我会兴建了 14 所修道院。1743 年,天主教在危地马拉建立了大主教区,开办了学校,创建了医院。危地马拉独立后,天主教在该国政治生活中仍发挥着重要作用。天主教会向居民征收什一税,还利用各种机会向居民索取献礼。更严重的是,教会不许青年男女在对教义没有足够认识时举行婚礼。而青年人获得这种知识的代价则是必须在教会的土地上无偿地服苦役。更令人难以容忍的是,教会还利用当地青年结婚仪式进行巧取豪夺。1829 年自由党领袖弗朗西斯科·莫拉桑任总统时取消了天主教会的部分特权,废除了天主教会征收的什一税。1831 年任总统的马里亚诺·加尔维斯修改了税收制度,征收天主教会的不动产税,还规定结婚和离婚可以通过登记得到法律上的认可,不必举行宗教仪式等。可是好景不长,保守党人拉斐尔·卡雷拉上台后,1839 年重新征收什一税,恢复修道院,并欢迎已被驱除出危地马拉的耶稣会士返回。由于卡雷拉效忠教会,罗马教皇亲自给他授勋。1852 年卡雷拉与罗马教廷签署了一项契约,危地马拉政府与天主教会关系更加密切。1873 年 4 月,自由党人胡斯托·鲁菲诺·巴里奥斯(Justo Rufino Barrios)执政后,削弱了天主教会的权力,将反政府的大主教和主教驱逐出境,关闭女修道院,不准牧师从事教学,禁止宗教出巡游行,并规定结婚不必举行宗教仪式。1879 年颁布的宪法规定,危地马拉实行政教分离,正式取消修道院。巴里奥斯的上述措施使天主教在危地马拉的作用大为下降。1926年以后，天主教会的处境有所好转。卡洛斯·卡斯蒂略·阿马斯军政府于1954年废除了1945年宪法，教会活动无所限制。目前，危地马拉有两个大主教管区：危地马拉城大主教管区，大主教为普罗斯佩罗·佩尼亚多斯·德尔巴里奥（Prospero Penados del Barrio）；洛斯阿尔托斯、克萨尔特南戈－托托尼卡潘大主教管区，大主教为维克多·乌戈·马丁内斯·孔斯特雷拉斯（Victor hugo Martinez Contrera）。大主教管区之下有20个主教管区和佩滕及伊萨瓦尔使徒教区。1992年有主教15人，神父614人，其中危地马拉籍神父114人，外籍神父490人；修女1000多人，其中14%是危地马拉籍人，66%是拉美其他国籍人，19%是非美洲人。[①]

天主教教会组织：

危地马拉天主教主教会议　成立于1973年，是天主教会的最高权力机构，主席是卡萨列戈主教。

危地马拉神父和平信徒联合会　1968年在危地马拉城成立，是危地马拉的神父组织。成立初期有52名成员，现有十几名成员。

危地马拉宗教联合会　为修士、修女服务的天主教组织。

天主教行动委员会、天主教农村工作委员会　均为全国性天主教信徒组织。

传教培训中心　1952年创立于危地马拉城，对中美洲所有的传教士开放，开设的课程包括语言、教义问答、人类学和神学。这类传教士培训中心在危地马拉农村还有5个，共有学生1500名。

中美洲政治经济发展研究所　1964年成立于危地马拉城，在巴拿马设有分支机构。其主要任务是开展有关危地马拉和中美洲政治经济问题的调查研究，为解决这些问题提供解决方案，并培训社会服务领袖，为合作项目提供技术援助等。

---

① 宗教研究中心编《世界宗教总览》，东方出版社，1993，第682页。

此外，危地马拉还设有比较活跃的教区社会和人文发展研究所和研究中心：圣贝尼托人文促进中心（维拉帕斯教区）、佩滕技能研究所（佩滕教区）、伊玛乌斯技能研究所（埃斯昆特拉教区）、天主教社会研究中心（克萨尔特南戈教区）、社会形成中心（基切教区）等。

据1992年资料，危地马拉天主教会办的教育机构包括：77所全日制小学，共有学生3.2万人；110所寄宿中学，共有学生3.1万人；一所农村学校，有学生950人；还有420个扫盲中心，共有学生4.2万人。拉斐尔·兰迪瓦尔天主教大学是危地马拉城耶稣会创立的，有学生2500人，设立的专业有政治、经济、法律、人文等社会科学和工业工程。该大学下设一个政治和社会科学研究所和一个社会工作者培训中心。危地马拉还有一个天主教无线电广播学校网。

《冲击日报》是危地马拉天主教会的报纸。

危地马拉有由天主教宗教人员经营的12家医院、16所诊所和9个福利机构（幼儿园、残疾人和老年人之家）。

危地马拉天主教约有5000多名华人教徒。

（二）基督教新教

基督教新教又称抗罗宗（即反抗罗马教廷的教派），与天主教和正教共为基督教三大分支。

1. 安立甘宗教会

16世纪欧洲宗教改革中出现的教派之一。它以英国圣公会为主体，摆脱了罗马教廷的控制。安立甘宗教遵奉《公祷书》中所规定的教义和礼仪，实行中央集权制，是以英国坎特伯雷大主教作为精神联系的中心。安立甘宗教会设有会督（主教）、牧师（会长）和会吏三级教职。危地马拉安立甘宗教区是中美洲五个教区之一，会督（主教）是阿尔曼多·格拉·索里亚（Armando Guerra Soria）。

2. 浸礼宗教会

新教的一派。其信仰虽与其他新教相同,但坚持洗礼必须全身浸在水中,反对用点水或注水之法。危地马拉浸礼宗教会会议成立于1946年,主席为何塞·马罗金R. 硕士(Lic. José Marroquín R.)。

3. 现代使徒耶稣基督教会

在危地马拉17个教区、9所教堂,负责人为吉列尔莫·恩里克·里特斯切尔(Guillermo Enrique Rittscher)。

4. 信义宗教会

又称路德宗教会,产生于16世纪欧洲宗教改革运动,它是新教中最大的教派,是追随路德的新教教会。危地马拉信义宗教会信徒有3000多人。危地马拉信义宗教会委员会主席为戴维·罗德里格斯。

5. 福音长老中心教会

1882年由美国长老会传入,1962年完全自治,现在是危地马拉第二大非五旬节派新教教派。现有教徒3.6万人,牧师为胡安·雷内·希龙(Juan René Girón)、胡利奥·塞萨尔·帕斯·波蒂略(Julio Cesar Paz Portillo)、何塞·拉米罗·博拉尼奥斯R. (José Ramiro Bolanos R.)。长老会主办了6所中学、5个诊所和1个文化娱乐中心。

6. 联合会

危地马拉的联合会成立于1943年,牧师为布伦特C. 威廉斯(Brent C. Williams)。

(三)犹太教

随着19世纪下半期犹太移民陆续抵达危地马拉,他们所信奉的犹太教也在这个国家落了户。1930年危地马拉的马古恩·戴维犹太协会着手兴建危地马拉第一座犹太教堂,1938年8月11日教堂正式落成并对外开放。1983年罗马教皇保罗二世来访时,危地马拉犹太教组织成为接受罗马教皇召见的唯一一个非基督教组织。

1989年10月4日，出生于阿根廷的以色列犹太教士卡洛斯·塔皮埃罗（Carlos Tapiero）来到危地马拉，受到危地马拉犹太教组织的热烈欢迎，他成为危地马拉犹太教的领导人，办起了各类学校。危地马拉有犹太教信徒1000人（1992年），主要居住在首都危地马拉城。

（四）印第安宗教

古代玛雅人的宗教是一种带有强烈图腾色彩，对自然力极其崇拜，并与农业生产有着密切关系的宗教。为了获得农业丰收，玛雅人供奉天神、雨神和四方神。其中的天神——伊查姆纳被奉为至高无上的神。至今，许多印第安人仍保留原始宗教的传统，崇拜收获神、地震神、水神、太阳神和月亮神等自然神。他们相信每个人生下来就与某种动物有着某种隐秘的关系，这种动物就是他的保护神，是他的终身伴侣，称之为"纳瓜尔"。如果该动物死去，此人也就会很快死亡。危地马拉印第安人有自己传统的宗教节日。例如，每年4月10日，山区印第安人要在广场上举行化装舞会，以祭祀祖先。

此外，危地马拉也有极少数人信奉非洲的原始宗教、巴哈伊教和佛教等。

第四节 民俗和节日

一 民俗

服饰 危地马拉是以印第安人和混血种人为主体的国家，因此其服饰保持了很多印第安人的传统。他们的服装具有独特的风格，不仅绚丽多彩、美观大方，而且不同地区的服装图案和色调各不相同。根据人的服装特点，可以区别其居住的区域。比如，在索洛拉地区，男人头戴草帽，上身内穿饰有红色花纹和金属图案的衬衣，外穿黄色或咖啡色的丝织短衣，配

危地马拉

以披肩，下身穿红色竖条的白裤，外加短裙或围裙；女子上身穿无袖衬衫，下身穿深蓝色的长裙。在奇奇卡特南戈地区，男人上身穿前胸和后背都绣有红花的黑色短上衣，下身穿裤脚边上镶有红色谷穗的黑色长裤，腰间系宽阔的红色布腰带；女子服装颜色浅淡，刺绣考究。印第安人服装上的绣饰，除起装饰作用外，还有独特的象征意义。比如，头戴羽毛蛇和太阳图案帽子的人大多为玛雅人。根据服装的细微变化，可辨别出着装人的社会地位、婚姻状况，以及穿的是日常服装还是节日服装。在盛大节日期间，印第安人都身着鲜艳的民族服装参加庆祝活动。危地马拉人参加正式宴会或酒会，一般穿西装，但在服装颜色上不太考究。

礼仪 危地马拉人性格活泼开朗，热情好客：生人见面互相握手；熟人相见相互拍打对方的肩膀；亲朋好友碰面则相互拥抱；关系密切的妇女见面，要亲吻对方的面颊，但以右颊为主，偶见亲吻双颊，这是受欧美习惯的影响。危地马拉人在与客人交谈时，经常热情地注视对方，彼此离得很近。危地马拉人习惯直呼对方名字，初次相见才呼其姓。在称呼别人时，为表示尊敬，常在其名字前加上 señor（先生）、señora（夫人）、señorita（小姐），或 don（唐）、doña（唐娜）。到危地马拉人家做客，按习惯给主人带去鲜花或小礼物。

禁忌 对于危地马拉人来说，"13"是不吉祥的数字，他们也不喜欢星期五，这与欧洲国家人们的习俗相同。行走时不能抢路，如果一定要超过前边的人，在与前边的人擦肩而过时，要道一声对不起。男子与女子握手，不得先伸手。这些都与欧洲人的日常禁忌相同。印第安人也有自己独特的禁忌，如有的印第安人居住地区不允许开设出售白酒店和奇恰酒的酒店。在个别地区，玛雅人妇女因没有社会地位，不得与男人同桌吃饭，不得正视男人；未婚青年男女不得随便来往。

饮食 危地马拉人饮食上基本上以西餐为主，以玉米、小麦和大米为主食，喜欢吃玉米饼、面包、三明治等。他们一日三餐，早餐在 7~8 点钟，午餐为午后 1~2 点钟。晚餐一般是在晚上 8 点以后。早餐非常简单，几片烤面包或甜面包加一杯咖啡，也有人吃煎鸡蛋、喝酸奶或果汁，而吃鸡蛋、黑豆和鲜奶酪是远古玛雅时期留下的习惯。午餐是一天当中最重要的一顿饭，危地马拉人把它作为正餐。传统的正餐盘内必定有黑豆、玉米饼、少许奶酪、一小段香肠、一块牛排，有时还有一块青椒酿肉。

危地马拉的餐馆和小吃店供应不少美味佳肴。小吃店卖夹有肉、奶酪、豆类等的玉米饼，非常香甜实惠。有一种用玉米叶或者香蕉叶把玉米面条、肉等包起来的粽子，与我国的粽子有些相仿。而一种用香蕉叶包危地马拉猪屎豆的粽子，味道非常独特。小吃的食品还有玉米馅饼、玛雅油炸薄饼、西红柿辣椒烩面包等。危地马拉香肠和汉堡包很受人们欢迎。危地马拉比较著名的大菜有黄牛排骨。制作这种大菜时，把牛排骨放入水中煮，加点盐和香料，然后放进西红柿、洋葱、辣椒和肉汤，再加些碎面包和胭脂果，味道很不错。炖海贝是危地马拉的一道名菜，先把鱼头、芫荽叶、芹菜、蒜和洋葱放入锅内煮沸，随后放入切成段的鱼，然后取出汤中的鱼头，把剔去鱼骨的鱼肉置于汤中，在汤中放入辣椒和西红柿，最后把海贝、海蟹放入汤中炖，这道菜的味道非常鲜美。此外，有名的菜还有夹馅鸡、奇恰酒鸡、羊肉炖鸡、炸牛排和烤牛排等。危地马拉特有的粥有幼嫩玉米粥、香蕉玉米面粥、巴旦杏仁糖酱和笋瓜冷粥。饭后的甜食则有牛奶甜食、查皮纳斯馅饼、蜜槟榔青果、小糕点、核仁糖、蘸糖香蕉、萨卡帕甜馅点心、香蕉馅饼和薄皮面包等。

饮料 危地马拉盛产咖啡，而且高地生产的咖啡质量更好，世界闻名。1750 年，杰苏伊特神父最早将咖啡树引进危地马拉。19 世纪末，德国殖民者发展了危地马拉的咖啡加工业。咖啡树高约 3 米，叶呈椭圆形，花开在叶腋部分分为 5 瓣，果实为青

色,成熟时变为深红色,内含两粒咖啡豆。生咖啡豆中含有糖、蛋白质、脂肪、丹宁酸、矿物盐和维生素,有提神、强心、利尿等作用的咖啡因,和能散发香味的咖啡油。人们所喝的咖啡就是用干燥的咖啡豆碾成的粉末。危地马拉高海拔地带生长的咖啡,具有香料味,是一种混合风味的咖啡。其特硬咖啡豆更是一种难得的好咖啡,它颗粒饱满、味美可口、酸度均衡。此外,其巨型咖啡豆也名闻世界。目前,危地马拉生产优质咖啡的主要地区是阿蒂特兰湖周边和韦韦特南戈省。其他咖啡产地还有圣马科、奥连特－科万、马塔克斯昆特拉等地。同其他拉美国家一样,危地马拉人对喝咖啡情有独钟,他们每天都离不开咖啡,招待客人也总是端上香浓美味的咖啡。喝咖啡时,危地马拉人大多喜欢加入牛奶和糖,也有些人爱喝带有苦味的纯咖啡。危地马拉人还喜欢喝一种叫阿托尔的甜饮料,其原料是玉米粉或大米粉和糖。人们也喝苏打水、可口可乐、碳酸矿泉水、橙汁、柠檬汁、菠萝汁等。热巧克力是危地马拉人的传统饮料,古代玛雅时期举行庆典时,高官显贵都喝这种饮料,但那时不加糖,味道非常苦。目前危地马拉各地最流行喝的还是"救命"牌(Salvavidas)瓶装矿泉水,既健身又卫生。

　　危地马拉人爱喝啤酒。19世纪德国人在危地马拉建造了第一个啤酒厂,从此欧洲的啤酒技术在危地马拉传播开来。目前在危地马拉最畅销的瓶装和听装啤酒的品牌是"加略"(Gallo)和"莫萨"(Moza),最大众化的啤酒则是墨西哥啤酒。危地马拉人很少喝红酒,但常喝甘蔗酒,"克萨尔特卡"(Quezalteca)和"贝内多"(Venedo)是最著名的两个甘蔗酒品牌。

　　称谓　危地马拉的印欧混血种人占全国人口一半以上,并且还有一小部分人是西班牙人的后裔,因此他们的称谓同西班牙有密切关系。危地马拉人的称谓同欧美人的习惯一样,名字在前,姓氏在后。而且,他们的姓分为父姓和母姓,父姓在前,母姓在后。这样，危地马拉人姓名的构成就是本名＋父姓＋母姓。也有一些人的本名有两个或两个以上，人们一般只使用复名中的第一个名字，其余的名字只写第一个字母。

二　节日

危地马拉的节日很多。每逢节日危地马拉人都要放鞭炮庆祝，有的节日还要在危地马拉城及部分村镇举行宗教活动。全国性的节日主要有：1月1日，元旦；1月6日，复活节圣周（通常在4月第2个星期的周四、周五、周六3天举行），当地人称其为埃比法尼亚节（Epifania）；4月7日～9日，复活节；5月1日，劳动节；6月30日，军人日；8月15日，圣母升天日；9月15日，独立日（即国庆节）；10月12日，西班牙日（hispanidad）；10月20日，革命纪念日；11月1日，清明节；12月24～25日，圣诞节；12月31日，除夕。

（一）独立日

16世纪初，西班牙殖民者占领墨西哥后，1523年12月佩德罗·德阿尔瓦拉多奉命率兵前往征服危地马拉。殖民军以极大的优势镇压当地印第安人的顽强抵抗，并于次年攻占整个危地马拉，危地马拉沦为西班牙殖民地。西班牙殖民者大量掠夺印第安人的土地，肆意剥削和奴役印第安人，引起当地人民的强烈不满。印第安人为反对殖民统治，不断举行起义。1821年9月15日，危地马拉宣布中美洲独立，并发表中美洲独立宣言。后来，危地马拉政府便将9月15日定为危地马拉独立日，即国庆节。

（二）革命纪念日

1944年6月，危地马拉人民发动全国总罢工，推翻了豪尔赫·乌维克的独裁统治。以胡安·弗雷德里科·庞塞为首的3名将军组成执政委员会，乌维克躲在幕后操纵，继续实行独裁统

治。同年10月12日，广大学生、市民和爱国军人发动反独裁武装起义，击败了政府军，庞塞和乌维克等人逃往国外。人民起义胜利后，组成了3人军政府委员会。后来，10月20日被定为危地马拉革命纪念日。

（三）宗教节日

复活节圣周（La Semana Santa）（4月第2个星期的周四、周五、周六3天）。危地马拉安提瓜举行的圣周活动，其热闹程度能与西班牙塞维利亚比美，在世界上久负盛名。届时，天主教徒虔诚专注地抬着圣母像和耶稣受难像在大街上行进，庆祝耶稣的遇难和复活。

（四）民间节日

风筝节 每年11月，危地马拉印第安人都要过自己的传统节日——风筝节。这一天，他们在空旷的土地上放风筝。色彩各异的风筝大多为圆形，大小一般为4.5米，最大的在9米以上。同是放飞风筝，对危地马拉人来说其含义却不同。很多地区的人们通过放风筝凭吊已故的亲人。比如，卡克奇克尔人就把风筝当做悼念已故亲人的祭品，他们将放飞后的风筝收回烧掉，以寄托对亲人的哀思。在萨卡杰别凯斯村，风筝节时，男人们聚到乡村公墓的草坪上放飞风筝，妇女们则在墓前献上用鲜花和松柏制成的花圈。但在有些地区，青年男女借放风筝进行接触和了解，建立感情，促成自己的终身大事。

处女节 12月12日是危地马拉天主教的处女节。圣胡安是瓜达卢佩的处女守护神根据当地传统，7岁以下的儿童都会被带到瓜达卢佩去接受"处女的祝福"。为纪念保护神圣胡安，孩子们都粘上胡须穿上玛雅服装庆祝节日。

圣托马斯节 12月21日是奇奇卡斯特南戈人纪念保护神圣托马斯的节日。节日期间，人们有的敲着鼓，吹响十孔笛；有的手举保护神像在街道上游行，同时鸣放起鞭炮。队伍来到节庆中心圣托马斯教堂前面的广场上，一边狂歌，一边跳起传统舞蹈。教堂中摆满了印第安原始宗教各种形状的偶像，人们戴着彩色假面具进行祈祷。

祭祖日 居住在山区的玛雅人一直保留着自己的传统民族习惯，每年 4 月 10 日，这里的玛雅人都要聚集在广场上举行化装舞会，祭祀祖先。

植树节 危地马拉的植树节定在每年 5 月的最后一个周日。届时，很多人自愿拿起铁锹和水桶等工具参加到植树的行列中。

第五节　国旗、国徽、国歌、国乐、国花、国树、国鸟、国币和国名

一　国旗

危地马拉共和国国旗脱胎于原中美洲联邦国旗。1821 年 9 月 15 日，危地马拉宣布中美洲独立。翌年 1 月 25 日，合并于墨西哥。1823 年 3 月墨西哥伊图尔维德帝国崩溃后，危地马拉与其他中美洲四国组成"中美洲联合省"（次年改为中美洲联邦）。同年 8 月 21 日，中美洲联合省政府下令设立国旗和国徽，国旗颜色为蓝色和白色，象征团结、和平和自由。23 日，中美洲联合省国民立宪大会下令所有中美洲国家使用联合省旗，即自上而下由蓝、白、蓝三个平行长方形组成的国旗。1825 年 1 月 20 日，国民立宪大会宣布上述国旗为危地马拉国旗。1838 年中美洲联邦解体，1839 年危地马拉成为独立国家，上述国旗一直沿用下来。1851 年 3 月 14 日，危地马拉总统马里亚诺·帕雷德斯将军（Mariano Paredes）下令采用新国旗。在新国旗旗面上，原国旗上方和下方的蓝色长方形被一分为二，上方长方形的左半部改为红色，下方长方形改为黄色。1858 年危地马

拉总统拉斐尔·卡雷拉将军再次更换国旗，从当年 5 月 31 日起使用由 7 个长方形组成的国旗。旗面上有 2 个蓝色长方形、2 个白色长方形、2 个红色长方形和 1 个黄色长方形，次序是蓝色、白色、红色、黄色、红色、白色、蓝色。其中，蓝色、白色和红色长方形一般大小；中间的黄色长方形则是其他颜色长方形的 3 倍，也就是说占旗面的 1/3。1871 年 8 月 17 日，危地马拉总统米格尔·加西亚·格拉纳多斯将军（Miguel García Granados）发布第 12 号令和第 33 号令，决定采用由蓝色、白色、蓝色 3 个等宽的垂直长方形组成的国旗，蓝色长方形在两边，白色长方形位居中间，宽与长之比为 5∶8，在白色长方形中央绘有国徽图案。这面国旗一直沿用至今。

1967 年 11 月 30 日，危地马拉政府成立了一个委员会，对 1871 年以来有关国旗和国徽的法律执行情况进行研究。1968 年 9 月 12 日，危地马拉总统根据该委员会提出的报告，下达关于危地马拉国旗和国徽的法令。法令中有关国旗的规定如下：

第一条，危地马拉国旗是国家最崇高的标志，根据 1871 年第 12 号令和第 33 号令，国旗中央镶有国徽图案。

第二条，国旗没有任何附加文字。

第三条，国旗旗面由蓝色、白色、蓝色 3 个相等的垂直长方形组成，两边为蓝色，中间为白色；国徽图案位于白色长方形中央，国徽图案大小由国旗大小决定。蓝色与天空的蓝色相同，代表正义和忠诚；白色代表纯洁和完整。

第四条，国旗为长方形，宽与长之比为 5∶8。

二 国徽

危地马拉现在的国徽，是根据 1871 年 11 月 18 日危地马拉总统米格尔·加西亚·格拉纳多斯将军颁布的命令采用的。国徽为圆形，蓝色衬底，一面白色轴卷展开在圆面中央，上写"自由，1821 年 9 月 15 日"（LIBERTAD 15 DE SEPTIEMBRE DE 1821），以纪念中美洲国家独立的日子。危地马拉国鸟格查尔鸟停落在轴卷的上方，其长尾直垂至圆面的底部，象征国家的独立和自主。两支上有三角刺刀的步枪和两柄长剑在轴卷后交叉，步枪象征力量，剑象征荣誉。两只月桂叶花环在圆面底部相交，象征胜利、光荣和知识。① 1968 年 9 月 12 日，危地马拉总统根据 1967 年 11 月 30 日成立的委员会提出的报告，下达关于危地马拉国旗和国徽的法令，重申了国徽的组成。法令规定，制造国旗和国徽的个人或法人应事先向危地马拉文化与美术总局提出申请，在交给公众使用前，上述机关要进行检查。法令还要求，所有公司、单位、企业和个人拥有的国旗和国徽如不符合国家的规定，需进行更换。

三　国歌

1887 年危地马拉举办了为诗人拉蒙·P. 莫利纳创作的歌词进行谱曲的选拔比赛。在众多音乐大师中，作曲家拉法埃尔·阿尔瓦雷斯·奥瓦列脱颖而出，取得比赛胜利。他和莫利纳合作的歌曲实际上在当时已被用作危地马拉国歌。1896 年危地马拉总统巴里奥斯将军下令举行征求国歌的比赛，结果又是拉法埃尔·阿尔瓦雷斯·奥瓦列作曲，署名为阿托尼莫（Atónimo）作词的歌曲拔得头筹，被定为危地马拉正式国歌。1897 年 3 月 14 日晚，在首都的科隆剧院（Teatro Colón）举行了危地马拉国歌的首次演出，并向国歌作曲者拉法埃尔·阿尔瓦雷斯·奥瓦列颁发了金质奖章和荣誉证书。但国歌歌词作者署名阿托尼莫的是谁却一直是个谜。直至 1911 年人们才发现，侨

---

① Editorial America S.A., *Banderas y Escudos del Mundo*, Venezuela, 1986, pp. 40 – 41.

危地马拉

居危地马拉多年的古巴诗人何塞·华金·帕尔马·拉索是危地马拉国歌的词作者。根据1934年7月26日危地马拉政府的决议，危地马拉国歌有所改动，增加了语法学家何塞·马里亚·博尼利亚-鲁阿诺的注释。

危地马拉国歌歌词作者何塞·华金·帕尔马·拉索1844年9月11日生于古巴奥连特省的圣萨尔瓦多·德巴亚莫。他曾积极参加争取古巴独立的运动，后流亡危地马拉。在流亡危地马拉期间，他写了一百多首歌颂危地马拉的诗篇。他严守创作危地马拉国歌歌词的秘密15年，直至临终前才透露他为危地马拉国歌作词。诗人曼努埃尔·巴列、作家比尔希略·罗德里格斯·贝特拉和比赛委员会的成员们守候在他的病榻前，在军乐团演唱他创作的国歌声中，给他戴上了危地马拉最高荣誉银质桂冠。当时，何塞·华金·帕尔马已经不能讲话，他的眼中流下了激动的泪水。1911年8月2日，何塞·华金·帕尔马与世长辞。他的遗体上覆盖着古巴国旗，葬于危地马拉城。应古巴政府的要求，1951年4月17日，他遗体运回故乡安葬。

危地马拉国歌作曲者拉法埃尔·阿尔瓦雷斯·奥瓦列1858年10月24日生于圣胡安科马拉帕。他的父亲是镇教堂的音乐师，也是他的音乐启蒙教师。后来他在首都进修音乐，并获得鲁菲诺·巴里奥斯总统授予的奖学金。他前往圣塔卢西亚市担任了当地乐团的指挥。29岁时创作了国歌。1911年他获得的桂冠与诗人何塞·华金·帕尔马·拉索的桂冠被珍藏在危地马拉国立图书馆大厅。他逝世于1946年12月26日，享年88岁。

危地马拉国歌的歌词分为五段，第一段是二重唱，后四段是合唱。下面是国歌的前两段：

祝愿危地马拉，永远没有邪恶的脚践踏你的圣地，永远不做戴上镣铐的奴隶，永远没有暴君压迫你。如果明天你神

第一章 国土与人民

圣的土地遭到敌人侵犯的威胁，美丽的国旗将迎风飘扬，号召我们拼死求胜利。

美丽的国歌将迎风飘扬，号召我们拼死求胜利。你的勇敢的人民有志气，毋宁死决不做奴隶。

四 国乐

马林巴（marimba）是危地马拉的民族乐器，也是危地马拉的国家乐器。它由键盘和一串木条制成，下面悬挂着起共鸣作用的大小不一的葫芦，音色极为洪亮。1998 年危地马拉议会发布第 11 号令，宣布每年 2 月 20 日为马林巴日。1999 年 8 月 31 日，危地马拉议会通过决议，确定马林巴为国家乐器，要求教育部支持公、私立学校教授马林巴，以继承危地马拉的文化、艺术和传统。2002 年 2 月 20 日，危地马拉议会发布决议，要求马林巴演奏者和音乐机构继续从事振兴马林巴的工作，文化和体育部要组织马林巴演奏会，进一步发展马林巴乐器。

关于马林巴的起源，在危地马拉有着不同的说法。一些人认为马林巴来自非洲；一些人认为马林巴源于印度尼西亚；一些人认为马林巴从印度尼西亚传入非洲，1595 年经非洲黑奴传入美洲，危地马拉印第安人把马林巴融入其音乐之中；一些人认为马林巴是亚马孙地区的产物；还有一些人坚信马林巴是危地马拉土生土长的乐器。危地马拉最著名的音乐家赫苏斯·卡斯蒂略说过，危地马拉有一座山，取名为奇那尔·胡尔，当地方言的意思是"峡谷中的马林巴"，并以此证明马林巴是本土本民族的乐器。[1]

---

[1] 尼·斯洛尼姆斯基：《拉丁美洲的音乐》，人民音乐出版社，1983，第 247 页。

17、18世纪，马林巴乐器在危地马拉得到改造，加上了用竹管或葫芦制成的共鸣箱，逐渐在危地马拉普及开来。后来，马林巴的键盘又从一个变为两个，从仅为全音阶发展为出现半音阶，从一个人演奏发展为几个人演奏，甚至达到十几个人演奏。双键的创造者是克萨尔特南戈人塞瓦斯蒂安·乌尔塔多（Sebastián Hurtado）。1899年为了庆祝曼努埃尔·埃斯特拉达·卡夫雷拉总统的生日，在首都专门举办了乌尔塔多兄弟俩的马林巴音乐会，他们首次用双键马林巴演奏了华尔兹舞曲。1880～1920年，马林巴乐器的改造已告一段落，马林巴演奏中增加了去掉一根弦的低音提琴和打击乐。马林巴后来经克萨尔特南戈传入墨西哥和哥斯达黎加。19世纪危地马拉著名马林巴演奏家是克萨尔特南戈的业余作曲家马里亚诺·巴尔维德，他写过35首流行作品，如《废墟月夜》(*Noche de Lana en las Ruinas*)。1957年，危地马拉音乐家豪尔赫·阿尔瓦拉多·萨缅托（Jorge Alvarado Sarmientos）曾举办马林巴与管弦乐音乐会。2005年年初，15名女乐手同时在一台大马林巴琴上进行了演奏，深受观众欢迎。2005年9月，危地马拉音乐家与日本著名音乐家用马林巴同台演奏马里亚诺·巴尔维德的代表作《废墟月夜》。

五　国花

白色修女兰（monja blanca）是危地马拉的国花。1889年美洲和欧洲的科学家建立起植物交换关系，由此美丽的白色修女兰出现在世界面前。根据植物学家拉迪斯劳·科尔德罗教授的倡议，维也纳花展会上展出了危地马拉的兰花。在这次花展上，植物学家林德雷伊新建了卡特莱亚（Cattleya）和里卡斯特（Lycaste）两种兰科，白色修女兰便属于里卡斯特兰科。最初，白色修女兰的学名为里卡斯特肯内利阿尔瓦（Licaste Skinneri Alba），后改为里卡斯特维基纳里斯阿尔瓦（Lycaste

Virginalis Alba)。

白色修女兰生长在危地马拉西北部的雷纳地区，特别是在上维拉帕斯的热带雨林中。它是 3.5 万种兰花之一，也是危地马拉近 800 种兰花中最稀有的兰花之一。白色修女兰是一种附生植物，雌雄同株。它的茎特别粗大，用于蓄水。白色修女兰象征和平与美丽。1933 年美国迈阿密国际鲜花博览会主席莱蒂西亚·萨瑟兰（Leticia M. de Southerland）夫人向危地马拉政府提议，将白色修女兰命名为危地马拉国花。危地马拉总统豪尔赫·乌维克将军在征求乌利塞斯·罗哈斯和马里亚诺·帕切斯等专家、国家图书馆以及全国地理与历史协会的意见后，于 1934 年 2 月 11 日宣布，白色修女兰为危地马拉国花。为了保护这种美丽而稀有的植物，1946 年 8 月 9 日，危地马拉政府下令禁止随意采摘和出口白色修女兰，采摘和出口白色修女兰须经农业部批准，违者将被罚款。

六　国树

木棉树（La Ceiba），是热带美洲最大的树种之一，生长在危地马拉海拔在 1000 米以下的大部分地区。在佩滕的上维拉帕斯、下维拉帕斯、伊萨瓦尔、埃尔普罗格雷索、哈拉帕、圣塔罗萨、埃斯昆特拉、危地马拉、索洛拉、苏奇特佩克斯、雷塔卢莱乌和圣马科斯都可以见到木棉树。

木棉树属于木棉科，树身有刺，通过种植和插枝成活。果实内被称为"木棉"（kapoc）的叶棉浮力大，不透水，可做救生衣。木棉花较大，色橙红，极为美丽，可供欣赏。果实可制作食用油和肥皂。果实渣用作饲料和肥料。木棉的纤维短，柔软，富有弹性，可用作枕头、坐垫的填料。在哥伦布发现美洲前，当地土著人喜欢在木棉树下举行各种仪式，他们把木棉树视为圣树。木棉象征生命、永恒、伟大、善良、美丽、力量和团结，有英雄

树之美誉。1955年3月8日，危地马拉总统根据植物学家乌利塞斯·罗哈斯的建议，命名木棉树为危地马拉国树。

七　国鸟

危地马拉有一种叫"格查尔"（Guetzal）的鸟，备受人们的尊崇。格查尔是印第安的纳华特尔（Nahuatl）语，意为"金绿色的羽毛"。当地玛雅人称它为库克（Kuk），基切人称它为古克（Guc）或古古（Gugú），凯克奇人（Q'eckchi）称它为格奥格（G'oog），阿兹特克人（Azteca）称它为纳阿（Naha）和格萨利（Quetzallí）。在玛雅的圣书中，它被叫作"蛇鸟"（Pájaro Serpiente）。格查尔鸟的学名为菲拉马鲁斯·莫西尼奥（Pharamachrus Mocinno）。菲拉马鲁斯（Pharamachrus）希腊文译为长披风，莫西尼奥（Mocinno）是指墨西哥博物学家何塞·莫里亚诺·莫西尼奥（José Moriano Mociño）。18世纪末，莫西尼奥在危地马拉进行多次科学考察，成为把格查尔鸟带到欧洲的第一人。除此之外，格查尔鸟还有许多其他的名字。

格查尔鸟属咬鹃目（Trogoniformes）咬鹃科（Trogonidae），是热带森林中的攀禽。其羽毛艳丽并闪烁着金属光泽，红腹绿背，头和胸部呈浅色，是世界上著名的美鸟。随着光线的变化，羽毛的色彩和光泽也发生变化。鸟类学家认为，它的羽毛含黑色素，遇光出现反射现象。格查尔鸟的嘴短、宽、粗；其爪呈黄色，第一和第二趾倒转，第三和第四趾朝前。格查尔鸟的眼睛视角为36°。雄鸟头上3厘米长的冠毛为绿色，胸部和腹部的羽毛为胭脂红色。全身羽毛平均长20厘米，绿色尾羽长达1.05米，翅膀上有一些白色羽毛。雌鸟的羽毛不如雄鸟漂亮，头上没有冠毛，呈暗灰色。其尾羽外层为纯白色，带有黑色条纹。

格查尔鸟是亚热带美洲特有的鸟，分布于墨西哥的恰帕斯至尼加拉瓜北部地区。危地马拉有6个地区拥有格查尔鸟：韦韦特

第一章 国土与人民　Guatemala

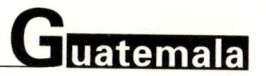

南戈、基切、上维拉帕斯、萨卡帕、埃尔普罗格雷索和伊萨瓦尔。库楚马塔内斯、圣塔克鲁斯、米纳斯、查马、圣佩德罗和托利曼的后山坡也有格查尔鸟出没。格查尔鸟栖息于 900～3200 米的云林、雨林、山地和原始深林中。每年 5～8 月哺育期间，雄鸟和雌鸟轮流孵蛋，持续 18 天，雄鸟白天值班，雌鸟则在夜间上岗。雌鸟只产两个蛋，一般会孵出一雄一雌。①

格查尔鸟在危地马拉人民心目中享有崇高的地位，它曾是古代印第安人崇拜的"神鸟"。1524 年，印第安人奋起抵抗西班牙殖民者的入侵。传说在决战前夕，格查尔鸟飞临印第安人上空盘旋啼鸣，为他们祈祷祝福，使印第安战士士气倍增，一举击溃敌人。从此，危地马拉人民把格查尔鸟视为民族的骄傲。格查尔鸟性情高洁、酷爱自由，宁可绝食而死，也不愿失去自由，故有"自由之鸟"之称。这种鸟喜出双入对，雌雄鸟形影不离，所以又是爱情的象征。格查尔鸟是危地马拉人民的骄傲，它被视为自由、爱国、友谊的象征。1872 年，危地马拉政府正式定它为国鸟，并作为国旗、国徽和钱币上的标志。危地马拉法律规定禁止捕捉格查尔鸟。

然而，由于过度砍伐森林和不断发生的森林火灾，使格查尔鸟的生存环境遭到破坏，因而存在灭绝的危险。为了保护这种珍稀和受人崇敬的鸟，1979 年圣卡洛斯大学在上维拉帕斯建立了一个格查尔鸟保护区。

八　国币

危地马拉沦为西班牙殖民地前，当地玛雅人主要以可可作为货币使用，其他充当货币的物品还有格查尔鸟羽毛、盐、黑曜岩、宝石、玉等。1524 年佩德罗·德阿尔瓦拉多

---

① Editorial Océano, *Enciclopedia de Guatemala*, España, 1999.

危地马拉

征服危地马拉后，西班牙、墨西哥、秘鲁和波托西铸造的钱币在危地马拉有限流通。因钱币数量不足，可可继续作为货币在危地马拉流通了很长时间。1663 年，为了避免假币的流通，危地马拉为利马和波托西铸造的 2 雷阿尔币加上了副标王冠。1731 年，根据西班牙国王费利佩四世的敕令，危地马拉造币厂在圣地亚哥城成立。它是美洲的第四个造币厂，位居墨西哥、秘鲁和波托西之后。1834 年，该厂正式运作，铸造出第一批面值 8 的雷阿尔钱币，后来又铸造了面值 0.5、1、2 和 4 的雷阿尔钱币，钱币上铸有危地马拉（Guatemala）的第一个字母（G）。1776 年改铸字母（NG），它是新危地马拉（Nueva Guatemala）的缩写。1794～1795 年间，铸造出面值 0.25 的雷阿尔钱币。

1821 年危地马拉独立后，在同墨西哥合并时期，曾使用带有奥古斯丁·德伊图尔维德像的墨西哥钱币。中美洲联邦成立后，危地马拉使用的是在哥斯达黎加和洪都拉斯铸造的中美洲联邦钱币，面值为 0.25、0.5、1、2、8 雷阿尔的银币和面值为 0.5、1、2、4、8 埃斯库多的金币。中美洲联邦解体后，危地马拉开始实验铸造本国钱币。1852 年危地马拉铸造了带有执政者拉斐尔·卡雷拉半身像的面值为 8 的雷阿尔币，1854 年又试验铸造带有哥伦布像的面值为 8 的雷阿尔币。此后，危地马拉逐渐以十进位的比索为货币单位。1859 年危地马拉获得新设备，遂开始正式铸造本国钱币比索和雷阿尔币。1859～1869 年铸造的金币和银币上，因都带有执政者拉斐尔·卡雷拉的半身像（0.25 雷阿尔币除外），故被称为"卡雷拉币"。这一时期，危地马拉同时使用十进位制与二进位制的货币制度。

1873 年，新成立的国家银行发行该国第一批纸币，面值为 1 比索。19 世纪末，危地马拉出现了一种名叫"塞杜拉斯"（Cedulas）和一种名叫"菲查斯"（Fichas）的特殊货币。前者为政府和一些商业机构为偿债而发行的小型纸币；后者为庄园、饭店等铸造的私人钱币，只限在本庄园和饭店等使用。1925年，何塞·马里亚·奥雷利亚那政府实行货币改革，格查尔取代比索成为危地马拉的货币单位，以1格查尔兑60比索的比价收回旧币。刚实行货币改革时，只发行了铸币，而未发行纸币。1927年发行了面值为1、2、5、10、20格查尔的纸币。

1945年，国会颁布货币法和危地马拉银行组织法。从1946年起，发行货币的权力归属危地马拉银行。1948年，该行发行了第一批面值为50分和面值为1、5、10、20、100格查尔的纸币，以及面值为1、5、10、25分的铸币。1964年8月20日，恩里克·佩拉尔塔·阿苏尔迪亚政府颁布货币种类法，规定该国发行的铸币面值为1、5、10、25和50分，并规定了铸币金属的含量、重量、铸币的图样设计、直径和厚度。该法规定，纸币面值为50分，1、5、10、20、50、100、500和1000格查尔，货币委员会全权负责纸币的大小、图案和铭刻的设计。1997年1月6日，国会颁布新货币种类法。1998年11月26日国会颁布的第92~98号法令，对1格查尔铸币的反面设计作出修改，增添"和平"（PAZ）的铭文，作为和平鸽的组成部分；此外，增添了"牢固而持久的和平"（PAZ FIRME Y DURADERA）及1996年12月29日的铭刻。

危地马拉流通的纸币面值有50分、1格查尔、5格查尔、10格查尔、20格查尔、50格查尔、100格查尔。50分纸币为咖啡色，正面绘有国家英雄特昆·乌曼（Tecún Umán）像，反面为蒂卡尔一号神庙；1格查尔纸币为绿色，正面为1921~1926年危地马拉总统何塞·马里亚·奥雷利亚那（José María Orellana）将军像，反面是危地马拉银行；5格查尔纸币为淡紫色，正面为1873~1885年危地马拉总统胡斯托·鲁菲诺·巴里奥斯（Justo Rufino Barrios）将军像，反面是教学场面；10格查尔纸币为红色，正面为1871~1873年危地马拉总统米格尔·加西亚·格拉纳多斯（Miguel García Granados）将军像，反面是1872年国家

危地马拉

立法大会会议场面；20格查尔纸币为蓝色，正面为马里亚诺·加尔韦斯（Mariano Gálvez）博士像，他是独立运动的先驱和中美洲联邦时期危地马拉元首，反面为中美洲独立纪要签字仪式；50格查尔纸币为橘色，正面为曾任财政部长的卡洛斯·萨克里松（Carlos Zachrisson）硕士像，反面为收割咖啡场景；100格查尔纸币为深棕色，正面为主教弗朗西斯科·马罗金（Francisco Marroquín）像，反面为位于旧危地马拉城的圣克罗斯大学。

危地马拉流通的铸币均为圆形，正面均为危地马拉国徽。币上端、左端和右端刻有"危地马拉共和国"（REPUBLICA DE GUATEMALA）的西班牙文字样，下端刻有铸造钱币的年代。1分币为铝和镁合金铸造，直径19毫米，重800毫克，币反面为巴托洛梅·德拉斯卡萨斯（Bartolomé de las Casas）修士头像，上端刻有1分（UN CENTAVO）的西班牙文字样，左端、右端和下端刻有大写的巴托洛梅·德拉斯卡萨斯修士的西班牙文名字（FREY BARTOLOME DE LAS CASAS）。5分币为铜、锌和镍合金铸造，直径16毫米，重1600毫克，币反面为一棵自由树，树下为古老的国家格言"自由、壮大、卓有成效"（LIBRE CREZCA FECUNDO），自由树右边标有西班牙文5分字样。10分币为铜、锌和镍合金铸造，直径21毫米，重3200毫克，币反面为基里瓜独石碑，碑右标有10分的西班牙文字样，10字在上，分字在下，币下端刻有西班牙文"MONOLITO DE QUIRIGUA"，意为"基里瓜独石碑"。25分币为铜、锌和镍合金铸造，直径27毫米，重8克，币反面为土著妇女头像，头像右下部标有25分的西班牙文字，25字在上，分字在下。50分币为铜、锌和镍合金铸造，直径24.25毫米，重5500毫克，币反面为国花白色修女兰，花右方标有50分的西班牙文字样，50字在上，分字在下，币左端刻有"MONJA BLANCA FLOR NACIONAL"，意为"国花白色修女兰"。1格查尔币为铜、锌和镍合金铸造，

第一章　国土与人民

直径29毫米，重11克，币反面刻有西班牙文"PAZ"，意为"和平"，作为和平鸽的组成部分，币上端刻有西班牙文"Paz Firme y Duradera"（牢固而持久的和平）和1996年12月29日的题铭，币右方标有1格查尔（QUETZAL）的西班牙文字样。①

九　国名

危地马拉国名来源于首都名。1524年7月28日，危地马拉城由西班牙殖民者建成，当时取名"圣地亚哥"，后改为危地马拉城。关于它的得名，说法不一。

（1）源于印第安人的阿兹特克族语"Quauhtemellan"，意为"鹰族人的土地"。鹰为当地印第安人部落崇拜的图腾。危地马拉一名即是把原来的阿兹特克地名加以西班牙语化的结果。

（2）是印第安语"Uhatzmalha"的西班牙语译名，意为"喷水的山"，指阿瓜火山。因为阿瓜火山喷出的岩浆就像汹涌的洪水一样淹没了旧城的一切（危地马拉城建城有三次：第一次由阿瓜火山的爆发而毁灭，第二次因地震再次被毁灭，现在的城是第三代城）。

（3）是由当地土著名称瓜特马样库阿乌（Quauhtemallan, cu auh）转化而来，原意是"腐烂的树木"，后转意为"森林之地"、"森林之国"。因该国古时山林面积占全国土地面积的2/3，或因首都周围有许多按当地纳华语称为朽木的林木，故而得名。

（4）源于卡克奇克尔（Cakchiquel）宫廷所在地特查瓜特马兰（Techan Quatemalan）之名。

（5）源于纳华特尔语（Nahuatl）瓜乌特马拉（Guauhitemala），意为"森林之地"或"多林的地方"。②

---

① www.banguat.gob.gt；www.geocities.com/monedasdeguatemala/
② Editorial Piedra Santa, *Guauhitemala*, Guatemala, 1992.

第二章

历　史

第一节　哥伦布"发现"美洲前的危地马拉

　　和其他美洲国家一样,危地马拉最早的土著居民是印第安人。许多考古学家认为,印第安人的远古祖先是亚洲蒙古利亚人种的一支。大约在一万五千多万年以前,他们从亚洲东部越过白令海峡移居到美洲西北部,而后向南迁移,来到现今的墨西哥南部和危地马拉。他们在这里发展了神秘而辉煌的玛雅文化,并成为世界文化宝库的一个瑰宝。危地马拉北部的佩滕地区是最早的玛雅文明中心,早在公元 250 年,玛雅人已在这个地区建立起一些城邦。各城邦国家独立发展,政治上虽未形成一体,经济上已经互有联系,且出现了生产分工,经济联系的主要方式是贸易。玛雅人城邦国家实行世袭制,最高统治者出自一家人,集行政、立法、宗教大权于一身。玛雅社会是个阶级社会,分贵族阶级、平民阶级和中等阶级。高贵的统治者及其家族、祭司、军事首领、政府高官、大商人组成贵族阶级;仆佣、背夫、维修工和农民属平民阶级;中等阶级成员系指下级官吏、小商人、武士、工匠等。玛雅人主要从事农业生产,兴修水利,在山坡上开辟梯田,在低洼和沼泽地带修筑台

第二章 历 史

田。他们还在住处周围开辟菜园或果树园。他们从野生植物中选择和培育了多种食用植物，如玉米、棉花、菜豆、可可、胡椒、龙舌兰等，其中以玉米的培植对人类贡献最大。玛雅人把美洲生长的野生玉米培育成高产的粮食作物，成为世界上许多地区的主要食粮。在没有金属工具和运输工具的艰难条件下，玛雅人修建起高耸的金字塔、雄伟的宫殿，雕刻出精美绝伦、内涵深邃的记事石碑，在天文和数学等方面达到了相当高的水平。

玛雅人修建的金字塔台座基础呈方形，层层收缩，积层累高，有的是二、三层，多的达九层，塔身最高可达65米。台座的四面筑有台阶，可拾级而上，直抵顶端供奉最高统治者神位的庙宇。还有少数金字塔为统治者的陵寝或为天文观象台。在方圆130平方公里的玛雅古都蒂卡尔，玛雅人根据宗教、生活和生产的需要，建造了金字塔、庙宇、府邸、民居、广场、戏场、集市贸易区、桥梁、大道、码头、堤坝、护墙等。现已发掘出6座金字塔。一号和二号金字塔在蒂卡尔大广场上相对而立，它们建于公元700年左右。一号金字塔高38米，正面阶梯坡度超过70度；二号金字塔高47米；三号金字塔高55米，至今还未被发掘，上面覆盖着泥土和树木；四号金字塔高65米，建于约公元470年，是蒂卡尔和玛雅世界最高的金字塔，现在仅露出顶部，底部仍埋在泥土和树木之下；五号金字塔58米高，建于约公元700年；六号金字塔建于公元736年，墙上的铭刻与众不同。蒂卡尔还有许多保存完好的石碑和祭坛。最早的石碑立于328年。已被破译的立于公元468年6月20日的石碑，主要叙述了蒂卡尔城第12代统治者坎阿克及其家人的一些事迹。石柱上的文字还记有西阿恩·查阿恩·卡韦尔于公元411年11月27日成为蒂卡尔的统治者，他死于公元456年2月19日，安葬日是公元458年8月9日。

玛雅人在数学方面对人类有突出的贡献。他们最早发明了"零",使用独特的计算法和二十进位制。他们用"贝壳"表示"零"、"点"("．")表示"1"、"横"("—")表示"5","点"、"横"组合构成"2"至"19"个数,"19"以上的数用移位表示。当今世界通用的"十进位制"中的"10"是将"1"向左移位,再在其右侧加"0"组成。玛雅人的"20"是将"．"向上移位;再在其下方加"贝壳"组成第二位"20";第三位是"20×20＝400";第四位为"400×20＝8000",以此向上类推。

玛雅人高超的数学技巧,帮助他们掌握了丰富的天文知识。他们通常利用建在金字塔上的庙宇观察星球运行。他们确定一年为365.242天,与现代天文学计算出的365.2423天几乎完全一致。他们确定每月为29.53020天,与现代天文学计算出的29.53059天相差无几。他们还算出了行星环绕太阳运行的周期,如金星运行周期为584天(今天计算则为583.92天,误差率每天不到12秒),火星为780天,北极星恒定不动。玛雅人通过对天体运行的观测和计算,根据宗教、农事活动和记事的需要,制定出了神历、"阿布"(Haab)历和轮回历。神历为260天;"阿布"历为365天;轮回历为神历260天与"阿布"历365天的组合,两者相配轮转,18980天为一个轮回。一年365天,18980天正好是52年。玛雅人认为52年为一个轮回,以示天地之复始。据说玛雅人曾以三十二又四分之三年的时间观察过405次月圆,计算出三十二又四分之三年等于11960天,与今天算出的结果是11959.888天相差无几。

玛雅文字出现于公元前后,在蒂卡尔发掘出的公元292年的石碑上便有日期的记载。公元5世纪中叶,玛雅文字从佩滕地区普及到整个玛雅地区。玛雅语的词汇十分丰富,大概有3万多个。玛雅文字既有象形,也有会意,也有形声,是一种兼有意形和意音功能的文字。在玛雅文字中,象形在中间,四周有附加连

第二章 历史　Guatemala

缀和语尾变化，出现了表意符号，一个字往往就是一句话。句子按动词—实词—主词的次序排列。玛雅人已把文字写在用树皮或鞣制过的鹿皮做成的纸上。他们用这些纸编成各种书籍，记载的主要内容是历史、科学和典礼仪式，有的书籍还记载当时玛雅社会的各种情况。他们还把文字雕刻在石柱、石碑上。壁画、木刻、玉雕、贝雕、骨雕以及陶器上也有铭文。玛雅人使用的象形文字，有些已破译出来。

公元8、9世纪，以蒂卡尔为中心的玛雅文化突然衰落下来，玛雅文化北移到了墨西哥的尤卡坦半岛。多年来，人们一直在试图破解玛雅文明衰落的千古之谜。有人认为，地震、瘟疫等天灾造成了玛雅人的急剧减少；也有人认为，战争或者农民起义让文明陷入了混乱；另有人认为，人口膨胀、土地过度开垦所出现的严重生态问题，造成玛雅文明的消亡；还有人认为，大旱导致玛雅文明的衰落。然而，2002年的一场风暴揭开了这里曾经发生的真实历史：是蒂卡尔和卡拉克穆尔两个城邦的长期鏖战导致玛雅文明的衰落。建于公元629年的多斯皮拉斯城邦本是蒂卡尔城邦的一个军事前哨，由蒂卡尔王的弟弟统治，与蒂卡尔王常年结盟。后来，墨西哥的卡拉克穆尔城邦自北而下，征服了多斯皮拉斯城邦。多斯皮拉斯国王投降了敌人，并率领军队对蒂卡尔发动了一场十年战争。他战败蒂卡尔，俘虏了亲兄弟——蒂卡尔国王，并将蒂卡尔洗劫一空。他把蒂卡尔国王和其他贵族带回多斯皮拉斯，将他们杀死祭神。多斯皮拉斯与卡拉克穆尔结成同盟，称霸一方。蒂卡尔不甘心灭亡，重新积蓄力量，向卡拉克穆尔和多斯皮拉斯发起反攻，并取得胜利。此后，玛雅帝国分裂成许多地方政权。公元760年，多斯皮拉斯被抛弃。公元9~10世纪时，危地马拉境内的城市已趋于衰落。来自北方的托尔蒂克人、纳瓦人逐渐到这里定居。到哥伦布发现美洲时，危地马拉境内散居着许多印第安人的部族。

危地马拉

第二节　危地马拉沦为殖民地

西班牙殖民者入侵危地马拉前，在危地马拉土地上主要居住着基切、卡克奇克尔和特苏图希尔三个印第安部族。在三个部族建立的王国中，基切王国最为强大。基切王国控制着富庶的地区，占据着现今的基切省、托托尼卡潘省、克萨尔特南戈省的东部、雷塔卢莱乌省的北部和苏奇特佩克斯省的北部。其都城为乌塔特兰（今基切省的圣克鲁斯）。基切王国不时发动战争，征服其他部族。卡克奇克尔王国控制着中部地区，占据了现今的危地马拉省、萨卡特佩克斯省、奇马尔特南戈省的部分地区、埃斯昆特拉省的北部和索洛拉省的北部。卡克奇克尔王国都城是伊希姆切。特苏图希尔人居住于现今的阿蒂特兰湖的北部和苏奇特佩克斯省的带状区，其王国的都城为阿蒂特兰。

1523 年 12 月 6 日，佩德罗·德·阿尔瓦拉多上尉（Pedro de Alvarado）受新西班牙（墨西哥）将军埃尔南·科尔特斯（Hernán Cortés）的派遣，率领 120 名骑兵、300 名步兵以及 200 多名墨西哥的印第安人，携带 4 门大炮，前往征服危地马拉。

阿尔瓦拉多 1485 年生于西班牙的巴达霍斯。25 岁时参加西班牙远征军，前往古巴作战，后来到墨西哥，1519 年成为科尔特斯将军下属的上尉。

阿尔瓦拉多率殖民军进入危地马拉境内后，遭到基切王国军队的顽强抵抗。在一片开阔地上，6000 名头戴翎毛盔、手持画饰盾牌的基切人勇敢迎击殖民军。然而，由于基切人从未见过穿铠甲的骑兵和发出轰隆声响的大炮，因而很快败下阵来。殖民者攻占了赫拉胡城（后改称克萨尔特南戈）。基切国王特库姆－乌曼召集 7 万名勇士，与西班牙人决一死战。不幸的是，特库姆－

第二章 历史

乌曼战死，几千名勇士也倒在血泊中。新选出的国王继续带领基切人抗击入侵者，设计诱敌进入王国首都乌塔特兰城，准备火烧殖民军。但阿尔瓦拉多率兵进入城内后感觉有问题，遂撤出城外。阿尔瓦拉多把应邀进入营房的基切人的首领锁起来，逼他们供认了设下的诱敌计谋。随后，殖民者杀害了这些基切人的首领，并焚毁基切王国首都乌塔特兰城。

基切王国被灭亡后，卡克奇克尔国王向西班牙人屈服。在卡克奇克尔人的帮助下，西班牙殖民军击溃阿蒂特兰湖畔的特苏图西尔部族。阿尔瓦拉多腾出手便来对付卡克奇克尔人，要他们交出贵重的金子。忍无可忍的卡克奇克尔人奋起反抗，但遭到西班牙人的残酷镇压。到1524年7月，阿尔瓦拉多征服了整个危地马拉。

阿尔瓦拉多选中卡克奇克尔王国旧都城伊希姆切附近地区作为未来的首府所在地。1524年7月25日，正式动工兴建首府，并把该城取名为圣地亚哥·德·洛斯卡瓦列罗斯·德·危地马拉，以纪念圣徒圣地亚哥。1527年12月18日，阿尔瓦拉多回西班牙期间，西班牙国王查理五世授予他海军远征队指挥官的高级官衔，并任命他为危地马拉首任督军，统治除巴拿马以外的整个中美洲地区。在阿尔瓦拉多外出期间，由于首府经常遭到印第安人的袭击，1527年11月22日，他的兄弟豪尔赫·德·阿尔瓦拉多在阿瓜火山和富埃戈火山之间的盆地上建设了新首府，新城仍沿袭圣地亚哥·德·洛斯卡瓦列罗斯·德·危地马拉的旧名。1541年6月，阿尔瓦拉多率兵前往墨西哥，在与当地印第安人起义军的交锋中受伤，7月4日亡于瓜达拉哈拉。9月9日，他的妻子唐娜·贝亚特里斯被西班牙王室任命为危地马拉总督。不久，强烈地震和火山喷发摧毁了首府。从阿瓜山奔腾而下的强大洪流卷着巨石、树木冲垮了包括总督府在内的大批建筑，唐娜·贝亚特里斯也在地震中丧命。

危地马拉

1543年6月21日,幸存的危地马拉人在阿瓜斯火山与富埃戈火山之间中南部高原的彭萨蒂沃河畔建设新都,城名仍为圣地亚哥·德·洛斯卡瓦列罗斯·德·危地马拉。1566年3月10日,西班牙国王授予该城"危地马拉骑士圣詹姆斯的最壮丽、最忠诚的城市"的称号。1544年5月16日,西班牙王室在危地马拉都督辖区设立了检审庭,这是一个拥有行政和司法权力的机构。检审庭先是设在现今洪都拉斯的科玛牙瓜,随后迁往格拉西亚斯-阿迪奥斯。1459年,危地马拉总督阿隆索·洛佩斯·德·塞拉托(Alonso López de Cerrato)和主教马罗金把检审庭总部迁至危地马拉。① 1527年,西班牙在危地马拉设立了都督府。危地马拉都督区的管辖范围包括危地马拉、洪都拉斯、萨尔瓦多、哥斯达黎加、尼加拉瓜和恰帕斯。1744年,危地马拉主教管区升格为大主教管区。从1773年初起,危地马拉连续发生地震。7月29日,首府地区发生强烈地震,造成大量人员伤亡,建筑物大部倒塌,到处是残垣断壁、碎石乱瓦,惨不忍睹。以督军马丁·德·马约尔加(Martín de Mayorga)为首的迁都派和以大主教佩德罗·科尔特斯-拉腊斯(Pedro Cortés y Larras)为首的反对迁都派展开激烈斗争。结果,西班牙国王站在督军一边,1775年下令迁都。1775年位于旧都24公里外埃尔米塔谷地的新都建成,称为新危地马拉·德拉亚松森,简称危地马拉。从1543年起,危地马拉归属洛斯肯菲内斯检审庭管辖。1549年,检审庭落户于危地马拉城。1565年,检审庭迁往巴拿马,危地马拉划归新西班牙检审庭(即后来的墨西哥)。1570年,成立危地马拉都督区,归属新西班牙总督区管辖。

---

① *Anuario Iberoamericano 2003*, España;《危地马拉历史概况》,天津人民出版社,1973。

第二章 历 史　Guatemala

危地马拉沦为西班牙殖民地后，印第安人遭到西班牙殖民者残酷的剥削和压迫。殖民当局把从印第安人手中夺得的大量土地分配给西班牙王室成员和为殖民政府出过力的西班牙人，并把委托监护制强加于印第安人身上。印第安人不能离开委托监护地区，每年必须为委托监护主从事一定时期的无偿劳动，或者交付代役租，还必须向西班牙国王纳税。印第安人实际上成为殖民者的奴隶。天主教会成为殖民当局的帮凶，使用各种手段胁迫印第安人皈依天主教，并霸占印第安人的大量土地。西班牙在危地马拉设立的宗教裁判所，对印第安人进行残酷迫害。西班牙在危地马拉建立的封建农奴制和各种清规戒律严重束缚了危地马拉生产力的发展。殖民者的横征暴敛引起危地马拉人民的强烈不满。印第安人不断举行起义，反对殖民统治。

殖民时期，土著印第安人种植的主要农作物是玉米、菜豆、辣椒、木薯、土豆和西红柿等，后来还种植了西班牙殖民者引入的小麦和大麦。16世纪末，埃克多·拉瓦雷阿从古巴进口了30头牛，马、驴、骡、山羊、绵羊和猪等也先后被引进来，危地马拉的畜牧业随之发展起来。与此同时，大庄园制成为大地主剥削和压榨土著印第安人的主要工具。西班牙殖民者驱使土著印第安人在韦韦特南戈、奇基穆拉德拉谢拉和阿卡萨瓜斯开采金矿，在韦韦特南戈、基切和韦拉帕斯开采银矿。因劳动时间长、条件差，大批印第安人劳累致死。1706年，恰帕斯省爆发了大规模的印第安人起义，给予殖民主义当局以沉重打击。

1678年，在危地马拉成立圣卡洛斯·波罗梅奥皇家和教皇大学（la Real y Pontificia Universidad de San Carlos Borromeo），它是美洲成立的第四所大学。

18世纪下半叶，危地马拉印第安人生产的蓝靛、胭脂红等染料，对欧洲纺织业的发展起了很大作用。

第三节　危地马拉独立和独立后的政权更迭

18世纪末19世纪初，拉丁美洲掀起了波澜壮阔的民族独立运动。1790年，海地首先爆发革命。1810年，西班牙和葡萄牙所属美洲殖民地出现了民族独立运动的浪潮。1810年9月16日，墨西哥独立之父、多洛雷斯爱国教士米格尔·伊达尔戈领导的（Miguel Hidalgo）敲响教堂大钟，发动反对西班牙殖民统治的大规模起义。伊达尔戈领导的起义被镇压后，他的部属何塞·莫雷洛斯继续领导反对殖民统治的斗争，控制了墨西哥南部的大部分地区。1813年11月6日，他在奇尔潘辛格宣布墨西哥为独立共和国。但在1815年，他领导的起义也遭到失败。1821年9月，阿古斯丁·伊图尔维德利以人民要求独立的愿望率军进入墨西哥城，宣布墨西哥脱离西班牙统治而独立。1822年，伊图尔维德自行加冕为皇帝奥古斯都一世。第二年3月，他被赶下皇帝宝座。1824年，墨西哥共和国正式成立。

拉丁美洲的民族独立运动和墨西哥革命对危地马拉产生了重要影响。1808年以后，在危地马拉、萨尔瓦多、尼加拉瓜等地区不断发生人民起义。例如，危地马拉贝伦修道院的一个牧师就把修道院当做起义者聚会的场所，但因计划泄漏，起义失败。1821年9月，墨西哥宣布独立的消息传到危地马拉，危地马拉举国欢腾，人民强烈要求脱离西班牙的殖民统治并获得独立。1821年9月15日，危地马拉督军加维诺·加因萨（Gabino Gainza）召开有大主教、牧师、检审庭法官、市政会议成员、军官等人参加的会议。大批群众聚集在督军府外，高喊要求独立的口号。尽管大主教等人反对独立，但在大多数与会者的强烈要求下，会议通过了由唐·何塞·塞西略·德拉巴列起草的《中美

第二章 历 史　　Guatemala

洲独立宣言》。伊图尔维德因被许诺担任总统，故在宣言上签了字。但在伊图尔维德的威迫下，1822年1月25日，中美洲诸省合并于墨西哥。6月，墨西哥军队开进危地马拉。1823年3月伊图尔维德被迫退位后，6月24日，原危地马拉都督辖区成立国民议会。7月1日，在国民议会召开的会议上宣布成立"中美洲联合省"（次年改成中美洲联邦），成员包括危地马拉、洪都拉斯、萨尔瓦多、尼加拉瓜和哥斯达黎加，首都为危地马拉城。恰帕斯没有加入联合省，而是并入了墨西哥。8月3日，墨西哥军队撤出危地马拉。

中美洲联邦成立后，代表新生资产阶级的自由党同代表大土地占有者和教士上层集团的保守党展开了争夺政权的激烈斗争。自由党人要求制定新宪法、没收教会财产和实行土地改革；保守党人则主张保留贵族土地和高级教士的特权。1823年年底开始执政的自由党成立了政府，1824年4月下令废除奴隶制；11月22日通过宪法，并于次日生效。1826年末，保守党上台执政。1829年4月，自由党人弗朗西斯科·莫拉桑率军攻入首都，推翻保守党的政权。1830年当选为中美洲联邦总统的弗朗西斯科·莫拉桑采取了一些进步措施，如宣布宗教信仰自由、将教会土地收归国有、开办学校和发展卫生事业等。他的改革得到危地马拉总统马里亚诺·加尔维斯（Mariano Galvez）的支持。加尔维斯在危地马拉发展农业，修筑铁路，并在危地马拉城建立了第一所师范学校。他还废除了教会的什一税，并规定自由贸易的权利。然而，由于自由党人害怕危地马拉人控制联邦政府，便把首都从危地马拉城迁往圣萨尔瓦多。1838年1月，危地马拉总统加尔维斯把权力交给副总统，迁居墨西哥，不再过问政治。

1838年4月，以拉斐尔·卡雷拉（Rafael Carrera）为首的保守党发动叛乱，击败莫拉桑的军队，中美洲联邦解体。1839年，卡雷拉宣布废除中美洲联邦条约，危地马拉遂成为一个单独的独立国家。卡雷拉成为危地马拉的第一个独裁者。卡雷拉是个胸无点墨、迷信而又凶残的保守分子，得到教会和贵族的大力支持。卡雷拉上台后，取消了自由党政府所进行的各项改革措施，后又颁布代表大地主和天主教会上层集团的利益的宪法。为了扩大地盘和权力，他先后发动1850～1853年对萨尔瓦多、洪都拉斯和尼加拉瓜的战争，1856年对洪都拉斯的战争，1863年对萨尔瓦多的战争。卡雷拉的独裁统治长达20多年，直到1865年卡雷拉病死。1865年5月，卡雷拉选定的接班人维森特·塞尔纳（Vicente Cerna）继任总统，继续实行维护大地主和教会利益的政策，引起人民的强烈不满。

1871年，自由党人发动政变，推翻了塞尔纳的保守党政府。在自由党人胡斯托·鲁菲诺·巴里奥斯1873～1885年执政期间，实施了一系列改革。他没收了大地主和教会的土地，免除向教会缴纳什一税，规定宗教信仰自由，禁止耶稣会和其他教会团体的存在，关闭修道院。在1879年颁布的宪法中，规定政教分离，进一步削弱了教会的权力。巴里奥斯提出了"一切为了进步，一切为扩大市场"的口号，采取多项发展经济的措施。他修筑了第一条铁路，开办了第一家银行，安装电力网和自来水，架设电话、电报和海底电报线，开放新港口。他发展教育事业，创建学校，实行免费的义务初级教育。巴里奥斯热衷成立联邦，但未得到其他中美洲国家的支持。1885年4月，巴里奥斯率军入侵萨尔瓦多时受伤，不治身亡。危地马拉人民为了纪念他对国家发展作出的贡献，在危地马拉城火车站广场竖立了他的塑像，建造了铁塔。

1898年，保守党人曼努埃尔·埃斯特拉达·卡夫雷拉（Manuel Estrada Cabrera）以副总统的资格接替被刺客枪杀的总统何塞·马里亚·雷纳·巴里奥斯（José María Reina Barrios）。据说卡夫雷拉得知总统被刺的消息时，马上掏出手枪，当众宣

第二章 历 史

布："诸位，我现在就是危地马拉总统了。"卡夫雷拉统治危地马拉 22 年，是危地马拉历史上的暴君之一。他中饱私囊，侵吞国家财产。他剥夺人民的自由权利，把军队、警察当做迫害人民的工具。他甚至把自己接任的日子定为国家纪念日。他凭借权势操纵选举，在 1904 年、1910 年和 1916 年三次赢得大选。在他执政期间，美国垄断资本加紧对危地马拉的渗透，控制了该国的经济命脉。根据 1901 年两国签订的条约，美国联合果品公司获得了经营危地马拉海运邮件业务的特权。该公司廉价攫取了最肥沃的土地并建立了大片的香蕉种植园。美国联合果品公司在危地马拉所获得的利润很快就超过了危地马拉国家预算的好几倍。1904 年，美国联合果品公司控制的"中美国际铁路公司"与卡夫雷拉政府签署协议，由该公司修筑从危地马拉城至奥科斯等港口的铁路，铁路及其设备、港口及附近的土地全部归该公司使用。危地马拉政府还赠送 5 万英亩土地给该公司，至 1999 年后危地马拉才有权收回。卡夫雷拉的倒行逆施，激起人民的反抗，曾发生多起暗杀他的行动，但都被他镇压下去。1920 年 4 月，在人民运动的强大压力下，卡夫雷拉终于被迫辞职。当年 9 月，大商人、大地产主卡洛斯·埃雷拉（Carlos Errera）就任总统，但他只在任两个多月便宣布辞职，成为危地马拉历史上任期最短的总统。

在 1921 年 12 月举行的大选中，何塞·马里亚·奥雷利亚那（José María Orellana）当选为新一任总统。奥雷利亚那执政期间实行了一些有利于国家发展的措施，如稳定金融秩序，成立银行，改善教育，建立图书馆，促进对农业的投资和农业生产的多样化，鼓励兴办工业，改善工人劳动条件等。1926 年 9 月，奥雷利亚那突发心脏病去世。

1926 年 12 月，前总统卫队指挥官拉萨罗·查孔（Lázaro Chacón）当选为危地马拉总统，1927 年 3 月正式就职，并于当

危地马拉

年年底颁布修改后的宪法。该宪法规定：不查封或没收政治犯的财产；每省至少选举一名议员；当选总统最低年龄为 30 岁，不得连任，其近亲不能接替总统职务，也不准继任下届总统等。查孔进行了一些改革：改善监狱条件，为犯人开设图书馆、学校和工厂；重视教育工作，建设各类专门学校，开展扫盲活动；制定佩滕等省的拓殖计划，给定居者土地和房屋；鼓励发展地方工业；改善航空、电讯事业等。1930 年，查孔因患脑病被迫退休。

1931 年 2 月，曾当过总参谋长和陆军部长的豪尔赫·乌维克·卡斯塔涅达将军（General Jorge Ubico Castañeda）竞选获胜，3 月上任，他从此开始了长达 13 年的独裁血腥统治。他禁止所有政党和工人组织的一切活动，封闭进步报刊。1932 年，他下令取缔共产党，对共产党人一律处以死刑。在乌维克统治下，不准组织工会，工人权利没有任何保障，工人和雇工每天工作长达十几个小时，而工资只有 5～25 个生太伏。1934 年，他颁布"游民法"。该法规定，凡耕种自己的土地或租佃土地不足 2.5 公顷的农民，每年至少要到大地主或外国公司的种植园里做 180 天的雇工，干不足天数者被视为"游民"，被关进监狱或强迫其从事最艰苦的公共工程的劳动。由于大部分农民没有或只有少量土地，该法的实施实际上是把他们置于农奴的地位。乌维克对大地产主给予很多特权，允许大地产主拥有武器装备，并用武器保护自己的产业。根据 1944 年 4 月的 2795 号令规定，地产主可随意枪杀未经允许进入其种植园的人而不受法律制裁。在他的统治下，法西斯分子可以自由活动，甚至公开举行检阅式。他因暴虐、残忍而被危地马拉人民称为"刽子手"。在对内实行高压政策的同时，乌维克对外屈从美国。他把大量土地、森林、水利和港口奉送给美国联合果品公司。仅 1933 年，美国联合果品公司在危地马拉获得的利润就达 1000 万美元。与此同时，美国加深了对危地马拉的控制。二战以后，美国几乎垄断了危地马拉全部

第二章 历 史

的对外贸易。乌维克长期独裁恐怖统治，激起社会各阶层的强烈不满，甚至在军队内部也出现了反对乌维克的集团。

第四节 1944 年革命和阿雷瓦洛与阿本斯的民主改革

1944 年 6 月，危地马拉爆发大规模的人民运动。圣卡洛斯大学学生率先走出校园，举行反对乌维克独裁政权的示威游行。随后，年轻爱国军官、工人、商人、市民都涌上街头，参加到反乌维克的行列中。在全国大罢工和群众运动的强大压力下，走投无路的乌维克被迫下台。以费德里科·庞塞·巴尔德斯（Federico Ponce Vaides）为首的三名将军组成的执政委员会接管了政权。然而，这个政权是换汤不换药，依然实行残酷镇压人民的政策，杀害大批爱国分子，并和乌维克保持密切的联系。爱国军人、学生和市民忍无可忍，1944 年 10 月 20 日举行声势浩大的武装起义，并迅速击溃政府军。乌维克和庞塞看大势已去，只得分别进入英国和墨西哥驻危地马拉使馆避难，随后逃往国外。陆军上尉阿本斯、商业集团的代表托列略以及总统禁卫军的军官阿兰纳三人组成革命委员会，掌握了国家政权。1944 年 12 月，危地马拉举行大选。新成立的人民阵线党候选人、反独裁政权的斗士胡安·何塞·阿雷瓦洛博士（Dr. Juan José Arévalo）得到 80% 以上选民的支持，以 25.6 万多选票对 2 万余票战胜竞争对手阿德里安·雷西诺斯，当选为总统，成为危地马拉历史上第一位经过直接选举产生的总统。

阿雷瓦洛青年时代就读于阿根廷的拉普拉塔大学，获哲学和教育学博士学位。1936 年起他曾在危地马拉教育部任职三年，因不满乌维克的独裁统治再次前往阿根廷，任土库曼大学文学系主任。后由于他反对阿根廷的军事独裁，失去了教授职位回国。

危地马拉

回到危地马拉后，阿雷瓦洛投身到反对乌维克独裁统治的群众斗争中，提出许多社会改革的主张，在人民中享有崇高威望。阿雷瓦洛执政后，组成了各种进步政治力量参加的内阁，阿本斯被委以国防部长的重任。

阿雷瓦洛1945年3月15日正式就任总统后，实施了一系列政治、经济和社会改革。他废除了旧宪法，成立了全国立宪会议。1945年3月11日，全国立宪会议颁布了新宪法，表达了人民渴望民主和自由的愿望。新宪法第一条明确规定，"危地马拉是自由、自主和独立的"、"一个以保证它的居民能享有自由、教育、经济福利和社会正义为主要目的而组织起来的共和国"。新宪法赋予18岁以上的公民以选举权（妇女文盲除外），招聘公务员不受年龄、性别的限制，男女同工同酬，取消在性别、种族、宗教、肤色、阶级上的歧视，保证言论、出版、集会的自由。新宪法含有保障劳动者权益的条款，规定定期修改最低工资，实行每周6天工作制，白班工作每周不超过48小时，夜班工作每周不超过36小时，每年的假期、妇女产假工资照发。新宪法禁止现役军人当选总统或进入议会；由国会决定军队的总司令人选，总统任期6年，不得连任，相隔12年后方可再任总统。此外，新宪法还包括废除大庄园制、发展国民经济、限制外国垄断资本和改善人民生活等内容。

新宪法公布后，1946年出台了"社会保障法"，根据该法，建立了社会保障协会。政府将通过实行粮食分配，建立学校和医院，修建住宅，开办孤儿院，开展扫盲运动等多种措施改善人民的生活条件。到1950年，在危地马拉享受社会保险的已达7万多人。1947年初和当年10月颁布了"劳动法典"和"劳动法规"，进一步通过立法保护工人的权益，如规定职工加班须付给原工资一倍半的加班费；一周工作6日，共45小时；商店星期六下午关门，对关门时间照常工作的人须付加班费，并给予补假。阿雷瓦

第二章 历 史　Guatemala

洛致力于发展危地马拉的工会组织，他邀请墨西哥工人联合会派人到危地马拉帮助组建工会。1945年，很短时间内便在首都成立了由工人、职员、农业工人组成的全国工会的统一组织——危地马拉第二联合会，会员达5万多人。1950年的"五一"国际劳动节，阿雷瓦洛亲自检阅了劳动人民的游行队伍。1949年颁布了"石油法"，以保护本国的资源。该法规定："危地马拉的石油资源，只有国家、危地马拉人和民族资本占主要部分的危地马拉公司才有权开采。"1949年，阿雷瓦洛承认共产党为合法政党。

在对外政策上，阿雷瓦洛坚持独立自主、维护国家主权的方针。1945年，危地马拉与苏联建立了外交关系。1950年4月，危地马拉政府要求美国召回干预内政的美国大使小里查德 C.帕特森。在阿雷瓦洛执政期间，危地马拉还同多米尼加共和国特鲁希略独裁政府、尼加拉瓜索摩查独裁政权断绝了外交关系。

在1950年10月10～12日举行的大选中，年仅37岁的哈科沃·阿本斯·古斯曼（Jacoba Arbenz Gusmán）以24.3万选票的绝对多数票当选总统，接替任期届满的阿雷瓦洛。

阿本斯1913年生于克萨尔特南戈城，父亲是移居危地马拉的瑞士医药商，母亲是土生土长的印第安人。他青年时代曾在国立军事学校学习，成绩优秀，且喜好马球、拳术等运动。1939年，他与一个咖啡园主的女儿结婚，曾在国家军事学院任教。阿本斯阅读过大量进步书籍，受到社会主义思想的深刻影响。他积极参加反独裁斗争，曾是三人革命委员会的成员之一。阿雷瓦洛执政后任命他为国防部长。1950年2月，他辞去国防部长职务，参加大选，成为城市小资产阶级和知识分子组成的革命行动党和代表中小资产阶级利益的人民解放阵线联合提名的总统候选人。他在竞选中许诺，将继续为工人利益而战斗，并给农民分配土地。他的竞选纲领赢得广大群众的好感，从而一举击败旧军人弗恩特斯等总统候选人，在大选中摘桂。

危地马拉

阿本斯在 1951 年 2 月举行的总统就职仪式上郑重宣布，他将继承前任阿雷瓦洛的政策，把民主改革推向前进。阿本斯没有辜负自己的诺言，上台伊始便进行了大刀阔斧的改革。

首先，阿本斯改变土地高度集中的不合理现象（2%的家庭占有全国土地的70%），实行土地改革。1952 年 6 月 17 日，危地马拉国民议会通过了"土地改革法"，即第 900 号令。该法规定：废除一切形式的农奴制和奴隶制；成立土地委员会，负责推行土地改革；征收所有面积在 180 公顷以上或有 1/3 面积没有耕种的大庄园，政府发给年息 3 厘、25 年期的"土地改革公债券"；土地分配给农业工人和无地、少地的农民。该法要求增加农业信贷，鼓励农民使用先进技术，保证向他们提供耕畜、种子和化肥。根据土地部的报告，土地改革法实施一年后，有 110 个国营农场的土地分给了无地农民，49 个农场改为合作社，61 个农场的 43 万英亩土地分给了 9000 个农民，还有 3000 万英亩的私人土地被征用。[①] 征收的土地主要属于大地产主和美国联合果品公司，因为美国联合果品公司在危地马拉占有的土地中有 85% 没有耕种。1953 年 2 月，危地马拉政府征收了美国联合果品公司在蒂斯萨特的 23.4 万英亩土地；同年 8 月，征收了该公司在大西洋沿岸的 17.4 万英亩土地。阿本斯以身作则，他妻子陪嫁过来的 700 多公顷土地也被征收。[②] 到 1954 年年中，全国已有 5.5 万多无地或少地农民分得了 55 万多公顷的土地。农民通过土改获得了土地，生产积极性空前高涨。大土地所有者害怕土地闲置而被征用，扩大了种植面积。这样，危地马拉过去依靠进口的玉米、稻米、棉花等农产品在土改后不久已能自给自足，全国农业产值在两年内增

[①] 〔美〕艾米·伊·詹森：《危地马拉历史概况》，天津人民出版社，1973，第 286 页。

[②] Carme Miret, Eduardo Suarez, Antonio Vela, *Rumbo a Guatemala*, Editorial Laertes, 1998, p. 36.

第二章 历 史

加了 2900 万美元。

其次,阿本斯重视基础设施的建设,努力摆脱外国垄断资本,特别是美国联合果品公司的控制。1951 年 7 月,阿本斯耗资 1.65 万美元,修建一条与美国联合果品公司的铁路相平行的公路。1953 年 10 月,又将这条铁路收归国有,并在租约期满后收回巴里奥斯、圣何塞、切佩里科等重要港口的主权。1954 年 2 月,危地马拉政府公布电气化计划,准备修建新的发电厂。阿本斯的改革措施取得成效,该国的国民生产总值从 1944 年革命前的最高额 1.31 亿美元增至 1952 年实行土改后的 5.58 亿美元。民族资本迅速增长,在 1946~1953 年间增加的 2.6 亿格查尔私人投资中,民族资本占 90%。

再次,阿本斯重视文教卫生事业的发展。1953 年投入的教育经费比 1943 年增加了 8 倍。当年全国已有 3788 所小学,入学儿童 21 万人。阿本斯支持大学自治,提高大学教师的地位,在大学中增设化学、经济学等新学科;开办了人民大学、工人夜校、艺术学院;建立了博物馆、图书馆、社会历史研究所等。1954~1955 年国家卫生保健方面的预算为 600 多万格查尔,占全部预算总额的 8.8%。在他执政期间,兴建了不少医院。1952 年,新建医疗中心 67 个,床位 8665 张。

在对外关系方面,阿本斯坚持独立自主、维护国家主权的外交政策。危地马拉敢于与美国进行针锋相对的斗争。1954 年 2 月 2 日,危地马拉政府将恶意攻击危地马拉的《纽约时报》记者西德尼·格鲁森和美国全国广播系统的马歇尔·F. 班内尔驱逐出境。同月,危地马拉政府破获受美国和尼加拉瓜独裁者安纳斯塔西奥·索摩查支持的阴谋集团,粉碎了他们的颠覆计划。在 1954 年 3 月举行的第 10 届泛美会议上,危地马拉外长吉列尔莫·托列略(Guillermo Toriello)强烈谴责美国国务卿约翰·福斯特·杜勒斯对危地马拉的攻击,并发表讲话说,"危地马拉绝

危地马拉

不允许任何国家、任何组织以任何借口干涉我们的内政"。朝鲜战争期间,阿本斯政府拒绝美国让危地马拉派兵参战的要求;危地马拉国会议长率 21 名议员联名致电朝鲜民主主义人民共和国,支持朝鲜的抗美战争。1953 年,危地马拉代表团参加了在北京举行的世界和平大会。

阿雷瓦洛和阿本斯的改革措施保护了劳动人民的利益,推动了本国经济的发展和社会的进步,沉重打击了国内大地产主和外国垄断资本,特别是美国联合果品公司的利益,引起他们的强烈不满。危地马拉的民主改革深入人心,在拉美地区的影响越来越大,也使美国惴惴不安。美国参议院外交委员会主席、参议员亚历山大·威利公开说:"共产主义已在危地马拉建立了牢固的桥头堡"。在共同利益的驱使下,危地马拉国内的反政府分子与国外反危势力联合在一起,加强对危地马拉的反政府活动,千方百计推翻阿本斯政权。1951 年 7 月,天主教会以反对政府任命天主教修女慈善教团创办的孤儿院院长为借口,煽动居民举行示威游行,并发生流血冲突。1952 年 3 月,反政府组织国民民政委员会与联合协作委员会在首都组织了反政府游行示威,有 10 万多人参加,后又蔓延到其他地区。1953 年 2 月,3000 多名反政府分子聚集在总统府前广场,高呼反政府口号,烧毁危地马拉宪法。1954 年 4 月,大主教马里亚诺·罗塞尔·阿雷利亚诺发表公开信,号召推翻阿本斯政府。

在反政府活动和内部颠覆无法撼动阿本斯政权的情况下,美国和危地马拉反政府势力又把希望寄托在军事入侵危地马拉上。在阿雷瓦洛和阿本斯执政时期,一些反政府军人逃往洪都拉斯、萨尔瓦多和墨西哥等国。他们在美国大力支持下组织反革命武装,策划入侵危地马拉。反革命武装的头目是做过美国联合果品公司职员的卡洛斯·卡斯蒂略·阿马斯(Carlos Castillo Armas),以及前空军司令门多萨·阿苏迪亚上校、前国防部长米格尔·安

第二章 历 史

赫尔·门多萨上校等人。

  阿马斯毕业于危地马拉综合军工学校,曾在利文沃斯要塞的参谋指挥人员学院学习。1950年11月,他发动军事叛乱,进攻曙光军事基地。叛乱失败后被判处死刑。1951年,他越狱逃跑,网罗流亡在洪都拉斯、萨尔瓦多和墨西哥的前危地马拉军人,组成"解放军",并吸收反政府的学生和工会人士参加。

  1953年8月,美国中央情报局秘密制定了推翻阿本斯政府的计划——"成功行动",并得到美国总统艾森豪威尔的批准。[①] 美国中央情报局在尼加拉瓜设立了两个训练营(分别在索摩查庄园和马那瓜湖畔的一个火山岛上),训练危地马拉反政府分子从事破坏活动。同时,在尼加拉瓜首都马那瓜附近建立电台营,在危地马拉周围设置5个通讯站。美国中央情报局利用上述电台煽动危地马拉人起来造反,并对危地马拉电台进行干扰。美国中央情报局还在危地马拉和周边国家招募雇佣军,向阿马斯领导的"解放军"提供武器弹药,甚至还有飞机。美国中央情报局向阿马斯提供每组由12名士兵组成的10支空降部队,并答应提供30万美元资助他入侵危地马拉。

  1954年6月中旬,阿马斯认为入侵危地马拉的时机已到,在洪都拉斯首都特古西加尔巴建立了叛军司令部。6月18日,阿马斯兵分两路攻入危地马拉。与此同时,美国中央情报局配合"解放军"的行动,出动飞机对危地马拉城、奇基穆拉、瓜兰和萨卡帕等地进行狂轰滥炸,恐吓阿本斯政府和危地马拉人民。阿本斯亲自指挥武装部队奋勇抵抗入侵者,派遣精兵良将前往萨卡帕迎敌。危地马拉政府还把工人、农民组织起来,向他们分发枪支。工人成立了民团防卫部队,全国农民联合会则组织起农民义

[①] Richard H. Immerman, *The CIA in Guatemala: The Foreign Policy of Intervention*, Austin, 1982, p. 134.

危地马拉

勇军,与武装部队一起保卫民主政权。农民武装在阿蒂特兰湖附近活捉了叛军的空降兵。面对人民的英勇抵抗,阿马斯率领的叛军仅向危地马拉渗透了40公里,再也未能前进一步。然而,由于美国的欺骗宣传和对首都的轰炸,特别是军队内部的分裂和政变,摧毁了民主政权。6月27日,三名军官逮捕了阿本斯,阿本斯被迫宣布辞职(1954年9月9日前往墨西哥避难)。以参谋长恩里克·迪亚斯(Enrique Díaz)上校为首的军政府委员会接管了政权。6月29日,他又被内务部代理部长埃尔费戈·蒙松(Elfego Monzón)上校所取代。6月30日,蒙松军政府同阿马斯在萨尔瓦多总统府举行会谈,两天后签署和平协议。根据协议,成立了以蒙松为首、包括阿马斯在内的五人军政府委员会,阿马斯的"解放军"将加入正规军并开进首都危地马拉城。7月4日,军政府宣布与苏联、波兰、捷克斯洛伐克等社会主义国家断绝外交关系。7月8日,阿马斯成为临时总统。

第五节 军事独裁统治下的危地马拉

阿马斯上台后重新恢复了亲美独裁统治,解散左翼政党、进步团体和组织,禁止一切政治活动,大肆逮捕和屠杀进步人士,取消了1945年宪法,废除了"土地法",把分给农民的土地归还给美国联合果品公司,还给予美国联合果品公司新的土地租让权和降低30%所得税的待遇。1954年10月10日举行的大选中,阿马斯当选为危地马拉总统。阿马斯的高压政策并未能使人民屈服,国内不断掀起反对独裁统治的斗争。1957年7月26日,阿马斯在国民宫被自己的卫兵打死。阿马斯死后,路易斯·阿图罗·冈萨雷斯·洛佩斯(Luis Arturo González López)从7月27日至10月25日、吉列尔莫·弗洛雷斯·阿文达尼奥(Guillermo Flores Avendaño)从1957年10月28日至1958年3月2

日的短期执政。

在 1958 年进行的大选中，绰号"老狐狸"的米格尔·伊迪戈拉斯·富恩特斯将军（Gen. Miguel Ydígoras Fuentes）当选为总统。在乌维克独裁统治时期，伊迪戈拉斯曾参与迫害印第安人，实施臭名昭著的"游民法"。古巴革命胜利后，他秉承美国的意旨，使危地马拉成为第一个与古巴断交的拉美国家，并在危地马拉国土上建立了反古巴基地。在他执政时期，贪污腐败成风，社会严重动荡。1960 年 11 月，马塔尔诺罗斯的 3000 多名驻军发动起义，因美国的干涉和缺乏援助而失败，一些起义者躲进深山密林，继续进行斗争，后成立了"一一·一三"革命运动，组成了危地马拉第一支游击队。1961 年 5 月，危地马拉劳动党（原危地马拉共产党）确定了武装斗争的方针。1962 年 3、4 月份危地马拉发生了争取民主运动的浪潮，史称"三四月危机"。危机的起因是危地马拉人民被伊迪戈拉斯的选举骗局所激怒，举行了两个月的罢工、罢课，使首都地区陷入混乱。在争取民主运动期间，危地马拉各派民主进步力量建立了革命行动委员会。危地马拉劳动党成立了自己的游击队组织——"一〇·二〇"总队。1962 年 12 月，全国各游击队组织建立了统一的武装力量"起义军"（FAR）。

1963 年 3 月，逃亡在外的前总统阿雷瓦洛在"四四"革命民族主义党、民主统一党和革命党的支持下返回危地马拉，准备参加总统选举。军方和特权阶层害怕阿雷瓦洛再次当选，在阿雷瓦洛抵达的第二天，国防部长恩里克·佩拉尔塔·阿苏迪亚上校发动军事政变，推翻了伊迪戈拉斯政府，建立起军事独裁统治。他中止了宪法，解散了国会，停止一切政党活动。1964 年成立立宪大会。同年 9 月，阿苏迪亚创立了官方党——民主制度党。1965 年 9 月和 10 月立宪会议通过阿苏迪亚炮制的新宪法和选举条例，规定民主制度党、民族解放运动和革命党为合法党，禁止

危地马拉

其他政党的活动。在1966年大选中，出乎阿苏迪亚的预料，革命党候选人胡利奥·门德斯·蒙特内格罗博士（Dr. Julio Méndez Montenegro）胜出。在门德斯和军方达成保留军方特权和镇压游击队的幕后交易后，1966年7月1日，门德斯登上总统宝座。尽管门德斯曾参加过1944年民主革命，但他却与军方联系密切，残酷镇压游击队的活动。在美国特种部队的支持下，国防部长卡洛斯·阿拉纳·奥索里奥（Carlos Arana Osorío）率领的政府军实行镇压游击队活动的"反暴动"行动。仅在1966~1968年间，就有1.5万人被屠杀。在门德斯政府的残酷镇压下，危地马拉游击队的活动暂时处于低潮。

1970年7月，镇压游击队活动有功的卡洛斯·阿拉纳·奥索里奥上校（后升为将军）作为民族解放运动（MLN）的候选人，当选危地马拉总统。此后，军人长期把持政权。在1974年、1978年和1982年的大选中，军人通过舞弊连续当选总统。基耶尔·劳赫鲁德·加西亚将军（Gen. Kjell Laugerud García）在1974~1978年执政。1978~1982年费尔南多·罗米欧·卢卡斯·加西亚将军（Gen. Fernando Romeo Lucas Garcia）执政。1982年3月7日举行的大选中，卢卡斯安排的民族解放运动候选人、国防部长安赫尔·阿尼瓦尔·格瓦拉将军（Gen. Angel Anibal Guevara）当选为总统。人们普遍认为，是卢卡斯导演了选举骗局。3月23日，右翼青年军官发动政变，推翻了卢卡斯政府，也阻止了格瓦拉将军在7月上台执政。政变军人成立了以何塞·埃弗拉因·里奥斯·蒙特将军（Gen. Jose Efrain Rios Montt）为首的三人执政委员会。1982年6月，里奥斯·蒙特解散执政委员会，担任危地马拉总统。1983年8月8日，国防部长奥斯卡·温贝托·梅希亚·维克托雷斯将军（Gen. Oscar Humberto Mejia Victores）发动政变推翻了蒙特政府。

在军人集团连续把持危地马拉政权期间，军队勾结大地产

第二章 历 史　Guatemala

主、大企业家大肆霸占印第安人的土地,把印第安人逐出家园。包括总统在内的许多军政要员通过抢占农民土地,成为大地产所有者。据统计,1979年,当时的总统卢卡斯·加西亚上校占有32780公顷土地;前总统基耶尔·劳赫鲁德·加西亚占有1.6万公顷土地;前陆军总参谋长戴维·坎西诺将军占有2.3万公顷土地;国防部长托·施皮格勒占有1.5万公顷土地。军队在抢夺农民土地的过程中,残酷镇压起来反抗的印第安人。1978年5月29日发生了危地马拉历史上有名的"潘索斯惨案"。这一天,几百名手无寸铁的印第安人前往潘索斯市市长官邸,要求发给他们土地证,以避免被驱逐出自己的土地。然而,当印第安人的队伍来到潘索斯市中心广场时,却遭到军队的机枪扫射,当场打死100多人,其中包括不少妇女和儿童。在土地被侵占、亲人被屠杀的情况下,沉寂了十来年的游击队东山再起。1972年1月,基切省出现了"穷人游击队"(EGP)。1978年9月,在奇马尔特南戈省和索洛拉省出现了"武装人民革命组织"。随着1979年7月尼加拉瓜革命的胜利,危地马拉人民的武装斗争更加高涨。1980年1月发生武警部队野蛮袭击西班牙使馆、21名和平请愿者以及大批西班牙使馆人员被屠杀事件后,农民团结委员会、革命工人中心等群众组织共同成立了"1月31日人民阵线"。1982年1月,该组织与"三联游击队"(穷人游击队、劳动党游击队和起义军三个组织的联合)成立了"危地马拉全国革命联盟"(Unidad Revolucionaria Nacional Guatelmalteca),并提出了五点纲领:彻底杜绝对人民的镇压,确保公民享有生存与和平的人类最高权利;结束国内外大富豪镇压者对危地马拉的经济、政治统治,为满足大多数人民群众的基本需要而奠定基础;消灭文化压迫和歧视,确保土著人和拉迪诺人之间的平等;建立一个新社会,在这个社会中,政府将由所有爱国的、人民民主阶层的代表组成;保证在人民自决基础上实行当今世界上贫穷国家发展所需的不结盟和国际合作的政策。与此同时，1982年2月，"反镇压民主阵线"同"1月31日人民阵线"联合组成"危地马拉爱国团结委员会"，号召人民起来推翻军政权。

面对游击队控制的区域越来越大，游击活动越来越多，军政府的镇压也越来越残酷。特别是在1982年6月至1983年8月蒙特执政时期，实行了骇人听闻的"焦土政策"。蒙特上台后不久，便建立起一支亲政府的印第安人国民自卫巡逻队（PAC），开始代号为"胜利"的战役。他派军队占领并烧毁了游击区的村庄，把那里的居民全部赶出家园，将他们押往所谓的"现代村"，以此制造无人区，掐断对游击队的供应。仅蒙特执政的前6个月中，就有2600人死于政府军之手。1983年初，估计有10万人逃往墨西哥避难。1983年3月，纳乌拉又有300印第安人被杀。① 此外，还有几十万农民逃进深山老林。在"胜利"战役后，蒙特又发起代号为"稳固"的战役，旨在摧毁游击区印第安文化的影响。他实行"步枪加菜豆"政策，一边向忠于政府的印第安国民自卫巡逻队供应食品和药品，招募新兵；一边加紧镇压游击队，在各省设立军区，加强对农村的控制。

蒙特的政策和国内经济危机激起人民的强烈不满，在他执政的短短一年多时间内，发生多起未遂政变。1983年8月8日，蒙特终于被国防部长奥斯卡·温贝托·梅希亚·维克托雷斯将军（Gen. óscar Humberto Mejía Victores）发动的政变赶下台。

梅希亚执政后，在拉美民主化浪潮的推动下，为了缓和国内的尖锐矛盾，平息人民对军队的不满，取消了秘密法庭和新闻审查，宣布对游击队实行大赦，同意修改宪法，举行大选，还政于民。1984年7月，危地马拉举行了立宪大会的选举，1985年5月颁布新宪法。1985年11月举行总统、国会和331个市市长的

---

① *The Europa World Year Book 2002*, p.1662.

选举。8位总统候选人参加了大选，竞争主要在基督教民主党候选人马科·比尼西奥·塞雷索·阿雷瓦洛（Mario Vinicio Cerezo Arévalo）和全国中心联盟（UCN）候选人豪尔赫·卡皮奥·尼科列（Jorge Carpio Nicolle）之间展开。由于没有一个候选人获得多数选票，在12月举行了第二轮总统选举。其结果是，塞雷索以68%的得票率当选为总统，基督教民主党成为国会中的多数党，其成员赢得大多数市长职位。从此，危地马拉结束了1954年以来军人统治的局面，开始了文人执政时期。

第六节　艰难的文人执政道路

律师出身的塞雷索任基督教民主党总书记，曾遭受军政府的迫害。1986年1月执政后，他实行全国和解政策，1987年6月成立了全国和解委员会（CNR）。在当年10月，危地马拉政府开始与游击队代表在西班牙进行谈判。在经济方面，塞雷索提出"新自由经济战略"，表示要满足人民在经济、文化和生活方面的基本需要；在外交上，他宣布实行"积极中立"的中美洲政策，主张"让尼加拉瓜人民自己处理自己的事务"。然而，塞雷索并未能摆脱军队的控制。在军队的压力下，他几次中断与游击队的谈判，拒绝危地马拉全国革命联盟的停战建议，使内战继续下去。1989年1月，危地马拉又出现一个新的左翼组织——城市革命突击队（Comando Urbano Revolucionario），政治局势更加动荡。军队对塞雷索也并不满意，几次卷入推翻塞雷索的未遂政变。1990年3月，全国和解委员会与全国革命联盟在挪威的奥斯陆恢复会谈，讨论游击队组织加入国家政治进程问题。同年6月，双方在西班牙首都马德里再次会晤。在这次会晤中，危地马拉全国革命联盟保证不破坏11月的总统大选，并同意参加修改宪法的立宪大会。10月，最高法

危地马拉

院根据参加过军事政变的人不能充当总统候选人的宪法规定,剥夺了前总统里奥斯·蒙特的候选人资格。在 11 月举行的总统大选中,由于参选的总统候选人都没有得到足够的票数,1991 年 1 月 6 日举行由两名得票最多的候选人参选的第二轮选举:一个是团结行动运动(MAS)的候选人豪尔赫·塞拉诺·埃利亚斯(Jorje Serrano Elías),另一个是全国中心联盟(UCN)的候选人豪尔赫·卡皮奥·尼科列(Jorje Carpio Nicolle)。塞拉诺获 68%的选票,赢得第二轮选举的胜利。但在国会选举中,团结行动运动只获得 116 席中的 18 席,当选总统塞拉诺只得同全国进步计划(PAN)和社会民主党(PSD)组成联合政府。

塞拉诺接任总统,是危地马拉独立 170 年以来首次文人之间的政权交接。他决定恢复同危地马拉全国革命联盟的和平谈判。1991 年 4 月 24 日,双方代表在墨西哥的奎尔纳瓦卡举行了三天会谈。双方同意进行和平谈判,尽快达成一项持久的和平协议。1992 年 8 月,塞拉诺政府与危地马拉全国革命联盟在墨西哥城继续谈判,政府同意制止国民自卫巡逻队扩大人数。11 月,在全国革命联盟许诺将签署和平协议的情况下,政府接受该联盟提出建立一个调查破坏人权情况的委员会的建议。1993 年 1 月,塞拉诺宣布将在 90 天内与全国革命联盟签订和平协议,保证届时将实现停火。全国革命联盟要求将军队人数削减一半,解散国民自卫巡逻队,将破坏人权的军官解职。政府则要求全国革命联盟解除武装。5 月 25 日,谈判因塞拉诺发动"自我政变"而中断。当时,公众不满政府实行的紧缩措施,对政府的信心严重下降,首都一万多人举行集会,要求塞拉诺辞职。在一批军人的支持下,塞拉诺以国家陷于混乱、贪污腐败盛行为由,停止执行宪法,解散国会和最高法院,自己独掌大权。塞拉诺的"自我政变"受到国内外的一致谴责,美国也中断了曾许诺给危地马拉 3000 万美元的援助。在社会各界的反对和压力下,军队改变了支持塞拉诺的态度。

6月1日,塞拉诺被迫辞去总统职务,随后逃往萨尔瓦多。

副总统古斯塔沃·阿道夫·埃斯皮纳·萨尔格罗(Gustavo Adolfo Espina Salguero)欲接任总统,但遭到国会的反对,宪法法院判决他没有资格任总统。于是,在新总统选出前,国防部长何塞·多明戈·加西亚·萨马约阿将军(Gen. José Domingo García Samayoa)暂时执掌政权。6月3日,除国防部长加西亚、内政部长弗朗西斯科·佩尔多莫·桑托瓦尔(Francisco Perdomo Sandoval)外,原塞拉诺内阁人员全体辞职。根据宪法法院的命令,国会选举新的总统。经过两轮投票,人权检察官拉米罗·德莱昂·卡皮奥(Ramiro de León Carpio)当选为总统,行使塞拉诺余下的任期。

1993年8月底,德莱昂总统要求国会和最高法院自动辞职,旨在根除国家机构的腐败,恢复人民对政府的信任。他的要求导致国会分为两派:一派是38名议员集团,属于基督教民主党和无党派人士,他们赞成116名议员全部自动辞职;另一派是70名议员集团,称为国会大集团,分属团结行动运动、全国中心联盟、全国进步计划和危地马拉共和阵线,他们只同意解除被定为腐败的16名议员的职务。德莱昂要求最高选举法院在11月28日举行全民公决,但在11月初宪法法院下令不进行全民公决。经过危地马拉主教会议的调停,11月中旬,政府与国会达成妥协。国会通过了宪法的修改草案。1994年1月30日,公民投票批准了宪法改革。4月初,宪法改革生效,宪法修改内容包括:总统、国会和市长任期从6年缩短至5年,国会席位从116席减为90席(后最高选举法院确定减为80席),在国会和司法部门遏制腐败的措施等。

1994年1月,德莱昂政府与危地马拉全国革命联盟在墨西哥举行的会谈中达成协议,决定以1991年4月双方在墨西哥达成的议事日程为基础,继续进行正式和平谈判。3月底,双方规定了最终和平协议的时间表,签署了人权协定,并就取消非法的

危地马拉

安全部队、加强人权机构、停止义务兵役制以及联合国人权使团核查协议实施情况达成协议。6月,双方在挪威的奥斯陆举行的会谈中,达成安置内战中逃往国外的难民(估计为100万人)、建立调查内战期间破坏人权情况的澄清历史委员会(CEH)的协议。8月,全国革命联盟退出和平谈判,抗议政府未遵守3月达成的人权协议。此时,国内的游击活动有所增多。11月,双方重新开始会谈。然而,德莱昂执政时期的和平进程并未取得很大进展。

1994年8月举行的议会选举中,退役将军何塞·埃弗拉因·里奥斯·蒙特领导的危地马拉共和阵线(FRG)赢得32席,全国进步计划获得24席,基督教民主党获得13席,全国中心联盟获得7席,全国解放运动(MLN)获得3席,民主联盟(UD)获得1席。12月,蒙特当选为国会主席。蒙特的当选引起人权组织的抗议,他们认为蒙特要为其执政时期的反叛乱活动导致1.5万人死亡负责。1995年6月,蒙特要求成为总统候选人。8月,最高选举法院判决蒙特没有选举资格,最高法院则判决停止蒙特4个月国会主席职务,以回答有关对他滥用职权和破坏宪法的指控。

1995年11月12日,危地马拉举行总统和议会选举。以新危地马拉民主阵线(FDNG)为代表的左翼党派40多年来第一次参加了选举,过去一直抵制选举的全国革命联盟宣布在选举期间单方面停火。这次选举又没有候选人得到50%以上的选票,得票最多的全国先锋党(PAN)候选人阿尔瓦罗·恩里克·阿尔苏·伊里戈延(álvaro Enrique Arzú Irigoyen)和危地马拉共和阵线候选人阿方索·安东尼奥·波蒂略·卡夫雷拉(Alfonso Antonio Portillo Cabrera)参加第二轮角逐。在议会80席选举中,先锋党获43席,危地马拉共和阵线获21席,全国联盟(AN)获9席,新危地马拉民主阵线获6席,全国解放运动获1席。

第二章 历 史

1996年1月7日举行第二轮总统选举，阿尔苏以51.22%得票率的微弱多数获胜。

阿尔苏是控制危地马拉经济命脉的八大家族之一的"阿尔苏家族"的主要成员，1980年加入全国解放运动，从此步入政坛，后因与该运动领导人政见分歧而被开除。离开全国解放运动后加入全国革新党，1982年作为该党候选人当选危地马拉市市长，后因发生军事政变未能就职。1986～1990年和1991～1992年两次出任危地马拉市市长。1990年创立全国先锋党，并任该党领袖。1991年1～9月任政府外交部长。

1996年1月14日阿尔苏就任总统后，提出促进和平和国家的发展。他改组最高军事司令部，撤换反对和平谈判的军官。2月末，阿尔苏在墨西哥城会晤全国革命联盟统帅，这是70年代初以来危地马拉总统第一次同游击队领导人见面。双方的谈判取得突破性进展，达成"非正式停火协议"。5月6日，双方又签署"土地问题和社会经济问题协议"，将成立一家为农民提供资金的农业银行，并成立确定土地所有权的土地登记处。阿尔苏政府保证4年内将卫生与教育开支提高1倍。危地马拉全国革命联盟则许诺停止向地产主和企业征收保护费。这两个协议的签订加快了危地马拉的和平进程，为最终签署永久性和平协议奠定了基础。8月，国民自卫巡逻队开始停止活动。9月，阿尔苏政府和危地马拉革命联盟在墨西哥城签署"加强民主力量和关于军队在民主政体中的作用的协议"。协议规定，所有军事和情报机构都要服从政府的管理，充实警察部队，把军队人数缩减至1997年人数的1/3，取消国民自卫巡逻队。12月初，国民自卫巡逻队完全停止活动。12月29日，阿尔苏政府和危地马拉革命联盟正式签署了"永久和平协定"，从而结束了长达36年、超过14万人丧生、7万人失踪、数十万人沦为难民的内战（仅1977～1982年间，就有10万人被杀，3.8万人失踪，440个村庄被摧毁，10

危地马拉

万儿童成为孤儿,5万多人逃往国外①)。1997年1月20日,联合国安全理事会通过第1094(1997)号决议,设立危地马拉核查团,核查危地马拉政府与危地马拉革命联盟之间的最后停火执行情况。随后,联合国安理会派遣155名联合国军事观察员前往危地马拉。这批军事观察员由来自阿根廷、瑞典和加拿大等18个国家的非军事人员组成,任期为3个月,其任务是监督危地马拉政府和全国革命联盟1996年12月达成的"永久和平协定"的执行情况。核查团于1997年5月撤出危地马拉。1997年2月,危地马拉成立澄清历史委员会,决定从当年8月开始调查过去破坏人权的情况。3月,国会通过"国有企业私有化法"。5月2日,在联合国和平使团的监督下,全国革命联盟上交了所有武器。6月,昔日的游击队组织危地马拉全国革命联盟注册为政党。1998年12月,危地马拉全国革命联盟正式成为合法政党。尽管签署了和平协定,但危地马拉仍存在诸多问题。1999年5月16日,危地马拉举行关于修改宪法的公民投票,就有55.6%的人投票反对,使宪法的修改搁浅。

1999年11月7日,进行总统和议会选举。由于没有一个候选人的票数超过选票的50%,得票领先的危地马拉共和阵线候选人阿方索·安东尼奥·波蒂略·卡夫雷拉和全国先锋党候选人贝尔赫·佩尔多莫(Berger Perdomo)进行了第二轮竞选。在议会选举中(议员席位从80席增至113席)危地马拉共和阵线获63席,全国先锋党获37席,新民族联盟(Alianza Nueva Nación)获9席,危地马拉基督教民主党获2席,自由进步党(Partido Liberal progresista)和绿色组织(La Organización Verde)

---

① C. Navarrete, "Una investigación fuera de curriculum: las matanzas indígenas en los altos Cuchumatannes," Huehuetenangos La Etnología: *temas y tendencias*, México, Universidad, Nacional Autónoma de México, 1988, p. 207.

第二章 历 史

各获1席。同年12月26日举行的第二轮总统选举中,阿方索·波蒂略击败执政党全国先锋党候选人贝尔赫,以66.59%的选票获得胜利。

阿方索·波蒂略1951年9月25日出生在危地马拉东部萨卡帕省。他在危地马拉圣卡洛斯大学学习法律时,曾参加左翼政治活动,多次发表反对军方实施暴力的文章。1971年因遭军方追捕,被迫流亡墨西哥。他在墨西哥国立自治大学攻读法学、社会学和经济学,获法学硕士学位,毕业后在墨西哥一些大学任教。1989年,波蒂略回国后步入政坛。1991年他参加危地马拉基督教民主党,不久即任该党总书记助理。在1994年议会选举中,波蒂略当选为国会议员,任国会市政、经济、外贸和一体化委员会主席。他是基督教民主党内革新运动的带头人,被称为该党的"皇太子"。波蒂略在党内发动的改革未获成功,于是加入危地马拉共和阵线。1995年8月底,共和阵线提名他为总统候选人,但在大选中遭到失败。在1999年大选中,他提出了"以改革促进国家的发展,巩固民主进程和履行1996年为结束长达36年的内战达成的各项协议"的竞选口号,赢得了许多选民的支持。

2000年1月14日,波蒂略就任总统。他在就职演说中宣布了政府的五大目标:巩固民主和民族和解;政府权力下放;经济持续增长;减少不平等;根除腐败。然而,波蒂略执政后并未采取有效措施实现其竞选诺言和提出的五大目标。由于缺乏资金,国内和平协议没有得到全面履行;经济增长缓慢,人民依然贫困,政府在特大旱灾面前反应迟缓;国内政治矛盾激化,暴力事件频仍,犯罪活动猖獗;政府的腐败丑闻不断出现,共和阵线内部派系斗争激烈,政府和商界矛盾加剧,引发社会动荡。因此,政府在民众中的威信下降。在这种人心浮动的情况下,迎来2003年大选。

危地马拉

2003年大选是结束内战后第二次大选,全国设23个大选区、127个选举点。除选举正副总统外,还要选出158名国会议员、20名中美洲议会议员和331个市镇的领导人。大选开始前,危地马拉共和阵线推举该党主席、国民议会议长、前总统埃弗拉因·里奥斯·蒙特为总统候选人。7月14日,宪法法院批准里奥斯·蒙特作为危地马拉共和阵线候选人参加总统竞选。蒙特曾在1982年3月军事政变后取代当时的总统卢卡斯,出任总统兼武装部队司令,因此该国选举委员会在1990年和1995年曾两度否决蒙特作为危地马拉共和阵线党总统候选人的提名。他这次参选总统,又招致许多人的反对,导致2003年7月25日两派在街上的流血冲突,造成一名电视新闻记者和另外两人丧生,20多人受伤。11月9日举行的大选中,政府出动两万名军队和两万名警察维持选举秩序,有3000多名国内和国际观察员对大选过程进行监督。尽管如此,还有近30人死于大选,一位主要候选人也遭人枪击受伤。在选举中,全国大联盟(Gran Alianza Nacional,包括爱国党、改革运动党和民族团结党)候选人奥斯卡·贝尔赫·佩尔多莫(Oscar Berger Perdomo)和全国希望联盟党(Unidad Nacional de la Esperanza)候选人阿尔瓦罗·科洛姆(Alvaro Colom)分别赢得了38.4%和27.6%的选票;执政党危地马拉共和阵线候选人、退休将军蒙特的得票率为16.9%,位居第三位。贝尔赫与科洛姆在12月28日举行的第二轮投票中再次进行角逐。根据危地马拉选举法,两名候选人就其各自上台后的施政纲领和政策措施举行了公开辩论。贝尔赫的竞选口号是"我将作一位与众不同的总统",并在施政纲领中称:他当总统的目的是为广大的人民服务,从根本上解决他们遇到的问题。他保证让所有公民参加到政府决策中来,充分享受民主权利。他许诺,将给予国内盛行的腐败现象以"迎头痛击",给予腐败官员严厉惩罚。最终,贝尔赫以54%的选票击败科洛姆,当选为危地马拉总统。

奥斯卡·贝尔赫·佩尔多莫（Oscar Berger Perdomo）1946年8月11日生于首都危地马拉城，是位富有的律师和农场主。1974年毕业于拉法埃尔·兰蒂维尔大学法律系，毕业后当过公证员。1991～1993年任危地马拉全国城市联盟主席和中美洲及加勒比地区城市联合会主席。1991～1999年间两次当选为首都危地马拉城市长，去职后任新一届市政府议会议员。1996～1997年兼任中美洲地区城市联合会主席。1999年与科洛姆共同参加总统大选，支持率仅次于当选总统波蒂略。贝尔赫36岁时与现在的妻子维蒂曼结婚，共有5个子女。2004年1月14日，贝尔赫宣誓就职。贝尔赫面临两大方面的挑战：一是全面落实和平协议；一是实现经济增长，解决贫困问题。

贝尔赫2004年1月14日执政后努力实现自己竞选时许下的诺言，对前总统波蒂略的腐败现象展开调查。2月，波蒂略逃往墨西哥。2006年10月31日，墨西哥外交部宣布，墨西哥外长德韦斯已签署文件，同意将隐藏在墨西哥境内的危地马拉前总统阿方索·波蒂略引渡回国接受审判。

2007年9月，危地马拉举行和平协议签订10年后的第三次大选。在几个月的选举运动中，50多名候选人和积极分子被暗杀，其中包括卡塔里纳市市长候选人布拉沃。为确保大选顺利进行，危地马拉政府派出了近两万名警察和1.1万名军人负责大选的安全工作。9月9日，在分布全国的2060个投票中心选举总统、副总统以及158名议员和332名市长。来自欧盟、联合国和美洲国家组织等国际组织的观察员监督了投票过程。根据危地马拉全国最高选举法院公布的结果，在14位候选人中，全国希望联盟党候选人阿尔瓦罗·科洛姆·卡瓦耶罗斯和退役将军、右翼的爱国党（Partido Patriota）候选人奥托·佩雷斯·莫利纳（Otto Pérez Molina）的得票率分别为28.25%和23.54%，处于领先地位,但均未获得直接当选总统所需的半数以上选票。根据规定,得票率排在前两位的候选人科洛姆和佩雷斯将进行第二轮竞选。在9月9日同时举行的议会选举中,全国希望联盟党赢得158个议席中的48席,成为议会第一大党,爱国党赢得30席,名列第三。

  2007年11月4日,危地马拉举行了总统决选。危地马拉600万合格选民中约有半数在总统选举决选中投票。国际选举观察员表示,危地马拉总统决选的过程和平顺利,没有发生任何意外事件。根据最高选举法院宣布的选举结果,全国希望联盟推出的社会民主派候选人科洛姆获胜,成为危地马拉的新任总统。

第三章

政　治

第一节　国体与政体

一　演变过程

1524年,危地马拉沦为西班牙殖民地,从此,危地马拉人民遭受了300多年的殖民统治。1527年,西班牙在危地马拉设立了都督府,危地马拉都督辖区的管辖范围包括危地马拉、洪都拉斯、萨尔瓦多、哥斯达黎加、尼加拉瓜和恰帕斯。1821年9月15日,通过《中美洲独立宣言》,包括危地马拉在内的中美洲诸省宣告独立。1822年1月25日,中美洲诸省合并于墨西哥。6月24日,原危地马拉都督辖区成立国民议会。7月1日,在国民议会召开的会议上宣布脱离墨西哥成立"中美洲联合省"(次年改成中美洲联邦),成员包括危地马拉、洪都拉斯、萨尔瓦多、尼加拉瓜和哥斯达黎加,首都为危地马拉城。恰帕斯没有加入联合省,而是并入墨西哥。1824年11月22日通过宪法,并于次日生效。1838年4月,以拉斐尔·卡雷拉为首的保守党发动叛乱,中美洲联邦解体。1839年,卡雷拉宣布废除"中美洲联邦条约",危地马拉成为独立的共和国。此后,直至20世纪40年代初,军人长期把持危地马拉的国家大权,政治腐败,经济落后,社会矛盾尖锐。

二 国体与政体

危地马拉是拉丁美洲实行总统制政体的19个国家之一。所谓总统制,就是总统行使国家最高行政权力,权力高度集中,总统在国家政治生活中发挥非常重要的作用。危地马拉宪法规定,总统既是国家元首又是政府首脑,行使国家最高行政权;总统独立于议会之外,通过定期由公民直接或间接选举产生;总统只向人民负责,不对议会负责;内阁各部部长由总统任命,对总统负责;总统定期向议会作政府工作报告;总统对议会通过的法案有否决权,但无解散议会的权力。有时,总统权力往往高于立法权和司法权。

危地马拉宪法第140条规定:"危地马拉是一个自由、独立和主权的国家,是保证居民享有权利和自由的国家,其政体是共和民主和代议制。"第141条规定:"人民把主权授予立法、行政和司法机关行使。禁止三个机关间的隶属关系。"[1] 根据宪法,危地马拉是实行三权分立制和总统制的共和国。所谓三权,就是立法、行政与司法三权。议会行使立法权,总统和内阁行使行政权,法院行使司法权。三权分立,但又相互制约,即所谓分权和制衡原则。危地马拉的三权分立受到美国很大的影响,模仿了1787年美国宪法有关三权分立的原则。

三 宪法

危地马拉历史上,在1824年、1851年、1879年、1945年、1956年、1965年和1985年共颁布过7部宪法,

---

[1] *Constitución política de la República de Guatemala 1985*,con las reformas de 1993;www.georgetown.edu/pdba/constitutions/guate;姜士林等主编《世界宪法大全》,青岛出版社,1997,第1749~1750页。

但和其他拉美国家相比还不算太多。

危地马拉的第一部宪法,是包括危地马拉在内的中美洲联邦成立后于 1824 年 11 月 22 日通过并于次日生效的宪法。这部宪法是仿效美国宪法制定的,其中规定,由一名总统掌管的政府是民众的、代议制的和联邦的政府。组成联邦的每一个邦由一个参谋长担任该邦的行政长官。

1838 年 4 月,拉斐尔·卡雷拉(Rafael Carrera)发动叛乱,中美洲联邦解体。1839 年,卡雷拉宣布废除"中美洲联邦条约",危地马拉成为一个单独的独立国家。卡雷拉上台后,长期实行独裁统治,他于 1851 年颁布了有利于大地产主和天主教会上层集团的利益的宪法。

1871 年,自由党人发动政变,推翻了塞尔纳保守党政府。在胡斯托·鲁菲诺·巴里奥斯于 1873～1885 年执政期间,实施了一系列改革,并于 1879 年颁布了宪法,宣布政教分离,取缔修道院,停止天主教管理公共教育,从而大大削弱了教会的权力。

1944 年 10 月危地马拉民主革命胜利后,成立了立宪议会。1945 年 3 月 11 日颁布了由立宪议会起草的新宪法。这是一部进步的宪法,其中第一条规定:"危地马拉是自由、自主和独立的",同时是"一个以保证它的居民能享有自由、教育、经济福利和社会正义为主要目的而组织起来的共和国"。这部宪法给予有文化的妇女以选举权,也允许不识字的男性参加选举。宪法规定男女同工同酬,取消在性别、种族、宗教、阶级、政治信仰和肤色方面的各种歧视。宪法保证工人的权益,规定定期修改最低工资的标准。每周白班工作时间不得超过 48 小时,夜班工作不得超过 36 小时,每周休息一天,年假工资照发。妇女产前产后都有休假,工资照发。宪法明令禁止垄断,取缔大庄园。宪法强调立法权力属于人民,人民把这种权力委托给国会。内阁要对国会负责，如国会通过对某个内阁成员的不信任案，该内阁成员必须辞职。宪法规定总统任期为 6 年，不得连任，但相隔 12 年后可重新当选总统。现役军人不能当选总统或议员。1954 年 6 月，阿马斯在美国支持下推翻阿本斯取得政权后，废除了 1945 年宪法，于 1956 年出台一部新宪法。

1963 年 3 月，国防部长恩里克·佩拉尔塔·阿苏迪亚上校发动军事政变，建立起军事独裁统治。他中止了 1956 年的宪法，解散了国会，停止一切政党活动。1964 年成立立宪大会。1965 年 9 月立宪会议通过新宪法。

1983 年 8 月 8 日，蒙特奥斯卡·温贝托·梅希亚·维克托雷斯将军发动政变，推翻里奥斯·蒙特政权。梅希亚执政后，同意修改宪法，还政于民。1984 年 7 月，危地马拉举行了立宪大会的选举，1984 年 12 月全国立宪会议起草了危地马拉共和国宪法，1985 年 5 月 31 日国民议会通过并颁布这部宪法，于 1986 年 1 月 14 日生效。

危地马拉 1985 年宪法规定了公民的基本权利和义务、国家的政体、社会制度、公共权力、国家机构等。这部宪法共分九章：第一章，人——国家的目的和义务；第二章，人权；第三章，社会权力；第四章，国家；第五章，公共权力；第六章，国家机关的结构和组织；第七章，宪法保障和维护宪法秩序；第八章，宪法的修改；第九章，过渡性的和最后条款。

1985 年宪法把人权放在十分重要的位置，宪法的开头便提出："人作为社会秩序的主体和目的的崇高地位"，"决心促使人权宣言在稳定、持久、人民的制度秩序——治人者和治于人者都绝对依法行事的秩序中得以完全实现"。宪法的前两章集中涉及人和人权问题，体现资产阶级宪法的"主权在民"原则；指出国家保障和保护人的生命、安全和人格的完整，所有人都是自由的，在人格和权利方面都是平等的。宪法规定公民的住宅、通

第三章 政 治

信、文件和书籍不受侵犯，有集会、示威、结社权，宗教信仰自由。宪法承认在卧室拥有供本人使用的、法律不禁止的武器的权利。宪法重点阐述了三权分立的原则：议会行使立法权，总统和内阁行使行政权，法院行使司法权，明令禁止三个机关间的隶属关系。宪法规定，立法权属于共和国议会，议会由普选中直接选出的议员组成。议员任期5年，可连选连任。总统是国家元首，总统、副总统、部长、副部长和下属官员构成行政机构。总统和副总统由人民通过普选产生，任期5年，不得延长。参选总统或副总统者须是40岁以上享有公民权利的原生危地马拉人。宪法第186条规定，"破坏了宪法秩序的政变、武装革命或者类似运动的头子或首领，也不能是作为前述事实的结果而担任政府首脑的人。"根据这条规定，危地马拉选举委员会在1990年和1995年就曾两次剥夺前总统里奥斯·蒙特作为危地马拉共和阵线党总统候选人的提名。宪法第203条规定，司法权绝对地专属最高法院和法律规定的其他法院。司法机构的职权独立、经济独立，大法官和一审法官不得被免职。

1994年1月30日，危地马拉通过宪法修正案，同年4月生效。总统、议员和市长任期从5年缩短为4年，最高法院法官任期从6年减少到5年；总统为国家元首、政府首脑和武装部队总司令，军人退役5年后方准参加总统竞选；危地马拉实行多元政治制度，取消了对共产党的禁令。

根据1996年11月签署的和平协定，宪法又做了一些修改。危地马拉被定义为多种族、多文化和多语言的国家，承认土著居民与混血种人具有相同的权利。军队的宪法义务仅为保卫国家主权。1998年10月26日，国会通过宪法修正案。然而，在1999年5月16日举行的公民投票中，该宪法修正案未获通过。[1]

---

[1] *Prensa Libre*, 18 de mayo 1999.

第二节　国家机构

根据宪法第182条至189条，危地马拉的行政机构由总统、副总统、部长、副部长和下属官员组成。总统负责召集并主持部长会议，部长会议由总统、副总统和各部部长组成。宪法规定总统有以下23种职权：

1. 实施并督促实施宪法和法律；
2. 保障国家防御和安全，保持公共秩序；
3. 作为国家武装部队总司令，行使对全国武装力量的指挥权；
4. 行使对全部公共力量的最高指挥权；
5. 批准、颁布、实施并督促实施法律，颁布宪法授权的法令、决议、章程和命令，以及严格地实施法律，而不改变其精神；
6. 在发生严重紧急情况和公共灾害时颁布必要的措施，并向随即召开的议会会议汇报；
7. 向议会提交法案；
8. 对议会送来的法案行使否决权，但依照宪法无须政府批准的法案除外；
9. 每年在议会会期开始时作关于国家全面情况和政府年度工作的书面报告；
10. 在每个财政年度开始之日前不少于120天，通过财政部向议会呈交国家财政预算草案，请议会予以审议，如议会不在例会期间，应召集特别会议予以审议；
11. 在批准国家条约、协议和关于公共服务的合同和特许前，把它们提交议会审议；
12. 当国家利益要求召集议会特别会议时予以召集；
13. 通过部长会议协调国家的发展政策；

14. 主持部长会议并行使政府官员和职员的最高首领的职能；

15. 保持领土完整和国家尊严；

16. 主导对外政策和国际关系，依照宪法签订、批准、废除条约和协议；

17. 接受外交代表，颁发和撤回对领事证书的认可；

18. 依法管理公共财政；

19. 免除纳税人由于未在指定期限内纳税或由于政府方面的行为或疏忽而造成的罚款和附加税；

20. 依法任免应由他任免的官员和公职职员；

21. 依法发放退休金、养老金和救济金；

22. 授予危地马拉人和外国人勋章；

23. 宪法和国家法律授予他的其他职权。①

以科洛姆总统为首的本届政府于 2008 年 1 月 14 日组成。主要成员有：副总统拉菲尔·埃斯帕达（Rafael Espada），劳工部长埃德加·罗德里格斯（Edgar Rodríguez），环境部长路易斯·费雷特（Luis Ferreté），电信部长路易斯·阿雷霍斯（Luis Alejos），公共财政部长胡安·阿尔韦托·富恩特斯（Juan Alberto Fuentes），经济部长何塞·卡洛斯·加西亚（José Carlos García），农业部长劳尔·罗夫莱斯（Raúl Robles），能源与矿业部长卡洛斯·梅阿尼（Carlos Meany），卫生部长埃乌塞比奥·德尔·西德（Eusebio del Cid），教育部长安娜·奥尔多涅斯·德莫利娜（Ana Ordóñez de Moliona），文化部长赫罗尼莫·兰塞里奥（Jerónimo Landerio），国防部长马尔科·图利奥·佛朗哥将军（Marco Tulio Franco），内政部长比尼西奥·戈麦斯（Vinicio Gómez）。

---

① *Constitución política de la República de Guatemala 1985, con las reformas de 1993*; www.georgetown.edu/pdba/constitutions/guate；姜士林等主编《世界宪法大全》，青岛出版社，1997，第 1753~1754 页。

第三节　立法和司法

一　立法

根据宪法，立法权属于议会。议会还拥有财政控制权、监督权及议会的专属权。危地马拉议会为一院制，议员在普选中直接选出，任期四年，可以连选连任。当选议员须为原生危地马拉人，并享有公民权。卸任总统和副总统为当然议员。宪法规定，国家行政机构、司法机构、审计法院的官员和职员，最高选举法庭的法官和公民登记局局长不能担任议员；总统、副总统四代以内的直系亲属和两代以内的旁系亲属、现役军人也不能担任议员。经议会批准，议员可以担任部长或其他政府官员。议会设议长和三名副议长，任期一年。议会每年1月15日开会，会期按需要而定。议员每年选举议会的领导委员会，在议会会期结束前选举留守委员会。领导委员会是议会的管理机构，管理议会的日常事务，由议长、三位副议长和五位秘书组成。在议会休会期间，留守委员会行使领导委员会的职能。议会有权颁布、修改和废除法律；有权通过、修改和调整国家收支预算；有权宣布战争，通过或否决和平条约；有权实行大赦。议会下设常设委员会（La Comisión Permanente）、人权委员会（La Comisión de Derechos Humanos）、劳动委员会（La Comisión de Trabajo）、专门特别委员会（Las Comisiones Extraordinarias y las Especificas）和首领委员会（La Junta de Jefes de Bloque）。

上届议会（2004年1月14日至2008年1月14日）158个议席中，女议员占议员总数的8.86%。全国大联盟、危地马拉共和阵线和全国希望联盟是议会内三大主要的党派。各党派在议会中所占席位如下：全国大联盟（GANA）47 席，占议席总数的 29.7%；危地马拉共和阵线 43 席，占 27.2%；全国希望联盟（UNE）32 席，占 20.3%；全国先锋党（PAN）17 席，占 10.8%；团结党（PU）7 席，占 4.4%；新民族联盟（ANN）6 席，占 3.8%；危地马拉全国革命联盟（URNG）2 席；民主联盟（UD）2 席；危地马拉基督教民主党（PDCG）1 席；真正全面发展党（DIA）1 席。

本届议会（2008 年 1 月 14 日至 2012 年 1 月 14 日）议席仍为 158 席。科洛姆总统领导的全国希望联盟（UNE）51 席，跃居第一位。前总统贝赫尔所在的全国大联盟（GANA）37 席，退居第二位。危地马拉共和阵线（FRG）遭惨败，只拥有 14 席。其他各党所占议席均在 10 席以下。

本届议会领导委员会任期一年，由下列人员组成：议长爱德华多·梅耶尔（Eduardo Meyer，全国希望联盟）；副议长阿里斯蒂德斯·克雷斯波（Arístides Crespo，危地马拉共和阵线）、费尔迪·贝尔甘萨（Ferdy Berganza，全国希望联盟）和巴勃罗·杜亚尔特（Pablo Duarte，团结党）。5 个秘书为罗伯托·阿莱霍斯（Roberto Alejos，全国希望联盟）、巴乌迪利奥·伊乔斯（Baudilio Hichos，民族主义变革联盟）、苏里·里奥斯（Zuri Ríos，危地马拉共和阵线）、罗莎·萨佩塔（Rosa Zapeta，全国希望联盟）和佩德罗·西蒙（Pedro Simón，全国希望联盟）。

二　司法

宪法规定，司法权专属最高法院和法律规定的其他法院行使；司法机构享有职权独立、经济独立的权力；除法律规定的情况外，大法官和一审法官不得被免职；法官独立行使职权，只服从宪法和法律。

最高法院 宪法规定，最高法院和法律规定的其他法院行使司法权。最高法院由包括院长在内的13名大法官组成。国家司法机构主席兼任最高法院院长。大法官是议会选举产生，任期五年，可连选连任。议会从各大学法律系或法学社会学系系主任组成的提名委员会提出的26名候选人，从危地马拉律师和公证人协会大会选出的26人，以及从最高法院任命的司法机构的一名代表中，筛选出13名大法官。大法官须为原生危地马拉人，年龄在40岁以上，享有公民权，是入会律师，担任过上诉法院大法官，或者律师协会法庭的大法官，或者是开业10年以上的律师，并且为人正直。他们不准兼职，不准担任工会和政党的领导职务，也不能担任宗教职务。

最高法院有民事法庭、刑事法庭和行政诉讼法庭三个法庭，每个法庭各有三名大法官。最高法院下设10个民事上诉法院，其中5个在首都危地马拉城，2个在克萨尔特南戈，另3个分别设在哈拉帕、萨卡帕和安蒂瓜。最高法院下属还有2个劳工上诉法院（均在危地马拉城）及33个民事初审法院和10个刑事初审法院。现任最高法院院长阿方索·卡里略·卡斯蒂略（Alfonso Carrillo Castillo）。

宪法法院 宪法法院是有特别管辖权的常设法院。宪法法院由五名正式大法官组成，另有五名候补大法官。在审理最高法院、议会、总统、副总统的违宪案件时，正式大法官人数可变为七名，即从候补大法官中抽签选出另两名大法官。当选宪法法院大法官必须是原生危地马拉人，是律师协会律师，并从业15年以上，且本人公正正直。宪法法院院长由大法官轮流担任，任期一年。宪法法院大法官拥有最高法院大法官同样的特权和豁免权。宪法法院的职能是审理法律和法规；审查对议会、最高法院、总统和副总统提出的上诉；审查条约、协议和法案是否符合宪法等。

宪法法院大法官产生程序是，先由宪法法院大法官提名委员会

第三章 政治

(La Comisión de Postulación) 提出大法官的候选人,然后由议会投票产生。宪法法院大法官提名委员会由下列人员组成:危地马拉圣卡洛斯大学校长(任该委员会主席),一名私立大学校长代表,危地马拉律师协会大会选举的一名代表,危地马拉圣卡洛斯大学法律与社会学系主任,各私立大学法律与社会学系主任的一名代表。

组成本届宪法法院(2002~2008年)的五名大法官是:院长奥斯卡·埃德蒙多·博拉尼奥斯·帕拉达硕士(Lic. Oscar Edmundo Bolaños Parada),第一大法官安赫尔·阿尔弗雷多·菲格罗亚硕士(Lic. ángel Alfredo Figueroa),第二大法官罗伯托·阿尼瓦尔·巴伦苏埃拉硕士(Lic. Roberto Aníbal Valenzuela),第三大法官雷蒙多·卡斯·特苏布硕士(Lic. Raymundo Caz Tzub),第四大法官索伊拉·阿丽西亚·比列拉·比利亚洛沃斯硕士(Licda. Zoila Alicia Villela Villalobos)。

第四节 政党和团体

一 政党

危地马拉国家虽小,却存在不少政党组织,有的在政治舞台上比较活跃,有的已名存实亡。如同其他拉美国家一样,危地马拉各党派组织非常不稳定,党员人数变化也很大。有的党派在一个执政期后就消失了或失去其存在的意义;有的党员今天属于这个党派,明天就有可能重新加入另一个党派。相反,一些党派以外的组织和大企业在政治界却有很大影响。

全国希望联盟(Unidad Nacional de la Esperanza, UNE) 中左派联盟,2002年成立。在2004~2008年议会的158席中占有32席,主席是阿尔瓦罗·科洛姆(álvaro Colom)。近年来,该党影响不断扩大,特别是在农村地区,现有党员77452人。2007

年9月大选中,该联盟总统候选人阿尔瓦罗·科洛姆和爱国党候选人奥托·佩雷斯·莫利纳的得票率分别为28.23%和23.515%,处于领先地位。在2007年9月9日举行的议会选举中,全国希望联盟赢得158个议席中的51席,成为议会第一大党。在同时举行的市政选举中,取得332个市长中的108个市长。同年11月4日危地马拉举行的第二轮总统选举中,科洛姆获得52.83%的选票,当选为危地马拉总统。

全国大联盟(Gran Alianza Nacional, GANA) 在竞选2004~2008年总统前夕,由爱国党(Partido Patriota)、改革运动党(Movimiento Reformador)和全国团结党(Partido Solidaridad Nacional)3个政党联合组成。其总统候选人奥斯卡·贝尔赫(óscar Berger)在2003年11月的大选中获胜,当选总统。该联盟成为执政联盟。该联盟在上届议会中占有47个席位,占席位总数的29.7%,是议会第一大党团。2007年前,爱国党、全国团结党和改革运动纷纷退出全国大联盟,但全国大联盟作为执政党和独立政党依然存在,占有议会中的24席。2007年9月大选中,其总统候选人亚历杭德罗·希亚马特伊(Alejandro Giamattei)得票率为17.23%,占第三位,失去第二轮总统竞选权。在同时举行的议会选举中,该党获得37席。

爱国党 2001年2月24日退役将军奥托·佩雷斯·莫利纳组建该党。在2004~2008年的议会158席中占有19席。在2007年9月大选中,爱国党候选人奥托·佩雷斯·莫利纳得票率占第二位;在同年11月4日举行的危地马拉第二轮总统选举中失利,仅获得47.17%的选票。在同年举行的议会选举中,该党获得37席,成为议会第三大党。奥托·佩雷斯·莫利纳现为该党总书记。

危地马拉共和阵线(Frente Republicano Guatemalteco) 1980年由退役将军何塞·埃弗拉因·里奥斯·蒙特(José Efraín Ríos Montt)创建的右翼政党,在农村影响较大,1990年正式注册。

该党提名何塞·埃弗拉因·里奥斯·蒙特为总统候选人,但因其曾为当年危地马拉独裁者,而禁止其参选。1994年大选中,该党候选人阿方索·波蒂略以微小劣势失利。但在同年举行的议会选举中,该党获得32席,成为当时议会的第一大党。1999年大选中,波蒂略获胜,于2000年1月至2004年1月执政。在议会选举中,该党获63席。2003年大选中,禁止何塞·埃弗拉因·里奥斯·蒙特参选的禁令被最高法院撤销,但作为该党总统候选人的蒙特得票率居第三位,未能进入第二轮竞选。在同年举行的议会选举中,该党获43席,是议会第二大党。近年来,该党地位下降。2007年9月大选中,该党总统候选人路易斯·拉贝(Luis Rabbé)的支持率为7.29%。在同时举行的议会选举中,该党只获得14席。何塞·埃弗拉因·里奥斯·蒙特是该党总书记。2007年9月党员登记数为41310人。

危地马拉全国革命联盟(Unidad Revolucionaria Nacional Gutemalteca,URNG) 成立于1982年,由多个游击队组织和危地马拉劳动者党(前身为危地马拉共产党)联合组成。游击队组织包括穷人游击军(Ejército Guerrillero de los Pobres)、农民团结委员会(Comité de Unidad Campesina)、起义军(Fuerzas Armadas Rebeldes)、人民武装组织(Organización del Pueblo en Armas)等,主张通过武装斗争建立革命政权,其武装力量曾多达5000人,游击活动遍及全国各地。80年代后期从武装斗争逐步转向政治斗争。经过5年多的谈判,1996年12月全国革命联盟与阿尔苏政府签署了"永久和平协定",交出了全部武器,1998年成为合法政党。它主张民主、公正和人权,有成员17702人(2007年)。在1999年议会选举中,该联盟议席占第三位。但在2003年选举中,因联盟内部分裂,在议会中只占有2席。该联盟总书记是阿尔瓦·埃斯特拉·马尔多纳多·格瓦拉(Alba Estela Maldonado Guevara)。2007年9月大选中,该联盟总统候选人米格尔·安赫尔·桑多瓦尔（Miguel Angel Sandoval）得票率为2.14%。大选后，该联盟在议会中仍保持2席。

团结党（Partido Unionista，PU） 2002年成立，2003年大选后在议会中占有5席。该党在2007年9月党员登记人数为18548人。在同月举行的大选中，其总统候选人弗里兹·加西亚（Fritz García Gallont）得票率为2.92%。在2004~2008年议会中占有7席，为第五大党。该党总书记为弗里德里希·加西亚－法利翁特·比斯霍夫（Friedrich García-Fallont Bischof）。

社会行动中心（Centro de Acción Social，CAS） 2007年9月大选中，其总统候选人为爱德华多·苏赫尔（Eduardo Suger）。在同时举行的议会选举中获得5席，现有党员18548人。

民族主义变革联盟（Unión del Cambio Nacionalista，UCN） 2007年9月大选中，其总统候选人为该党总书记马里奥·埃斯特拉达（Mario Estrada）。在同时举行的议会选举中获得5席。现有党员18442人。

全国先锋党（Partido de Avanzada Nacional，PAN） 1990年由阿尔瓦罗·阿尔苏·伊里戈延创立，并任该党领袖。属中右派组织，主要代表工商界利益。在1996年1月的大选中，该党候选人阿尔瓦罗·阿尔苏·伊里戈延在总统选举中获胜，1996~2000年任总统。该党在1999年大选落选后出现分裂，2003年大选后力量进一步削弱。在2004~2008年议会中占有17席，在2008~2012年议会中占有3席。现任总书记为鲁文·达里奥·莫拉莱斯（Rubén Darío Morales）。2007年9月大选前夕党员登记人数为38020人。

为危地马拉而战（Encuentro por Guatemala，EG） 2007年9月大选中，其总统候选人为1992年诺贝尔和平奖得主里戈韦塔·门楚·图姆（Rigoberta Menchú Tum）。该党总书记为尼内特·蒙特内格罗（Nineth montenegro）。2007年9月大选前夕党员登记人数为18163人。

民主联盟（Unión Democrática，UD） 1983年成立。2003年大选后在议会中占有2席。2007年9月大选中，其总统候选人马奴埃尔·孔德（Manuel Conde）得票率为0.76%。在2004~2008年议会中占有2席。该党总书记为鲁道夫·埃内斯蒂·派斯·安德拉德（Rodolfo Ernesti Paiz Andrade）。2007年9月大选前夕党员登记人数为17089人。

改革运动党 成立于2002年8月3日，前身为危地马拉工党（Partido Laborista Guatemaltico）。现任总书记为胡安·何塞·卡夫雷拉。该党代表企业家集团利益，2003年大选中加入全国大联盟，大选获胜后参加政府，该党成员豪尔赫·布里斯（Jorge Briz）任外交部长。2006年豪尔赫·布里斯辞职，不久该党退出大联盟。2007年大选中放弃总统候选人资格，支持爱国党候选人莫利纳。2007年9月大选前夕党员登记人数为18508人。

危地马拉基督教民主党（Partido Democracia Cristiana Guatemalteca，PDCG） 1955年12月成立，前身是基督教民主运动。党员主要是自由职业者、教师、学生、工人和农民。它自称中左政党，主张建立民主制度；要求进行民主改革，建立一个具有广泛代表性的、实行多党制和团结一致的民主社会。它对外主张奉行中立的外交政策，反对外来干涉。该党有广泛的基层组织，对全国工人中央工会和农民联合会等有较大影响，20世纪70年代曾在农村地区获得广泛支持。该党曾在1986年1月至1990年1月执政。总书记为马科·比尼西奥·塞雷索·阿雷瓦洛（Marco Vinicio Cerezo Arevalo）。在2003年大选中，其总统候选人哈科沃·阿本斯·比拉诺瓦（Jacobo Arbenz Vilanova，前总统哈科沃·阿本斯·古斯曼之子）获得1%支持票；在同时举行的议会选举中，该党得票率为3%，获议会1席。在2007年9月大选中，其总统候选人比尼西奥·塞雷索·布兰东（Vinicio Cerezo Blandón）获得0.5%支持票；在同时举行的议会选举中，该党得票率为0.83%，失去议会席位。2007年9月大选前夕党员登记人数为71051人。

新民族联盟（Alianza Nueva Nación，ANN） 1999年大选前由左派的危地马拉全国革命联盟（Unidad Revolucionaria Nacional Guatemalteca）、真正全面发展党（Desarrollo Integral Auténtico）和新危地马拉民主阵线（Frente Democratico Nueva Guatemala）组成。2003年大选后在议会中占有6席。总书记为豪尔赫·伊斯梅尔·索托（Jorge Ismael Soto）。2007年9月大选前夕，党员登记人数为20361人。

真正全面发展党（Desarrollo Integral Auténtico，DIA） 左翼党。总书记为弗朗西斯科·罗兰多·莫拉莱斯·查韦斯（Francisco Rolando Morales Chavez）。2003年9月9日大选中，其总统候选人爱德华·苏赫尔·科菲尼奥（Eduardo Suger Cofiño）获2%选票；同时举行的议会选举中，该党得票率3%，获议会1席。2007年9月大选中，其总统候选人埃克多·罗萨莱斯（Héctor Rosales）得票率为0.57%。

自由进步党（Partido Libertador Progresista，PLP） 成立于1990年。主要领导人为乔瓦尼·埃利塞奥·埃斯特拉达·萨帕罗尼（Giovanni Eliseo Estrada Zaparoni）。2007年9月大选前夕党员登记人数为13215人。

危地马拉劳动者党（Partido Guatemalteco de los Trabajadores） 原名危地马拉共产党，成立于1949年，1952年改为现名，1998年解散后加入危地马拉全国革命联盟。

二 工会组织

危地马拉工会自治联合会 1995年成立，受危地马拉劳动者党影响，下辖汽车司机、酒业、印刷业、制皂

第三章 政 治　　**G**uatemala

业、卷烟业等基层工会。参加世界工联和拉美工人工会团结常设代表大会。1976年与联合中央工会、危地马拉全国工人中央工会及教师、职员等独立工会联合组成全国工会统一委员会。1980年又与危地马拉全国工人中央工会、工人联合会和农民团结委员会合并成立全国工会团结委员会。

危地马拉全国工人中央工会　20世纪60年代初成立，前身是危地马拉基督教民主党建立的全国工人中央联合会，下辖建筑、矿工、医务和教育等基层工会。参加拉美工人中央工会。1976年与危地马拉工会自治联合会、联合中央工会及教师、职员等独立工会联合会组成全国工会统一委员会。1980年又与危地马拉工会自治联合会、工人联合会和农民团结委员会合并组成全国工会团结委员会。

人民工会行动（Unidad de Acción Sindical y Popular，UASP）　总书记是爱德温·奥尔特加（Edwin Ortega）。

危地马拉团结工会联合会（Confederación de Unidad Sindical de Guatemala，CUSG）　总书记是卡洛斯·曼西利亚（Carlos Mansilla）。

危地马拉工人总会（Confederación General de Trabajadores de Guatemala，CGTG）　总书记是何塞·平松（José Pinzon）。

危地马拉工人工会联盟（Unión Sindical de Trabajadores de Guatemala，UNSITRAGUA）　主要领导人是卡洛斯·迪亚斯（Carlos Díaz）。

三　企业组织

农商金融管理委员会（El Comité Coordinador de las Asociaciones Agrícolas, Comerciales, Industriales y Financieras，CACIF）　是各企业的联合组织。

农业协会（Cámara del Agro）　会长为罗伯托·卡斯塔涅

达（Roberto Castaneda）。

商会（Cámara de Comercio） 会长为豪尔赫·布里斯·阿布拉腊奇（Jorge Briz Abularach）。

工业协会（Cámara de Industria） 会长为费莉佩·布什（Felipe Bosch）。

金融协会（Cámara de Finanzas） 会长为恩里克·诺伊茨（Enrique Neutze）。

危地马拉糖业协会（Asociación de Azucareros de Guatemala） 会长为马科·奥古斯托·加西亚（Marco Augusto García）。

危地马拉建筑协会（Cámara Guatemalteca de la Construcción） 会长为克劳迪奥·科佩尔（Claudio Koper）。

非传统产品出口商协会（Asociación Gremial de Exportadores de Productos No Tradicionales，AGEXPRONT） 会长为马里奥·奎瓦斯（Mario Cuevas）。

四 著名人物

阿尔瓦罗·科洛姆·卡瓦耶罗斯（álvaro Colom Caballeros） 1951年6月15日出生于危地马拉城。他在圣卡洛斯大学取得工业工程学士学位后，曾任拉法埃尔兰迪瓦尔大学教授、经济系副主任。他是一名成功的纺织企业家，1991年弃商从政，曾在豪尔赫·塞拉诺政府中出任经济部副部长，并担任全国和平基金会总裁，致力于缓解危地马拉因内战而导致的国内紧张局势。

科洛姆被誉为一个温和的实干家。1992～1997年，在他的推动下创立了77个新企业，为饱受内战煎熬的危地马拉人创造了12.3万个就业机会，并使在墨西哥避难的3万个家庭返回故里。他还是危地马拉建立出口加工企业的主要推动者。

第三章 政 治 Guatemala

1996年和平协议签订后,科洛姆推动危地马拉全国革命联盟与真正全面发展党、新民主阵线党联盟组建了新国家联盟(Alianza Nueva Nación),并被推举为该党候选人参加1999年总统竞选。2000年新国家联盟分裂后,科洛姆组建全国希望联盟(Unidad Nacional de la Esperanza),并领导该党成为危地马拉主要的中左派力量。2003年科洛姆作为全国希望联盟总统候选人再次参加大选,在首轮选举中获得了26.4%的选票;在第二轮选举中,以44.1%的选票败给了奥斯卡·贝尔赫。2007年他再次作为危地马拉全国希望联盟党候选人参选,在11月4日的第二轮选举中,以52.71%的选票当选为总统。

科洛姆早年受左翼思潮影响较深,但随着政治经验的丰富,其执政思想开始向中左派靠拢,奉行民主社会主义,视巴西总统卢拉、智利总统巴切莱特和西班牙首相萨帕特罗为楷模。在竞选总统中科洛姆承诺,当选后将致力于改善社会治安,增加警察、军队等安全部门的预算,以打击日益猖獗的毒品走私和有组织犯罪。在经济方面,他表示将注重吸引外资,增加对外开放力度,促进本国经济的可持续发展。科洛姆当选总统后,在2008年1月14日的就职典礼上表示,他将在任期内努力推进国家的经济发展,消除贫困,打击有组织犯罪,维护社会稳定,鼓励外国投资,提高土著居民的生活水平以及推动国家全面发展。他将积极推动国家进行选举法改革,并将举行全国性对话,使政府能够与社会各阶层进行交流和协商。

里戈韦塔·门楚·图姆(Rigoberta Menchú Tum) 危地马拉虽是一个中美洲小国,但却出现了两位诺贝尔奖获得者,一位是1967年诺贝尔文学奖获得者米格尔·安赫尔·阿斯图里亚斯,另一位便是1992年诺贝尔和平奖得主里戈韦塔·门楚·图姆。

1959年1月9日,门楚出生于危地马拉基切省圣米格尔市拉赫奇梅尔村的一个基切人家庭。其父维森特·门楚·佩雷斯

危地马拉

（Vicente Menchú Perez）是印第安农民运动的领导人，先后参加了游击队和农民联合委员会（Comité de Unidad Campesina, CUC）。其母胡安娜·图姆·科托哈（Juana Tum Kótoja）除参加农业劳动外，还是一位有丰富经验的民间助产婆。因家庭贫困，门楚从5岁起便帮父亲干活，有时是在北部高原的老家，有时又到太平洋海岸的咖啡种植园打零工。14岁时，她来到首都危地马拉城，以做女佣维生。在常年的劳作中，她亲眼目睹土豪劣绅对印第安人的残酷压迫和军政权的种族灭绝暴行，亲身经历印第安民族所遭受的苦难。在父亲的影响和感染下，1979年她19岁时便加入了农民联合委员会，积极参加争取印第安人权利的运动。门楚的几位亲人因参加反对独裁政权暴行的斗争，先后牺牲在军政权的屠刀下。1979年9月9日，她的兄弟帕特罗西尼奥被军队绑架后杀害。四个月后的1980年1月31日，她父亲为向世界揭露军政府暴行而同数十名民众代表和平占领西班牙驻危地马拉大使馆时，与同来的36名印第安人被政府军施放的燃烧弹活活烧死。1980年4月19日，她的母亲遭军队逮捕、凌辱和杀害。1983年3月8日，她的另一兄弟维克托又死于政府军之手。亲人的相继被害和印第安人的悲惨遭遇，更激起门楚为争取印第安人权利而英勇斗争。1980年，她积极参加农民联合委员会组织的为改善太平洋海岸农业工人劳动条件的大罢工。1981年5月1日，她成为在首都危地马拉城举行的游行大示威中的骨干。之后，她参加激进组织"一月三十一日"人民阵线，指导印第安农民抵抗大规模的军事镇压。

为躲避军政权的追捕，门楚在各地四处躲藏。1981年，她不得不逃往墨西哥。在流亡期间，她成为危地马拉农民运动的海外组织者。1982年，她与其同伴创立了危地马拉反对派统一代表组织（RUOG）。不久，该组织获得了联合国的观察员资格，从而大大扩大了国际影响，使世界更好地了解危地马拉国内武装

第三章 政　治

冲突问题。从 1982 年起，门楚应邀参加联合国人权委员会预防歧视和保护少数民族分委员会每年召开的会议。1983 年，在法国作家黛布拉（Elisabeth Burgos Debray）的协作下，叙述她人生经历的《我，里戈韦塔·门楚》一书英文版问世，引起国际社会对危地马拉印第安人问题的强烈关注，并被译成 12 种文字出版。1986 年，门楚成为农民联合委员会全国协调委员会成员。1987 年，她在纪录片《山峰战栗时刻：玛雅人的斗争与遭遇》(*When the Mountains Tremble, about the struggles and sufferings of the Maya people*) 中，现身讲述了印第安人的苦难遭遇和顽强斗争。门楚在流亡墨西哥期间，曾三次返回危地马拉，但都被当局驱逐出境。1992 年，门楚因积极争取印第安人权利而获得诺贝尔和平奖，成为获此殊荣的第一位印第安妇女。1993 年印第安人国际年，门楚被任命为善意大使和联合国教科文组织总干事私人顾问。1996 年 12 月危地马拉内战结束后，门楚返回家园，结束了流亡生活。1998 年，门楚荣获阿斯图里亚斯国际合作奖。2004 年，奥斯卡·贝尔赫·佩尔多莫总统授予她和平协议荣誉大使的荣誉职务。2007 年 9 月，她代表"为危地马拉而战"（Encuentro por Guatemala）参选，为印第安人参与行使危地马拉国家权力打开了道路。门楚反对用强硬手腕治理国家，指出危地马拉曾经实行 40 多年的高压统治，结果只留下贫困和暴力。

第四章

经　济

第一节　概况

危地马拉最早的居民是印第安人,他们以狩猎和捕鱼为生。公元前 1000 年左右,危地马拉地区开始出现农业,古代印第安人种植玉米、棉花、龙舌兰等作物。公元 3 世纪左右,玛雅人在佩滕地区建立起一批城邦,农业活动进一步增多,培育了许多农作物。1524 年,危地马拉沦为西班牙殖民地。西班牙殖民者在残酷镇压印第安人反抗的同时,大量掠夺印第安人的土地,并把委托监护制强加于印第安人,迫使印第安人提供无偿劳动,向印第安人征收繁重的贡品,印第安人实际上成为殖民者的奴隶。1582 年,西班牙王室下令,强迫印第安人每人必须种 10 布拉索(1 布拉索 = 0.279 公亩 = 27.9 平方米)土地的玉米,并把产品上交市政当局。殖民当局还通过什一税和印花税等苛捐杂税盘剥印第安人。殖民初期,采矿业在危地马拉经济中占有重要地位,但由于当时有价值的矿藏不多,采矿业的重要地位逐渐让位于农牧业。在农业方面,主要种植靛蓝、棉花、烟草、可可、香膏、奎宁、树胶等作物。从 17 世纪起,开始种植胭脂红。宗主国纺织业所需的天然染料——靛蓝和胭脂红成为危

第四章 经　济　Guatemala

地马拉的重要作物。此外，还移植甘蔗、香蕉、小麦、葡萄、橄榄等作物。在畜牧业方面，从国外引进了牛、羊、猪等家畜，并在当地加工制作皮革、羊毛和动物脂肪。然而，西班牙为防止殖民地同其产业竞争，对危地马拉经济制定了许多清规戒律。比如，它禁止当地人民种植桑树、亚麻、葡萄和橄榄树，禁止酿酒和进口机器。这些措施严重阻碍了危地马拉经济的发展。

危地马拉独立以后，寡头统治代替了殖民统治，大庄园制被保留下来。由于保守党和自由党的长期争斗，危地马拉经济发展十分缓慢。19 世纪 70 年代自由党人胡斯托·鲁菲诺·巴里奥斯所进行的改革和鼓励种植咖啡、水稻、棉花的措施，促进了危地马拉经济的发展，资本主义生产关系得到了一定的成长。危地马拉建立了第一家纺织厂、啤酒厂，兴修了第一条铁路。19 世纪后期，随着大量德国移民的到来，咖啡种植面积迅速扩大。由于危地马拉生产的咖啡质量优于其他中美国家，咖啡出口量大大增加，成为危地马拉主要的出口产品。然而，大国的垄断资本控制了危地马拉的咖啡种植园，垄断了它的咖啡出口和市场。20 世纪初，在独裁者曼努埃尔·埃斯特拉达·卡夫雷拉执政期间，美国垄断资本大量渗入危地马拉，排挤欧洲国家资本，三家美资企业——美国联合果品公司、中美洲国际铁路公司和危地马拉电业公司控制了危地马拉的经济命脉，掌握了危地马拉 92% 的香蕉生产、大部分咖啡和马尼拉（也称西沙尔）麻的生产、87% 的铁路和 70% 以上的发电量。美国联合果品公司霸占了危地马拉大量肥沃的土地，建立起大片香蕉种植园，从香蕉出口中赚取了巨额利润。1921～1926 年何塞·马里亚·奥雷利亚那执政期间，他重视发展农业，鼓励农业生产多样化，推广农业机械化和使用先进科学技术。他还鼓励国内资本兴办工业，并在 1923 年成立了危地马拉石油公司，致力于开发本国的油田。此外，在公共工程、通信业等方面也有很大进展。1929～1933 年世界资本主义

危地马拉

经济危机期间,香蕉和咖啡价格大跌和出口数量的下降,沉重地打击了危地马拉经济。与此同时,美国垄断资本加深了对危地马拉经济的控制。1940年底,美国在危地马拉的投资总额已达0.74亿美元。1941年,美国占危地马拉出口总额的92.3%、进口总额的78.5%。1944年,危地马拉爆发民主革命。胡安·何塞·阿雷瓦洛和哈科沃·阿本斯先后采取了改革措施,特别是实施了土地改革,没收了本国大庄园主和以美国联合果品公司为代表的外国垄断资本的大量土地,分配给无地或少地的农民。土地改革不仅激发了农民的生产积极性,并使许多庄园主因害怕闲置土地被征用而扩大了播种面积,危地马拉农业得到较快发展,过去靠进口的玉米、稻米、棉花已能自给自足。在阿雷瓦洛和阿本斯实施民主改革10年期间,危地马拉的国民经济总产值增长了5倍。

20世纪60~70年代中期,随着危地马拉推行进口替代工业化,以及中美洲共同市场的建立和地区一体化的发展,危地马拉陆续出现了轮胎、钢铁、化工等工业,纺织、服装、食品等轻工业也得到发展,经济实力有所上升。1960~1970年,危地马拉国内生产总值年均增长5.5%;1970~1975年,国内生产总值年均增长5.6%;1960~1980年,国内生产总值增长近3倍,从10.49亿格查尔提高至30.88亿格查尔。[①] 20世纪80年代内战期间,危地马拉经济严重衰退,1981~1985年国内生产总值年均增长率为-1.1%,1986~1989年年均增长率也仅为2.9%。90年代,危地马拉实行了结构调整计划,将公共部门赤字占国内生产总值的比重降至1.8%,控制通货膨胀率,实行自由浮动利率等。随着中美洲地区政治形势趋于缓和,以及中美洲共同市场的振兴,危地马拉国内投资环境有了较大的改善,90年代上半期经济有所

---

① 毛相麟等编著《中美洲加勒比国家经济》,社会科学文献出版社,1987,第7页。

第四章 经　济　Guatemala

恢复，1990~1997年国内生产总值年均增长率为3.9%。

1996年1月阿尔瓦罗·阿尔苏执政后，与全国革命联盟签订了和平协议。内战的结束和政局的稳定，促进了经济的发展。他推行经济现代化计划，其重点是将电信、电力和铁路等国营部门企业私有化，对社会与经济基础结构进行投资，实施税收和养老金制度的改革，建立新的财政制度。1997~2001年国内生产总值年均增长3.8%，人均国内生产总值从1691美元增至1842美元。阿尔苏政府虽然对税收、养老金以及金融系统进行了改革，但未能按和平协议的规定把税收提高至占国内生产总值的12%以上。

在阿方索·波蒂略执政期间，由于受到世界经济衰退、美国"9·11"事件的影响以及本国政府的经济措施不力，导致2001年和2002年国内生产总值增长率仅分别为2.3%和2.2%，低于1998~2002年年均增长率3.4%。出口收入从2000年的27亿美元降至2002年的22亿美元；2001年和2002年的通胀率分别为7.6%和8.1%，1998~2002年年均通胀率6.7%。

2004年贝尔赫政府执政后，实行预算紧缩政策、减少政府开支、加强税收体制监管、降低财政赤字、加大对私有企业的投资、吸引外国投资等措施，再加上中美洲国家与美国自由贸易条约的生效，出口的增多，国外汇款的流入增加（2006年和2007年分别增长21%和17%。2007年国外汇款为42亿美元，占国内生产总值的12.5%），以及家庭消费的增加，危地马拉经济有所恢复和发展。2004年国内生产总值增长2.6%。2005年10月发生的"斯坦"热带风暴虽带来严重破坏，但当年危地马拉经济仍增长3.2%。2006年危地马拉国内生产总值增长率上升至4.6%；2007年更达到5.6%，与拉美和加勒比地区平均增长率持平，这是1998年以来最高的年增长率。2002年危地马拉国内生产总值为233亿美元，人均国内生产总值1992美元；2006年则分别上升为363亿美元和2944美元。在经济发展的同时，由

于国际市场石油价格的迅速上涨,危地马拉通胀率重新加剧,从2006年年底的5.8%升至2007年11月的9.1%。

表4-1 2004~2008年危地马拉国内生产总值

年份	2004	2005	2006	2007	2008
国内生产总值(亿美元,按当年价格)	268	319	363	351	425
国内生产总值(亿格查尔,按当年价格)	2167.49	2415.96	2682.97	2683.87	3213.90
增长率(%)	2.6	3.2	4.6	5.6	4.0
人均国内生产总值(美元)	2179	2535	2944	2629	
人均国内生产总值(美元+PPP)	4942	5141	5455	5810	6105

资料来源:国际货币基金组织;The Economist Intelligence Unit, *Country Profile*: *Guatemalas2006*, 2008; *EIU Country Report*: *Guatemala February 2009*; Banco de Guatemala。

表4-2 2003~2007年危地马拉经济结构变化表

单位:%

年份	2003	2004	2005	2006	2007
农业	14.1	14.3	14.1	13.5	13.3
工业	26.7	25.9	26.2	26.1	25.8
服务业	59.2	59.8	59.7	60.4	60.9

第二节 农牧业

农业在危地马拉国民经济中占据重要地位。全国38.7%的人口从事农业;可耕地136万公顷,用于种植农作物的土地为54.5公顷,其中水浇地13万公顷。咖啡、蔗

第四章 经 济

糖、小豆蔻和香蕉是主要出口农产品。在太平洋和大西洋沿岸种植了大片的甘蔗和香蕉，咖啡和小豆蔻则种植在山地的矮山坡上和火山区。危地马拉粮食作物有玉米、小麦、大豆、大米等，是中美洲最大的粮食生产国。

20世纪60年代以后，随着农业生产集约化程度的提高，拖拉机和化肥使用量的增多（1980年全国拖拉机已达4000台，此后增长不多，1990年和2000年分别为4200台和4300台），危地马拉农业生产得到发展。[①] 1960～1978年，危地马拉农业产量年均增长5%。1980年，危地马拉农村人口占全国总人口的65%。20世纪80年代，由于主要农产品（除香蕉外）出口的国际价格大幅下跌，危地马拉开始注重农业产品的多样化和种植非传统出口农产品，主要产品是蔬菜、水果、鲜花等。20世纪末以来，受气候条件恶劣、农产品国际价格下跌的影响，农业发展停滞，农业产值占国民生产总值的比重从1991年的25.3%降至2002年的22.5%。1998～2002年间农业产值年均增长2.3%，2002年增长仅为1.8%。由于非传统产品（甜瓜、浆果、鲜花等）出口的增加和咖啡国际价格的大幅下跌，它的四种主要农产品咖啡、蔗糖、小豆蔻和香蕉在总出口中的比重下降，从1997年占45%降至2001年的33.1%。2007年因对传统农产品需求量增多，农业产值增长了4%。

1992年，危地马拉的可耕地占土地总面积（1090万公顷）的17%，林地大约占33%。农业劳动力占总就业人口的38.7%（2002年5月）。占全国农场总数2.5%的大农场（平均每个农场拥有200公顷土地），控制着全国农业用地的65%；而占农场总数88%的小农场（平均每个农场拥有1.5公顷土地），仅占有农业用地的16%。土地分配不公导致危地马拉社会矛盾的激化。

---

① *Anuario Iberoamericano 2003*, p. 385.

危地马拉

20世纪90年代咖啡产量曾稳步上升,但因从1998年中期起咖啡国际价格的暴跌,使咖啡产量和出口大幅下降:1996~2000年年均出口咖啡2.5亿公斤,2002年出口量降为2.07亿公斤。为了提高收入,一些咖啡种植农改种优质咖啡。2001年,危地马拉政府设立1亿美元基金资助咖啡种植。2003~2005年咖啡出口值分别为2.99亿美元、2.28亿美元和4.648亿美元。

危地马拉是拉丁美洲第三大蔗糖出口国和世界第五大蔗糖出口国。1995年危地马拉获得墨西哥进口蔗糖50%的配额,1996年获得美国进口蔗糖91711吨的配额,并且开始向土耳其和摩洛哥出口蔗糖。2002年蔗糖出口量达14亿公斤,收入达2.13亿美元;2005年蔗糖出口收入为2.37亿美元。

危地马拉的香蕉种植面积在1991~1995年从5000亩增至15000亩。危地马拉香蕉的总产量在1996年达1470万袋(每袋46公斤)。1998年香蕉生产遭飓风破坏,但不久便恢复生产。2001~2005年香蕉年均产量2162万袋。2001年香蕉出口值达1.85亿美元,2006年更高达2.36亿美元。①

20世纪80年代初,在特别税收政策和上维拉帕斯省定居运动的刺激下,小豆蔻生产开始迅速发展,并成为世界上最大的小豆蔻出口国。从2000年起,一些咖啡种植农改种小豆蔻,使小豆蔻产量有所增加。

危地马拉发展多种经营农业,向美国和欧洲市场出口大量加工后的水果、蔬菜、种子、鲜花以及观赏植物,以减少本国经济对传统出口农产品的依赖。

20世纪90年代中期,由于气候适宜和国内国际两个市场农产品价格的上升,危地马拉主要粮食作物和蔬菜产量有所增加。但是,粮食生产满足不了国内消费的需要,而且在21世纪开始

---

① The Economist Intelligence Unit, *Country Profile: Guatemala 2003*, pp.26-27.

后粮食产量又有所下降：1997年小麦产量为35.2万袋（每袋46公斤）；2001年降为12.5万袋。1997～2001年，大米产量从88万袋降为52.8万袋。2002年后大米产量有所提高，但增幅不大，2005年年产大米100万袋，2006年为120万袋。因粮食生产满足不了国内消费的需要，危地马拉每年都要进口大量粮食。2001/2002年度，危地马拉除进口大量大米外，还需进口小麦40万吨、玉米55万吨。

表4-3 2001～2006年主要农产品产量

单位：万袋（每袋46公斤）

年 份	2001	2002	2003	2004	2005	2006
大 豆	206.7	208.7	212.0	200.0	210.0	220.0
玉 米	2292.2	2315.2	2340.6	2350.0	2250.0	2470.0
大 米	52.8	96.8	77.0	80.0	100.0	120.0
小 麦	12.5	20.0	26.0	30.0	0.0	0.0
咖 啡	466.4	430.0	460.0	470.0	470.0	490.0
香 蕉	1952.2	2164.9	2065.2	2220.0	2410.0	2380.0
小豆蔻	38.0	48.2	65.1	80.0	80.0	90.0
蔗 糖	32990.0	36740.0	35550.0	39120.0	39200.0	36090.0
芝 麻	70.0	71.4	75.8	80.0	100.0	80.0

资料来源：危地马拉银行。

表4-4 2000～2006年危地马拉农、牧、林业产值

单位：百万格查尔

年 份	2000	2001	2002	2003	2004	2005	2006
农牧业	1275.5	1290.3	1313.6	1355.3	1409.3	1440.9	1476.3
农 业	762.4	755.1	768.6	798.1	842.5	866.9	885.0
牧 业	414.7	433.1	439.3	447.7	455.7	463.7	477.4
林 业	82.3	84.8	86.9	89.1	91.3	93.6	96.0
狩猎与渔业	16.1	17.3	18.7	20.4	19.8	16.8	17.9

资料来源：危地马拉银行。

危地马拉

1999 年危地马拉的林地面积占全国面积的 34.5%，林业产值约占国民生产总值的 2%。最贵重的木材是红木和雪松，并生产糖胶和树胶。1990～1995 年年均被砍伐和破坏的林地占林地总面积的 2%。被伐林木的 60% 用于柴薪，40% 用于木材生产，其中绝大多数木材生产是非法的。佩滕是橡胶和奇可树液（口香糖主要原料）的原产地，危地马拉是仅次于墨西哥的世界第二大口香糖生产国。

危地马拉木材产品出口力度在不断加大，2002 年木材产品出口额为 3980 万美元；2006 年 1～11 月出口额达到 6420 万美元，增长了 61.3%。支持出口增长的主要产品有锯材、门板、胶合板、地板、单板等。家具出口的比重在不断加大，其出口额 2002 年为 1000 万美元，2006 年 1～11 月达到 1500 万美元。

渔业主要分布在太平洋沿岸。近年来鱼产量逐渐增加，1998 年、1999 年和 2000 年分别为 16485 吨、17187 吨和 23868 吨。[①] 20 世纪 90 年代初，渔业产品主要供应国内市场，只有极少部分供出口。此后，出口量有所增加。主要出口渔业产品为海产品。近年来，虾场面积迅速扩大。

危地马拉畜牧业在国民经济中也占有重要地位。牧场面积为 260.2 万公顷。2001 年主要牲畜存栏数为：牛 250 万头，绵羊 55.2 万只，山羊 11.1 万只，猪 145 万头，马 12 万匹，骡 3.9 万匹，驴 1 万头，鸡 3500 万只。畜产品在国内市场的供给中扮演了很重要的角色。2001 年各种肉产量分别为：牛肉 6.2 万吨，羊肉 3000 吨，马肉 2000 吨，猪肉 2.5 万吨，家禽肉 14.4 万吨，牛奶 27 万吨，奶酪 1.1 万吨，蛋 10.9 万吨，蜂蜜 1000 吨，牛皮 9000 吨。南海岸和佩滕地区有牛场，牛肉产量平稳。由于禽肉价格低廉、供应充足、消费量大，近十多年来家禽业发展迅速，禽肉已代替

---

① *Anuario Iberoamericano 2003*, p. 385.

第四章 经　济

牛肉成为大众化食用肉。PAF集团公司和Campero集团公司禽肉产量占全国禽肉产量的75%。国内速食生产商保罗·肯佩罗控制了大部分肉鸡的生产。2000年，家禽业消耗的饲料黄玉米超过45万吨。近年来，家禽小型饲养场发展很快，已占据禽肉类生产的相当一部分。危地马拉每年要进口禽肉（主要为鸡肉）7000吨、家禽饲料黄玉米50.2万吨，主要来自美国。

第三节　工　业

危地马拉的工业企业主要集中在危地马拉城及其周围地区，是中美洲共同市场的化工原料、化妆品、玻璃制品、纸和加工食品的重要出口国。危地马拉工业大多是20世纪60年代发展起来的，主要有纺织、食品、水泥、制药、木材加工和制糖等。1960~1976年工业产值年均增长7%。1978~1980年年均增长6%。20世纪80年代，危地马拉开始建立电力、石油、化工等工业，但因内战和中美洲市场陷入困境，工业发展受到严重影响。90年代工业出现恢复势头，1992~1996年工业产值年均增长2.8%，1996年工业产值占国内生产总值的14%。内战结束后，危地马拉工业得到较快发展。1998~2002年，制造业年均增长率为2.0%，2005年增长2.7%。矿业却止步不前，2001~2005年，矿业年均增长率为1.1%，而2005年增长率下降为1.2%。2006年7月中美洲国家与美国自由竞争条约的生效和家庭消费的增多，推动了危地马拉工业的发展。据危地马拉银行估计，2007年该国工业增长率为3.3%，其中食品、饮料、水泥、啤酒和烈性酒产值实现创纪录增长。目前，危地马拉工业产值已占国内生产总值的19%。[①]

---

① www.elperiodico.com.gt.

一 制造业

以轻工业为主,产品主要为两类:一类为食品加工、饮料和烟草;一类为服装、纺织品和皮革制品。生产的成品除面向国内,并向中美洲共同市场成员国出口。20世纪80年代,根据美国特别市场准入807和807A条款,危地马拉纺织品和成衣开始进入美国市场,并仅依照国内附加值征税,促进了以纺织品和成衣为主的客户工业的发展,其产值在1987~1996年间增长了一倍,雇佣工人数从1986年的5120人增至1989年的3.5万人。北美自由贸易协定生效后,危地马拉客户工业受到强烈冲击,纺织厂和成衣厂被迫解雇大批工人。

近年来,危地马拉制造业发展较快,制造业就业人数从1994年的7万人增至2002年的10.4万人。1998~2002年制造业产值年均增长2%,2001年和2002年年均增长0.8%。2003年后,随着世界和美国经济的复苏,危地马拉制造业又有所发展。2005年制造业产值占国内生产总值的12.66%。2007年危地马拉制造业增长率约为3%。[①]

表4-5 2000~2006年危地马拉制造业产值

单位:百万格查尔

年 份	2000	2001	2002	2003	2004	2005	2006
食 品	644.5	657.1	671.9	685.4	721.3	734.4	758.3
饮 料	117.1	119.0	107.4	112.0	117.4	119.5	127.8
烟 草	37.7	37.8	40.0	38.9	35.9	37.2	36.1
纺 织	290.6	288.5	292.4	294.9	283.9	272.7	242.84
总产值*	1645.0	1663.7	1677.5	1694.7	1736.5	1779.2	1829.6

* 此处总产值除上述四种产业产值外,还包括其他制造业之产值。

资料来源:危地马拉银行。

---

① www.prensalibre.com.

2000年客户工业出口值达3.738亿美元,比1995年增长一倍。后受美国经济衰退的影响,生产量和出口量停滞不前,2002年出口值仅提高至3.903亿美元。2002年从事生产的客户工业中,危地马拉人经营的企业占27%,韩国人经营的企业占64.8%,美国人经营的企业占5.2%。

二 矿业

20世纪70年代在伊萨巴尔湖附近发现镍矿后,危地马拉矿业有所发展。1980年矿业产值占国内生产总值的0.5%,此后所占比重有所增加,但在2002年矿业产值仍占国内生产总值的1%以下。矿业主要出产有限的锑、重晶石、大理石、石灰石、硅石和砾石。东部的奇基穆拉和西部高原的奇奇卡斯特南戈有金矿和银矿。1997年危地马拉颁布新的矿业法,降低了矿区使用费,简化了审批新公司参与开矿的手续。20世纪90年代下半期矿业增长很快,其中1996年增长23.1%,1997~2001年年均增长7.1%,但2001年仅增长0.7%。2002年有所复苏,增幅升至9.8%。2003年和2005年呈负增长,分别为-7.7%和-2.1%。2006年增长率与2002年持平。

三 石油工业

危地马拉石油工业是从20世纪50年代发展起来的。1955年危地马拉政府颁布石油法后,29家外国石油公司开始在危地马拉进行石油勘探和开采。由于没有发现大油田,外国石油公司停止了其勘探活动。20世纪70年代末期,一些外国石油公司重新参与危地马拉的石油勘探,先后在托杜卡斯和鲁韦尔桑托发现了油田。因出产的原油含硫量高,本地无法提炼,原油基本输往美国,国内石油消费靠进口。1980年,危地马拉原油日产量为6000桶，原油收入3300万美元，并于当年4月首次出口原油。内战期间，由于国内局势混乱，影响了石油的勘探和开采。内战结束后，加强了在农村地区的石油勘探。政府给予私营部门石油勘采特许权，私营石油公司已在危地马拉生产石油并出口。

危地马拉政府为了促进采矿业的发展，1993年实施采矿法，限定对采矿合同进行竞价投标。1997年6月，国会通过的采矿法将采矿公司支付矿区使用费从6%降至1%，并简化了获得新矿开采权的手续。1997年原油产量达到714万桶，比前一年增长34%，其中出口620万桶，创汇9650万美元。同年，危地马拉修建了一条输油管，降低了输油使用费。1998年原油日产量达2.53万桶，但在2001年日产量降至2.11万桶。新的佩滕油田投产后，原油日产量又回升至2.46万桶。危地马拉石油勘探和开采主要集中在基切、上维拉帕斯、伊萨瓦尔和佩滕省。

表4-6 2001~2006年危地马拉石油生产和消费

单位：万桶

年 份	2001	2002	2003	2004	2005	2006
原油产量	769.5	900.5	902.8	738.7	672.8	589.3
石油消费	2493.1	24351.1	2513.9	2575.0	2642.1	2669.0

资料来源：危地马拉能源部。

四 电力工业

危地马拉拥有丰富的水力发电资源，水力发电潜能1000多万千瓦。20世纪90年代以前，危地马拉以水力发电为主。根据全国电力委员会制订的发展计划，1979年和

1982年分别在奇索伊河与阿瓜卡帕河建立了水力发电站。为了改变过分依赖水力发电的情况，政府加强热能和地热发电。1990~2002年，水力发电量已从占总发电量的93%降至34%；热能发电量已从7%升至64%；地热发电量升至2%。与此同时，政府还积极鼓励节省能源，并采取了一些措施，如从2006年4月29日至9月30日实行"夏时制"，充分利用日光和太阳能。据危地马拉能源和矿产部估计，"夏时制"可为危地马拉节省1000万美元用于发电的燃油费。

表4-7 1999~2002年危地马拉电力生产和消费

单位：百万千瓦小时

年份	1999	2000	2001	2002
国内年消费量	4621	5068	5292.7	56284
国内年需求增长率（%）		9.7	4.4	6.3
年产量			5772.2	6191.2
出口		827.3	362.8	439.
进口		122.9	53.0	54.9
国际差额		704.4	309.8	384.9

资料来源：The Economist Intelligence Unit, *Country Profile*: *Guatemala 2003*, p.35。

美资危地马拉电力公司曾长期垄断危地马拉的电力工业。1961年，危地马拉政府成立国营全国电力协会（INDE）。1968年，又把美资危地马拉电力公司收归国有。从此，危地马拉电力公司和全国电力协会控制了危地马拉的电力生产。1993年危地马拉电力公司开始进行私有化，出售了发电设备。1998年配电网全部私有化。危地马拉电力公司80%的股份以5.2亿美元转让给由美国TPS Ultramar公司、西班牙Iberdrola公司和葡萄牙Electrificación公司组成的国际财团。危地马拉全国电力协会把地区的 Deocsa 和 Deorsa 两家配电公司 80% 股份以 1.01 亿美元转让给西班牙的 Unión Fenosa 公司。危地马拉能源和矿产部制定了在 2004 年实现电力服务覆盖 95% 人口的目标。2002 年危地马拉出口电量 348.9 百万千瓦小时。

五　建筑业

20 世纪 80 年代初期，危地马拉建筑业不景气，经常出现负增长。80 年代末期有所改观，年均增长率曾达 11%。进入 90 年代后，建筑业仍起伏不定，因投资减少和材料不足，90 年代初建筑业又出现负增长，1992 年和 1993 年有所恢复，但于 1994 年和 1995 年又出现滑坡。内战结束后，由于实施公共机构和住房建设计划，使 1995~1999 年期间建筑业年均增长达 8%。21 世纪开始后，由于经济停滞和财政困难，建筑业衰退，2001 年虽增长 2.3%，2002 年又大降 15.3%，2001~2005 年年均增长率为 -4.6%，2004 年下降率达 18.2%。从 2005 年起，随着经济的复苏、公共投资的增加和向私营部门信贷的扩大，建筑业开始恢复增长，2005 年增长 16.1%；2006 年增长 29.5%；2007 年建筑业与交通和通信业的增长率高达15%[1]，为危地马拉国内生产总值的增长立下汗马功劳。

表 4-8　2000~2006 年危地马拉建筑业产值

单位：百万格查尔

年　份	2000	2001	2002	2003	2004	2005	2006
产　值	192.1	218.2	218.1	201.2	179.6	204.7	273.3

资料来源：危地马拉银行。

[1] www.prensalibre.com.

第四节 交通与通信

一 交通

危地马拉的高原地区和南部沿海地区有公路网,泛美高速公路及太平洋和大西洋之间的高速公路是它的主要的公路干线,但国内还有很多地区缺乏全年通行的公路。2002年危地马拉公路长14043公里,其中38.9%是沥青路。泛美公路贯穿全国,全长511公里,从危地马拉与墨西哥边境直至危地马拉与萨尔瓦多边境。

全国共有铁路1828公里。危地马拉国家铁路网穿过危地马拉城连接了太平洋和大西洋海岸,其北部支线沿太平洋海岸到墨西哥,南部支线至萨尔瓦多。其中900公里的铁路经营权卖给了美国铁路发展集团,期限为50年。

危地马拉的主要港口有大西洋沿岸的巴里奥斯和圣托马斯·德卡斯蒂略港,以及太平洋沿岸的圣何塞港、钱佩里科港和格查尔港。2002年,波蒂略政府将这些港口转让给私营部门。内河航线990公里,全年可通航的仅有260公里,其余只有雨季可通航。危地马拉94%的出口产品经海路运出。

表4-9 2000~2006年危地马拉交通运输产值

单位:百万格查尔

年份	2000	2001	2002	2003	2004	2005	2006
产值	577.4	601.8	617.5	629.1	667.9	722.6	773.3

资料来源:危地马拉银行。

危地马拉有两个国际机场:危地马拉城的拉奥罗拉国际机场和蒂卡尔的圣塔埃莱娜国际机场。危地马拉航空公司有通往中美

洲各国、多米尼加共和国、墨西哥、美国、西班牙、荷兰等国的国际航线。1992年实行航空开放政策后,许多国际航空公司进入危地马拉参与经营。

二 通信业

1998年8月危地马拉政府完成对国有危地马拉电话公司(GUATEL)的私有化。主要由墨西哥电话公司控股的危地马拉电话公司向全国提供无线电话和因特网服务。1999年初,危地马拉电话公司与14家私营电信公司签订了提供国际传呼服务的互联协定。1999年5月,一家西班牙财团所属的电话公司(Telefónica)已开始在危地马拉运作。危地马拉移动电话市场的领头羊是Comcel公司。为在农村地区普及电话,每年有3000万格查尔(合390万美元)的电话开发基金资助有兴趣开发农村电话的公司。2000年,危地马拉共有电话756000部,每千人平均有64.7部。[1]

表4-10 2000~2006年危地马拉通信业产值

单位:百万格查尔

年 份	2000	2001	2002	2003	2004	2005	2006
产 值	218.8	246.5	270.8	323.1	368.3	412.7	475.0

资料来源:危地马拉银行。

三 旅游业

旅游业是危地马拉除咖啡外的第二大外汇收入来源。每年的1月、7~8月、11月和复活节圣周是它的

---

[1] The Economist Intelligence Unit, *Country Profile*: *Guatemala 2003*, p.17; *Anuario Iberoamericano*, p.391.

旅游旺季。1995年全国有旅馆客房7000余间，接待外国游客58万人次，创汇2.96亿美元。内战结束后，外来游客不断增多，旅游收入增加。2000年接待外国游客826240人，比上一年增长10%。美国"9·11"事件后，游客有所减少；但在2002年又开始增多，达841900人，比上一年增长6%。近几年，危地马拉采取经济多样化发展政策，减少对传统行业（如农业和轻工业）的依赖，大力发展旅游业，对多个城市的机场进行了改建，完善了机场设施，同时进一步开发和修复了玛雅遗迹。2006年旅游业运行呈现强势，根据危地马拉旅游局官方数据，旅游业收入同比增长16.6%，达到10亿美元；游客人数增加14.2%，达到150万人，超过了130万人的预期目标。政府多方募集资金，大力发展旅游业。2007年1月31日，危地马拉与美国签署协议，根据协议美国向危地马拉派7000名专家和顾问，以保护自然资源来资助旅游业。同年3月18日，智利总统巴切莱特在危地马拉访问期间，贝尔赫总统向他表示，希望智利企业家到危地马拉投资旅游业。危地马拉政府更是把旅游业看成是北部地区脱贫致富的法宝。科洛姆总统就职的当天就宣布，将把拥有世界上最大金字塔之一的古玛雅遗址开辟为旅游公园。

表4－11 2001~2005年危地马拉旅游收入、旅客人数、人均消费和客房数

年　份	2001	2002	2003	2004	2005
收入（百万美元）	492.70	612.18	599.71	769.91	868.90
旅客人数（人）	835492	884190	880223	1181526	1315646
人均消费（美元）	589.7	692.4			
旅馆客房（间）	16595	17378			

资料来源：危地马拉旅游局。

危地马拉

到危地马拉旅游的观光客中,来自中美洲其他国家的游客占游客总数的43%,其中多数来自邻国萨尔瓦多;33%的游客来自北美;16%的游客来自欧洲。旅馆客房从1998年的14744间增加到2002年的17378间。危地马拉有一种催眠旅馆,内设用抑制人体中枢神经系统活动的草药浸泡过的木板的木床,游客上床5分钟便会入睡,醒后精神焕发。危地马拉的玛雅古迹吸引世界众多游人,与此同时,生态旅游也是危地马拉旅游业的一大特色。

表4-12 2001~2005年危地马拉接待外国游客人数

单位:人

年 份	2001	2002	2003	2004	2005
美国	21562	223559	236295	287636	311691
墨西哥	61326	65331	70732	67502	72908
萨尔瓦多	214114	228018	209745	411277	497430
其他中美洲国家	104080	128880	123586	168830	188102
南美国家	86094	66473	63483	71369	78187
欧洲	129975	140495	146292	144322	133657
其他国家	29341	31434	30090	30590	33671

资料来源:危地马拉银行。

危地马拉的旅游城市和旅游点介绍如下:

危地马拉城(Ciudad de Guatemala) 危地马拉城是危地马拉首都,中美洲第一大城市,全国政治、经济和文化中心。它位于南部马德雷山脉拉埃尔米塔谷地,海拔1480米,气候温和,年均气温18℃,年均降水量1280毫米,曾是千年前玛雅古城卡米纳尔·胡尤(Kaminal Juyu)的所在地。西班牙殖民者佩德罗·德阿尔瓦拉多在征服危地马拉过程中,于1524年在此建城。1773年旧危地马拉城毁于强烈地震后,被迁往24公里外的埃尔米塔谷地。1775年建成新城，被称为新危地马拉·德拉亚松森。1823～1838年曾为中美洲联邦首都，后成为危地马拉共和国首都。它作为经济中心，集中了全国投资总额的一半，工业企业数量和产量均占全国半数以上；工业主要有水泥、木材加工、纺织、烟草、食品等；是咖啡、玉米、小麦等农产品集散地。虽多次遭地震破坏，但仍保留有大量巴罗克和新古典主义风格的殖民时期建筑，如首都大教堂、施恩教堂、圣多明各教堂等。邮局、国家警察局、国家宫和尤里塔教堂是20世纪上半叶的著名建筑。城市中心的建筑群则体现了20世纪下半叶初期造型艺术的风格。城内有危地马拉圣卡洛斯大学的美术、商业、职业和军事教育研究院，国家考古博物馆，美术馆，米内尔瓦公园，动物园，植物园等。交通便捷，为本国公路和铁路交通枢纽及国内和国际航空中心，拉奥罗拉国际机场在城南8公里处。

安提瓜（Antigua Guatemala） 危地马拉中南部城市，萨卡特佩克斯省省会。位于阿瓜斯火山与富埃戈火山之间中南部高原的彭萨蒂沃河畔，东距危地马拉城24公里。始建于1543年3月10日，原称圣地亚哥·德·洛斯卡瓦列罗斯（Santiago de Los Caballeros de Guatemala）。1566年西班牙国王费利佩二世赐其"最高贵和最忠诚"称号后的一段时期，其艺术和文化在整个美洲首屈一指。17世纪成为危地马拉首府，1720～1773年是其鼎盛时期。1773年毁于强烈地震后，首都被迁往危地马拉城。地震后重建，附近为咖啡产区，有制革、木材加工、纺织、陶瓷、酿酒、水泥等工业。市内有大学、大教堂、博物馆和许多殖民时期的建筑。安提瓜风光秀美，气候宜人，为著名旅游度假胜地。供游客消费的商店、咖啡屋、歌厅、迪厅应有尽有。用古教堂和修道院改建的旅店更是别有韵味。该市是泛美公路交通的枢纽。在这里举行的圣周节为全国最著名的节日之一，中央广场还经常举行斗牛活动。城郊的阿瓜斯火山坡有以编织闻名的印第安村落——圣胡安德尔奥维斯玻村。安提瓜因保存有大量殖民时期巴洛克风格的建筑，1979年被联合国教科文组织命名为人类文化遗产。在中央广场及其附近，旧殖民地首府的几座建筑物仍在使用。总督府曾被多次修缮。市政厅宫的一部分被辟为博物馆，收藏有17和18世纪的兵器和绘画。建于1680年的大教堂受到多次地震的破坏，现只留有正墙。建于1775年的圣卡洛斯大学是该国第一所大学和中美洲第三所大学，校内有殖民时期博物馆。此外，还有圣克拉拉教堂、拉梅塞德教堂等。该市仍保留着传统的印第安民俗，每星期举行两次的奇奇（chichi）集市吸引众多游客。

克萨尔特南戈（Quezaltenango） 危地马拉克萨尔特南戈省省会，全国第二大城市。又称"塞拉"（Xela），塞拉源于玛雅基切语"Xelaju"，意为"十位神的下面"。该市临圣玛丽亚火山山麓，海拔2334米，气候凉爽，年平均气温约17℃，年降水量1000毫米左右。它曾是基切王国首都，附近有一古战场，1524年西班牙征服者在此击败基切族印第安人。1902年圣玛丽亚火山喷发，城市被毁，后重建。该城西部的商业中心，是印第安人的各种手工制品以及周围盛产的咖啡、甘蔗、可可、谷物、热带水果等农产品集散地。重建后的城市现成为沿海地区与高地之间的贸易中心和加工业中心，主要工业有纺织、面粉加工、啤酒酿造等。该市经泛美公路可通首都危地马拉城，城北建有机场。

巴里奥斯港（Puerto Barrios） 危地马拉北部港口城市，伊萨瓦尔省省会，位于大西洋阿马蒂克湾南岸。1895年危地马拉总统何塞·马里亚·雷纳·巴里奥斯下令兴建，为纪念其叔父、被称为"改革者"的胡斯托·鲁菲诺·巴里奥斯而得此城名。20世纪初，外国厂家兴建了一条通往首都危地马拉城的铁

第四章 经 济

路。后来危地马拉政府在该市以南建成港口，并修建一条与铁路平行的公路。该港口原为全国主要港口，但自 1970 年以来，其港口地位已被圣托马斯·德卡斯蒂利亚所取代。该城有石油提炼等小型工业，附近有香蕉种植园，出口香蕉、咖啡、糖胶、树胶、水果和木材等产品。

埃斯昆特拉（Escuintla） 危地马拉西南部城市，埃斯昆特拉省省会，距首都危地马拉城 4.5 万米。城名源自附近原玛雅古城之名。城市周围盛产甘蔗、棉花、咖啡、香茅、椰子、菠萝、芒果和玉米，它是农业区的工商业中心。手工艺品业在当地经济中占有重要地位。有制糖、轧棉、造纸和肉类加工等工业。市内中央花园中有建于 1545 年的教堂，危地马拉第一位主教弗朗西斯科·马罗金为其安放了奠基石，于 1878 年遭大火破坏。该市有温泉，以矿泉浴闻名，是冬季的疗养胜地。沿海公路经过该城，并有铁路通往首都危地马拉城和圣何塞港，设有机场。

阿蒂特兰湖（Lago de Atitlan） 危地马拉中西部的火山湖。位于索洛拉省内，海拔 1562 米，面积 125.7 平方千米，深 333 米，是危地马拉第二大湖。周围被三座活火山环绕。湖中有火山喷发后构成的 18 个岩岛。湖岸边有小港口特桑胡尤，沿岸多印第安人村落。该湖是美丽的火山湖，是危地马拉著名的风景区，每年吸引众多游客，带动周边旅游服务业的发展。

奇奇卡斯特南戈玛雅集市（Chichicastenango） 奇奇卡斯特南戈是危地马拉基切省南部的一座小城，海拔 2000 余米，人口 10 万余，大多为基切人。这座山城以玛雅集市闻名于世，据称是最大的玛雅集市，并有美洲"最热闹集市"之称，是旅游者经常光顾之地。每逢周四和周日集市日，小城云集了来自全国各地的商贩，不少人甚至是星夜赶来。集市广场摆满摊位，身着玛雅各族民族服饰的商贩销售色彩鲜艳的玛雅服装和布料、手工编织的挂毯和地毯、水晶、面具、木雕等,受到游客的欢迎。集市广场旁边矗立着有400多年历史的圣托马斯教堂,教堂前的18级台阶代表着玛雅历法的18个月,体现了玛雅人发达的历法知识。游客在购物之余,还可看玛雅人特有的宗教仪式。

蒂卡尔国家公园(Tikal)　　详见第一章的第二节。

第五节　财政金融

一　财政

危地马拉的财政体制分中央、省和市政府三级。政府各部门的开支由中央政府预算直接拨款。财政部在全国各地设有地方税务局,地方政府可以征税,但须经中央政府批准。20世纪80年代内战期间,国防开支剧增,财政赤字上升,政府靠举借外债弥补财政赤字。1991年,危地马拉实施了稳定和结构调整计划,旨在抑制通货膨胀、提高国际收支和创造经济持续增长的条件。90年代,危地马拉在稳定物价上取得了一些进展,使90年代后期的通胀率降到一位数。危地马拉是税收收入占国内生产总值的比率最低的拉美国家之一,20世纪90年代危地马拉税收收入占国内生产总值的10%以下。低税收扼制了公共收入,限制了社会投资,并使财政赤字增加。1999年,危地马拉财政赤字占国内生产总值的2.8%。在国际金融机构的压力下,2000年波蒂略政府削减政府开支10%,全面审查税收制度。2001年8月,波蒂略政府把增值税从10%提高至12%,并提高了农业和商业营业税,危地马拉税收收入从2001年占国内生产总值的9.7%提高到2002年的10.6%;同期,财政赤字从31.05亿格查尔降至17.70亿格查尔,仅占国内生产总值的1%。

2002年12月以后，波蒂略政府为增加税收收入，又提高了一些商品的销售税和一些商品的进口税。由于私营部门激烈反对波蒂略政府提高税收的政策，宪法法院裁决取消波蒂略政府的一些税收政策。2003年危地马拉财政赤字占当年国内生产总值的2.4%。2004年贝尔赫执政后，大量削减公共开支，在增加税收的同时，对税收部门实行严格监管，财政收支逐渐好转。2004年、2005年和2006年财政赤字各占当年国内生产总值的1.1%、1.5%和1.5%；财政收入从2003年的218亿格查尔（27.2亿美元）提高至2004年的234.6亿格查尔（30.3亿美元）和2005年的249亿格查尔（32.8亿美元），其中税收收入分别为208亿格查尔、219亿格查尔和233亿格查尔。2006年税收收入占国内生产总值的10.2%，高于2005年的占9.6%的比例。2007年税收收入44.23亿美元，超过预定目标2.63亿美元，比2006年增长15.8%，占国内生产总值的12.3%，是13年来最高的比例。在整个税收收入中，增值税收入占51.8%。危地马拉政府在加强税收的同时，还整治了逃税和走私活动。[1]

表4-13 危地马拉2003~2006年中央政府的财政收支状况

单位：亿格查尔

年份	2003	2004	2005	2006
总收入	218.09	234.62	249.08	292.16
税收收入	208.81	219.74	233.10	272.08
总支出	263.33	255.42	285.00	337.21
总收入与总支出差额	-45.24	-20.80	-35.92	-45.05
差额占国内生产总值百分比（%）	-2.3	-1.0	-1.5	-1.7

资料来源：危地马拉公共财政部。

---

[1] www.univision.com.

二 金融

危地马拉的金融机构由国家银行、商业银行和其他金融机构组成。20世纪90年代初,金融系统的自由化导致全国性的银行和金融机构的增加,并涌现出21个大型金融集团。因缺乏监督和经营不善,1998年末一些银行和金融机构出现兑现危机。2000年12月,危地马拉国会通过由执政党共和阵线党提出的外汇自由交易法案。法案规定,危地马拉允许美元等外币自由流通,允许以外币进行结算、存储、买卖、汇款、交易、发放工资等,但没有规定是否取消本国货币"格查尔"的使用。该法案的颁布意味着危地马拉居民可以拥有、自由支配、优惠、转让、买卖外汇,以及从事外汇和黄金的支付业务。该法案还允许开立外汇和存款账户,以及银行和金融机构的其他业务。2001年4月30日,危地马拉货币管理委员会规定,银行和其他金融机构必须从事合法的业务;自然人与法人进行交易前,必须先向银行出示有关材料、身份证明等文件。2001年5月1日,外汇自由交易法正式生效,但继续实行原有的外汇兑换体制。一些经济学家认为,该法案的实施使危地马拉经济走向美元化。危地马拉全国经济研究中心经济学家则认为,该法案是危地马拉走向货币金融现代化跨出的重要一步,并非表明危地马拉经济"美元化"。他们认为,在短期内,美元难以取代格查尔。1998年9月至2002年5月,危地马拉中央银行共向8家商业银行提供45.3亿格查尔应急贷款,并于2001年2月和3月对Metropolitano银行和Promotor银行进行了干预。2002年5月,危地马拉国会通过了包括新的中央银行法、监督法和货币法在内的四项法律,旨在加强金融系统并使其现代化。金融改革的主要内容是加强对金融系统的监督,满足企业资金的需要;建立储蓄保护基金,银行倒闭时对存款超过2500美元的储户提供90%的担保;加强中央银行的独立性;改善对外汇交易的管理。上述新法实施后,并未取得明显的收效。2003年,为了重新获得国际货币基金组织的贷款,危地马拉政府又起草了加强银行系统的新法,内容包括帮助加强银行资本基础的基金、存款担保基金等。危地马拉的银行从1999年的34家兼并至2006年的26家,但总资产却从3833.2亿格查尔增至9263.1亿格查尔,居中美洲国家第一位。在危地马拉银行中,工业银行(Banco Industrial)、G & T 大陆银行(Banco G & T Continental)、农村发展银行(Banco de Desarrollo Rural)、咖啡银行(Banco del Café)和农业商业银行(Banco Agromercantil)的资产分居前五位。至2005年6月30日,它们的资产分别为21.83亿美元、16.04亿美元、11.85亿美元、9.998亿美元和5.896亿美元。

危地马拉银行家协会(Asociación de Banqueros de Guatemala)是全国所有国营和私营银行的组织,成立于1961年。会长为拉菲尔·别霍·罗德里格斯(Rafael Viejo Rodriguez)。危地马拉金融体系的监督机构是银行监督局(Superintedencia de Bancos),成立于1946年,对金融机构起领导和监管作用,它有自己的专门网站,分日、周、月、季度和年度发表金融消息和统计数字,及时公布金融税收政策。局长为罗伯托 A. 古铁雷斯·纳赫拉(Roberto A. Gutierez Najera)。

表4-14 2001~2005年危地马拉银行数量、资产和贷款额

年 份	2001	2002	2003	2004	2005
商业银行	31	31	29	28	26
本国私人银行	28	28	26	26	24
外国私人银行	2	2	2	1	1
国家银行	1	1	1	1	1
资产(百万格查尔,当年底)	56820	62162	66856	75909	88679
贷款额(百万格查尔,当年底)	25652	27362	30346	35576	43560

资料来源:Superintendencia de Bancos。

三　主要银行、保险公司和证券公司

1. 危地马拉银行（Banco de Guatemala，Banguat）

国家银行，是最主要的国家金融机构，其前身为危地马拉中央银行（Banco Central de Guatemala）。危地马拉中央银行成立于何塞·马里亚·奥雷利亚那将军执政时所进行的货币与金融改革期间。1919年，曼努埃尔·埃斯特拉达·卡夫雷拉政府邀请普里斯顿大学的教授埃德温·沃尔特·凯默勒赴危地马拉，研究危地马拉的金融形势并提出建议。凯默勒通过考察向政府提议建立中央银行，作为政府的金融代理，并拥有发行货币的权力。因埃斯特拉达·卡夫雷拉总统和曼努埃尔·埃雷拉总统的先后倒台，建立中央银行的计划被搁浅。1923年，奥雷利亚那总统下令建立一家"调控银行"来稳定汇率，该银行成为央行的雏形。1924年，奥雷利亚那重新邀请凯默勒教授访问危地马拉并提出金融改革计划。同年，奥雷利亚那政府颁布危地马拉共和国货币法，产生了金本位制下的新的货币单位——格查尔。1926年6月30日，奥雷利亚那政府下令成立危地马拉中央银行。央行虽为私营银行，但有国家参股，它的成立结束了危地马拉货币发行的无序状况，稳定了货币的票面价值，建立了金融流动秩序。1944年危地马拉民主革命爆发后，阿雷瓦洛政府在1946年进行了第二次金融改革。根据政府颁布的基本银行法，危地马拉银行于1946年宣告成立，并被授予国家银行的资格，有权发行货币、调整银行政策、规定储备条件、接受其他银行的准备金和发放信贷。危地马拉银行取代了危地马拉中央银行，由曾直接参与危地马拉金融改革的经济部长曼努埃尔·诺列加·莫拉莱斯博士（Manuel Noriega Morales）担任第一任行长。危地马拉银行，有雇员751人，现任行长是玛丽亚·安东涅塔·德博尼利亚（Licda. María Antonieta de Bonilla）。

2. 危地马拉全国信贷抵押银行（Credito Hipotecario Nacional de Guatemala）

国家商业银行，成立于1930年，属政府所有，下设4个支行、54家代理处（2006年）。该行行长是弗雷迪·阿诺特·穆尼奥斯·莫兰（Freddy Arnoldo Muñoz Moran）。

3. 私营商业银行

（1）危地马拉农业商业银行（Banco Agromercantil de Guatemala）：2000年由两家银行合并而成，一家是成立于1948年的农业商业银行（Banco Agricola Mercantil）；一家是成立于1956年的农业银行（Banco del Agro, SA）。下设82个代理处（2006年）。截止到2007年5月，拥有资金768亿格查尔。银行总裁阿方索·E. 维亚·德沃托（Alfonso E Villa Devoto）。

（2）危地马拉贸易银行（Banco de Comercio）：1991年成立，下设33家代理处。

（3）咖啡银行（Banco del Café, SA）：成立于1978年，资本663万格查尔（1999年），储备67.29亿格查尔，总资金77.144亿格查尔（2005年11月）。2000年业务面扩大，成为多功能银行。总裁是爱德华多·曼努埃尔·冈萨雷斯·里韦拉（Eduardo Manuel Gonzales Riveira）。

（4）建设银行（Banco de la Construcción, SA）：成立于1983年，资本5500万格查尔，存款4.911亿格查尔（1997年12月）。总裁是路易斯·罗伯托·科瓦尔·西富恩特斯（Luis Roberto Cobar Cifuentes）。

（5）军队银行（Banco del Ejército, SA）：成立于1972年，资本7120万格查尔，储备2220万格查尔，存款7.359亿格查尔（1997年12月）。2002年11月业务重心转入全国抵押贷款上。总裁为吉多·费尔南多·阿夫达拉·佩尼亚戈斯（Guido Fernando Abdala Penagos）。

（6）出口银行（Banco de Exportación）：成立于1985年。2001年12月拥有资本3.533亿格查尔，储备4810万格查尔，存款12.12亿格查尔。截止到2007年5月，拥有资本280亿格查尔。下设15家支行，23个代理处。总裁为亚历杭德罗·博特兰（Alejandro Botrán）。

（7）工业银行（Banco Indutrial, SA）：成立于1964年，旨在促进工业的发展。1994年6月，资本和储备1.191亿格查尔，存款17.097亿格查尔。2007年5月，拥有394亿资产。下设201个代理处（2006年12月）。总裁为迭戈·普里多·阿拉贡（Diego Pulido Aragón）。

（8）不动产银行（Banco Inmobilario, SA）：成立于1958年。拥有资本7760万格查尔，储备40万格查尔，存款7.386亿格查尔（2002年12月）。下设42家代理处（2006年12月）。总裁是埃米利奥·安东尼奥·佩拉尔塔·波蒂略（Emilio Antonio Peralta Portillo）。

（9）国际银行（Banco Internacional, SA）：成立于1976年。1997年12月拥有资本5000万格查尔，储备1540万格查尔，存款8.226亿格查尔。截止到2007年5月，拥有资本257亿格查尔。下设36家支行。总裁为胡安·路易斯·斯金纳克莱（Juan Ruiz Skinner-Klee）。

（10）格查尔银行（Banco del Quetzal, SA）：成立于1984年，资本3740万格查尔，存款3.427亿格查尔（1994年7月）。总裁马里奥·罗伯托·莱亚尔·皮瓦拉尔（Mario Roberto Leal Pivaral）。

（11）工人银行（Banco de los Trabajadores）：成立于1966年，旨在小企业的建立和向小企业提供贷款。总裁是塞萨尔·阿米尔卡尔·巴尔塞纳斯（Cesar Amilcar Barcenas）。

（12）西方银行（Banco de Occidente, SA）：中美洲建立最

早的银行，1881 年在克萨尔特南戈成立。成立初期的业务只是在危地马拉西部进行小额借贷，吸收了当地 80% 的储蓄。1993 年 12 月拥有资本 1000 万格查尔，储备 1.189 亿格查尔，存款 12.278 亿格查尔。现在发展成为面向企业服务的主要银行。从 2002 年 12 月 30 日起，西方银行的资产能力和储备额度在危地马拉私人银行中跃居第六位（资产 79.62 亿美元，储备 57.19 亿美元）。下设 29 家分理处。总裁为佩德罗·阿吉雷（Pedro Aguirre）。

4. 国家开发银行

（1）全国农业开发银行（Banco Nacional de Desarrollo Agricola, BANDESA）：属农业开发银行，成立于 1971 年。行长由农业部长兼任。

（2）全国住宅银行（Banco Nacional de la Vivienda, BANVI）：成立于 1973 年。行长为霍阿金·马丁内斯（Joaquín Martinez）。

5. 金融公司

（1）全国金融公司（Corporación Financiera Nacional, CORFINA）：成立于 1973 年，旨在为工业、矿业和旅游业的发展提供资助。总裁为塞尔西奥 A. 冈萨雷斯·纳瓦斯（Sergio A. Gonzalez Navas）。

（2）危地马拉金融公司（Financiera Guatemalteca, SA - FIGSA）：成立于 1962 年，是投资机构。总裁是卡洛斯·冈萨雷斯·巴里奥斯（Carlos Gonzalez Barrios）。

（3）工业和农牧业金融公司（Financiera Industrial y Agropecuaria, SA - FIAASA）：成立于 1968 年。私营开发银行，为中美洲私营企业提供中长期贷款。资本 250 万格查尔，储备 2710 万格查尔（1994 年 12 月）。总裁是豪尔赫·卡斯蒂略·洛韦（Jorge Castillo Love）。

（4）工业金融公司（Financiera Industrial, SA - FISA）：成立

于 1981 年。资本 300 万格查尔，储备 620 万格查尔（1991 年 8 月）。总裁是卡洛斯·阿里亚斯·马塞利（Carlos Arias Masselli）。

（5）投资金融公司（Financiera de Inversion, SA）：成立于 1981 年，是投资机构。资本 1500 万格查尔（1997 年 6 月）。总裁是马里奥·奥古斯托·波拉斯·冈萨雷斯（Mario Augusto Porras Gonzalez）。

6. 保险公司

（1）保险总公司（Aseguradora General, SA）：成立于 1968 年。总裁是胡安 O. 尼曼（Juan O. Niemann）。

（2）危地马拉保险公司（Aseguradora Guatemalteca）：成立于 1978 年。总裁是卡洛斯 E. 皮内达·卡兰萨（Carlos E. Pineda Carranza）。

（3）格拉纳和汤桑保险总公司（Cia de Seguros Genegales Granai & Townson, SA）：成立于 1947 年。总裁是埃内斯托·汤桑 R.（Ernesto Townson R.）。

（4）泛美保险公司（Cia de Seguros Panamericana, SA）：成立于 1968 年。总裁是约翰·罗伯茨（John Roberts）。

（5）埃尔罗夫莱保险公司（Cia de Seguros El Roble, SA）：成立于 1973 年。总裁是费德里科·贡·别尔曼（Federico Kong Vielman）。

（6）瑞士—美国商业保险公司（Comercial Aseguradora Suizo-Americana, SA）：成立于 1946 年。总裁是威廉·比克福德（William Bickford）。

（7）全国保险与信贷抵押预测公司（Departamento de Seguros y Previsión del Crédito Hipotecario Nacional）：成立于 1935 年。总裁是法维安·皮拉（Fabian Pira）。

（8）危地马拉奇尼亚保险公司（Empresa Guatemalteca Cigna de Seguros, SA）：成立于 1951 年。总经理是里卡多·埃斯特拉

达·达尔东（Ricardo Estrada Dardon）。

（9）中美洲保险公司（La Seguridad de Centroamerica，SA）：成立于1967年。总裁是埃德加多·考·马丁内斯（Edgardo Cau Martinez）。

（10）联盟保险公司（Seguros Alianza，SA）：成立于1968年。总裁是路易斯·费尔南多·萨马约阿（Luis Fernando Samayoa）。

（11）西方保险公司（Seguros de Occidente，SA）：成立于1979年。总裁是佩德罗·阿吉雷（Pedro Aguirre）。

（12）通用保险公司（Seguros Universal，SA）：成立于1962年。总裁是玛丽亚·奥古斯塔·巴尔斯·德西奇利亚（María Augusta Valls Sicilia）。

7. 证券公司

危地马拉最大的证券交易所是建于1987年的全国证券交易所（BNV）。另一家规模稍小的交易所是建于1994年的证券交易公司（Corporacion Bursatil）。证券交易所主要经营政府和商业短期债券。

第六节 对外经济关系

一 对外贸易

危地马拉主要出口产品为咖啡、糖、香蕉和石油；主要进口产品为原料与中间产品、消费品、资本货、燃料和建筑材料，它们主要来自美国和墨西哥。

由于1998年以来咖啡等农产品的国际价格大幅下跌和遭受飓风灾害的影响，包括客户工业在内的出口收入从2000年的27亿美元降至2002年的22亿美元，低于1997年的水平。同期，四种主要农产品（咖啡、糖、香蕉和小豆蔻）的出口收入从11

亿美元降至 8 亿美元，它们在出口总收入中的比重已从 1997 年占 45% 降至 2001 年的 33.1%。制成品和加工产品的出口收入则从 1997 年的 12 亿美元升至 2001 年的 15 亿美元，超过农产品出口值（2001 年出口值为 10 亿美元）。

从 20 世纪 90 年代中期起进口产品急剧增加，进口额从 1995 年的 33 亿美元升至 2002 年的 61 亿美元。2006 年进口额高达 119.2 亿美元，主要原因是消费贷款和国外汇款的增加以及税率的降低。原料和中间产品是主要的进口品，但消费品和资本货进口也很多，1997~2002 年消费品进口增长了 44%。由于进口的增加，贸易赤字已占 2002 年国内生产总值的 16.5%。近年来，制成品和加工产品的出口值已超过农产品出口值。2006 年危地马拉纺织品的出口增长 5%，达到 16.8 亿美元。原料和中间产品是主要的进口品，但消费品和资本货进口也很多。由于自然灾害的破坏，很多基础设施受损，亟待重建，因此加大了对建筑材料的进口，2006 年仅购买建筑材料一项就花去了 2.6 亿美元。2005 年和 2006 年，危地马拉经常项目赤字占国内生产总值的 4.3%。

2007 年危地马拉产品出口值比 2006 年上升约 15%，主要得益于传统出口产品香蕉和咖啡的出口，以及非传统出口产品水果、蔬菜、豆类、食品和矿产品出口量的增加。比如芒果出口量近 10 年间增加 200%，尽管芒果出口量仍很小。2005 年芒果出口创汇 280 万美元。2006 年出口芒果 1.45 万吨。服装和纺织品产值占国内生产总值的 8%，产品的 22% 供出口。2007 年服装出口量有所下降，降幅为 12%。①

美国是危地马拉的主要贸易伙伴，多年来，危地马拉一半以上出口产品输往美国。近几年对美国的出口额有所下降，2005 年危地马拉出口总值为 53.83 亿美元，其中对美国的出口值为 26.86

---

① www.prensalibre.com；www.elperiodico.com.gt.

亿美元，占危地马拉出口总值的50%；2006年降为45%。从美国的进口额也在逐年减少。2002年危地马拉从美国进口商品占总进口额的42.8%。2005年危地马拉的进口总值为104.93亿美元，其中从美国的进口值为39.82亿美元，占危地马拉进口总值的38%；2006年更下降为31%。墨西哥和中美洲国家也是危地马拉重要贸易伙伴。2005年，萨尔瓦多、洪都拉斯、墨西哥、尼加拉瓜和哥斯达黎加分别居危地马拉出口贸易的第2至第6位。

表4-15 2002~2006年危地马拉进出口额

单位：亿美元

年份	2002	2003	2004	2005	2006
出口（离岸价格）	28.19	30.60	33.68	53.81	60.25
进口（离岸价格）	57.91	61.76	71.75	97.55	110.69
经常项目差额	-29.72	-31.16	-38.07	-43.74	-50.44

资料来源：The EconomistIntelligence Unit, *Country Profile*：Guatemala 2007。

表4-16 2002~2006年危地马拉主要产品进出口额

单位：百万美元

年份	2002	2003	2004	2005	2006
出口（离岸价格）					
咖啡	261.9	299.3	327.8	464.0	463.4
蔗糖	227.0	212.3	188.0	236.6	299.6
香蕉	215.8	209.5	228.2	236.2	215.6
石油	149.0	173.3	178.7	225.1	233.2
进口（到岸价格）					
原料和中间产品	3246.7	3269.4	3876.4	3960.6	4316.7
消费品	2176.4	2398.0	2689.9	2872.0	3171.9
资本货	1433.5	1393.2	1648.0	1857.6	2293.5
燃料和润滑油	650.3	908.4	1088.5	1584.0	1876.4

资料来源：危地马拉银行（Banco de Guatemala）；The EconomistIntelligence Unit, *Country Profile*：Guatemala 2007。

二 外资、外债、国际储备

20世纪90年代初,流入的私人资本迅速增加。然而,扩张性的金融与货币政策引起90年代末投资者信心下降,导致短期资本大量流出。2000年的紧缩政策又使投资者信心恢复,短期资本重新回归。外国直接投资不多,但私有化吸引了不少外国资本。1998年危地马拉配电网的私有化几乎吸收了6.73亿美元的外国直接投资(占国内生产总值的3.6%)。1999年出售手机转让获得外国直接投资1.55亿美元(占国内生产总值的0.8%)。1998年危地马拉国家电信公司私有化获外国直接投资7亿美元,分三期支付并带利息。2001年得到最后一期的3.5亿美元,还有1.018亿美元的利息。2002年外国直接投资仅为1.1亿美元。近几年外资流入量有所增加,2004年1~12月,89个企业使用外国直接投资9.36亿格查尔;2005年仅1~10月,75个企业使用外国直接投资就达14.21亿格查尔。

近年来,危地马拉政府在外债上一直比较谨慎,对国家企业资金需求的扩大进行了控制,因此危地马拉的债务比率比拉美其他国家要好。然而,多边借贷供给社会与基础设施支出的资金和两次发放债券(1997年的1.5亿美元欧洲债券和2001年9月的3.25亿美元10年期欧洲债券),使1997年起资金流入增多:1997年外债总额为38.756亿美元;2001年为42.887亿美元;2004年增加到55.318亿美元。危地马拉外债虽然每年都有小幅度增加,但占国内生产总值的比重却没有太大变化,一直徘徊在20%左右。危地马拉是拉美地区债务负担较轻的国家之一。

20世纪90年代末以来,由于采取紧缩的货币政策,危地马拉国际储备逐年提高,1999年为11.983亿美元,2002年上升至23.082亿美元,2005年达36.731亿美元,2006年已升至39.24亿美元。

表4-17　2000~2005年危地马拉外债

单位：百万美元

年份	2000	2001	2002	2003	2004	2005
公共中长期外债	2539.7	2928.4	3097.7	3426.6	3794.5	3687.8
私人中长期外债	141.5	121.3	102.3	85.8	120.3	105.3
短期外债	1172.0	1239.0	1232.5	1569.7	1615.9	1555.9
外债总额	3853.2	4288.7	4432.5	5082.1	5531.8	5349.0
偿付本金	188.4	214.5	215.4	239.7	289.8	214.2
偿付利息	201.5	206.0	204.7	220.7	257.2	262.5
债务偿还总额	389.9	420.5	420.1	460.4	547.0	476.7
外债占国内生产总值比重(%)	20.0	20.4	19.0	20.4	20.3	16.8
偿债率(%)	8.3	8.7	7.3	7.1	7.5	4.8

资料来源：*World Bank*, *Global Development Finance*; The Economist Intelligence Unit, *Country Profile*: *Guatemala 2007*。

表4-18　2001~2006年危地马拉国际储备

单位：百万美元

年份	2001	2002	2003	2004	2005	2006
包括黄金在内的总国际储备	2301.4	2308.2	2842.5	3435.6	3673.1	3924.2
不包括黄金在内的总国际储备	2292.2	2299.1	2833.2	3426.3	3663.8	3915.0

资料来源：IMF, *International Financial Statistics*。

第五章

军　　事

第一节　概述

一　建军简史

同其他拉美国家一样，危地马拉军队是在19世纪初反对西班牙殖民统治、争取民族独立的斗争中建立起来的。许多原殖民军队的军人积极参加独立运动，并成为独立后危地马拉军队的骨干。1829年6月16日，危地马拉政府发布命令，宣布成立危地马拉军队。然而，独立后不久，军队就成为寡头集团实行独裁统治的工具。寡头之间内战频仍，军人长期执政，一直延续到20世纪。从20世纪30年代起，美国加紧向危地马拉军队渗透，派遣军事顾问，供应武器装备。第二次世界大战期间，为了进一步控制危地马拉，美国向危地马拉提供了大批轻、重型坦克、反坦克武器和机枪。危地马拉1944年革命胜利后，根据1945年5月15日革命执政委员会第80号令，危地马拉政府重组了危地马拉军队。1960年内战爆发，政府军和游击队长期对抗。1996年12月29日，危地马拉政府与危地马拉全国革命联盟正式签署《永久和平协定》，结束了旷日持久的内战。1996年签订和平协定时，危地马拉军队人数约为4.42万人

(现役），其中陆军4.2万人；海军约1500人；空军700人。此外，预备役人数约4万人，准军事部队（国民警察9800人，经济警察2500人），地方民兵30万人。根据和平协议的规定，危地马拉军队进行了精简。1999年8月，危地马拉现役部队减少到3.14万人，其中，陆军2.92万人；海军1500人（包括650名海军陆战队）；空军700人。此外，还有准军事部队7000人。此后军队进一步缩编，2004年军队总人数缩减到27214人。2004年4月1日，贝尔赫总统宣布作为危地马拉军队现代化措施的一部分，将再次裁军50％，由原来的27214人缩减至15500人。①

二 国防体制

危地马拉宪法第244条至250条规定，"危地马拉军队是一个被用以维护危地马拉独立、主权、荣誉、领土完整、国内和平和安全的组织"，"是一支统一的、不可分割的、职业的、不过问政治的、服从的而非议事的军队"。危地马拉军队接受宪法、军队组织法和其他军队法律条令的制约。总统为武装部队总司令，通过国防部和国防参谋部对全国武装力量实施领导和指挥。他的职权有：发布动员令和复员令；批准危地马拉军官平时和战时的晋升；根据军队组织法和其他军队法律条令规定的情况和形式授予勋章和军人荣誉状。

国防部是危地马拉政府中的一个部，是最高军事行政机关，由军衔最高、资格最深的军官担任部长。现任国防部长为弗朗西斯科·贝穆德斯·阿马多（Francisco Bermúdez Amado）。最高军事指挥机构为国防参谋部。国防参谋长为罗纳尔多·塞西略·莱瓦·罗德里格斯（Ronaldo Cecillo Leiva

---

① Inforpress, *Central America Report*, 23 April, 2004.

Rodriguez)。危地马拉的最高军事咨询机构为最高国防委员会，成员有国防部长、国防参谋长和陆、海、空军参谋长等。武装力量由正规军、预备役部队和准军事部队组成。正规军分陆、海、空军三个军种。准军事部队包括国家警察、经济警察和地方民兵。在危地马拉军队中，担任军官的条件是须为土生危地马拉人，并从未加入过外国国籍。军官军衔分3等9级。将官分中将、少将，校官分上校、中校、少校，尉官分上尉、中尉、少尉、准尉。中将是国家最高军事领导人的军衔称号，因而也是军队将官中最高的一个级别。现役军人在政治上不能行使选举权和请愿权，也不能行使集体请愿权。危地马拉实行义务兵役制，士兵服役期为30个月，军官最高服役年限为30年。

三 国防预算

1995年危地马拉军费开支为1.4亿美元，占国内生产总值的1.35%。和平协议签订后，军费开支有所下降。1999年国防预算为1.2亿美元，2000年国防预算为1.23亿美元。2004年4月，贝尔赫总统宣布，根据政府的财政紧缩计划，2005年军事预算将占国内生产总值近0.33%，大大低于和平协议规定的0.66%。

第二节 军种与兵种

一 陆军

危地马拉现编有8个军区：中央军区（Región Militar Central）、第一军区（Primera Región Militar）、第二军区（Segunda Región Militar）、第三军区（Tercera Región

Militar)、第四军区（Cuarta Región Militar)、第五军区（Quinta Región Militar)、第六军区（Sexta Región Militar）和第七军区（Séptima Región Militar）。军区内拥有步兵旅、训练营、装甲部队、炮兵部队、特种部队、侦察部队和空降部队等。除8个军区外，还有战略部队（Unidades Estratégicas）和共和国预备役部队（Reservas Militares de la República）。

中央军区下辖"胡斯托·鲁菲诺·巴里奥斯将军"步兵旅（Brigada Militar "General Justo Rufino Barrios"）、"马里斯卡尔·萨瓦拉元帅"步兵旅（Brigada Militar "Mariscal Zavala"）、军警旅（Brugada de Policía Militar）、总统卫队（Guardia Presidencial）和工程兵部队（Comando de Ingenieros）。"胡斯托·鲁菲诺·巴里奥斯将军"步兵旅历史悠久，成立于1862年，1944年革命中该旅发挥了重要作用。

第一军区辖有上维拉帕斯省和下维拉帕斯省，总部设在上维拉帕斯省的奇科约基托庄园。

第二军区辖有佩滕省，总部设在弗洛雷斯市拉克鲁斯的圣埃莱纳村（1988年国防部下令从波普通市迁至此地）。

第三军区辖有萨卡帕省、奇基穆拉省和埃尔普罗格雷索省，总部设于萨卡帕城南1公里处。

第四军区辖有胡蒂亚帕省、哈拉帕省和圣罗莎省，总部设在胡蒂亚帕省首府。

第五军区辖有埃斯昆特拉省、苏奇特佩克斯省、索洛拉省和雷塔卢莱乌省，总部设在苏奇特佩克斯省的库约特南戈。

第六军区辖有克萨尔特南戈省、托托尼卡潘省和圣马尔克斯省的新普罗格雷罗、埃尔克萨尔和拉雷福尔马等市。

第七军区辖区不明。①

---

① www. mindef. mil. gt.

陆军武器装备是：

坦克：M-41A 型 10 辆。

装甲侦察车：M-8 型 7 辆，RBY-1 型 9 辆。

装甲输送车：M-113 型 10 辆，V-100 "突击队员" 型 7 辆，"犰狳" 型 30 辆。

牵引炮：105 毫米 M-101 型 12 门，M-102 型 8 门，M-56 型 56 门。

迫击炮：81 毫米 M-1 型 55 门，107 毫米 M-30 型 12 门，120 毫米 ECIA 型 18 门。

无后坐力炮：57 毫米 M-20 若干门，105 毫米 M-1974FMK-1 型 64 门，106 毫米 M-40Al—型 56 门。

高炮：20 毫米 M-55 型 16 门，GAl-1301 型 16 门[①]。

二　空军

1918 年，应曼努埃尔·埃斯特拉达·卡夫雷拉政府之邀，法国一个军事使团来到危地马拉，帮助建立了第一所航空学校。1921 年 3 月 12 日，危地马拉政府下令建立空军部队（Cuerpo de Aeronáutica Militar）。9 月 15 日，危地马拉在奥罗拉庄园建立了第一个空军基地——奥罗拉空军基地，标志着危地马拉空军的诞生。当时，该基地仅有一架 Bleriot 飞机和一架 Avro 飞机。1922 年，危地马拉国家航空学校（Escuela Nacional de Aviación）成立，米格尔·加西亚·格拉纳多斯上尉（Miguel García Granados）被任命为校长。1929 年 6 月 30 日，危地马拉组建危地马拉军事航空部队（Cuerpo de Aviación Militar），取代了国家航空学校，首任司令为何塞·维克托·梅希亚将军（José Victor Mejía）。1936 年，军事航空部队改称空军部队（Cuerpo de

---

[①]《世界军事年鉴》，解放军出版社，2001，第 257 页。

第五章 军事

Aeronáutica Militar）。1944 年革命爆发后，危地马拉军队进行重组。根据 1945 年 3 月 5 日第 59 号令，空军部队改称为危地马拉空军（Fuerza Aerea Guatemalteca）。

第二次世界大战期间，美国加紧向危地马拉军队渗透。根据 1942 年两国签订的条约，美国以保卫巴拿马运河为由，在危地马拉的拉奥罗拉、圣何塞港和巴里奥斯港建立了三个军事基地。1943 年，一批危地马拉飞行员前往美国，把从美国购买的 Villtee BT-15 和 Cazabom Barderos 教练机运回国内。二战后，为加速空军现代化，危地马拉继续从美国大量购买飞机。1947 年购买了 3 架 C-47 和 1 架 Grumman Goose Anfibio 教练机、1 架塞斯纳（Cessna）170、1 架 AT-6 和 1 架 AT-11 战机。1954 年 8 月至 1962 年 3 月，危地马拉共购买 20 架 Mustang F-51 歼击机。1960 年 8 月，危地马拉购买 8 架 B-52 歼击轰炸机。1963 年，危地马拉空军进入喷气式飞机时代，当年购买了 6 架 T-33 喷气机。1966 年 9 月，购买了 6 架 H-19 直升机。1973~1975 年，购得阿瓦拉（Avara）201 型运输机、法制 Lama SA-315 型直升机、Alloutle 111 SA-319 直升机和 Cessna A-37B Dragonfly 飞机。1979~1982 年成立飞行训练中队，装备有 Pilatus PC-7、贝尔 Jet Ranger III 和 Long Ranger 直升机、贝尔 212 和 414 直升机、FokkerF-27 运输机。

危地马拉空军的装备和飞行技术在拉美国家中名列前茅。截止到 2001 年，危地马拉空军编有 2 个战斗机中队，1 个直升机中队，1 个运输机中队和 1 个联络机中队。战斗机包括"塞斯纳"A-37B 型 4 架，PC-7 型 6 架；武装直升机包括"贝尔"212 型 9 架，"贝尔"412 型 3 架；直升机包括"贝尔"206 型 9 架，UH-1H 型 3 架，S-76 型 3 架；运输机包括 T-67 型 4 架，F-27 型 2 架，"超级空中霸 5E" 1 架，PA-301 型 1 架，"阿拉瓦"201 型 4 架；联络机包括"塞斯纳"206 型 2 架，"塞斯纳"

310型1架；教练机包括T-41型6架，T-35B型5架，"塞斯纳"R172K型机5架。

目前，危地马拉拥有两个空军基地：北方空军基地（Base Aerea del Norte）和南方空军基地（Base Aerea del Sur）。北方空军基地建于1981年8月，位于佩滕省弗洛雷斯的蒂卡尔国际机场。该机场的混凝土跑道长3048米、宽45米。为纪念在1944年10月20日革命纪念日中驾驶A-37B型飞机失事的飞行员达尼洛·欧亨尼奥·亨利·桑切斯中校（Danilo Eugenio Henry Sanccchez），该机场以其名冠名。南方空军基地建成于1956年9月16日，位于雷塔卢莱乌省，机场跑道长1200米、宽30米。为纪念著名的直升机中队司令马里奥·恩里克·巴斯克斯·马尔多纳多上校（Mario Enrique Vásquez Maldonado），1989年5月1日该基地以其名冠名。

三 海军

危地马拉独立以后，很长时期没有自己的海军。直至1959年1月15日，根据该国总统的决定，危地马拉才成立了国防海军（Marina de Defensa Nacional），总部设在圣托马斯·德卡斯蒂利亚港。1972年，卡洛斯·阿拉纳·奥索里奥将军（Carlos Alana Osorio）执政时期，在西帕卡特建立了太平洋海军基地。1984年，该基地迁往埃斯昆特拉省的克萨尔港。现在危地马拉海军拥有巡逻艇35艘，海军陆战队编有2个陆战营。其太平洋海军基地设于埃斯昆特拉省圣何塞市的圣罗莎镇，地处危地马拉南部沿海，距首都危地马拉城96公里。

四 预备役部队

危地马拉预备役部队是在20世纪50年代初成立的，约有4万人，在国家处于紧张状态或自然灾难期间支持正规部队的行动。

五 准军事部队

包括国民警察和经济警察,国民警察有 1.9 万人;经济警察有 2500 人。

第三节 军事院校

危地马拉军队的军官是从军事院校培养的,不少人还曾到国外著名军校受过培训。

1. 危地马拉城市技术学院 (Escuela Politécnica de Guatemala)

这是一所培养陆军军官的军校。根据 1873 年 2 月 4 日第 86 号政府令,危地马拉成立城市技术学院。1873 年 9 月 1 日,设于首都洛斯雷科莱克托斯修道院的城市技术学院正式建成。它是一所培养陆军军官的军校,首任院长为步兵司令贝尔纳多·加里多-阿古斯蒂诺 (Bernando Garrido y Agustino)。他以法国城市技术学院 (Ecole Politechnique de Francia) 为样板,并结合西班牙军校的特点兴办的危地马拉城市技术学院。20 世纪 30 年代,随着美国向危地马拉军队的渗透,城市技术学院也出现了美国顾问。1954 年 6 月阿马斯推翻阿本斯政府执政后,当年 8 月,城市技术学院学员在豪尔赫·路易斯·阿拉纳达 (Jorge Luis Aranada) 率领下曾包围和一度攻占阿马斯军队驻扎的大楼。1954 年 8 月 2 日,阿马斯关闭了城市技术学院。1955 年 3 月 18 日,城市技术学院重新开放。

2. 危地马拉空军学院 (Escuela Militar de Aviación de Guatemala)

这是一所培养空军飞行员的军校,成立于 1914 年 3 月 5 日,创建者为法国飞行员丹特·达尼尼 (Dante Danini)。当时仅有学员 6 人,有 2 架教练机。1942 年,修建拉奥罗拉机场柏油跑道的工程结束后,空军学院开始运转。后因机场关闭,学员赴美国训练。根据国防参谋部第32~78号令,1979年2月1日,空军学院在拉奥罗拉机场复课,院长为雷内·阿马德奥·莫拉莱斯·派斯上校(René Amadeo Morales Paiz)。到1988年,该学院先后有5批学员毕业。1989年空军学院迁往雷塔卢莱乌,招收了各军种的15名学员,当时的校长为马里奥·奥古斯托·里瓦斯·加西亚少校(Mario Augusto Rivas García)。2001年,空军学院开始招收女学员,当年有2名女学员入学。现任院长为古斯塔沃·阿道福·卢伊斯·阿尔瓦雷斯上校(Gustavo Adolfo Ruiz Alvarez)。

3. 危地马拉海军学院(Escuela Naval de Guatemala)

这是一所培养海军军官和海军科技人员的军校。根据1960年10月26日的政府决议,在伊萨瓦尔省巴里奥斯港的马蒂亚斯·德加尔韦斯(今圣托马斯·德卡斯蒂利亚)建立了危地马拉国防海军学院(Escuela de la Marina de la Defensa Nacional de Guatemala)。1963年该学院奉命关闭时,已培养了2批学员。1995年10月25日,学院重新开办,更名为危地马拉海军学院。根据1995年12月28日第714号政府令,该学院正式恢复,还可为公、私企业和个人提供教育服务。目前,该学院位于埃斯昆特拉省的克萨尔港。

4. 危地马拉军事研究中心(Centro de Estudios Militares de Guatemala)

原为危地马拉城市技术学院一部分,称应用战术学院(Escuela de Tactica Aplicada),成立于1941年。1945年12月3日,指导员学院(Escuela de Instructores)开始运转。1946年6月6日颁布革命军队组织法后,应用军事与服务学院(Escuela Militar de Aplicación de Armas y Servicios)诞生。1960年6月28日奉政府和军队命令,改名为"曼努埃尔·阿尔苏将军应用军事学院"(Escuela Militar de Aplicación General Manuel Arzu)。1970年6月18日，胡利奥·塞萨尔·门德斯·蒙特内格罗总统(Julio Cesar Méndez Montenegro)下令成立危地马拉军事研究中心，取代曼努埃尔·阿尔苏将军应用军事学院。

5. 阿道福 V. 霍尔学院 (Instituto Adolfo V. Hall)

这是一所培养预备役军官的军校。根据1955年1月31日第219号政府令成立，由国家拨款，内政部和教育部提出教学计划。该学院招收身高1.40米以上、身体健康、品行端正、有支付学费能力的小学毕业生入学。从成立至2003年，该学院有1961人毕业，获学士学位或预备役少尉军衔。

6. 危地马拉空军技术学院 (Escuela Técnica Militar de Aviación de Guatemala)

这是一所培养空军技术人员的军校。其前身为1937年在拉奥罗拉成立的空军机械学院 (Escuela Militar de Mecánicos de Aviación)，旨在培养空军机械师。但它只有外国军事使团来危地马拉时，学校才开课。1960年空军机械学院正式授课，但没有合适校舍。根据1983年2月28日第97号政府令，成立了空军技术学院，取代空军机械学院。学校不断扩大，不少教师曾在国外学习，并于1996年起开始招收女学员。

7. 危地马拉军事音乐学院 (Escuela Militar de Música de Guatemala)

这是一所为军乐团培养演奏员的军事音乐学校。危地马拉军乐团最早出现于1839年。当时在战场上，军乐团走在军队的最前面，吹奏乐器以鼓舞士气。但因伤亡很多，不得不培养新的演奏员，从而出现了培养军乐团演员的机构。1870年，一支欧洲军乐团来危地马拉演出，团内有意大利著名交响乐指挥佩德罗·维索尼大师 (Pedro Vissoni)。危地马拉政府与维索尼签约，委托他培养人才，并与1871年9月25日下令成立马西亚尔交响乐团（Banda Sinfonica Marcial）。维索尼建立了接班人学校（Escuela de Substitutos），后改称军事音乐学院（Escuela Militar de Música），为马西亚尔交响乐团培养接班人。1995年，该学院纳入危地马拉正规教育体系，为危地马拉现有10家军乐团和世纪交响乐团（原马西亚尔交响乐团）培养吹奏乐和打击乐演奏员。[1]

---

[1] www.mindef.mil.gt.

第六章

教育、科学、文艺、体育和新闻出版

第一节 教育

一 教育简史

（一）20世纪末以前的教育概况

危地马拉是玛雅文化的发源地之一。玛雅人是美洲唯一留有文献的古代民族，他们使用复杂的象形文字，创造了20进位制的计数法，并在立法、气象、植物学、建筑、艺术等方面取得了令人瞩目的成就。在玛雅文化时代，祭司控制着对玛雅人的教育，培养未来的统治者和祭司。玛雅统治阶级（包括奴隶主、贵族、军事首领和祭司）的子女年满12岁，可在学校接受教育，一般平民则没有受教育的权利。中等阶层的男孩可接受军事教育，女孩学做家务。在玛雅人的学校中，开设了历史、文学、占卜、医学、立法、礼仪等课程。

16世纪初危地马拉沦为西班牙殖民地后，1550年出现了小学和中学。不过，当时为数很少的小学和中学主要是为西班牙人和土生白人子弟的教育服务，后来也陆续招收一些印欧混血种人——梅斯蒂索人以及少数印第安上层人的子弟入学，广大印第安人和黑奴则没有受教育的机会。殖民时期的教育完全被教会所垄断，为数不多的中学和专科学校设置了神学、法律、医学等课程。在启蒙运动的推动下，危地马拉大主教蒙洛伊·富兰科曾开设了两所免费的学校。

危地马拉殖民当局对高等教育比较重视。早在16世纪，危地马拉已出现具有大学性质的学校，旨在为殖民当局和教会培养接班人。当时有主教弗朗西斯科·马罗金（Francisco Marroqin）创办的圣托马斯阿吉诺大学（Colegio Universitario Santo Tomas de Aquino），此外还有特里德蒂诺学院（Colegio Tridentino）和圣弗朗西斯科学院（Colegio de San Francisco）。

到了17世纪下半期，根据西班牙国王卡洛斯二世的命令，在圣托马斯阿吉诺大学的基础上，成立了圣卡洛斯大学（Universidad de San Carlos）。这是中美洲地区的第一所正式大学，也是整个拉美地区最古老的高等学府之一。1687年，教皇伊诺森西奥（Inocencio）发布圣谕，宣布圣卡洛斯大学为教会大学。圣卡洛斯大学设有法律（民法和宗教法）、医学、哲学、神学等学科，还教授印第安语。在整个殖民时期，在圣卡洛斯大学就读的学生有5000多人。这所大学培养了许多著名的学者，如：费利佩·弗洛雷斯博士（Felipe Flores），他在医学上的独特发明和专业理论领先于欧洲同行；在外科医学上造诣颇深的埃斯帕拉戈萨（Esparragoza-Gallardo）；曾于1818年发表影响很大的《卡斯蒂里亚和西印度群岛皇家法典原理》（Instituciones de Derecho Real de Castilla y de Indias）的著名法学家何塞·玛丽亚·阿尔瓦雷斯博士（José María Alvarez.）等。

1823年中美洲联邦成立后，自由党和保守党之间展开了争夺政权的长期斗争。1830年当选为联邦总统的自由党人弗朗西斯科·莫拉桑采取了发展教育事业、开办学校等进步措施。他的改革得到危地马拉总统马里亚诺·加尔维斯（Mariano Galves）的支持，在危地马拉城建立了第一所师范学校。

第六章　教育、科学、文艺、体育和新闻出版

1834年4月,中美洲联邦解体,保守党人拉斐尔·卡雷拉(Rafael Carrera)1844年上台后,取消了自由党人的改革措施,危地马拉教育事业出现倒退。1873~1885年胡斯托·鲁菲诺·巴里奥斯执政期间,他削弱教会的权力,禁止耶稣会和其他教会团体的存在,关闭修道院,不准牧师从事教学,削弱了教会对教育的影响。他发展教育事业,创建学校,实行义务免费初级教育。1898年上台的保守党人曼努埃尔·埃斯特拉达·卡夫雷拉统治危地马拉22年,教育上无所作为,是危地马拉历史上的暴君之一。1926年就任的总统拉萨罗·查孔(Lazaro Chacon)比较重视教育事业,在他任职期间建立了各类专门学校。1931年3月豪尔赫·乌维克·卡斯塔涅达将军(General Jorge Ubico Castaneda)就任总统后,又重新开始长达13年的独裁血腥统治,教育事业也停滞不前。

1944年10月,危地马拉爆发革命,以哈科沃·阿本斯(Jacobo Arbenz)为首的革命委员会夺取了政权。在胡安·何塞·阿雷瓦洛和哈科沃·阿本斯"民族解放阵线"政府执政的10年中,危地马拉实行了一系列民主改革。在教育方面,1944年11月18日危地马拉政府发布第17号法令,确立了危地马拉圣卡洛斯大学的自治权,规定校长和教员通过自由选举产生。同年12月15日制宪会议通过圣卡洛斯大学自治法令。随后,该法令写入1945年3月公布的新宪法中。与此同时,新宪法还规定实行义务和免费的初等教育制度。危地马拉政府发布的第20号法令,宣布成立全国扫盲工作委员会,组织全国的扫盲运动。1945年3月,危地马拉发布第72号法令,实际上,这个法令是一部较为完整的"国家扫盲法"。此外,这个法令还就提高教师地位和薪酬、改善教育设施、改进教学计划等方面提出了新的要求。"1952年全国教育组织法"草案规定,在危地马拉建立一个具有民族特点、与本国现实相适应的、现代化的教育体系。阿雷

危地马拉

瓦洛和阿本斯政府所实行的教育改革，使危地马拉教育事业得到显著发展。1944 年公立小学学生和教师人数分别为 66348 人和 2530 人，1954 年则分别为 102468 人和 3824 人，增幅分别为 54% 和 51%。同期，私立小学学生人数从 10047 人上升到 19927 人，增幅达 98%。① 在此期间，由于教育经费增加，新建学校增多，仅 1947 年便新建学校 126 所。这个时期，危地马拉的高等教育也得到很大发展，大学生人数从 1945 年的 1346 人，上升到 1954 年的 3368 人，增长了 2.5 倍。

阿雷瓦洛和阿本斯政府在发展初等教育的同时，大力开展扫盲运动。扫盲运动分为两个阶段：1945～1950 年为第一阶段，1951 年开始第二阶段，后因阿本斯政权被推翻而终止。在扫盲运动第一阶段，阿雷瓦洛政府派遣文化工作团深入偏远农村和土著人聚集地，进行扫除文盲及普及初等教育，仅在 1947 年就有 41230 名成年人摘掉了文盲帽子，学会了看书和写字；第二阶段的扫盲运动因政局不稳和财力不足进展缓慢，未能完成把文盲人数缩减一半的计划。

1954 年阿马斯通过政变上台后，危地马拉再度陷入独裁统治。从 20 世纪 60 年代初开始，国内矛盾尖锐，游击队活动日趋活跃，内战不休，发展教育无从谈起。1985 年 12 月，基督教民主党候选人马科·比尼西奥·塞雷索·阿雷瓦洛（Mario Vinicio Cerezo Arevalo）当选为总统，危地马拉进入文人执政时期。1986 年 1 月 14 日，全国立宪会议起草的宪法生效。这部宪法承认国家的文化多样性和土著人的受教育权。宪法第 4 节规定，居民有在法律规定的年龄界线内接受免费的启蒙教育、学前教育、初等教育和基础教育的权利和义务；宣布扫盲为国家的紧急任

---

① Teresa Gutierrez Haces, *Experiencias Educativas Revolucionarias* (*Nicaragua y Guatemala*), Ediciones el Caballito, Mexico, 1986, p. 49, 60.

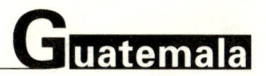

务，要采取一切措施组织和推进扫盲。宪法第 5 节关于大学中规定，危地马拉圣卡洛斯大学是一个具有法人地位的自治机构。宪法还规定，私立大学负责组织和发展危地马拉的私立高等教育，所有大学免交各种税收。

尽管 1985 年宪法对发展危地马拉各级教育做出了很多重要决定，但因长期内战而无法实施。危地马拉依然是拉美地区教育最不发达、文盲率最高、教育覆盖率最低的国家之一。80 年代拉美地区发生的严重经济危机，更使危地马拉教育事业雪上加霜。1987 年危地马拉中等教育教员的实际收入比 1980 年几乎降低了一半。高等学校的学生人数 1983 年比 1980 年下降了 13.9%。

1991 年，豪尔赫·塞拉诺·埃利亚斯（Jorg Serrano Elias）执政时期，危地马拉颁布了教育法。强调教育的目的除培养学生的自立思想和体质外，还要培养学生为加强民族意识作出贡献；并强调优先分配教育部门的资金，至少占国家正常收入的 35%，最高可占国内生产总值的 7%。然而，由于国内仍处于内战状态，教育法成为一纸空文。1976～1996 年间，危地马拉的教育预算一直徘徊在占国内生产总值的 1.33%～1.61% 之间，成为拉美地区教育经费支出最低的国家之一。在危地马拉的教育预算中，教师工资占 70%，用于新建的基础设施的费用只占剩余的 30%，而且经常存在拖欠教师工资的现象。由于经费不足，缺少培养师资的学校，各种教学设施不够完备，学生人数又在不断增加，这些因素影响了教育质量。

（二）内战结束以来教育的发展

1. 制定教育发展政策

1996 年 12 月，危地马拉政府与危地马拉全国革命联盟正式签署"永久和平协定"，结束了长达 36 年的内战，为危地马拉局势的稳定和教育事业的恢复和发展提供了条件。和平协定明确规定土著人有权用母语接受教育,并保留自己的文化,为土著人争取到了受教育的权利。和平协定规定,到2000年,7~12岁儿童至少普及3年教育;文盲率减少到30%;加强农村教育、女子教育和双语教育等,教育经费要占国内生产总值的2.46%。为配合实施和平协定的要求,危地马拉教育部制定了1996~2000年行动计划:扩大教育覆盖面,普及小学3年教育;加强扫盲计划和扫盲后计划,2000年文盲率将只约30%;扩大成人教育;提高教育质量,使教育符合危地马拉文化和语言多样性的特点,加强双语教育;教育行政管理权力分散化;加强国内外的教育合作;开发人力资源,以应付挑战和促进教育改革,对国家和平作出贡献。

为了促进教育事业的发展,从1996年起,危地马拉加紧实行下放教育管理权的政策。1996年成立了各州的教育局,以此加强各州的教育工作,并颁布了全国发展教育自我管理计划。设想通过建立集体性质的自我管理学校(EAC)来弥补公立学校和私立学校的不足,扩大农村教育的覆盖面。这些自我管理学校由非政府的村社性质的教育委员会(Comités de Educación, COEDUCA)进行管理,其职责包括与教师签订工作合同,领取教育部给学生准备的学习材料和食品等。教育部根据自我管理学校学生的人数,划拨给各教育委员会相应的资金。自我管理学校的工作由学校委员会(Juntas Escolares)负责,全国发展教育自我管理计划与学校委员会签订服务合同。1997年,危地马拉颁布"执行机构法"(Ley del Organismo Ejecutivo),正式承认各地方教育委员会和学校委员会,授权教育部为教育体系的领导机构给予教育委员会和学校委员会以法人地位。1998年,危地马拉政府颁布"学校委员会计划"(Programa de Juntas Escolares),批准学校委员会参与公立学校的服务工作。2000年,51%学校组织了学校委员会。2003年,学校委员会已在9885所学校开展服务工作，占学校总数的60%。

2. 教育改革

教育改革是和平协议的重要内容之一。根据和平协议的规定，1997年，危地马拉成立了教育改革委员会（COPARE）。该委员会的组成，除政府成员外，还包括一名教师和各土著人组织的代表。教育改革委员会成立后，向社会各界征求教育改革的建议，一年间共收到各单位提出的44条建议。1998年，教育改革委员会制定的教育改革方案出台。该教育方案提出：教育改革的目的是为和平与民主而培养公民，发展实行多种文化的国家政治计划，加强社会参与教育，全民可以真正接受教育。教育改革的主要目标是：改革目前的教育系统和部门，满足每个人的需要、渴望和特点，满足全国不断发展的技术与生产的要求；扩大技术教育的普及范围，男女平等接受教育，加强农村教育；提高教育质量，实行跨文化双语教育；实现教育机构现代化与教育行政管理权力下放，促进地方政府在教育方面承担更多的责任，促进社会的参与；推动面向就业的非正规教育与扫盲计划，降低失学青年与成人的文盲率和失业率。

教育改革委员会制定的教育改革方案颁布后，教育部和咨询委员会又联合撰写和公布了"2020年国家教育计划草案说明"，为今后20年危地马拉的教育改革制定了方针。自2000年开始，危地马拉加强了动员社会参与教育，成立了收集教育建议的专门机构。与此同时，规定即将中学毕业的学生义务参加全国扫盲运动。2004年，教育部颁布了2004～2015年教育改革的8项政策，主要内容是：使国家教育体系达到国内和国际教育质量标准；教育民主化，促进教育管理机制的现代化和分散化；教育民主化，民众参与教育；教师达到大学水平的计划制度化；改革成人教育体系，在全国普及成人教育；降低文盲率；教育预算透明，合理使用国内外资金。

教育部还提出了 2004~2008 年 5 项战略目标：所有儿童接受初等教育；降低辍学率和留级率；提高教育质量，加强教师进修工作；民众参与教育、学校委员会和教育改革委员会；加强民族团结，为作为危地马拉人而感到骄傲。

3. 教育成就

20 世纪 90 年代以来，危地马拉在教育部门的投资不断增加。1990~2001 年，教育部预算增加了 67%。2002 年教育部预算为 288 亿格查尔（约合 36.8 亿美元），2003 年提高至 325.5 亿格查尔（约合 41 亿美元）。教育投资在国内生产总值中的比重也有所增加。1995 年占 1.4%，2000 年以来一直保持在 2% 以上，2003 年已占 2.4%。① 由于政府的重视和民众的参与，近年来，危地马拉的教育取得了一定的进步，表现在以下几个方面。

第一，各级教育的入学率普遍提高。根据危地马拉教育部 2004 年 10 月公布的数字，1991~2004 年，学前教育入学率从 16% 上升到 44%；初等教育入学率从 72% 提高至 93%；中等教育入学率从 16% 增加到 33.4%；多样化教育入学率从 10% 增加到 18%。在初等教育中，公立教育已占统治地位，吸收了学生的大多数。2003 年公立小学共有学生 156.8 万人，占小学学生总数的 72%。与此同时，私立小学学生逐年减少，1999~2003 年年均减少 1%。公立初等教育的扩大减轻了家长的经济负担，他们把省下的钱用于资助孩子接受更高一级的教育。此外，危地马拉在教育上还多渠道地与国际合作，1996 年教育部成立了国内国际协调局（UCONIME），负责对所有国内与国际教育援助项目的谈判事宜。1998 年，墨西哥与中美洲国家签订远程教育协议。危地马拉教育部被授权接收和复制墨西哥教育电视台播放的各学科和各年级的教学课程，并可改编，复制和分发教学材料。

---

① UNESCO, *La Educación en Guatemala 2004.*

到 2003 年，危地马拉已有 429 所中等教育电视学校，学生 2.6 万人，占公立中学学生总数的 21%。教育部为每个电视学校配备了电视机、录像机、基础课本，并附有课本的录像带、工作指南和教学材料。为了弥补公立中等教育的不足，危地马拉政府还鼓励采取合作学校（Instituto por Cooperación）的模式，即学生家长自发组织合作社办学。市政当局向合作学校提供资助，教育部也划拨一定资金支付合作学校教师的工资。危地马拉 1972 年开始出现这种特有的中等教育模式，到 2003 年，其学生人数已占全国中等教育学生总数的 1/4。

为使更多女孩接受教育，1991 年危地马拉开始组建 "Rang Women 教育女孩协会"，1994 年该机构正式运转。10 多年来，该机构与各部门协调，促进了女孩接受初等教育。该机构和教育部与农业基金会（Funrural）建立了战略联盟，管理由美国开发署（USAID）资助的涉及 6 万名女孩的 "女孩奖学金计划"（2000~2003 年）和资助 3000 名女孩的 "基切州女孩奖学金计划"（2000~2003 年）。

第二，教育更加公平。近年来，随着教育覆盖面的扩大，土著人进入学校的机会增多了。根据 2002 年危地马拉人口调查，以玛雅人、黑人和辛卡人为主的土著人占全国人口的 41%。目前，在学前教育中，土著人占学生总数的 39%；在初等教育中占 35%。土著人在这两级教育中的比例已十分接近全国人口的比例，说明种族之间的教育不平等现象已有所减少。

女孩入学率增多，在学前教育中男女儿童比例基本相等。由于全国人口比例女性略多于男性，所以参加学前教育的女童可能比男童还多一些。在多样化教育阶段，女生也多于男生，特别是在集中了多样化教育的城市地区。

第三，教育质量有所提高。近年来，危地马拉教育部门在解决学生辍学率、留级率高的问题上取得了一定的进步。2003 年，

危地马拉

学前教育的学生辍学率占注册学生的 7%，比 2000 年下降了一半。2003 年，初等教育学生的辍学率占学生总数的 5%，也比 2000 年减少了一半。2003 年基础教育和多样化教育的学生辍学率分别为 8% 和 9%，辍学指数虽比初等教育要高，但与 2000 年相比还是有了一定程度的进步。这两个教育阶段的学生留级率很低，2003 年分别为 3% 和 1%。与此同时，他们的成绩不及格率也有所下降。

二　教育体制

危地马拉的教育体制分为学前教育，初等教育，中等教育和高等教育四级。其中，中等教育又分为基础教育（初中）和多样化教育（高中和职业教育）两个方面。1985 年宪法和此后发布的有关教育的其他法律都规定，学前教育、初等教育和基础教育为义务教育，均为免费教育。

1. 学前教育

危地马拉对 5~6 岁儿童实行学前教育。二战前，危地马拉同大多数拉美国家一样，学前教育还是个空白。二战后，随着国家经济的发展和世界科学与技术的进步，人们逐渐认识到学前教育的重要性，把它视为发展初等教育必不可少的准备阶段。在 1985 年宪法中，把学前教育纳入了义务和免费教育之中。近年来，危地马拉学前教育儿童入学率有了显著提高，从 1991 年占适龄儿童的 16% 上升到 2003 年的 45%。2003 年学前教育学生总数为 399842 人，其中，公立学校学生 260990 人，占入学学生总数的 65%；私立学校学生 79223 人，占入学学生总数的 20%；市属学校学生 1372 人，自我管理学校学生 58257 人，占入学学生总数的 15%。[1] 然而，国家对学前教育的投入还不算多，2002

---

[1] 危地马拉教育部：《2003 统计年鉴》（Anuario Estadístico 2003）。

年只占国家教育预算的 8.16%，2003 年下降至 7.77%。在危地马拉全国接受学前教育的儿童不足适龄儿童的一半。而且，绝大部分学前教育机构集中在首都和少数几个州，农村和土著人聚集区学前教育还非常落后，只有危地马拉州、索洛拉州和托托尼卡潘三个州学前教育入学率超过 50%，而哈拉帕州和胡蒂亚帕州的入学率只有 10% 左右。

2. 初等教育

1985 年宪法规定，危地马拉年满 7 岁儿童开始接受 6 年初等教育。危地马拉在初等教育上投入资金最多，在危地马拉教育部的预算中，2002 年初等教育经费的投入占教育经费总额的 62.54%；2003 年起比重虽有所下降，但仍占 59.99%。1991 年危地马拉初等教育入学率为 72%，2004 年上升为 93%。一些州的初等教育入学率高于全国平均入学率，如圣罗萨州和克萨尔特南戈州均超过 95%。但有些州的初等教育入学率低于全国平均入学率，如下维拉帕斯州和韦韦特南戈州均为 70% 左右，上维拉帕斯州和基切州的初等教育则不到 70%。危地马拉的初等教育以公立教育为主，公立学校学生占初等教育学生总数的大多数。2003 年，公立初等教育学校共有学生 156.8 万人，占初等教育学校学生总数的 72%；私立初等教育学校学生 26.4 万人，占初等教育学校学生总数的 12%；市属学校学生 3296 人，自我管理学校学生 32.8 万人，占初等教育学校学生总数的 15%。近年来，危地马拉初等教育的学生辍学率和留级率虽有所降低，但比重仍较高，特别是低年级学生辍学、留级的现象严重。在 6 年初等教育中，学生考试不及格率占 17%。辍学率、不及格率和留级率高，一方面说明危地马拉人民的生活水平低下，许多儿童被迫退学去做童工；另一方面也反映出危地马拉初等教育质量不高，教学内容与实际脱节，教育方法陈旧过时。

为了提高土著人的教育水平，危地马拉政府在双语教育上做

了很多努力。1984年，危地马拉成立推广教育的机构——全国双语教育计划局。到1991年，全国已有400所完全小学（向学前教育和小学1~4年级学生实施双语教育）和400所非完全小学（只在小学实施双语教育）推广了双语教育。1994年实施双语教育的学校上升到1089所（512所完全小学，577所非完全小学），有1801844名讲玛雅语的儿童接受了双语教育。1995年，危地马拉还培训了1600名双语教学的教师，编辑出版了玛雅语课本。然而，双语教育的覆盖面还不广，如2000年只有22%的玛雅儿童接受双语教育。2002年，负责双语教育的危地马拉跨文化双语教育总局（DIGEBI）只在全国22个州中的12个州、331个市中的135个市、16%的小学中推广了双语教育。双语教育师资严重不足，双语教师只占全国教师总数的12%。

3. 中等教育

危地马拉的中等教育分为基础教育和多样化教育两个方面。中等教育集中于城市地区；在农村地区，特别是土著人聚集区，中学寥寥无几。在危地马拉教育预算中，2002年中等教育经费占11.97%；2003年略有提高，占12.27%。

危地马拉的基础教育学制为3年，属义务教育。国家对基础教育投入不多，无法兴建新学校和更新教学设备，无法改变基础教育学生入学率低的状况。2004年基础教育学生入学率为34%，大大低于初等教育。土著学生只占基础教育学生总数的17%。长期以来，危地马拉教育质量低下，其原因之一是教材陈旧，二是教师教学水平不高。国家没有统一的基础教育标准，造成放任自流。

多样化教育包括普通高中，以及师范、职业教育、贸易、工业等142个专业。近年来，为了适应世界科技水平的进步，又开设了计算机、金融、市场管理等专业，以满足国家发展的需要。多样化教育不属于义务教育。2004年危地马拉16~18岁青年只有

18%的人有机会接受多样化教育。在危地马拉多样化教育中,私立教育占绝对优势。2003年多样化教育私立学校共有学生154908人,占全部多样化教育学校学生的74%;而公立学校只有学生46040人,仅占多样化教育学校学生总数的22%;另有8297名学生在合作机构办的学校中。很多学生中途退学,辍学率从1996年的3.1%上升到2000年的14.4%。在危地马拉多样化教育方面,土著人接受教育的机会很少,只占学生总数的12%。教育质量低下,2003年学生学习成绩不及格率占32%。教师严重不足,1996年学生与教师之比是17:1,2004年为14:1。

为了解决中等教育学校少、师资少和教师水平低等问题,早在1969年,危地马拉在世界银行和联合国教科文组织的支持和资助下,开始实施改善中等教育计划(Proyecto de Mejoramiento de la Enseñanza Media,PEMEM)。该计划分为两个阶段:第一阶段先建立12所中等技术学校,然后在全国建立更多的学校;第二阶段是培训教师,提高教师教学水平,补充新建学校的师资。然而,由于缺乏统一管理与各部门的协调,这个计划在批准后的第五年,也就是1974年才正式实施,在危地马拉城建立起第一所学校,1983年危地马拉政府宣布该计划结束。改善中等教育计划未能达到预想的结果,公立中等教育学校严重不足,满足不了各阶层子弟入学的愿望。为新建校培训教师的计划也一直未落实,并一直拖延至今。

4. 高等教育

危地马拉的高等教育分为公立和私立两种办学方式。公立高等教育以危地马拉圣卡洛斯大学及其分校为代表。危地马拉圣卡洛斯大学在该国高等教育中占有非常重要、不可替代的地位。1985年宪法第5节第82条明文规定:"危地马拉圣卡洛斯大学是一所有法人地位的自治机构,它作为唯一的国立大学,拥有领导、组织和传播各种形式的文化的专属职能。它将以力所能及的一切手段推进对人类各个方面知识的研究、并对研究和解决全国性的问题提供合作。"根据宪法的规定,危地马拉圣卡洛斯大学负责危地马拉全国高等教育的领导、组织和发展工作。

危地马拉圣卡洛斯大学创建于1676年,是拉美地区最古老的高等学府之一,也是中美洲成立最早的大学。它是一所包含人文科学、社会科学、卫生科学、技术科学、农牧业科学和经济科学在内的综合大学。该大学既从事教学,也从事研究工作,设有农艺系、建筑系、工程系、医学系、化学与药物系、人文系、兽医与动物学系、牙医系、法律与社会系和经济系等10个系;拥有心理科学学院、历史学院、通信学院和社会工作学院4所专科学院;此外,还有跨种族研究所、城市与地区研究中心、保藏研究中心、研究总局、昆虫与寄生虫学研究中心、生物学研究所、化学与生物学研究所等研究机构。该大学还有10个地区分校,除海水与淡水养殖业教学中心设在首都危地马拉城外,其他分校设在克萨尔特南戈、克潘、韦韦特南戈、奇基穆拉、哈拉帕、埃斯昆特拉、马萨特南戈、圣马科斯和圣埃拉纳等9个地区。

危地马拉的私立高等教育机构出现于20世纪60年代,它们是:1961年10月18日成立的拉菲尔·兰迪瓦尔大学(Universidad Rafael Landival);1966年1月29日成立的危地马拉巴列大学和同日成立的马里亚诺·加尔韦斯大学(Universidad Mriano Garvez);70年代又出现了一所大学,即1971年8月12日成立的弗朗西斯克·马罗金大学(Universidad Francisco Marroquín)。

1985年宪法规定,私立高等教育理事会负责批准成立新的大学。该理事会由危地马拉圣卡洛斯大学的两名代表、所有私立大学的代表和各专业协会选出的一名代表组成。在20世纪90年代,在高等教育理事会批准下,相继成立了4所私立大学,它们是1995年3月28日成立的危地马拉农业大学(Universidad

Rural de Guatemala)，1997年9月19日成立的伊斯特莫大学（Universidad de Istmo），1998年10月2日成立的泛美大学（UniversidadZPanamericana），1999年10月1日成立的中美洲大学（Universidad Mesoamericana）。到20世纪末，危地马拉已有9所公立和私立大学。

在私立大学中，拉菲尔·兰迪瓦尔大学是危地马拉，也是中美洲最大的私立大学。在这所耶稣会主办的大学中，共有2.1万多名学生和1800多名教师，设有建筑与设计系、环境与农业科学系、经济与企业科学系、法律与社会学系、政治与社会学系、人文系、工程系、神学系和卫生学系。

危地马拉农业大学设有4个系，分别是经济学系、自然与环境学系、教育系、法学与社会学系，现有学生5000多人。

20世纪90年代以来，随着高等院校数量的增多和规模的扩大，危地马拉私立大学的在校学生人数显著增加，从1990年的6.9万人增加到1999年的13.5万人，几乎增加了一倍。

危地马拉高等学校也吸收外国留学生。20世纪90年代，在危地马拉圣卡洛斯大学学习的外国留学生主要来自中美洲国家，也有一部分来自其他拉美国家。1990～1994年，来危地马拉求学的外国留学生年均200名，1995～1999年年均不到100名。外国留学生在危地马拉主要攻读卫生、工程和技术专业的硕士学位。

5. 教育发展前景

尽管近几年来危地马拉的教育有了一定程度的发展，但存在许多问题。2004年10月危地马拉教育部承认，该国仍有1/3的人口不识字，50万儿童未能上学，许多初等教育的学生中途辍学，只有1/4的青少年能够接受中等教育，一半中学毕业生不能继续上大学。师资水平低，教学质量差，在各级教育中辍学率、留级率比例很高，实际上是对国家教育资源的严重浪费。

国家对教育的重视程度还不够，投入资金还不多，教育经费预算占国内生产总值的比例虽已上升到近2.5%，但比其他拉美国家要低得多，因为，拉美和加勒比国家对教育的投资占国内生产总值的比例平均为4.4%。2003年11月联合国儿童基金会（UNICEF）曾特别呼吁危地马拉改善儿童教育状况，指出在中美洲国家中危地马拉对教育的投资最少，有65.7万多名儿童没有享受义务教育。

针对教育中存在的问题，危地马拉教育部采取措施提高教育覆盖率。为此，危地马拉政府要继续进行教育改革，培养更多高水平教师和高素质学生。增加民众参与教育事业，充足教育系统，使之与生产率、竞争力和创造力相结合。还要建立教育研究和评估系统，扩大和加强成人教育，加强双语教育，加强各民族的团结。但要达到上述目标，其任务是相当艰巨的。

第二节　科学技术

1. 有关科技的法令

85年宪法第三章第80条规定"发展科学技术。国家承认发展科学技术作为国家发展的主要基础，法律将对此做出规定"。根据宪法，危地马拉国会和政府自20世纪90年代以来多次发布有关发展科技的法令。

1991年9月16日，危地马拉国会通过官方的《中美洲日报》颁布了第63～91号法令。这个法令的主要内容是"促进国家科学与技术发展法"（Ley de Promoción de Desarrollo Científico y Tecnología Nacional）。该法决定成立领导和协调危地马拉科技发展的机构——国家科学与技术体系（Sistema Nacional de Ciencia y Tecnología）、国家科技委员会（Consejo Nacional de Ciencia y Tecnología，CONCYT）和国家科技秘书处（Secretaría Nacional de

第六章 教育、科学、文艺、体育和新闻出版

Ciencia y Tecnología)。

1992年12月，危地马拉国会下达第73~92号法令，通过该法令颁布"成立国家基金法"（Ley de Creación del Fondo Nacional de Ciencia y Tecnología，FONCYT），旨在使国家科技委员会获得必要的资金，以便有效地领导、协调和资助国家科技的发展。该法规定，国家每年向国家科技委员会拨款1500万格查尔（约合250万美元），并可增加拨款。这笔资金由国家通过财政部在危地马拉银行和私营银行纳入信托资产进行管理。

为了贯彻国会第63~91号法令，危地马拉总统于1994年1月27日公布第34~94号政府决议，即"促进国家科技发展法条例"。该条例宣布，在危地马拉可自由从事研究和科技活动，并成立咨询委员会（Consejo Consultivo），建立部门与跨部门技术委员会（Comisiones Técnicas Sectoriales e Intersectoriales）。

1995年国家科技委员会批准建立支持科技基金（Fondo de Apoyo a la Ciencia y Tecnología，FACYT）、促进科技发展基金（Fondo para el Desarrollo Científico y Tecnológico，FODETEC）、多边支持国家科技计划基金（Fondo Multiple de Apoyo al Plan Nacional de Ciencia y Tecnología，MULTICYT）和发展技术基金（Fondo de Desarrollo Tecnológico，FODETEC）。

1996年3月28日，危地马拉总统发布第89~96号政府决议。该决议对科技基金的使用做出规定，宣布扩大国家科技委员会的作用，成立国家科技秘书处分部，以便协助科技秘书处管理、跟踪、监督和评估基金的使用。

2. 科技领导机构

根据国会和政府的法令，20世纪90年代后，危地马拉相继建立了下列国家科技活动的领导机构。

(1) 国家科技体系（Sistema Nacional de Ciencia y Tecnología）。根据1991年9月危地马拉国会第63~91号法令成立，其成员有公立和私立科技部门的组织、单位和机构以及从事科技活动的个人、法人和地区的研究与开发中心。

(2) 国家科技委员会（Consejo Nacional de Ciencia y Tecnología，CONCYT）。根据1991年9月危地马拉国会第63~91号法令第4章第23条成立，旨在领导和协调国家科技的发展。国家科技委员会由公共部门、私营部门和学术部门的9名代表组成，其中包括代表公共部门的危地马拉副总统、经济部长和国家科技委员会主席；代表私营部门的工业商会主席和企业商会主席；代表学术部门的圣卡洛斯大学（Universidad de San Carlos）校长，一名代表各私立大学的校长和危地马拉医学、物理学和自然科学院院长。副总统领导该委员会。该委员会负责批准国家发展科技的政策，实施国家科技发展计划，监督国家科技基金的使用，批准国家科技基金使用的预算，了解全国科技情况。该委员会通过4个主要发展战略（即发展科技文化战略、致使供求紧密相连战略、培养人力资源战略、促进科技投资战略），发展科技和改善危地马拉人民的生活质量。

(3) 国家科技委员会秘书处（Secretaría Nacional de Ciencia y Tecnología）。其任务是执行国家科技委员会的各项决定，建立国家科技体系与国家科技委员会各机构之间的联系，支持、监督科技基金运转的必要行动，制定秘书处的收入、支出预算。国家协调员领导国家科技委员会秘书处，他们来自国家科技委员会，属副总统管辖。

(4) 咨询委员会（Comisión Consultiva）。根据第34~94号政府决议"促进国家科技发展法条例"第3章第5条成立，由9名代表组成。该委员会负责向科技委员会提出发展国家科技的政策、战略和行动的建议。

3. 科技政策

为了发展科学与技术，赶上世界科技发展的潮流，危地马拉国家科技委员会提出了科技政策的宗旨、目标和战略。危地马拉科技政策的宗旨是：国家保证发展科学与技术活动的自由，创造、完善发展科技活动的环境，以鼓励科技成果的产生、推广和应用。

危地马拉科技政策的目标是：加强国家科技体系，巩固优先部门和地区的科技基础；支持技术的转让、注册和推广；培养国家科技发展需要的人力资源；鼓励发明创造活动；支持加强国家科技发展的服务活动；支持全国科技信息系统的发展、巩固和一体化；支持各部门参与研究与发展计划的设计和实施；建立能够疏通国际技术与财政合作的协调机构。

危地马拉科技政策的战略是：促进加强国家发展战略部门和地区研究中心的科技基础结构；确定、制定、评估和实施科学研究和开发技术的计划；发展能改善卫生、教育、营养和住房条件的技术；根据危地马拉社会的需要，发展使用再生自然资源的技术；设立鼓励生产、社会和研究与开发部门之间联系的资金和奖励；向各部门咨询技术的选择和转让，特别是那些有利于国家科技发展的技术；鼓励技术培训；发展与科技有关的教育和成人教育；鼓励把创造和发明作为教育的内容；促进有利于科技发展的服务；促进实行技术管理和发明，把其作为提高生产率和竞争力的工具；建立全国科技领域的通讯网；鼓励发展和促进国家环境保护，合理使用自然资源和有助于防止环境污染的技术；鼓励运用大学和研究与开发中心的能力，以解决科技中的问题；加强对有利于或不利于国家经济与社会发展的技术的研究；鼓励向危地马拉人民推广科技成果，特别是那些对国家、社会、经济产生作用的科技成果。

4. 科技研究机构和中心

长期以来，危地马拉的科研机构体制集中于圣卡洛斯大学。从 20 世纪 80 年代末开始，危地马拉各大学和全国各地陆续建立起一些科研机构和研究中心。例如，1977 年巴列大学成立了研究所（El Instituto de Investigaciones）。该研究所拥有 11 个研究中心和项目组，其研究项目不断增多，从 1977 年的 5 个项目增加到 2002 年的 41 个项目。它主要从事对昆虫与植物的鉴别，水的微生物与化学分析，植物病原的鉴别等研究，并为社会提供服务。据 2003 年危地马拉科技秘书处公布的报告，在危地马拉国家科技体系注册的科研机构和中心共有 108 家。目前，危地马拉主要的研究机构如下：

（1）公立研究机构

能源与矿产高级研究中心（Centro de Estudios Superiores de Energía y Minas，CESEM），属圣卡洛斯大学工程系。

工程研究中心（Centro de Investigaciones de Ingeniería，CII），属圣卡洛斯大学工程系。

海洋安全研究中心（Centro de Estudios del Mar y Acuicultura-CEMA-），属圣卡洛斯大学工程系。

通信学研究中心（Centro de Investigaciones de Ciencias de la Comunicación-CICC），属圣卡洛斯大学工程系。

北部大学研究中心（Centro Universitario del Norte，CUNOR），属圣卡洛斯大学工程系。

西北部大学研究中心（Centro Universitario del Nor-Occidente-CUNOROC），属圣卡洛斯大学工程系。

东部大学研究中心（Centro Universitario de Oriente-CUNORI），属圣卡洛斯大学工程系。

南部大学研究中心（Centro Universitario del Sur，CUNSUR），属圣卡洛斯大学工程系。

圣马科斯大学研究中心（Centro Universitario de San Marcos-CUSAN），属圣卡洛斯大学工程系。

西南部大学研究中心（Centro Universitario del Sur Occidente-CUNSUROC），属圣卡洛斯大学工程系。

研究总局（Dirección General de Investigación, DIGI），属圣卡洛斯大学工程系。

化学与生物学研究所（Instituto de Investigaciones Químicas y Biológicas, IIQB），属圣卡洛斯大学工程系。

完善教育研究所（Instituto de Investigaciones y Mejoramiento Educativo-IIME），属圣卡洛斯大学工程系。

保养研究中心（CECON），设在首都危地马拉城。

流行病学研究中心（Centro de Investigaciones Epidemiológicas en Salud Reproductiva y Familiar），隶属于圣胡安总医院（Hospital General San Juan de Dios）。

实验室（Departamento de Laboratorio），属能源与矿业部技术服务总局（Dirección General de Servicios Técnicos, Ministerio de Energía y Minas）。

农业科技研究所（Instituto de Ciencia y Tecnología Agrícola-ICTA），属农牧业和食品部（Ministerio de Agricultura, Ganadería y Alimentación）。

国家地震火山气象与水文研究所（Instituto Nacional de Sismología, Vulcanología, Meteorología e Hidrología-Insivumeh）。

（2）私立研究机构

应用物理研究所（Departamento de Investigación en Física Aplicada），属弗朗西斯科·马罗金大学。

全国咖啡学会（Asociación Nacional del Café, ANACAFE），在危地马拉城。

科技发展协会（Asociación para el Desarrollo Científico y

Tecnológico-ADECYT），在危地马拉城。

危地马拉甘蔗培育中心（Centro Guatemalteco de Investigación y Capacitación de la Caña de Azúcar-CENGICAÑA），在危地马拉城。

中美洲与巴拿马营养研究所（Instituto de Cancerología，INCAN）

5. 科技成就

（1）自然科学

近年来，危地马拉重视发展本国的科学技术，增加对科技的资助。到1999年底，支持科技基金（FACYT）共支助了275个科研项目；促进科技发展基金（FODECYT）共资助了58个科研项目。据统计，1981～1996年，危地马拉科研人员在国际性杂志发表科研文章年均67篇。1996年，危地马拉每10000名经济自立人中，有科学家和工程师3.1名。

从1997年起，国家科技委员会和危地马拉国会根据国会第63～91号法令，每年向国家科技体系中一位取得突出成就的科学家颁发年度科技奖章，到2004年，已有8名科学家获此殊荣。1997年科技奖章颁给里卡多·布雷萨尼·卡斯蒂诺里博士（Ricardo Bressani Castignoli），表彰他研究出因卡帕里纳（Incaparina）、安逸（Bienestarina）和维他托尔（Vitatol）等营养食品配方，以及营养高的饼干，为提高危地马拉人的健康水平作出了贡献。1998年阿马多·卡塞雷斯·埃斯特拉达硕士（Armado Caceres Estrada）获得科技奖章。他利用药用植物研究出具有国际水平的药品，广泛用于危地马拉内地。1999年科技奖章获得者为阿尔多·卡斯塔涅达博士（Aldo Castañeda）。他从1956年开始，把毕生精力投身于儿科、心血管病的研究，在对患先天性心脏病的新生儿采用体外矫正手术获得成功，从而为儿童和成人的心脏移植开辟了道路。化学工程师卡洛斯·埃德蒙多·罗尔斯·阿斯图里亚斯（Carlos Edmundo Rolz Asturias）获得了2000年科技奖章。他长期在中美洲工业技术研究所从事研

第六章　教育、科学、文艺、体育和新闻出版　Guatemala

究工作，在生物技术领域作出重大贡献，并发表了120多篇论文。2001年科技奖章授给胡安·菲尔南多·梅德拉诺·帕洛莫博士（Juan Fernando Medrano Palomo）。他致力于动物生长遗传、奶的结构、改变乳脂肪酸结构、鱼类性别的确定等方面研究，取得了许多突破性成绩。奥斯卡·马努埃尔·克瓦尔（Oscar Manuel Cobar）获得2002年科技奖章。他从事植物、动物的药用价值、抗癌、抗菌和消炎作用的研究，培育出药用植物和动物，为危地马拉农业的发展和提高人民健康水平作出了贡献。本哈明·托鲁恩博士（Benjamin Torun）荣获2003年科技奖章。他在中美洲和巴拿马营养研究所（INCAP）从事研究工作，发表过150多篇论文和文章，促进了营养学领域研究工作的发展。2004年科技奖章颁给了女科学家马丽娅·卡洛塔·蒙罗-埃斯科瓦尔博士（María Carlota Monro-Escobar）。她于1992年在圣卡洛斯大学建立了应用昆虫学和寄生生物学实验室，从事有关昆虫与寄生虫向人类传播疾病以及防治的研究，为维护人类的健康作出了贡献。

危地马拉青年学生在国际奥林匹克竞赛中也取得了好成绩。2004年在巴西举行的第9届美洲物理奥林匹克竞赛中，危地马拉学生迭戈·阿尔韦托·皮瓦拉尔（Diego Alberto Pivaral）获得铜牌，为危地马拉争得了荣誉。

（2）社会科学

危地马拉自然科学获得发展的同时，社会科学也取得进步。1985年文人政府执政后的第二年，危地马拉社会科学协会（Asociación para el Avance de las Ciencias Sociales de Guatemala, AVANCSO）正式成立，并开始活动。它是具有法人地位非营利性的民间组织，其最高权力机构是会员大会。会员大会选举产生的领导委员会负责实施大会的决议。危地马拉社会科学协会专门从事社会科学的研究，并把科研成果应用于民众部门。该协会的目标是：从事危地马拉社会最急需解决的问题的研究，培养青年研究人员，为社会发展服务。

20世纪90年代初，危地马拉社会科学协会的研究重点是危地马拉经济结构的调整。1994年至90年代末的研究重点是各社会部门之间的关系和国家同社会组织的关系。从2000年开始后，从事农村、城市社会、社会设想、地方史等四个方面的研究。该协会提出2000~2005年的目标是巩固其社会研究中心的地位，不断改进研究质量。

中美洲地区研究中心（Centro de Investigaciones Regionales de Mesoamérica，CIRMA）是危地马拉和中美洲另一主要的社会科学研究中心。它原为一个提供社会科学与人文科学书籍服务的图书馆。1996年和平协议签订后，它开始侧重进行有关危地马拉社会情况的研究。从1998年起，它进行了有关种族关系等三个项目的研究。

拉丁美洲社会科学学院（Facultad Latinoamericana de Ciencias Sociales，FLACSO），是一个国际性的拉美地区的自治科研机构，成立于1957年，旨在促进拉美地区社会科学的发展。1987年拉丁美洲社会科学学院开始在危地马拉设点活动，并于2004年开始培养博士生。1998年，该机构在危地马拉建立了社会科学出版社，出版有关社会科学的研究著作。

除上述三个社会科学机构外，许多大学设有社会科学系。

第三节　文学艺术

一　文学

危地马拉是拉丁美洲文学比较发达的国家之一。1967年，危地马拉著名作家米格尔·安赫尔·阿斯图里亚斯（Miguel Angel Asturias）获得诺贝尔文学奖，为危地马拉争得了荣誉。一般来说,危地马拉文学的发展分为以下几个时期。

1. 古代玛雅文学时期

危地马拉是玛雅文化的发源地之一,早在公元3世纪以前,玛雅人已有统一的象形文字,他们把象形文字刻在纪事的石柱上以及用在祭台、金字塔和淘器的铭文上。除了有立柱纪事的习俗,也常常用这种文字记载历史大事、社会活动和重大仪典活动。然而由于西班牙殖民者的入侵,玛雅人用象形文字写成的书籍几乎都被焚毁。公元4~9世纪是玛雅文学发展的兴盛时期,其中基切人(Quiche)文学占有非常重要的地位。这一时期,神话传说、诗歌和戏剧是玛雅文学的主要表现形式,在流传下来的基切语文学作品中,《波波尔·乌》(*El Popol Vuh*)是享誉世界的文学巨著。

《波波尔·乌》是一部基切人的圣经,为危地马拉基切人所作。本书写于16世纪征服时期,使用的是拉丁文拼音的基切语。《波波尔·乌》基切语是"席子上读的书",其原文已经失传,1544年印第安人通过口述整理出了手稿。16世纪中叶(注:在赵明德等人编著的拉丁美洲文学史中,时间为18世纪初)一个名叫弗朗西斯科·希门尼斯(Francisco Jimenez)的西班牙传教士在奇奇卡特南戈发现了这部手稿,把其译为西班牙文,并抄录在他本人撰写的有关危地马拉玛雅人的著作中,起名为《危地马拉省印第安人起源史》。1861年法国学者勃拉梭·德保尔赫把《波波尔·乌》译成法文,并正式发表。

这部基切玛雅的古代史诗采用散文体裁,出现对偶、重叠、同音异义等民间文学的表现手法,记录了基切人有关创史的生活故事、历史传说、部落迁徙与斗争、氏族家谱与寓言等。书中第一部分叙述世纪的创造和人类的起源,第二部分讲英雄故事,第三部分记录基切部落的建立和发展。这部危地马拉人引以为豪的巨著是古代玛雅文学最重要的奠基,受到世界人民的高度赞扬。

危地马拉

2004年1月27日,法国总统希拉克访问危地马拉时发表的演说中,就特别提到了《波波尔·乌》这部玛雅文学巨著。拉美文学史家更认为,《波波尔·乌》的深刻哲理和丰富的艺术想象力可以同世界上任何一种古代神话相媲美。

《拉维纳尔武士》(Rabinal Achi)和《索洛拉纪事》(Memorial de Solola)是古代玛雅文学另外两部巨著。

《拉维纳尔武士》是危地马拉仅存的一部戏剧兼舞蹈的作品,主要记述15世纪拉维纳尔武士和基切武士为争夺领地发生的战争。基切武士率领的部落经过260天日夜战斗,攻占了拉维纳尔部落的城池巴拉米亚科,俘虏了拉维纳尔部落首领阿拉乌·欧博·托赫。拉维纳尔部落一个被称为拉维纳尔武士的人救出欧博·托赫,并俘获了基切武士。他把基切武士绑在面对马拉米亚科城的一棵大树上。他向欧博·托赫汇报了捉住基切武士的消息。欧博·托赫指示他如果基切武士臣服于他的话,就接纳基切武士,但基切武士坚决不从,最后欧博·托赫决定处死基切武士。拉维纳尔武士再次劝基切武士投降,但基切武士仍不改初衷。临刑前,基切武士提出几个要求,一是要向他的人民告别,一是要和拉维纳尔的公主跳舞,这一切都做完后,基切武士被处死。

《拉维纳尔武士》这部用基切语写成的危地马拉印第安人的历史剧能够流传至今,要感谢发现《拉维纳尔武士》的卡洛斯·埃斯特万·波拉索神父。他赢得了印第安人的信任,通过印第安人口述后翻译成法文。该剧于1856年1月25日圣保罗节时,在拉维纳尔重新被搬上舞台。现在流传下来的《拉维纳尔武士》就是根据卡洛斯的法文译本转译下来的。①

16世纪,这部舞蹈戏剧在民间演出时,被称为"图姆

---

① 赵用德等编著《拉丁美洲文学史》,北京大学出版社,2001,第16页。

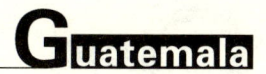

(Tum)"、"乌来乌图姆（Uleutum）"或"图姆·特来切（Tum teleche）"。1625年，西班牙殖民当局的法官胡安·马尔多纳多·德帕斯宣布禁止这类民间舞剧的演出，借口是该剧违反天主教教义。然而，"图姆"并未消失，仍然不断地在演出，并一直流传到现在。1850年，一位名叫巴尔托洛·西斯（Bartolo Sis）的西班牙传教士根据拉维纳尔部落一位老人的口述，把该剧用拉丁字母记录下来。后由卡洛斯·埃斯特万·波拉索神父将其翻译成法文。1986年，危地马拉历史学家菲德尔·萨克尔·吉切把该剧译成西班牙文，同时在危地马拉上演。何塞·莱昂·科洛奇（José León Coloch）饰演勇敢的基切武士。2000年，他荣获总统奖章。

《索洛拉纪事》又称《卡克奇科尔年鉴》（los Anales de los Kaqchikeles），是玛雅人保留下来的一部珍贵的民族编年史，17世纪危地马拉学者用拉丁字母汇编而成。

2. 殖民时期文学

16世纪20年代，危地马拉沦为西班牙殖民地，从此遭受西班牙近300年的殖民统治。这个时期，危地马拉文学深受殖民宗主国文学的影响。危地马拉殖民时期的文学主要是纪事文学，而且作者大多是参加过征服活动后定居在危地马拉的殖民者。在危地马拉纪事文学作家中，影响最大的是贝尔纳尔·迪亚斯·卡斯蒂略（Bernal Díaz del Castillo）。卡斯蒂略于1514年随西班牙殖民军前往西印度群岛，1519年随埃尔南·科尔特斯（Hernán Cortes）远征墨西哥。因作战有功，1539年他获西班牙王室奖给的危地马拉城的一块领地。他在晚年开始撰写《新西班牙征服实录》（Historia Verdadera de la Conquista de la Nueva España）。卡斯蒂略于1580年去世。作者在书中以自己亲身经历较真实地叙述了西班牙征服新西班牙的历史。除讲述西班牙士兵的故事之外，还浓墨重彩地描写了印第安人的习俗、民间故事和神话传说以及当地的自然风光。该书简朴、生动，是一部较为突出的纪事文学。

17世纪，危地马拉文学从纪事文学和宗教文学过渡到具有巴罗克（Barroco）风格的宫廷文学。巴洛克文学属于少数封建贵族的文学，它包括宗教诗、抒情诗、讽刺诗、纪事散文和戏剧等，但内容空洞，晦涩难懂。

1668年危地马拉出现了第一家印刷厂，1676年圣卡洛斯大学成立，促进了危地马拉文学的兴起。

18世纪，危地马拉文学有了一定的发展。出现了拉法埃尔·兰迪瓦尔（Rafael Landivar，1731~1793年）和拉法埃尔·加西亚·高耶纳（Rafael Garcia Goyena，1766~1823年）等著名诗人。加西亚著有具有鲜明道德训诫意义的《寓言与童话》。兰迪瓦尔1731年生于危地马拉安提瓜。16岁毕业于圣卡洛斯皇家与大主教大学，获哲学博士学位。1749年他前往墨西哥，翌年参加耶稣教，1755年担任耶稣教牧师。后返回危地马拉，担任圣波尔哈学院院长。1767年，西班牙当局把他和其他耶稣教教士驱逐出危地马拉，先流亡墨西哥，后前往欧洲，最后定居于意大利波罗尼亚。他在波罗尼亚从事教学活动，并用拉丁文撰写了思念故乡、歌颂祖国的著名长诗《墨西哥乡村》。全诗共分10章、2425行。1782年再版时，扩充为15章、5274行。他的诗作勾勒出一幅墨西哥和危地马拉美丽的风景画和真实的社会风貌，具有鲜明的美洲色彩。

这一时期危地马拉著名作家还有索尔·胡安娜·马尔多纳多（Sor Juana de Maldonado，1598~1666年）、弗朗西斯科·安东尼奥·富恩特斯-古斯曼（Francisco Antonio de Fuentes y Guzman，1642~1700年）、佛莱·马蒂亚斯·科尔多瓦（Fray Matias de Cordova，1766~1828年）和迭戈·萨埃斯·奥维古里（Diego Saez de Ovecurri）等。

3. 独立后的文学

19世纪初，欧洲古典主义文学通过法国和西班牙传入拉丁美洲，也传入危地马拉，继而在危地马拉和其他拉美国家逐渐形成了"美洲新古典主义"。新古典主义成为危地马拉作家宣传独立和重振印第安文学的工具。1824年危地马拉独立后，浪漫主义文学开始在危地马拉风行。主要代表人物有：诗人何塞·巴特雷斯·蒙图法尔（José Batres Montufar，1809~1844年），代表作为以殖民地生活为题材的讽刺叙事诗《危地马拉传说》（*Tradiciones de Guatemala*）；小说家安东尼奥·何塞·伊里萨里（Antonio José de Irissarri，1786~1868年），青年时代曾投身于独立运动，并被流亡国外。他撰写的小说、散文和诗歌真实反映了危地马拉人民争取独立的斗争，代表作为自传体小说《流浪的基督徒》。小说家和诗人何塞·米亚-比达乌雷（José Milla y Vidaurre，1822~1882年），代表作为历史小说《小姑娘的超前行为》（*Adelantado de Nuer*）和《一个律师的回忆》，他把现实与抒情巧妙结合起来，使书中充满讽刺意味。此外，还有著名诗人多明戈·埃斯特拉达（Domingo Estrada，1855~1901年）等。

19世纪30年代，拉美出现了一批浪漫主义诗人和诗歌，他们用诗歌鞭笞军阀混战和独裁统治。危地马拉浪漫派诗人有胡安·迪埃格斯·奥拉维利（1813~1865年）、女诗人比森塔·拉帕拉·拉塞尔达（1834~1905年）和多明戈·弗洛雷斯（1825~1864年），后者对玛雅基切人的文化传统进行了讴歌。

19世纪80年代危地马拉出现了现代主义文学。现代主义文学以诗歌为主，其代表人物是恩里克·戈麦斯·伽利略（Enrique Gomez Carrillo，1873~1927年）。他是拉美现代主义文学的奠基人、尼加拉瓜著名诗人鲁文·达里奥的学生，在危地马拉和拉丁美洲享有盛誉。他曾周游世界，写有大量游记，生动地描述了各国的景色和风俗，成为危地马拉现代主义文学的典范。

其代表作有《当前的俄国》(*La Rusia Actual*)、《永恒的希腊》(*La Grecia Eterna*)、《埃斯芬格的微笑》(*La Sonrisa de la Esfinge*)等。此外,还有小说家马克西莫·索托·海尔(Maximo Soto Hall,1871~1944年)等作家。

4. 20世纪文学

20世纪开始后,危地马拉文学得到进一步发展。1916年鲁文·达里奥逝世后,现代主义文学在危地马拉逐渐衰落。第一次世界大战后,危地马拉出现了自然主义文学,其代表人物是拉菲尔·阿雷瓦洛·马丁内斯(Rafael Arevalo Martinez,1884~1925年)、弗拉维奥·埃雷拉(Flavio Herrera,1895~1968年)和卡洛斯·韦尔德·奥斯皮纳(Carlos Wyld Ospina,1891~1958年)三位小说家。

拉菲尔·阿雷瓦洛·马丁内斯1926年起担任国家图书馆馆长,直至1946年被任命为驻华盛顿泛美联盟代表。他是拉美"动物系列小说"的创始者,在拉美文学史上占有重要地位。在他的小说中,人类社会不过是有着人类外形的动物世界,人物都有某种动物的特征。他认为,每个人都能从各类动物身上找到直接的原型。他多次强调"我也是个动物,是最高级的动物"。他的代表作有:《像马一样的人》(*El hombre que parecía un caballo*,1914)、《热带野兽》(*Las Fieras del Trópico*,1915)、《曼努埃尔·阿尔达诺》(又名《挣扎在求生线上》,1920)、《在奥罗兰迪亚平静的办公室里》(1925)、《在马哈拉恰斯人的国度里》(*El Mundo de los Maharachias*,1938)、《伊潘达之行》(*Viaje a Ipanda*,1939)等。《像马一样的人》是他的第一部动物心理短篇小说,这篇小说深受《波波尔·乌》的影响,主要描写诗人阿雷塔尔(Aretal)具有马的属性。他还著有自传体小说《一生》(*Una Vida*,1914)和长篇小说《这就是波里克里》(1945)等。在一篇政治性讽刺小说《热带的猛兽》里,他以"老虎"

影射危地马拉独裁者卡夫雷拉。他的《莫尔蒂特先生》(1922)、《疯子们的圣母》等也属于这类作品。

拉菲尔·阿雷瓦洛·马丁内斯还是一位多产诗人。他的诗同样以挖掘人类精神世界为特色，但更侧重田园诗。1911年，他的第一部诗集《玛雅》问世。他还先后写了《痛苦的人们》(*Los Atormentados*, 1914)、《恩加迪的玫瑰》(*Las rosas de Engaddi*, 1918)、《火》(*Llama*, 1934)、《在这样一条小路上》, 1937)。

在危地马拉先锋派小说家中，最著名的作家莫过于1967年诺贝尔文学奖获得者米格尔·安赫尔·阿斯图里亚斯。他是拉丁美洲魔幻现实主义文学流派的主要开创人，是一位杰出的进步作家，拉丁美洲新小说的开路人。他1965年荣获列宁和平奖、1967年获诺贝尔文学奖，是拉丁美洲第一个获此殊荣的作家。

阿斯图里亚斯1899年出生在危地马拉城。其父母因反对埃斯特拉达·卡夫雷拉独裁政权受到迫害，被迫举家迁往萨拉马城。1917年阿斯图里亚斯进入圣卡洛斯大学学习医学，后转入法律系攻读法律和社会学。1920年曾参加反对卡夫雷拉的起义。1923年毕业后，前往欧洲深造。他尊父愿学习经济和历史，在巴黎的神学院学习人类学。在那里，他发现了玛雅著作《波波尔·乌》的法文译本。1925年，他把《波波尔·乌》译成西班牙文，并开始创作诗歌和小说。他创办了《新时代》(*Tiempos Nuevos*)杂志。1930年他在一个玛雅神话的基础上撰写了《危地马拉传说》(*Leyendas de Guatemala*)。两年后，他撰写了有关拉美独裁政权的长篇小说《总统先生》(*Señor Presidente*)。这部小说直至1946年才得以出版。1933年阿斯图里亚斯返回危地马拉从事新闻工作。从20世纪40年代起，他开始从事外交工作，在墨西哥、法国和阿根廷等国担任外交官，1947~1953年任危地马拉驻萨尔瓦多大使，1954年阿马斯上台后，阿斯图里亚斯

危地马拉

被剥夺国籍,流亡智利,后前往阿根廷。1956 年,曾应邀来中国参加鲁迅逝世 20 周年纪念活动。1962 年,阿根廷政府将他驱逐出境,他被迫前往意大利。1966 年他重新开始外交生涯,任危地马拉驻法国大使,晚年在马德里度过。

阿斯图里亚斯一生中创作了多部小说,并取得巨大成功,为 20 世纪 60 年代"文学爆炸"奠定了坚实的基础。他的小说除了上面已提及的《总统先生》外,还有《玉米人》(*Hombres de Maíz*, 1949)、《疾风》(*Viento Fuerte*, 1950)、《绿色教皇》(*El Papa Verde*, 1954)、《被埋葬者的眼睛》(*los ojos de los Enterrados*, 1960)等。

《总统先生》是阿斯图里亚斯的代表作,以独裁者卡夫雷拉为原型,深刻揭露了拉丁美洲寡头政治的罪恶。《玉米人》是阿斯图里亚斯另一杰作。他通过神话传说,真实反映了山区农民的生活,并以印第安人和土生白人之间因种植玉米而产生的冲突为主线,揭示了传统观念与现代思想之间的矛盾。《疾风》、《绿色教皇》、《被埋葬者的眼睛》是三部曲,反映了危地马拉人民为反对美国垄断资本美国联合果品公司的掠夺和剥削所进行的英勇斗争。他在 1956 年出版的短篇小说集《危地马拉的周末》(*Week End en Guatemala*)中,揭露了美国干涉阿本斯政府,支持阿马斯上台的罪行。60 年代以后,他又陆续出版了一些作品:《珠光宝气的人》(*El Ahajadito*, 1961)、《这样的混血女人》(*Mulata de Tal*, 1963)、《胡安·希拉多尔》(*Juan Girador*, 1964)、《戏剧》(*Teatro*, 1964)、《华雷斯》(*Juarez*, 1972)、《多洛雷斯的星期五》(*Viernes de Dolores*, 1972)等。

在危地马拉文坛上,仅次于阿斯图里亚斯的重要作家是马里奥·蒙特福特·托莱多(Mario Monteforte Toledo, 1911～2003 年)。马里奥·蒙特福特·托莱多 1911 年出生在危地马拉城。2003 年 9 月 11 日因心脏病去世,享年 91 岁。他是一位伟大的小

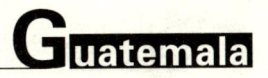

说家、诗人和散文作家。他还是一位政府要员，1944～1951年在革命政府曾担任政府部长、议会议长、副总统和危地马拉驻联合国大使。

托莱多毕业于社会学和法律专业，在社会学和文学上成绩显著。他从事写作后曾被流亡到法国、英国、美国、厄瓜多尔和墨西哥长达35年之久。在墨西哥流亡期间，任教于墨西哥自治大学，1986年回到故乡。

托莱多这位作家获得过如下奖励：1972年获南斯拉夫国家明星奖，1993年获危地马拉国家文学奖，1994年获危地马拉国会奖，1996年获墨西哥阿兹特克鹰勋章，1997年获厄瓜多尔大十字勋章，1998年获米格尔·阿斯图里亚斯国家奖。

托莱多的主要作品有：诗歌《泥巴》（Barro，1932）；小说：《一条鱼的一生》（Biografía de un pez，1943）、《石头与十字架》（Entre la piedra y la cruz，1948）、《不安分的山洞》（La cueva sin quietud，1949）、《路的尽头在哪里》（Donde acaban los caminos，1953）、《一种死亡方式》（Una manera de morir，1957）、《失败与希望的故事》（Cuentos de derrota y esperanza，1962）、《他们来自大海》（Llegaron del mar，1966）、《几乎全部是杜撰》（Casi todos los cuentos，1973）、《失去的》（Los desencontrados，1976）、《漫长的前奏》（Unas vísperas muy largas，1989）、《复活节》（Pascualito，1991）、《长舌岛》（La isla de las navajas，1992）；戏剧：《火神》（El santo de fuego，1976）、《乐天派的夜晚》（La noche de los cascabeles，1987）、《外国佬》（Los gringos，1976）；论文、散文：《伊比利亚美洲政党》（Los partidos políticos de Iberoamérica，1961）、《注视拉丁美洲》（Mirada sobre Latinoamérica，1971）、《中美洲，依赖于不发达》（Centroamérica, dependencia y subdesarrollo，1983）、《文学、意识形态和语言》（Literatura, ideología y lenguaje，1983）等。

危地马拉

　　托莱多的小说《路的尽头在哪里》已被搬上银幕，并且享誉全世界。

　　除上述两位作家外，危地马拉最杰出的作家还有路易斯·卡多萨-阿拉贡（Luis Cardoza y Aragón，1901～1992年）、奥古斯托·蒙特罗索（Augusto Monterroso，1921～2003年）和卡洛斯·索洛萨诺（Carlos Solórzano，1922～）。

　　路易斯·卡多萨-阿拉贡是20世纪危地马拉最著名诗人之一，青年时代曾前往法国学医。在法国期间，他出版了第一部诗集《月亮公园》（Luna Park）。1927年他在摩洛哥创作了《阿拉伯人的圣城费斯》（Fez, Ciudad Santa de los Arabes）。1932年他完成了诗作《新世界交响曲》（Sinfonía del Nuevo Mundo），但于1948年才在危地马拉出版。1944年他返回危地马拉，参加了推翻豪尔赫·乌维克独裁政权的斗争，后当选为国会议员。1945年，他创办并主编《危地马拉杂志》（Revista Guatemala）。他曾任危地马拉驻挪威、瑞典、法国和哥伦比亚的大使。阿本斯政府被推翻后，他一直居住在墨西哥。1974年，墨西哥政府授予他阿兹特克鹰勋章；1978年获危地马拉记者协会颁发的卡萨埃尔·德哈德奖；1992年获马萨特兰奖。

　　奥古斯托·蒙特罗索（Augusto Monterroso，1921～2003年）是危地马拉最有名的短篇小说家，也是拉美最著名的短篇小说作家之一。1922年他曾任外交官。阿本斯政权被推翻后，他流亡玻利维亚和智利，1956年起定居墨西哥。他的代表作有：《恐龙》（El Dinosaurio）、《泰勒先生》（Mister Taylor）、《每三个中的一个》（uno de cada tres）、《演奏完的交响曲》（Sinfonía Concluida）、《椭圆形》（El Elipse）、《音乐会》（El Concierto）、《百年》（El Centenario）。他曾获1975年哈维尔·比利亚鲁蒂亚（Xavier Villaurrutia）奖；1996年获胡安·鲁尔佛（Juan Rulfo）奖；1997年获米格尔·安赫尔·阿斯图里亚斯国家文学奖；

1988年获墨西哥政府颁发的阿兹特克鹰勋章；2000年获阿斯图里亚斯优秀文学奖。2003年2月7日，他在墨西哥城病逝，享年81岁。墨西哥作家卡洛斯·富恩特斯曾这样评价："他是最纯净、最睿智、最透明和最常保持笑容的西班牙语作家之一。"

卡洛斯·索洛萨诺（Carlos Solórzano，1922~）是当代危地马拉最杰出剧作家。1922年生于圣马科斯，从1939年起定居墨西哥，曾获墨西哥国立自治大学文学博士学位，后在法国获戏剧博士学位。返回墨西哥后，任墨西哥国立自治大学剧院院长，并组织学生剧团，兼任墨西哥国立戏剧博物馆馆长、《永久》周刊戏剧评论员。1962年起任墨西哥大学哲学艺术系讲师，曾代表墨西哥多次出席各种国际性戏剧会议。1968年组建拉丁美洲戏剧院，并任导演。他的主要剧作有：《小说的镜子》（*Espejo de Novelas*，1946）、《唐娜·比阿特里斯》（*Doña Beatriz*，1959）、《巫师》（*El Hechicero*，1954）、《上帝之手》（*Las Manos de Dios*，1957）、《钉上十字架的人》（*El Crucificado*，1957）、《傀儡》（*Los Fantoches*，1959）、《三次行动》（*Tres Actos*，1959）、《假魔鬼》（*los Falsos Demonios*，1963）、《鞋子》（*El Zapato*，1971），以及论著《20世纪拉丁美洲的戏剧》（1972）。

他的作品以墨西哥农村现实为基础，表现人们渴望自由，为摆脱宗教束缚和暴力压迫所进行的各种形式的斗争，特别是对宗教和教会进行了尖锐的揭露和抨击。

二 电影

电影进入危地马拉是在19世纪末年。1896年危地马拉第一次放映电影，最初是在露天放映，1919年建成危地马拉城电影院。这个电影院比较简陋，只是用木头搭建，建筑风格和许多当地的民居相似。尽管如此，它能容纳504位观众，并设有包厢，可供108人享用。1912年导演A.德拉里瓦拍

危地马拉

摄了危地马拉的第一部故事片《13号间谍》。1915年和1929年导演盖布鲁吉尔和帕拉列先后拍摄两个不同版本的故事片《主人的儿子》。20世纪30年代,危地马拉拍摄的电影主要是有关宗教节日和体育比赛的纪录片。1942年危地马拉有史以来第一部有声电影问世,它是E. 弗莱什曼、R. 阿吉雷、J. 加瓦雷特三位导演合拍的故事片《节奏和舞蹈》。1950年导演G. 安德鲁与E. 弗莱什曼合作拍摄了危地马拉的第一部大型故事片《帽子》。也就在50年代,危地马拉建了第一家电影制片厂;这个时期摄制的故事片有:1953年M. 雷琴巴赫导演拍摄的影片《假日》和J.M. 德莫拉导演拍摄的影片《黎明》;1955年阿布拉拉奇导演拍摄的影片《加勒比群岛的女儿》;1958年拉努萨导演拍摄的影片《我母亲的桂冠》。进入60年代,墨西哥电影导演开始在危地马拉摄制电影。这个时期危地马拉拍摄的只有塞拉拍摄的《生活的欢乐》(1960)和《度过星期天》(1967)两部影片。70年代,导演拉努萨拍摄了故事片《危地马拉地震》(1976)和《坎德列里亚》(1977)。此外,还有部分导演摄制了一些反映国内社会问题的8毫米影片,专门给工人、大学生放映,如《圣诞节在危地马拉》(1977年,导演阿尔盖塔)、《面纱》(1978年,导演钱格)。由马里奥·蒙特福特·托莱多同名小说改编、卡洛斯·加西亚·阿格拉斯导演的电影《路的尽头在哪里》于2000~2004年拍摄成功,曾在世界各地热播。贝尔赫总统也很重视危地马拉的电影事业,2007年8月14日在与好莱坞影星梅尔·吉布森(Mel Gibson)共进午餐时,他与其探讨在玛雅古文明遗址拍摄电影或纪录片的计划。

《路的尽头在哪里》以危地马拉美丽的自然风光阿提特兰湖和古老的旧危地马拉城为背景,讲述了一个医生与乡村少女动人的爱情故事。故事的梗概是一位名叫劳尔·萨莫拉的医生来到一个边远小镇,那里及附近的大部分村镇正在流行伤寒病。医生找到了镇长，希望遏制伤寒病流行，可镇长不相信他。他来到了因伤寒病而夺去妻子的安东尼奥家，为了避免其他人感染疾病，医生劝说安东尼奥把房子烧掉，把家人长满虱子的头发剪掉，因为虱子传播疾病。他的建议使这一家躲过了更大的灾难，因此医生赢得了安东尼奥一家的好感，并收获了安东尼奥小女儿玛丽娅的爱情，与之同居，生下儿子。可是好景不长，镇长的刁难和萨莫拉家人的压力，最终导致两个相爱的人分离。

由年轻导演胡利奥·埃尔南德斯拍摄的危地马拉电影《汽油》，在第55届西班牙圣塞瓦斯蒂安国际电影节上获得"正在制作中电影奖"。这部电影倾注了危地马拉艺术家的心血，为了筹集制作资金，有21位艺术家拍卖了他们的画作。

三　音乐舞蹈

危地马拉是玛雅文化的发祥地之一，音乐和舞蹈也是玛雅文化的组成部分，具有悠久的历史。危地马拉音乐与舞蹈的发展，可以分为以下几个时期。

1. 前哥伦布时期

早在公元前2000年，玛雅文化已开始形成。公元250～900年，玛雅文化达到鼎盛时期。玛雅人不但在数学、天文、医学、建筑、雕刻等方面取得了辉煌的成就，而且在音乐和舞蹈上也达到很高水平。可惜的是由于玛雅文化的衰落和后来西班牙殖民者的入侵，古代玛雅人的音乐与舞蹈像他们创造的象形文字一样大多已失传。然而，从废墟中的考古发现，从壁画、雕刻、瓮等文物上展现出的画面，从古代编年史家手抄本中的记载，人们仍然可以依稀看到古代玛雅人使用各种乐器演奏和翩翩起舞等盛景。

古代玛雅人的音乐和舞蹈与其原始宗教紧密相连，主要出现在宗教仪式或宗教活动上，用以表示对神灵的崇拜，祈求神灵的

危地马拉

庇护。有时候,他们演奏音乐也用来威慑、吓唬敌人,或者通过音乐传达信息,如请求友军的支援。

古代玛雅人使用的乐器有鼓、号、笛、陶铃等,一般用木头、动物或人的骨头、乌龟壳、蜗牛壳、金属、黏土等制作。鼓是玛雅人使用的主要打击乐器之一,采用共鸣好的木料制成,有的也使用黏土或乌龟壳做原料。鼓面使用美洲豹、鹿、野猪的皮制作。木制鼓通过加热调音。黏土鼓通过牵引调音。古代玛雅人还制作一种水鼓,用水来控制鼓的音响,水鼓上有一洞眼,用来增加或减少鼓里的水量。有一种被称为特波纳斯特莱(Teponaxtle)的木鼓,其鼓身上有一槽沟,两端有两个形如 H 的簧片,用手指或鼓槌击打,其声可传得很远。这种鼓流传至今,危地马拉人把它叫做"图恩"(Tun),即木鼓。古代玛雅人除了会使用打击乐器外,还会制作管乐器,其中之一是号。号用木料、或包上灰浆、黏土和某种棕榈叶的竹竿制成,号面上绘有花纹和竖沟装饰。为了加大音量,号长可达 150~180 厘米,产生类似于欧洲牛角号的一种谐音音节。古代玛雅人用绿竹、黏土、软玉和骨头制成双管或多管笛,笛孔很多,音质很好,用手指按笛孔,可发出多种音响。笛形除管状外,还有球状笛。

陶铃也是古代玛雅人经常使用的乐器。他们认为,陶铃使他们同神物和超自然的东西相连,因而具有魔幻的性质。他们把陶铃当做神的象征和还愿的贡品。他们用黏土、木料、铜、银制作高级一些的陶铃;普通的陶铃则是用普通木料和涂黑的葫芦及其果实制作,中间穿过一木棍,拿着铃上的木棍,摇动陶铃内的种子或小石子,让陶铃发出悦耳的音响。

古代玛雅人使用的一种齿间乐器(instrumentos musicales dentados)叫拉斯帕多尔(raspador),其形如男人生殖器(pene),用人骨制作,其音取决于制作的材料和加工的沟槽,在示爱仪式或纪念氏族领袖的仪式上使用此种乐器。

2. 殖民时期

西班牙殖民者征服危地马拉后,西班牙军乐、宗教音乐和宫廷音乐随着进入危地马拉。宗教音乐成为西班牙传教士同化印第安人和使印第安人皈依天主教的重要手段之一。与此同时,他们向印第安人传授欧洲乐器的演奏和制作,并教授弥撒曲和圣咏。危地马拉是当时西班牙美洲的重要中心之一,拥有了第一批管风琴。1532年危地马拉大教堂建成后,西班牙人为教堂配备了管风琴演奏员,每逢节日演奏宗教乐。教堂唱师班的领队是歌唱家又是音乐指挥,他指挥唱师班唱歌,也担任培养唱师班接班人学校的负责人。

危地马拉大教堂的管风琴手和小提琴手比森特·萨恩斯(Vicente Sáenz)是危地马拉殖民初期的音乐家,他创作了名曲《圣母颂》(Salve en fa)和《复活节村夫谣》(Villancicos de pascua)等乐曲。1738年任教堂乐队指挥的曼努埃尔·约瑟夫·德基罗斯(Manuel Joseph de Quirós)也创作了许多村夫谣,丰富、活跃了教堂的礼拜生活。殖民时期突出的音乐家还有佩德罗·阿里斯通多(Pedro Aristondo)、弗朗西斯克·阿拉贡(Francisco Aragón,)、米格尔·庞塔萨(Miguel Pontaza)、托马斯·古斯曼(Tomas Gusmán)、马西索·特鲁希略(Marciso Trujillo)等人。这个时期使用的主要乐器有吉他、击弦古钢琴(clavicordio)、中提琴、三弦琴和低音提琴。

3. 独立后至19世纪末

1821年9月15日,包括危地马拉在内的中美洲国家宣布独立。1823年3月成立"中美洲联合省",第二年改为"中美洲联邦"。危地马拉爱国音乐家们用创作的乐曲积极推动祖国的独立进程,与此同时,宗教音乐渐渐失去影响。在危地马拉独立后出现的第一批音乐家中,贝内迪克托·萨恩斯(Benedicto Saenz)是杰出的代表。他是独立后前往欧洲深造

危地马拉

的第一个危地马拉音乐家。学成归国后,创作了大量世俗歌谣和爱国歌曲,对过时、陈旧的配乐实施了大胆的改革,使当时危地马拉的音乐潮流发生了深刻的变化。1831年,危地马拉上演了有史以来的第一部歌曲,为后来危地马拉歌曲的发展打下了基础。

1839年危地马拉保守党领袖卡雷拉宣布危地马拉脱离中美洲联邦,并实行独裁统治。尽管他在政治上极端保守,但对音乐却情有独钟。他去萨尔瓦多访问时,与音乐大师何塞·马丁内斯(José Martinez)签约组建管乐队,并派人去哈瓦那购置乐器和服装。1859年卡雷拉下令修建以他本人名字命名的卡雷拉剧院(后改名为国立剧院)。卡雷拉剧院开幕的当晚,上演了四幕抒情剧。卡雷拉剧院的开幕,大大推动了危地马拉歌剧和音乐的发展。危地马拉独立后初期,危地马拉古典音乐的代表欧拉里奥·萨马约亚(Eulalio Samayoa)创作了大量交响剧,其中最著名的是平民交响乐(Sinfonía Civica)。

1871年,自由党掌握了政权。1873年,自由党政府在原圣多明戈修道院旧址上建立了音乐学院,招收了52名本国学生和20名外国学生。许多在外的浪漫派音乐家纷纷回到危地马拉,其中包括在意大利的胡利安·贡萨雷斯(Julián Gonzalez)、埃尔库拉诺·阿尔瓦拉多(Herculano Alvarado)、曼努埃尔·菲格罗亚(Manuel Figueroa),以及洛伦索·莫拉莱斯(Lorenzo Morales)。他们深受欧洲音乐流派的影响,创作了大量浪漫派音乐作品。19世纪下半叶,危地马拉最著名的浪漫派音乐家是路易斯·费利佩·阿利亚斯(Luis Felipe Arias,1870～1908年)。他是受过欧洲教育的音乐家,也是危地马拉最早的有修养的音乐家之一。他受危地马拉民歌的启发进行音乐创作,对危地马拉音乐进行革新,推广了肖邦(Chopin)、李斯特(Liszt)、贝多芬(Beethoven)、门德尔松(Mendelson)、瓦格纳(Wagner)、布拉姆（Brahm）和舒曼（Shumann）等世界著名音乐家的作品，使危地马拉人民逐渐了解欧洲的音乐，为推动危地马拉音乐的发展作出了重要贡献。1901年他被任命为国家音乐学院院长。他的主要作品有：《莫乌莱斯盖》（*Mouresque*）、《乐队舞》（*Danza para Orquesta*）、《小提琴手的悲伤之夜》（*Nocturno para Violin*）和《郁闷时期》（*Página Gris*）等。他的《摩尔人舞曲》管弦乐总谱收在费城弗莱谢藏书中。1908年3月24日，路易斯·费利佩在危地马拉城街头被暗杀，年仅38岁。

这个时期危地马拉著名音乐家还有：为国歌作曲的拉法埃尔·阿尔瓦雷斯（Rafael Alvarez）；谱写《钢琴的夜晚》（*Nocturno para Piano*）和《玛雅传说》（*Leyenda Maya*）的劳尔·帕尼亚瓜（Raul Paniagua）；作有《亲吻的柔声》（*Murmullos de Besos*）、《智慧》（*Minerva*）、《巴尔塞斯特昆乌曼》（*Valses Tecum Uman*）和《火车头》（*Locomotora*）的胡利安·帕尼亚瓜（Julian Paniagua，1865~1945年）；当过音乐学院院长的赫尔曼·阿尔坎塔拉（German Alcantara，1863~1910年），他谱写了大量钢琴华尔兹舞曲，如《咖啡花》（*la Flor del Cafe*）、《告诉我》、《你是否爱我》（*Dime, si me amas*）、《菊花》（*Crisantema*）和《我美丽的危地马拉》（*Mi bella Guatemala*）等；以及创作了三幕歌剧《基切武士》（*Quiche Vinac*）、《印第安序曲》（*Obertura Indigena*）和许多交响诗的赫苏斯·卡斯蒂略（Jesús Castillo）。此外，还有在危地马拉出生的本土作曲家、音乐家唐·何塞·埃斯科拉斯蒂科·安德里诺。他曾在哈瓦那演奏小提琴，1845年前后去萨尔瓦多。他的作品包括两部交响曲、三部弥撒曲和一部歌剧《宽宏大量的摩尔女人》。

4. 20世纪至今

20世纪开始后，危地马拉的一些音乐家成立了几个管弦乐

危地马拉

团,他们多次举办音乐会纪念危地马拉独立 100 周年。一些从国外归来的音乐家致力于传播欧洲流行音乐,促进了危地马拉音乐的发展。音乐家里卡多·卡斯蒂略(Ricardo Castillo)回国后,创作了许多颇有新意的钢琴曲和管弦乐曲。何塞·卡斯塔涅达(José Castañeda)回国后,举办了名为"阿尔斯诺瓦"(Ars Nova)的音乐会,活跃了危地马拉乐坛。1944 年,危地马拉国家交响乐团成立,标志着危地马拉音乐迈上了一个新的台阶。

20 世纪危地马拉著名浪漫派作曲家有:何塞·阿尔韦托·曼多萨(José Alberto Mandoza,1889~1960 年)、拉法埃尔·华雷斯·卡斯特利亚诺斯(Rafael Juares Castellanos,1913~)和拉法埃尔·巴斯克斯(Rafael Vasquez,1855~1941 年)等人。何塞·阿尔韦托·曼多萨曾在首都音乐学院学习,1911 年成为危地马拉第一位钢琴大师,1924 年被任命为音乐学院院长。他还是独唱和伴唱家。拉法埃尔·华雷斯·卡斯特利亚诺斯的音乐作品很多,有进行曲、序曲、钢琴曲、小提琴曲、弦乐四重奏和奏鸣曲等。拉法埃尔·巴斯克斯曾在音乐学院学习,后留校教授钢琴。他成立了危地马拉音乐出版中心,留有一部 50 首的校园合唱曲集。

危地马拉后浪漫派著名作曲家有:费莉佩·萨利萨尔·拉莫斯(Felipe Saliezar Ramos),其作品有《玛雅神》(Los Dioses Mayas)等;卡洛斯·比德斯·桑多瓦尔(Carlos Vides Sandoval),他曾任圣地亚哥学院土著交响乐队指挥;贝尼尼奥·梅希亚(Benigno Mejía)和曼努埃尔·阿尔瓦拉多(Manuel Alvarado)。后者为危地马拉著名的马林巴演奏家,也是业余作曲家,写过 53 首流行作品,其中最著名的是《废墟月夜》(Noche de Luna en las Ruinas)。

危地马拉一批作曲家发展了更现代的音乐流派,其作品带有

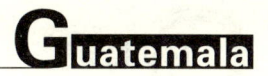

鲜明的印象派美学的趋向。该流派代表人物是曼努埃尔·埃拉尔特（Manuel Herrarte）和胡安·何塞·桑切斯（Juan José Sanchez）。前者创作了《钢琴协奏曲》（Scherzo para Piano）；后者创作了《玛雅组曲》（Suite Maya）。

还有一些音乐家的作品是以土著题材为主要内容，如恩里克·安特乌·迪亚斯（Enrique Anteu Díaz）的《两个寓言故事交响乐曲》（Dos Parabolas Sinfonicas），该曲借鉴了玛雅古代舞曲《拉维纳尔武士》（Rabinal Achi）的素材。

当今比较走红的音乐人是集作词作曲能弹会唱的里卡多·阿霍纳（Ricardo Arjona）。阿霍纳1964年1月19日出生于安提瓜，最初在危地马拉弹吉他，21岁时出版了第一张CD《请允许我爱你》（Dejame Decir Que Te Amo，1985）。随后，他移居阿根廷，在那里继续他的创作，并在当地的一些酒吧演唱。1990年他出版了第二张专辑《非名词的动词耶稣》（Jesús Verbo No Sustantivo）。1993年他与索尼（SONY）公司签约，并出版了他的《夜行动物》（Animal Nocturno）专辑。后来又先后发行了《传说》（Historias）、《假如南是北》（Si el Norte Fuera el Sur）、《加勒比长廊》（Galeria Caribe）等。这位被称为叛逆者、诗人和作家的音乐人的歌声，在拉丁语系的国家里被播放了10年之久。

5. 民族音乐

马林巴（marimba）是危地马拉的民族乐器，也是危地马拉的国家乐器。它由键和一串木条制成，下面悬挂着起共鸣作用的大小不一的葫芦，音色极为洪亮。1999年8月31日，危地马拉议会通过决议，确定马林巴为国家乐器，要求教育部支持公私立学校教授马林巴，以继承危地马拉的文化艺术和传统。马林巴源于印度尼西亚，后传入非洲，并得到发展。1595年马林巴经来自非洲的黑奴传入美洲。危地马拉印第安人把马林巴融入其音乐

危地马拉

之中。17、18 世纪马林巴乐器在危地马拉进一步演化和发展，到 1880~1920 年马林巴乐器的改造已告一段落，其现状延续至今。马林巴后经克萨尔特南戈传入墨西哥和哥斯达黎加。19 世纪危地马拉著名马林巴演奏家是克萨尔特南戈的业余作曲家马里亚诺·巴尔维德，他写过 53 首流行作品，如《废墟月夜》(Noche de Lana en las Ruinas) 等。1957 年危地马拉音乐家豪尔赫·阿尔瓦拉多·萨缅托（Jorge Alvarado Sarmientos）曾举办马林巴与管弦乐音乐会。危地马拉其他的民族乐器有被称为"苏尔"的直笛，小巧的管乐器"漆霍拉伊"，一种用树干制成的鼓"特波纳斯特尔"和贝壳乐器"多特"。

危地马拉民族音乐的代表人物是赫苏斯·卡斯蒂略（Jesus Castillo, 1977~1946 年），为本土音乐家兼作曲家，对危地马拉民族音乐作出过极大的贡献。他把危地马拉基切印第安人的土著旋律分成六类：第一类的特征是 5 个音以全音进行；第二类和第三类相同，都用大调音节中的 4 个音（属音、主音、上主音与中主音）；第四类是一个小调六和弦；第五类由大调与小调音阶的因素组成；第六类是混合里底亚调式的下行音阶，最后一个音节的下面还有一个半音。1896 年他根据本民族音乐旋律创作了第一部交响乐曲《本土序曲》(Obertura Indígena)。可以说，赫苏斯精心培育了危地马拉印第安民间音乐。他除了创作音乐外，还写有一部以印第安文化为主题的危地马拉歌剧《基切维尼亚克》。这部歌剧于 1924 年 7 月 24 日在危地马拉公演，开创了危地马拉民族音乐文化的一个里程碑。这部歌剧取材于一个古印第安巫师的预言，他预卜基切王国将要覆灭。之后，赫苏斯又创作了民族歌剧《尼克特》(Nicté) 和芭蕾舞剧《危地马》(Guatema)。此外，赫苏斯还出版了一部研究中美洲音乐的论著，题为《玛雅-基切音乐》(1941)。他的作品还有《波波尔·布赫》(Popol Buj) 组曲和《特库姆序曲》(Tecum

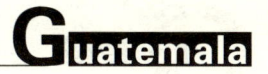

Overture)。

危地马拉的民族曲调是"查平桑调",又称"危地马拉桑调",该曲调用圆舞曲的拍子,在 3/4 拍的基础上叠加 6/8 的拍子,从而形成重音交错的效果。

6. 民族舞蹈

危地马拉的民族舞蹈继承了古代玛雅文化的传统,也吸收了外来舞蹈的营养,主要特点是歌与舞紧密融合在一起。迄今,土著人聚集区仍流传着许多深受当地人民喜爱的传统舞蹈。

危地马拉下维拉帕斯省的圣巴勃罗拉维纳尔镇被誉为"国家民间艺术的摇篮"。这个小镇共有 16 支民间舞蹈队,保留有 22 个传统民间舞蹈,其中之一是《拉维纳尔武士》(*Rabinal Achi*)。从 20 世纪初开始,居住在该小镇的霍娄坡(Xolop)一家,每逢 1 月 25 日保护神节,便组织露天演出的歌舞剧《拉维纳尔武士》,一直延续至今。1995 年,民间舞蹈家何塞·莱昂·克洛奇(José León Coloch)开始负责该剧的演出,并饰演剧中的主要角色基切武士,他从其岳父那里继承下这个舞剧,背诵了 3000 句诗。为了表彰克洛奇继承和保留危地马拉民间舞蹈的成就,2000 年危地马拉政府授予他总统奖章。

危地马拉印第安人的舞蹈与民间传说、敬神和图腾崇拜紧密相连,借以祈求神灵的庇护,保佑当地风调雨顺、五谷丰登。流行在民间的"格查尔舞"就是一例。格查尔是危地马拉的国鸟,象征自由。舞者衣着艳丽,头戴尖帽和伞状圆环,手持沙球,在竹笛和小鼓的伴奏下起舞,祈求富足、人畜平安。"飞棍舞"(El palo Volador)取材于基切人的圣书《波波尔·乌》(*Popol Vuh*),该舞在民间长久流传。"鹿舞"(Danza de Venados)流传于托托尼卡潘省圣安德烈斯赫库尔(San Andres Xecul)地区。舞者上身赤裸,头戴鹿帽,腰和脚系响铃,尽

情模仿鹿的动作。奇马尔特南戈省的帕特孙（Patsun）地区的"托里托斯舞"（Danza de Toritos）则是嘲讽西班牙殖民者的舞蹈。几十名舞者身着军服和丝绒短裤作出各种舞姿，从舞者的服饰就让人想起17和18世纪的西班牙军队。流行于危地马拉城的"国王舞"（Danza de Reyes），是在每年12月8日圣母受孕节上演。危地马拉还有一些舞蹈源于欧洲，如"苏番戈巨人舞"（Gigantes de Sumpango），原是一个欧洲舞蹈，17世纪在危地马拉流传开来。

四 文化设施

1. 危地马拉国家图书馆

19世纪上半叶危地马拉还属于中美洲联邦时，1825年11月10日在危地马拉城建立了中美洲联邦图书馆，馆长为私人藏书家曼努埃尔·拉米雷斯（Manuel Lamires）。1833年12月31日，中美洲联邦政府私人或各大学图书馆向联邦图书馆提供书籍、手稿、文物珍品。1839年危地马拉脱离联邦，很长时间没有自己的国家图书馆。1871年，自由党发动政变，推翻了保守党政府。自由党政府在宣布取消修道院的同时，1872年6月7日发布第86号令，宣布建立科技学院，并为该院配设图书馆和博物馆。1875年7月1日，危地马拉总统胡斯托·鲁菲诺·巴里奥斯（Justo Rufino Barrios）和当时的公共教育部长、后成为洪都拉斯总统的Dr. 马科·A. 索托（Marco A. Soto）决定建立危地马拉国家图书馆。图书馆馆址设在经济学会（Sociedad Economica）大楼的一个大厅，经济学会拥有的书籍和其他文献转归国家图书馆。1880年6月24日，在经济学会大楼举行了国家图书馆开馆典礼，出席的有危地马拉总统巴里奥斯的夫人唐纳·弗朗西斯卡·A. 巴里奥斯，任洪都拉斯总统的马科·A. 索托，政府各部官员和大批文化名人。当时，国家图书

第六章 教育、科学、文艺、体育和新闻出版

馆共有古籍和当代图书 1.5 万册。经过一个多世纪的发展，危地马拉国家图书馆已有藏书 35 万册，古籍部保存有 15~19 世纪的珍贵图书 3.2 万册，其中包括一本 1494 年出版的书。其国内图书部藏有 1920 年至今国内各地区出版的图书约 2 万多册。古籍部和国内图书部只对大学生、专业人员和研究人员开放；公共阅览室则对所有人开放，其中儿童阅览室供 6~12 岁儿童使用，他们可在阅览室写作业。国家图书馆星期一至星期五早 9 点至晚 7 点对外开放。

2. 博物馆

危地马拉博物馆不仅在数量上居中美洲地区之首，而且其种类也多种多样，有收藏珍贵历史文献、玛雅出土文物的历史博物馆、考古博物馆和人种博物馆；有收藏绘画、雕刻、摄影、民间工艺、建筑艺术等的艺术博物馆；还有反映危地马拉经济发展的专业博物馆。大部分博物馆集中在首都危地马拉城，其中比较重要的博物馆有：国家历史博物馆（Museo Nacional de Historia）；国家考古和人种博物馆（Museo Nacional Arqueología y Etnologia）；国家自然历史博物馆（Museo Nacional de Historia Natural）；殖民时期艺术博物馆（Museo de Arte Colonial）；国家"卡洛斯·梅里达"现代艺术博物馆（Museo Nacional de Arte Moderno "Carlos Merida"）；国家文化宫博物馆（Museo del Palacio Nacional de la Cultura）；和平历史博物馆（Museo Historial para la Paz）；圣卡洛斯大学博物馆（Museo de la Universidad de San Carlos）；圣卡洛斯大学自然历史博物馆（Museo Historia Natural de la USAC）；波波尔·乌博物馆（Museo Popol Vuh）；危地马拉兵器博物馆（Museo Heraldico y de Armas del Ejercito de Guatemala）；儿童博物馆（Museo de los Niños）；首都科技巡回博物馆（Museo Metropolitano de Ciencia y tecnología Itinerante）；Ixchel 土著服装博物馆（Museo Ixchel del Traje Indigena）和中美洲啤酒工业博

危地马拉

馆（Museo Industrial de la Cerveceria Centroameicana）等。

危地马拉各省也有一些馆藏丰富的博物馆，如韦韦特南戈的萨库莱乌考古博物馆（Museo de Sitio Arqueologico de Zaculeu）；伊萨瓦尔的圣菲利佩堡（Castillos San Felipe）；克萨尔特南戈的艺术与历史博物馆（Museo de Arte e historia）、地区考古博物馆（Museo Regional de Arqueología）和西部铁路博物馆（Museo de Ferrocarril de Occidente）；基切地区考古博物馆（Museo Regional de Arqueologia）和古马尔卡考古博物馆（Museo Arqueologico Gumarcaj）；雷托雷乌的奥拉西奥·阿莱霍斯·莱昂考古与人种博物馆（Museo Arqueológico y Etnología "Horacio Alejos León"）；萨卡特佩克斯的古代制品作坊博物馆（Museo Casa del Tejido Antiguo）、殖民时期博物馆（Museo Colonial）、圣地亚哥兵器博物馆（Museo de Armas de Santiago）和古代书籍博物馆（Museo del Libro Antiguo）；苏奇特佩克斯的贝尔纳多博物馆（Museo Bernardo Alvarado Tello）；萨卡帕的布里安帕特松古生物博物馆（Museo Paleontologico "Brian Paterson"）。

危地马拉博物馆协会（La Asociación de Museos de Guatemala，AMG），是国家承认的民间组织，2000年11月8日在危地马拉城注册登记。它是一个不参与政治、非宗教色彩、私人性质的文化团体。其宗旨是汇集各博物馆在教育、技术和文化发展方面互通有无，促进国家、地区、地方、社区、大学和私立博物馆的发展，促进危地马拉文化事业的发展；同时，担负着保护文化遗产的重任。该协会现有会员34个。

危地马拉境内考古点众多，留有大量玛雅文化的珍贵文物。主要考古点有：佩滕的蒂卡尔国家公园（Parque Nacional Tikal），多斯比拉斯阿瓜卡特考古点（Sitio Arqueológico Aguacateca Dos Pilas），塞瓦尔考古点（Sitio Arqueologico Ceibal），乌查科敦考古点（Sitio Arqueologico Uaxactun），基切的古马尔卡考古点

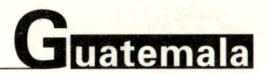

(Sitio Arqueologico Gumarcaj)，雷托雷乌的阿巴塔卡里考古公园(Parque Arqueológico Abaj Takalik)等。

为数众多的博物馆和古玩店，保留了危地马拉历史文化瑰宝，传播了知识和文化，丰富了危地马拉人民的精神生活，也成为教育青少年和旅游与娱乐的重要场所。

第四节 体育

一 体育概况

早在古代玛雅文化时期，玛雅人就有了简单的体育运动。根据考古发现，古代玛雅人有一种类似现代足球运动的球类游戏。不过，玛雅人玩球，不是用脚踢球，而是用胯部、膝盖和肘击球。1905年，考古学家曾在危地马拉发现了一块古代玛雅人玩球的记分牌，后来又发掘出另一块。2004年，危地马拉和美国的考古学家在佩滕地区发掘出一块重250公斤的记分牌，进一步证实了古代玛雅社会存在玩球游戏。不过，这种游戏常与宗教和政治联系在一起，并且是血腥的游戏，负方常被斩首，因为古代玛雅人相信，只有被击败方的鲜血才能让太阳永久的运转。在哥伦布"发现"美洲前，危地马拉印第安人已经初步掌握了跑、跳、投等运动的技巧，并常常举办一些竞赛。

西班牙殖民者征服危地马拉后，把流行于欧洲的一些竞技和娱乐项目，如斗牛、赛马、斗鸡等传入危地马拉。17世纪末，在危地马拉已出现有关体育的报道。19世纪中期以后，欧洲人、美国人以及从欧美归国的危地马拉人把西方的一些体育项目带到国内，使该国的体育运动逐渐正规化。19世纪末，在危地马拉出现了一个自行车运动俱乐部。1897年，危地马拉成

危地马拉

立了有史以来的第一个体育组织——危地马拉自行车运动员协会。与此同时，从英国、比利时回国的危地马拉留学生带回了足球运动，并在危地马拉迅速普及，成为当时人们最喜爱的体育项目，到1902年，危地马拉至少有4家足球俱乐部。其中，奥林匹克俱乐部是实力最强的足球俱乐部，许多成员后来成为危地马拉体育运动的领导人。当时在中美洲地区经常举办足球比赛，使这项运动充满了活力。1903年和1904年，危地马拉举办了第一届和第二届中美洲足球赛。在足球运动发展的同时，1900年，在美国学习的危地马拉留学生把棒球运动传到了危地马拉；在英国、美国和德国的危地马拉留学生则把网球运动带到危地马拉。

1921年9月11~18日，危地马拉举办了第一届中美洲地区运动会，包括18个田径项目以及棒球、足球、网球和游泳等项目的比赛。萨尔瓦多、洪都拉斯和哥斯达黎加应邀参加了这次运动会，尼加拉瓜和巴拿马因国内政局不稳而未参加。

1926年，经国际奥委会批准的第一届中美洲—加勒比地区运动会在墨西哥举行，但只有危地马拉和古巴以及东道主墨西哥参加，当时危地马拉体育代表团团长是1958年当上危地马拉总统的米格尔·伊迪戈拉斯·富恩特斯将军（Miguel Idígoras Fuentes）。1947年，以米格尔·伊迪戈拉斯·富恩特斯为主席的危地马拉奥委会获得国际奥委会的批准，为危地马拉在1950年举办第6届中美洲—加勒比运动会扫清了道路。为了召开这次运动会，危地马拉修建了大批体育设施和运动场馆，这些运动场馆至今仍在使用。胡安·迪奥斯·阿吉拉尔工程师设计并修建了奥林匹克城，后来成为体育城。

1972年，危地马拉体育界人士路易斯·卡内利亚·古铁雷斯和亚历杭德罗·贾玛特等人（Luis Canella Gutierrez，Alejandro Giammattei），组织成立了中美洲体育组织（Organización

Deportiva Centroamericana，ORDECA）。

1973年，危地马拉举办首届中美洲运动会。1977年，在萨尔瓦多举行了第二届中美洲运动会。后因中美洲地区政局动荡，内战频仍，中美洲运动会中断了9年。80年代初，在危地马拉奥委会主席科南·多平（Keneth Doping）等人的促成下，1986年第三届中美洲运动会在危地马拉重新举行。近年来，也有一些大的赛事和体育会议在危地马拉举行。2006年11月，现代五项世界锦标赛在危地马拉首都危地马拉城举行。2007年7月4～7日，国际奥林匹克委员会第119次会议在危地马拉举行。

二　体育水平

总体来说，危地马拉的体育运动水平不高，但在中美洲地区却名列前茅。它的一些优秀运动员在世界大赛中取得过好成绩，为国家争得了荣誉。1999年，危地马拉运动员J. 马丁内斯以1小时17分46秒的成绩，创造了男子20公里公路竞走的世界纪录，这个纪录直至2002年4月才被西班牙选手打破。2000年11月举行的世界杯射击赛上，危地马拉选手阿蒂拉·索尔蒂（Atila Solti）获男子运动步枪比赛铜牌。在2002年8月12日举行的巴拿马国际马拉松赛中，危地马拉运动员C. 德拉米雷斯（C. De Lamires）以2小时38分35秒获第三名。在2003年3月2日在洛杉矶举行的国际马拉松赛上，危地马拉选手进入了前10名。特别值得一提的是，2001年5月23日，危地马拉运动员海梅·比尼亚尔斯（Jaime Viniyars）成功登上珠穆朗玛峰，成为危地马拉体育史上第一位创造这一伟绩的运动员。他还因此成为第一位在5年内连续征服世界上7座最高山峰的运动员，创下了吉尼斯世界纪录。当他于同年6月11日返回首都危地马拉城时，受到广大市民夹道欢迎，危地马拉城市长还授予他以他的名字命名的海梅·比尼亚尔斯荣誉勋章，以此鼓励危地马

危地马拉

拉运动员为国家争得更大荣誉。

在中美洲和美洲的运动会上，危地马拉的成绩一直不错。它曾在1986年第3届和1990年第4届中美洲运动会上获得奖牌总数第1名；1973年第1届和1997年第6届中美洲运动会上获得第2名；1994年第5届中美洲运动会上获奖牌总数第3名。

在1926~1998年举行的18届中美洲—加勒比运动会上，危地马拉共夺得30枚金牌、79枚银牌和170枚铜牌。其中，在第17届运动会上夺得3枚金牌、8枚银牌和36枚铜牌，在31个参赛国中，其奖牌总数居第8位；第18届运动会夺得3枚金牌、11枚银牌和22枚铜牌，在32个参赛国中，其奖牌总数占第10位。

在1951~1999年举行的13届美洲运动会上，危地马拉共获得4枚金牌、6枚银牌和17枚铜牌。其中，在加拿大温尼伯举行的第13届美洲运动会上，危地马拉获得2枚金牌、1枚银牌和1枚铜牌，在42个参赛国中，其奖牌总数占第10位。

在国际奥林匹克运动会上，危地马拉虽然没有获得过奖牌，但也有一些不错的成绩。例如，1968年在墨西哥城举行的第19届奥运会上，危地马拉男足进入四分之一决赛；1972年在慕尼黑举行的第20届奥运会上，危地马拉运动员安德烈斯·布尔赫（Andres Burge）获男子自由式摔跤第6名；1980年在莫斯科举行的第22届奥运会上，危地马拉运动员奥斯瓦尔多·门德斯（Osvaldo Mendez）获男子障碍马术比赛第4名；1984年在洛杉矶举行的第23届奥运会上，危地马拉运动员卡洛斯·莫塔（Carlos Mota）进入48公斤级拳击八分之一决赛；1988年在汉城举行的第24届奥运会上，危地马拉运动员布兰卡·莫拉莱斯（Blanca Morales）获女子200米蝶泳第21名；1992年在巴塞罗那举行的第25届奥运会上，危地马运动员L.F.波托卡雷罗（L. F. Portocarrero）获女子平衡木第13名；1996年在亚特兰大举行的第26届奥运会上，危地马拉运动员塞尔西奥·桑切斯

第六章　教育、科学、文艺、体育和新闻出版　Guatemala

(Sergio Sanchez) 获男子自选手枪射击第 8 名，成绩为 563 环；2000 年在悉尼举行的第 27 届奥运会上，危地马拉运动员阿蒂拉·索尔蒂 (Attila Solti) 获女子移动靶世界第 8 名，成绩为 570 环；2004 年在雅典举行的第 28 届奥运会上，危地马拉运动员获跆拳道女子 67 公斤级第 4 名和女子 49 公斤以下级第 4 名。

在球类项目中，危地马拉男足是中、北美洲和加勒比地区的劲旅。它是一支讲究技术和速度的球队，曾打入 2002 年中、北美洲和加勒比海金杯赛 12 强，前锋普拉塔 (Plata) 被选入最佳阵容。2004 年，危地马拉男足又首次打入 2006 年世界杯预选赛中、北美洲及加勒比地区决赛阶段比赛。2004 年底和 2005 年初，曾和多支南美球队打过友谊赛，击败委内瑞拉、玻利维亚和哥伦比亚，说明该队并非弱旅。近年来，在国际足联公布的世界排名中，危地马拉男足一直占据第 60 位左右。2000 年，危地马拉曾主办第 4 届世界室内足球锦标赛。危地马拉足球裁判员卡洛斯·巴特莱斯 (Carlos Bateres) 曾执法 2002 年世界杯预选赛，后又执法世界杯决赛阶段的比赛。危地马拉也曾发生足球惨剧，1996 年 10 月 16 日，在危地马拉城举行危地马拉与哥斯达黎加世界杯预选赛之前，78 名球迷在球场挤踏中死亡，180 多人受伤。

目前，危地马拉人威力·卡尔希米特 (Kaltschmitt W., 1939~) 任国际奥委会委员。2003 年 1 月，他还被国际奥委会主席任命为常驻世界反兴奋剂组织基金理事会代表，任期为 3 年 (2003~2005 年)。卡特斯米特是危地马拉著名体育家，他很早就喜欢拳击运动，是危地马拉著名拳击运动选手、国家级拳击运动员，曾多次参加过国内外拳击比赛。退役后担任危地马拉拳击联合会秘书长长达 13 年之久，曾任中美洲和加勒比拳击联盟仲裁委员会主席 4 年。[①]

[①] 任锡训主编《中外体育名人大辞典》，警官教育出版社，1995，第 18 页。

第五节　新闻出版

一　通讯社和报刊

危地马拉的通讯社为中美洲通讯社（Inforpress Centroamericana），1972年成立于危地马拉城。每星期出版2期西班牙文和英文的新闻通报《Inforpress Centroamericana》，涉及地区政治和经济新闻与分析。社长是阿里埃尔·德莱昂（Ariel de León）。

危地马拉主要报纸有：《早报》（Al Día），1996年创刊，总裁为利奥内尔·托列略·纳赫拉（Lionel Toriello Najera），社长为赫拉尔多·希门尼斯·阿尔东（Gerardo Jimenez Ardon）；《中美洲日报》（Diario de Centroamérica），官方早报，社长是路易斯·门迪萨瓦尔（Luis Mendizabal），发行量1.5万份；《时报》（La Hora），1920年创刊，晚报，社长是奥斯卡·马罗金·罗哈斯（Oscar Marquin Rojas），发行量1.8万份；《冲击报》（Impacto），日报；《公证报》（Imparcial），日报，发行量2.5万份；《民族报》（La Nacion）；《日报》（El Periodico），早报，创刊于1996年，总裁是何塞·鲁文·萨莫拉（José Rubén Zamora），发行量5万份；《自由新闻报》（Prensa Libre），早报，总裁是埃德加·孔特雷拉斯·莫利纳（Edgar Contreras Molina），发行量1.2万份；《21世纪》（Siglo Veintiuno），早报，创刊于1990年，总裁是利奥内尔·托列略·纳赫达（Lionel Toriello Najeda），发行量6.5万份；《晚报》（La Tarde）。上述报纸都在首都危地马拉城出版。

危地马拉主要期刊有：《阿加》（Aga），农业月刊；《纪事周刊》（Cromica Semanal），涉及政治、经济和文化的周刊，创刊于 1968 年，总裁是弗朗西斯科·佩雷斯（Francisco Perez）；《赫伦西亚》（Gerencia），月刊，危地马拉管理者协会正式刊物，创刊于 1967 年，总编是玛加丽塔·索洛库伦（Margarita Solocuren）；《工业》（El Industrial），月刊，工业商会正式刊物；《国际概况》（Panorama Internacional），涉及政治、经济和文化的周刊。

媒体部门的协会有：危地马拉新闻工作者协会（Asociación de Periodistas de Guatemala），1947 年成立于危地马拉城，会长是胡利奥·拉斐尔·门迪萨瓦尔·古斯曼（Julio Rafael Mendizabal Gusmán）；危地马拉新闻协会（Cámara Guatemalteca de Periodismo），会址在危地马拉城，会长是爱德华多·迪亚斯·雷纳（Eduardo Díaz Reina）；全国报刊集团（Círculo Nacional de Prensa），会址在危地马拉城，会长是伊斯拉埃尔·托瓦尔·阿尔瓦拉多（Israel Tobar Alvarado）。

二　出版社

近年来，危地马拉的出版社逐渐增多，但都集中在首都危地马拉城。主要出版社有：美洲出版社（Ediciones América），社长是拉斐尔·埃斯科瓦尔·阿圭略（Rafael Escobar Arguello）；伽马出版社（Ediciones Gama），社长是萨拉·蒙松·埃切维里亚（Sara Monzon de Echeverria）；"商业与工业"法律出版社（Ediciones Legales "Comercio e Industria"），社长是路易斯·埃米利奥·巴里奥斯（Luis Emilio Barrios）；冲击出版社（Editorial Impacto），社长是伊万·卡尔皮奥（Iván Carpio）；教育部出版社（Editorial del Ministerio de Educación）；新故事出版社（Editorial Nueva Narrativa），社长是马科斯·阿劳霍 A.（Max Araujo A.）；奥斯卡·德莱昂·帕拉西奥斯出版社（Editorial Oscar de León Palacios），出版教科书，社长是奥斯卡·德莱昂·

卡斯蒂略博士（Dr. Oscar de León Castillo）；帕洛·德奥米格出版社（Editorial Palo de Hormigos），社长是胡安·费尔南多·西富恩特斯（Juan Fernando Cifuentes）；大学出版社（Editorial Universitaria），出版文学、社会科学、卫生、人类学、教育书籍，总编是伊万诺娃·阿尔瓦拉多·德安切塔（Ivanova Alvarado de Ancheta）；彼德拉·桑塔出版社（Piedra Santa），出版儿童文学、教育类书籍，社长是伊雷内·彼德拉·桑塔（Irene Piedra Santa）；危地马拉社会一体化论坛出版社（Seminario de Integración Social Guatemalteca），出版社会学、人类学、社会科学和教育类书籍。

三　广播、电视

危地马拉全国共有5个政府电台和6个教育电台，主要的政府电台是危地马拉之音（La Voz de Guatemala），台长为阿图罗·索托·埃切维里亚（Arturo Soto Echeverria）。主要的教育台是TGN文化电台（Radio Cultural TGN），是宗教与文化电台，成立于1950年，播送西班牙语、卡克奇克尔语和凯克奇语节目，台长是埃斯特万·西乌尔卡（Esteban Sywulka）。

全国约有商业电台80家，主要有：危地马拉联合广播电台（Emisoras Unidas de Guatemala），成立于1964年，总裁是豪尔赫·阿奇拉·马罗金（Jorge Archila Marroquin）；五六十广播电台（Radio Cinco Sesenta），台长为埃德娜·卡斯蒂略·奥夫雷贡（Edna Castillo Obregon）；大陆广播电台（Radio Continental），台长为罗伯托·比斯凯诺 R.（Roberto Vizcaino R.）；新世界广播电台（Radio Nuevo Mundo），成立于1947年，台长为阿尔弗雷多·冈萨雷斯·加马拉（Alfredo Gonzalez Gamarra）；美洲广播电台（Radio Panamericana），台长海梅 J. 帕尼亚瓜（Jaime J. Paniagua）；美洲之音（La Voz de las Americas），台长为奥古

斯托·洛佩斯 S.（Augusto López S.）。

危地马拉的电视台主要有：危地马拉广播电视台第三频道（Canal3 – Radio Televisión Guatemala, SA），商业电视台，成立于 1956 年，总裁是马科斯·凯特勒·法尔内斯硕士（Max Kestler Farnes）；文化与教育电视台第五频道（Canal 5 – Televisión Cultural y Educativa, SA），商业电视台，播送文化与教育节目，成立于 1986 年，台长为阿尔弗雷多·埃雷拉·卡夫雷拉（Alfredo Herrera Cabrera）；足球队电视台（Teleonce），商业电视台，成立于 1968 年，台长为胡安·卡洛斯·奥尔蒂斯（Juan Carlos Ortiz）；第七电视台（Tlevisiete, SA），商业电视台，台长为阿布东·罗德里格斯·塞亚（Abdon Rodriguez Zea）；第十三电视台（Trecevision, SA），商业电视台，成立于 1988 年，台长是佩德罗·梅尔加 R.（Pedro Melgar R.）。

第七章

外　交

第一节　外交政策

1944年6月,危地马拉爆发大规模民主运动,推翻了乌维克亲美独裁政权。胡安·何塞·阿雷瓦洛执政后,坚持独立自主、维护国家主权的方针。1945年4月,危地马拉与苏联建立了外交关系。阿雷瓦洛政府敢于同美国进行斗争,1950年4月要求美国召回干预危地马拉内政的美国大使小里查德 C. 帕特森,并同多米尼加共和国特鲁希略独裁政府、尼加拉瓜索摩查独裁政权断绝了外交关系。1951年2月执政的阿本斯继承阿雷瓦洛的独立自主、维护国家主权的外交政策,努力摆脱外国垄断资本、特别是美国联合果品公司的控制。1954年2月2日,阿本斯政府将恶意攻击危地马拉的美国《纽约时报》记者西德尼·格鲁森和美国全国广播系统的马歇尔 F. 班内尔驱逐出境。危地马拉政府还破获美国和尼加拉瓜独裁者索摩查支持的阴谋集团,粉碎了他们的颠覆计划。1954年3月举行的第10届泛美会议上,危地马拉外长吉列尔莫·托列略强烈谴责美国国务卿杜勒斯对危地马拉的攻击,表示"危地马拉绝不允许任何国家、任何组织以任何借口干涉我们的内政"。朝鲜战争期间,

第七章 外 交

阿本斯政府不仅拒绝美国要危地马拉派兵参战的要求，而且以危地马拉国会议长为首的 21 名议员还联名致电朝鲜民主主义人民共和国，支持朝鲜的抗美战争。1953 年，危地马拉代表团参加了在北京举行的世界和平大会。

在美国策划和积极支持下，1954 年 6 月，阿马斯反政府武装推翻了危地马拉民主政权，危地马拉重新恢复了亲美独裁统治。7 月 4 日，危地马拉军政府宣布与苏联、波兰、捷克斯洛伐克等社会主义国家断绝外交关系。古巴革命胜利后，危地马拉追随美国，成为第一个与古巴断交的拉美国家，并在境内建立了反古巴的基地。

从 20 世纪 60 年代起，危地马拉陷入了长达 30 多年的内战。1985 年危地马拉结束了军人统治的局面，文人开始执政。1986 年 1 月 14 日生效的宪法规定："危地马拉根据国际原则、准则和惯例同其他国家建立正常关系，以维护和平和自由，尊重和保卫人权，加强民主进程和能保障国家间公平互利的国际制度。"

1991 年 8 月，危地马拉正式承认伯利兹独立，并宣布两国建立大使级外交关系。

1996 年 12 月 29 日，危地马拉政府与游击队组织全国革命联盟签署《永久和平协定》，宣告最终结束长达 36 年之久的内战。危地马拉政府宣布，在对外关系上奉行独立自主、务实、多元化和不结盟的外交政策，主张同所有国家建立和发展友好合作关系，积极推动中美洲一体化进程，在相互尊重的基础上发展和巩固同美国的传统友好关系。危地马拉同伯利兹就解决两国领土纠纷举行多次会晤，并于 2000 年年底就稳定边界局势、以和平谈判解决争端等问题签署了协议。2004 年 5 月，包括危地马拉在内的中美洲 5 国同美国签署自由贸易协定。近年来，危地马拉在国际上的参与意识有所增强，积极参加联合国的维和行动。

> 危地马拉

2004年10月28日,贝尔赫政府应联合国安理会的要求,派出70名军事人员前往海地,参加联合国在海地的人道主义援助和维和行动。2006年1月23日凌晨,一支在刚果(金)执行任务的危地马拉维和部队,在该国东北部的加兰巴国家公园与一些武装分子交火,导致8名维和士兵身亡、14人受伤。2006年,危地马拉与委内瑞拉一起参选拉丁美洲2007~2008年在联合国安理会的非常任理事国,取代到期的阿根廷。但是,选举进行了47轮,这两个国家始终未能获得当选所需票数,最后只得双双弃选,推举巴拿马为这一任联合国安理会的非常任理事国。2007年7月2日,韩国总统卢武铉在参加国际奥委会第119届全会期间与危地马拉总统举行会谈,两国决定取消对两国公民互访的签证要求。此外,双方还签署了一项合作协议,根据该协议,韩国将向危地马拉提供3300万美元的援助,以资助危地马拉的教育信息项目。2007年9月26日,危地马拉与朝鲜正式签署建交公报,建立大使级外交关系。建交公报表示,两国建交是为了发展两国间的友好合作关系,双方将遵循相互尊重主权和领土完整、互不干涉内政的原则。至2008年1月,危地马拉已同51个国家和地区建立了外交关系。[①]

第二节 同美国的关系

1826年,包括危地马拉在内的中美洲联邦同美国建立外交关系。中美洲联邦解体后,1848年危地马拉和美国建交。19世纪末,美国垄断资本开始渗透危地马拉,并排挤欧洲国家在危地马拉的资本。1898年,美国联合果品公司进入危地马拉,廉价攫取危地马拉大量肥沃的土地,建立了大片香

---
① http://www.guatemala.gob.gt.

第七章 外　交

蕉种植园。根据1901年双方签署的条约，美国联合果品公司获得了经营危地马拉海运邮件业务的特权。1904年，美资企业中美国际铁路公司与危地马拉政府签署协议，由该公司修建从危地马拉城至奥科斯等港口的铁路，全部铁路及其设备、港口以及附近土地全归该公司使用，危地马拉还赠送5万英亩土地给该公司。在曼努埃尔·埃斯特拉达·卡夫雷拉独裁政府统治期间，美国垄断资本大量渗入危地马拉，三家美资企业——美国联合果品公司、中美洲国际铁路公司和危地马拉电业公司控制了危地马拉的经济命脉，掌握了危地马拉92%的香蕉生产、大部分咖啡和马尼拉麻的生产、87%的铁路和70%以上的发电量。1931年豪尔赫·乌维克·卡斯塔涅达将军上台后，对内实行独裁统治，对外屈从美国。他把大量土地、森林、水利和港口奉送给美国联合果品公司。美国联合果品公司从香蕉出口中赚取了巨额利润，仅1933年在危地马拉获得的利润就达1000万美元。美国垄断资本对危地马拉的控制越来越深。1940年底，美国在危地马拉的投资总额已达0.74亿美元。1941年，美国占危地马拉出口总额的92.3%，进口的78.5%。20世纪40年代初期，美国几乎垄断了危地马拉的全部对外贸易。

1944年危地马拉爆发民主革命后，阿雷瓦洛政府与阿本斯政府实行民主改革，努力摆脱美国垄断资本的控制。1954年6月，美国策动阿马斯推翻了危地马拉民主政权。阿马斯上台后，重新恢复了亲美独裁统治，与美国签订了包括军事互助协定在内的一系列协定，把分给农民的土地归还给美国联合果品公司，还给予美国联合果品公司新的租让权和降低所得税30%的待遇。

20世纪60年代，危地马拉陷入内战。80年代，美国政府以"危地马拉军队严重侵犯人权"等借口一直冻结对危地马拉的军援款项。1990年和1991年，由于美国要求危地马拉调整经济结构及改善人权状况而一度中止对危地马拉的经援和军援。1993

危地马拉

年塞拉诺发动"自我政变"后,美国中断了曾许诺给危地马拉3000万美元的援助。为了促进危地马拉政府与危地马拉全国革命联盟的和平谈判,美国与哥伦比亚、墨西哥、西班牙、挪威和委内瑞拉成立了"危地马拉之友"六国集团。1996年底和平协议签署后,美国国际开发署宣布1997~2000年给予危地马拉2.6亿美元的援助,美国总统克林顿要求国会恢复对危地马拉的军事援助。1997年5月,美国国务卿奥尔布莱特访问危地马拉。1999年3月,美国总统克林顿访问危地马拉,并在安提瓜与中美洲国家元首举行会晤,发表《安提瓜声明》。美国表示将恢复向危地马拉政府提供320万美元的军事援助。2001年7月,危地马拉总统波蒂略访美,同老布什总统会晤,双方就贸易、反毒、移民等问题加强了沟通和合作。美国"9·11"事件后,危地马拉全力配合美国打击恐怖主义;美国军方和国会代表团分别访问危地马拉。

美国总统小布什就职后,把加强同包括危地马拉在内的中美洲国家的贸易作为其外交政策的重点之一,并加快与中美洲国家达成自由贸易协定的步伐。美国希望将中美洲纳入自由贸易的范围,以便能更好地控制中美洲这一"后院",并能为日后建成美洲自由贸易区打下基础。危地马拉也积极响应美国的倡议,希望通过签署自由贸易协定,吸引更多的美国投资,并增加对美国的出口。2002年3月25日小布什总统访问萨尔瓦多期间,会见了危地马拉总统贝尔赫与中美洲其他国家总统,着重商谈签署自由贸易协定问题。

2003年12月17日,危地马拉同萨尔瓦多、洪都拉斯、尼加拉瓜与美国签署自由贸易协定。该协定规定,将在10年内取消对工业产品的关税,并在今后20年内分阶段取消对农业的保护。此外,协定还就保护专利、商标和商业机密、劳工权益、创新环境、保护投资者以及政府采购等许多方面做出了规定。2004年1月25日,随着哥斯达黎加和美国自由贸易协定在华盛顿正

第七章 外 交

式签署，标志着以危地马拉、萨尔瓦多、洪都拉斯、尼加拉瓜和哥斯达黎加五国为代表的中美洲与美国的自由贸易谈判全部结束。2004年5月28日，美国与危地马拉、萨尔瓦多、洪都拉斯、尼加拉瓜和哥斯达黎加五国在华盛顿签署了自由贸易协定。这样，中美洲与美国自由贸易区成为墨、美、加北美自由贸易区之后的世界第二大贸易区。

然而，危地马拉许多民众认为，与美国签署的自由贸易协定是向跨国公司出让国家的主权，是一个破坏中小企业家和农业生产者的协定，因而强烈反对。2004年6月8日，在危地马拉玛雅农民阵线组织下，危地马拉数万人举行罢工和示威，抗议政府与美国签署自由贸易协定以及当时出台的数项农业措施和税收改革方案。当天，抗议者封锁了全国20条主要公路。首都危地马拉城的抗议者还包围了国会、最高法院、财政部、宪法广场和奥罗拉国际机场。近万名首都商贩关门停业，对抗议活动表示支持。危地马拉总统贝尔赫当天下午与抗议者代表进行了接触，并解释说，同美国签订的自由贸易协定"将给危地马拉带来新的发展机会。"2005年3月2日，危地马拉大批民众响应工会组织和团体的号召，在全国再次举行大规模示威活动，反对国会批准与美国签署的自由贸易协定，要求对2004年5月签署的中美洲与美国的自由贸易协定进行公民投票。

毒品交易和非法移民是近年来影响美国和危地马拉关系的重要问题。据美国反毒品局估算，每年约有100~150吨可卡因从危地马拉过境。从2002年10月起，美国不断指责危地马拉政府在反毒斗争中缺少成效，危地马拉高级官员与贩毒活动头子有牵连。2003年1月31日，美国决定取消危地马拉的反毒斗争盟友集团成员资格。在美国压力下，危地马拉波蒂略政府撤销了所有与贩毒分子有联系的反毒检察官，准许美国海岸警卫队进入危地马拉，授权美国军队在危地马拉境内追捕毒犯。2003年2月21

日，危地马拉总统波蒂略和墨西哥总统福克斯签署加强两国边境地区安全和巡逻的协议，以防止非法移民的大量涌入以及武器和毒品走私。2003年9月15日，美国宣布危地马拉重新成为反毒斗争盟友集团成员。2004年在危地马拉境内共查获4.2吨可卡因，并逮捕了5872名贩毒分子。

2005年3月24日，美国国防部长拉姆斯菲尔德访问危地马拉，与危地马拉总统贝尔赫举行会谈，双方就加强双边合作、地区安全以及共同打击国际恐怖主义、跨国贩毒团伙和有组织犯罪集团等问题交换了意见。拉姆斯菲尔德宣布，美国恢复向危地马拉政府提供320万美元的军事援助。他说，近两年来危地马拉发生了很大的变化，因此美国政府决定恢复对危地马拉的军事援助。贝尔赫在与拉姆斯菲尔德会谈后表示，危地马拉政府没有考虑让美国在危地马拉建立军事基地，也没有考虑让美国增加驻军人数。美国在危地马拉有军事使团、军事顾问和两处军事基地。2007年3月11日，美国总统小布什对危地马拉进行短暂访问，与贝尔赫总统讨论两国间贸易协定、生物能源、安全和移民等问题。美国同危地马拉签有54个协定，其中包括17个技术合作协定，10个贸易合作协定，20个有关政治和安全的合作协定，4个文化合作协定，1个金融合作协定以及2个捐赠协定。

美国是危地马拉最大的贸易伙伴，多年来一直占危地马拉出口和进口贸易的首位。1999年危地马拉向美国出口总值为8.3758亿万美元的商品，进口总值为18.4930亿美元的商品。2000年分别为9.2087亿美元和19.828亿美元的商品；2001年分别为出口总值6.4314亿美元和进口总值19.6440亿美元的商品。[①] 2002年，危地马拉向美国出口量占其出口总量的58.7%，为近十年来最高。之后，逐年下降，2006年危地马拉向美国出

---

① *Anuario Iberoamericano 2003*, p. 389, 390.

口额在其出口总额中已不足一半，仅占 45.2%。2006 年美国同中美洲国家自由贸易条约生效后，危地马拉同美国贸易迅速增加。根据危地马拉银行披露的数字，2007 年危地马拉对美国的进口额和出口额分别为 41.75 亿美元和 27.08 亿美元。

美国是危地马拉侨汇的主要来源，侨汇金额占国家经济总量的 10% 左右，对危地马拉的经济有重要影响。在获得侨汇的世界各国中，危地马拉仅次于墨西哥、萨尔瓦多和多米尼加，居第四位。

第三节 同欧洲国家的关系

危地马拉曾遭受西班牙殖民统治长达 300 年之久，因此，危地马拉同包括西班牙在内的欧洲国家在语言、文化、经济等方面有着传统的关系。两次世界大战期间，西欧国家在危地马拉的势力遭到削弱。二战后，美国确立了在中美洲的霸权地位。20 世纪 60～80 年代，西欧国家同包括危地马拉在内的中美洲国家的关系逐步恢复和发展。1984 年欧共体 10 国和西班牙、葡萄牙同危地马拉等中美洲五国在哥斯达黎加首都圣何塞举行 21 国外长会议，明确支持和平解决中美洲问题。此后，每年召开一次欧共体和中美洲国家外长会议。随着中美洲地区和平的实现，双方的关系逐渐转向经济和政治合作。

90 年代以后，西欧国家不断扩大同危地马拉等中美洲国家的政治、经济关系；危地马拉等中美洲国家也主动向西欧国家靠拢。1994 年欧盟给予危地马拉等中美洲国家的经济援助为 1.8 亿美元，1995 年为 2 亿美元。为了促进危地马拉停止内战，西班牙和挪威成为"危地马拉之友"六国集团成员。墨西哥加入北美自由贸易协定和美国提出建立美洲自由贸易区后，欧盟担心被排挤出拉美地区，更急于发展同中、南美洲国家的关系；瑞典

危地马拉

和西班牙分别向危地马拉提供 800 万和 1800 万美元的援助式贷款。2001 年 3 月，第 17 届欧盟—中美洲外长会议在危地马拉召开；危地马拉与西班牙举行第五届混委会，双方续签了为期三年的合作协议。根据协议，西班牙每年向危地马拉投资约 1550 万美元用于基础设施建设、扶贫工程及环保项目等。1998 年"米奇"飓风袭击中美洲后，英国、西班牙、法国、德国等向危地马拉提供了大批援助。西班牙王子费利佩还访问了危地马拉，对危表示慰问。2007 年 4 月 17 日，欧盟委员会宣布，在未来几年中向中美洲国家提供 8.4 亿欧元援助，其中危地马拉可获得 1.35 亿欧元的援助。

危地马拉等中美洲国家也日益重视发展与欧洲国家的关系。21 世纪开始后，危地马拉同欧洲国家高层互访增多。2001 年 2 月，西班牙王后索菲亚和英国副外交大臣访问危地马拉。同月，危地马拉外长埃德加·古铁雷斯访问斯洛伐克共和国、荷兰、乌克兰。2004 年 3 月，危地马拉总统贝尔赫访问西班牙。5 月，法国总统希拉克访问危地马拉。6 月，芬兰总统塔尔娅·哈洛宁访问危地马拉，两国总统就巩固危地马拉的和平和民主化进程，扩展两国在教育、卫生、经贸和投资等方面的合作等问题交换了意见。芬兰政府决定向危地马拉政府提供教育援助，帮助当地居民学习玛雅文化，并签署了"促进和保护投资的协定"。11 月，德国外长访问危地马拉。2005 年 4 月，危地马拉外长豪尔赫·布里斯访问比利时和芬兰。2007 年 3 月 30 日，西班牙卡洛斯国王和王后访问危地马拉。

在 21 世纪开始后，危地马拉还同欧洲国家签署了许多合作协定，如：2002 年 9 月，危地马拉和瑞士签署两项"合作协定"；2003 年 7 月，危地马拉和德国签署"经济合作协定"；2004 年 10 月，危德两国又签订"促进和保护相互资本投资条约"；2003 年 9 月，危地马拉和意大利签署"促进和保护投资协定";2004年2月,危地马拉和瑞典签署"保护投资协定";6月,危地马拉和挪威签署"合作协定";8月,危地马拉和荷兰签署"与新兴市场合作的计划协议"。

近年来,俄罗斯和危地马拉的关系有所加强。苏联解体后,1994年俄罗斯向危地马拉派去了大使。2004年11月,俄罗斯议会代表团访问危地马拉,危地马拉外长豪尔赫·布里斯在接见该代表团时表示希望向俄罗斯出口食糖。2005年4月26日,危地马拉外交部举办危俄两国建交60周年纪念会。①

危地马拉同欧洲国家的贸易中,向德国出口占危地马拉出口额的第8位,1999年、2000年和2001年,危地马拉向德国分别出口9738.9万美元、1.780亿美元和5830万美元的商品;德国占危地马拉进口额的第七位,1999年、2000年和2001年,危地马拉分别从德国进口1.26亿美元、1.27亿美元和1.58亿美元的商品;2007年,危地马拉对德国的进口额和出口额分别为2.225亿美元和8216万美元。同年,危地马拉对西班牙的进口额和出口额分别为1.48亿美元和5082万美元。

目前,影响危地马拉同欧洲国家的贸易的主要问题是欧洲国家采取贸易保护主义。1992年欧共体决定从1993年起把从拉美进口香蕉的份额从260万吨减少至200万吨,同时提高香蕉进口的关税。欧共体的这个措施严重损害了危地马拉的利益。经过近两年的谈判,欧盟答应从1995年起增加拉美国家香蕉的进口额至220万吨。1996年危地马拉等国致世贸组织的信中指出,欧盟对进口拉美国家香蕉实行配额制,严重违反了自由贸易的国际准则,要求世贸组织敦促欧盟取消对拉美国家香蕉的进口配额。1998年,危地马拉等拉美国家香蕉出口国向世贸组织起诉欧盟获胜,上诉法庭要求欧盟修改其进口政策和许可证颁发制度,但

---

① 危地马拉外交部网站。

欧盟仍坚持对危地马拉等拉美国家香蕉出口国的限制。2004年10月，欧盟提出将拉美国家进口香蕉关税从每吨75美元提高到230美元。2005年1月，危地马拉等拉美国家香蕉出口国首脑在基多举行会议，就欧盟决定从2006年起将提高香蕉进口关税问题进行商谈。在会议结束时发表的基多声明中，各国元首认为，欧盟的建议是无法接受的，没有达到多哈回合有关减免税协议的任何关税水平同样是无法接受的。

第四节 同中美洲国家的关系

危地马拉同其他中美洲国家有着千丝万缕的联系。在殖民时期，危地马拉、洪都拉斯、萨尔瓦多、尼加拉瓜和哥斯达黎加同属危地马拉都督辖区。1823年7月1日，这几个国家宣布成立"中美洲联合省"；次年改成"中美洲联邦"；直到1838年4月，中美洲联邦才解体。

1921年危地马拉、洪都拉斯、萨尔瓦多组成中美洲联盟。1951年10月14日，危地马拉、洪都拉斯、萨尔瓦多、哥斯达黎加和尼加拉瓜5国外长在圣萨尔瓦多签署《圣萨尔瓦多宪章》，成立中美洲国家组织。从这时起，5国开始了经济一体化进程，签订了多种多边和双边经贸合作协议。1960年12月，危地马拉、洪都拉斯、萨尔瓦多和尼加拉瓜在尼加拉瓜首都马那瓜签订《中美洲经济一体化总条约》（即《马那瓜条约》），宣布建立4国共同市场。1961年6月3日，《中美洲经济一体化总条约》正式生效，有效期为20年。1962年7月，哥斯达黎加宣布加入该条约。8月2日，5国在哥斯达黎加首都圣何塞签订《建立中美洲共同市场协议》。1964年1月30日，危地马拉政府向萨尔瓦多、洪都拉斯、尼加拉瓜、哥斯达黎加和巴拿马5国政府建议组建中美洲共同市场。中美洲共同市场成立后，成员国之间

第七章 外　交

逐渐减免关税，对外实行统一关税，到 1969 年，成员国的 95% 商品已实行关税互免，并对本市场外的 98.4% 的商品实行统一关税。同年，因洪都拉斯和萨尔瓦多发生武装冲突，洪都拉斯退出共同市场。1973 年洪都拉斯返回共同市场后，危地马拉要求恢复和加快中美洲经济一体化进程，5 国成立了"重建共同市场高级委员会"。1975 年 10 月又制订了"中美洲社会和经济共同体方案"。然而在 80 年代，中美洲国家陷入战乱，一体化进程被迫停顿。1987 年 8 月，中美洲 5 国在危地马拉举行首脑会议，签署了"在中美洲建立稳定和持久和平秩序的协定"，为中美洲实现和平奠定了基础。90 年代，随着中美洲国家和平的恢复和局势的稳定，中美洲一体化进程加速。1991 年危地马拉参加了当年成立的"中美洲一体化体系"，其成员国包括萨尔瓦多、洪都拉斯、尼加拉瓜、哥斯达黎加、巴拿马和伯利兹。同年危地马拉还参加了当年成立的"中美洲议会"，该组织的宗旨是促进和指导地区一体化进程。1993 年 10 月，6 国（包括巴拿马）签订《危地马拉议定书》，提出中美洲国家合作的最终目标是建立经济联盟。危地马拉、洪都拉斯、萨尔瓦多和尼加拉瓜立即实行一体化，同时尊重哥斯达黎加的不同情况，并允许以服务业为主的巴拿马将来进入这一进程。1994 年中美洲国家首脑会议决定建立中美洲自由贸易区。2000 年 5 月，危地马拉波蒂略总统出席了在尼加拉瓜举行的尼加拉瓜、危地马拉、萨尔瓦多 3 国首脑会议，并签署面向 21 世纪一体化的三方声明，就加强稳定汇率和价格、统一关税、协调打击有组织犯罪、提升国际竞争力、建立联合国外交代表机构等问题上取得进展。6 月，危地马拉出席在巴拿马举行的中美洲一体化成员国家安全会议和 6 国首脑非正式会议，就联合扫雷、司法互助、信息共享、打击毒品等协调立场。2002 年 1 月，危地马拉总统参加在洪都拉斯科潘举行的中美洲国家首脑会议，签署了《科潘声明》，提出建立合作机制和

强化集体安全体制，以共同打击本地区内的恐怖活动、有组织的犯罪和贩毒活动。2004年5月，危地马拉贝尔赫总统和洪都拉斯、萨尔瓦多、尼加拉瓜总统在尼加拉瓜举行会议，决定在2005年1月正式建立中美洲海关联盟。从2005年1月1日开始，这4个国家作为一个关税区对外统一设立12个海关，从这12个海关进口的大部分商品均可在地区内自由进出，不必在这些国家相邻边境的海关再次办理手续。2004年12月，危地马拉总统贝尔赫参加了在萨尔瓦多举行的第15次中美洲一体化体系成员国首脑会议，主要议题是地区安全、经济一体化、海关联盟、中美洲议会改革和中美洲法院改革等。

近年来，危地马拉同中美洲国家的贸易、特别是同萨尔瓦多的贸易不断增多。萨尔瓦多已成为危地马拉重要的贸易伙伴，占危地马拉出口的第二位、进口的第三位。1999年、2000年和2001年，危地马拉向萨尔瓦多的出口额分别为3.5632亿美元、3.4106亿美元和4.7734亿美元；进口额分别为2.5701亿美元、3.1353亿美元和3.8545亿美元。此外，洪都拉斯占危地马拉出口的第三位；哥斯达黎加占危地马拉出口的第四位，进口的第六位；尼加拉瓜占危地马拉出口的第五位；巴拿马占危地马拉进口的第十位。[1] 2007年，危地马拉向中美洲其他国家出口总额为15.77亿美元，进口总额为10.83亿美元，贸易顺差为4.94亿美元。

第五节 同伯利兹的关系

长期以来，危地马拉与伯利兹一直存在领土争端。16世纪，西班牙殖民者曾多次来到伯利兹。1544年以

---

[1] Anuario Iberoamericano 2003, p. 389, 390.

第七章 外 交

后,伯利兹名义上属于危地马拉都督区管辖。后来,西班牙和英国为争夺伯利兹进行了多年战争。1821年危地马拉独立后,要求继承当年西班牙对该地区的宗主权。1859年4月30日,危地马拉为形势所迫,与英国签订"艾西内纳-威克条约"(Aycinena-Wyke Treaty),承认英国对伯利兹的主权;英国则同意为危地马拉修建一条公路。1863年危地马拉与英国签订新的协定,双方同意英国向危地马拉支付5万英镑用以代替修建公路。1884年危地马拉以英国未践约修建公路等为由,宣布1859年关于危地马拉承认英国对伯利兹的权利无效,并将收回伯利兹。1945年危地马拉修改宪法,将伯利兹划入危地马拉版图。1964年1月9日,危地马拉政府在一份官方照会中重申危地马拉对伯利兹领土的权利。1963年7月,危地马拉与英国因伯利兹归属问题断交。1977年,危地马拉向伯利兹提出割让该国南部托来多地区的要求,遭到伯利兹的拒绝。1980年10月3日,联合国大会非殖民化委员会通过伯利兹提出独立的要求,危地马拉投了反对票。1981年9月21日,伯利兹宣告独立。9月7日,危地马拉政府宣布不承认伯利兹独立,断绝同英国的领事和贸易关系。

事隔10年后的1991年8月,危地马拉正式承认伯利兹独立,并宣布两国建立大使级外交关系。同时,伯利兹议会通过关于危地马拉有权经伯利兹的领土、领海取得加勒比入海口的法律。由于危地马拉对伯利兹仍有领土要求,1996年10月两国外长为解决分歧举行非正式会晤并商定继续保持接触。危地马拉主张将分歧交由国际仲裁;伯利兹认为应在双边范围内解决争端。

2000年年初,危伯两国边境地区发生了一系列争端。1月24日,两名危地马拉农民在两国交界地区被伯利兹边防军打死。2月24日,发生了危地马拉在边境地区扣留3名伯利兹士兵和一名警官的事件,此举遭到了伯利兹的强烈抗议。原定于当日在

迈阿密举行的双边有关边界问题的技术性会谈也随即被取消。2月底,危地马拉驻伯利兹使馆遭袭击。3月8日,伯利兹驻危地马拉大使由于"协助"上述4名被俘人员回国,并发表对危地马拉"不敬"的言论而被限时回国,两国关系面临破裂的危险。后在美洲国家组织的斡旋下,两国代表在美洲国家组织总部所在地华盛顿举行有关领土问题的新一轮谈判。在会谈中,双方确定互相信任措施,以防止再次发生边界冲突。2000年年底,两国就稳定边界局势以和平谈判解决争端等问题签署了协议。2001年初,伯利兹决定驱逐200多名危地马拉移民,危地马拉政府顶住国内要求采取军事措施的压力,坚持以协商方式解决边境事务,双方最终达成协议。2003年2月,两国外长在美洲国家组织总部签署协议,决定采取加强互相信任的措施。2004年5月,两国外长在美洲国家组织总部再次会谈,决定建立一个混合委员会,检查实行加强互相信任的措施的情况,会谈后,双方宣布开始了两国关系的新时代。

第六节　同墨西哥和其他拉美国家的关系

墨西哥是危地马拉的邻国,危地马拉历来重视同墨西哥的关系。危地马拉军政权统治时期,两国关系冷淡,曾发生纠纷。1959年1月31日,墨西哥因危地马拉军队攻击墨西哥渔船,宣布中断同危地马拉的关系;后又因难民问题两国发生过边境冲突。20世纪90年代以来,两国关系得到改善和发展,双方互访增多,并签署了一系列协议。1995年6月,墨西哥总统塞迪略访问危地马拉。1996年2月,危地马拉新总统阿尔苏访问墨西哥。1997年10月,危墨两国总统签署合作协议,墨西哥向危地马拉提供4550万美元的财政支持。1998年两国签

第七章 外 交

署了教育、文化和科技合作协议。"米奇"飓风袭击中美洲后,墨西哥向危地马拉提供了150万美元捐款和一批援助物资。波蒂略总统上台后,强调发展同主要贸易伙伴墨西哥的关系是危地马拉外交的优先目标。墨方也给予积极回应,墨西哥总统福克斯当选后即赴危地马拉访问,并与波蒂略会晤。两国还就自由贸易协定最终达成协议,于2001年1月起执行。2001年3月,墨西哥与中美洲北三角国家的自由贸易协定正式生效。2002年2月,波蒂略总统再次出访墨西哥,向福克斯总统表示将加快边境设施建设,设立共同海关,简化货物通关手续,推动两国自由贸易协定的落实;双方还签署了加强两国边境合作、双边贸易协定,以及共同打击洗钱和毒品走私协定。根据协定,两国成立了边境安全高级工作小组,在边境的一些重要口岸和交通要道加强巡逻和检查。同年8月,两国签署边境与移民协定。2003年5月,双方签订边境卫生协定。2004年3月,墨西哥总统福克斯再次访问危地马拉,危地马拉总统贝尔赫会见了福克斯,并向福克斯授勋。2005年3月,两国政府批准了引渡条约。2007年1月14日,危地马拉新总统科洛姆上任,特邀墨西哥总统卡尔德龙参加就职典礼。

危地马拉参加了由墨西哥总统福克斯倡导并于2001年3月开始实施的"墨西哥和中美洲经济发展走廊计划",即"普埃布拉—巴拿马计划"。按照这一计划,墨西哥南部地区的9个州和危地马拉等中美洲国家在交通、通信、能源、基础设施建设等9个领域开展合作,以促进这一地区的共同发展。2004年3月,中美洲国家和墨西哥首脑在马那瓜签署《马那瓜声明》,对"普埃布拉—巴拿马计划"所取得的成果表示满意,决定继续推行这项计划,建立"普埃布拉—巴拿马计划"执行委员会。同年9月,危地马拉等5个中美洲国家的总统和墨西哥总统福克斯在墨西哥南部恰帕斯州首府图斯特拉-古铁雷斯市举

行工作会议,宣布将在 2005 年实施"普埃布拉—巴拿马计划"的一些项目,其中包括输电线路及信息的连接、航空和公路运输等领域;2005 年上半年开始招标建设墨西哥和危地马拉、伯利兹之间架设输电线路的工程,它将成为所谓中美洲电力连接系统的一部分;同时还将招标建设一项被称为"中美洲信息高速公路"的工程。

近年来,危地马拉同墨西哥的经贸关系有所发展。1999 年、2000 年和 2001 年,危地马拉从墨西哥的进口额分别为 4.9881 亿美元、5.7056 亿美元和 5.9457 亿美元,墨西哥仅次于美国,占危地马拉进口的第二位。1999 年、2000 年和 2001 年危地马拉向墨西哥的出口额分别为 9739 万美元、1.2008 亿美元和 7905 万美元,墨西哥占危地马拉出口的第六位。近几年,危地马拉同墨西哥的经贸关系快速发展,根据危地马拉银行披露的数字,2007 年危地马拉对墨西哥的商品进口额和出口额分别为 10.92 亿美元和 4.177 亿美元。

21 世纪开始后,危地马拉同其他拉美国家的关系也有所加强,高层互访增多。例如:2004 年 5 月,智利总统里卡多·拉戈斯·埃斯科瓦尔访问危地马拉,两国签署了农业、食品安全等多个双边合作协定。2005 年 1 月,智利外长瓦尔克访问危地马拉,与危地马拉签署多个双边合作协议。此外,危地马拉和其他拉美国家也进行互访。例如:2003 年 3 月,危地马拉外长埃德加·古铁雷斯·希龙和古巴外长签署多项合作协议;2003 年 6 月,厄瓜多尔外长尼尼亚·帕卡里·维加访问危地马拉,双方签署了合作协定;2004 年 4 月,巴西外长塞尔索·阿莫林访问危地马拉;2004 年 7 月,危地马拉外长豪尔赫·布里斯访问哥伦比亚。

古巴尽其所能帮助危地马拉,1998 年"米奇"飓风袭击中美洲之后,古巴政府根据菲德尔·卡斯特罗主席的倡议,于

第七章 外 交

1999年3月1日在首都哈瓦那建立了拉丁美洲医学院，免费为拉丁美洲和世界不发达国家培养医生。如今在危地马拉工作的古巴医生遍布危地马拉22个省中的17个省，他们进行了1900万次治疗，挽救了23.2万人的生命。已有337名危地马拉青年从古巴的拉丁美洲医学院毕业，同时还有数百名危地马拉青年在古巴学习医学和其他专业。2006年11月19日，危地马拉100多名各个组织的代表集会，并举行了一次骑摩托车运动声援古巴被美国不公正关押的5名反恐人员。

2007年1月，危地马拉副外长法利亚接待了委内瑞拉外交部负责中美洲和加勒比事务的司长佩雷斯。佩雷斯重申委内瑞拉政府巩固与危地马拉双边关系的意愿。根据计划，1月30日将第六次运送危地马拉公民到委内瑞拉接受眼科手术。委内瑞拉将向危地马拉提供的人道主义援助还包括捐赠40万剂治疗麻疹和风疹的疫苗，作为泛美卫生组织在这个中美洲国家发起的运动的一部分。

第七节 同中国的关系

中国同危地马拉没有建立外交关系。中国愿意在《联合国宪章》和和平共处五项原则的基础上，同危地马拉改善和发展关系，包括建立外交关系。在哈科沃·阿本斯·古斯曼执政时期，1952年10月2日至12日，危地马拉曾派代表参加在北京举行的亚洲及太平洋区域和平会议；1955年7月8日，阿本斯曾访华。

近年来，危地马拉访华的人员和团组主要有：危地马拉联合广播电台董事长阿齐拉（2000年4月）、以总书记索托·加西亚为团长的危地马拉全国革命联盟代表团（2000年8月）、危地马拉人权部长戈多耶（2000年9月）、危地马拉最高法院副院长卡

危地马拉

洛斯·拉里奥斯（2000年11月）等。危地马拉前总统、基督教民主党总书记比尼西奥·塞雷索应中共中央联络部邀请，于2004年11月10日开始对中国进行友好访问，中国政协副主席李贵鲜于11月15日会见了塞雷索一行。2005年5月11日，中国全国人大常委会副委员长、中华全国总工会主席王兆国会见了来华访问的中美洲及加勒比地区国家的工会领导人。会见时王兆国说，中国工会愿意在独立、平等、互相尊重、互不干涉内部事务的原则基础上，同中美洲及加勒比地区国家的工会组织发展友好关系，共同推动国际工会运动的健康发展。危地马拉工人中央总工会总书记何塞·平松表示，他们愿意在国际工运事务中与中国工会加强交流与合作，不断发展友好关系。2007年9月，危地马拉当选总统科洛姆在第一轮竞选时表示，中国大陆同台湾的问题应该由他们自己解决。他还称，危地马拉也不能忘记中国是世界上最大的市场，他有兴趣加强同中国的贸易关系。2005年6月，应中国人民对外友好协会邀请，危地马拉经济部长马尔休·奎瓦斯率企业家代表团访问北京、广州、宜昌和上海，中国全国人大常委会副委员长、中拉友好协会会长成思危会见了代表团。2006年5月18日，中国全国妇联副主席、书记处书记赵少华会见危地马拉总统夫人社会事务秘书处代表团。2007年9月23~28日，中国贸促会于平副会长率团对危地马拉进行了友好访问。访问期间，代表团拜会了危地马拉总统候选人奥托·佩雷斯将军和副总统候选人里卡瓦尔多、危地马拉萨卡特贝斯省省长卡洛斯·莫雷拉、危地马拉经济部副部长恩里克·拉各斯、危地马拉旅游事务总统特使兼国际奥委会委员威利·卡尔茨密特、危地马拉旅游局局长丹·莫尼和危地马拉国家能源电力委员会主席卡洛斯·比克福等。会见期间，于平副会长介绍了中危两国经贸发展的现状。他指出，中危两国贸易额每年以两位数的速度增长，但两国的贸易很不平衡，中国向危地马拉的出口是危地马拉向中国出口的十倍。中国是世界上的贸易大国,每年进口数额达到8000亿美元,中国希望更多了解危地马拉的优势产品,以增加中国从危地马拉的进口;同时也希望了解危地马拉吸引外资的政策以及经济发展的重要领域,以便在危地马拉寻找合适的项目进行投资。他表示相信,中危两国贸易及经济技术合作的潜力很大,希望在两国经济关系发展良好的基础上,政治关系也可以取得良好的发展。

根据中国海关总署统计,2000年中危两国贸易总额为1.43亿美元,同比增长38.2%,其中中方出口额1.39亿美元,进口额461万美元。2001年中危两国贸易总额为1.63亿美元,同比增长14%,其中中方出口额1.629亿美元,进口额21万美元。2002年两国贸易总额为2.45亿美元,同比增长50%,其中中方出口额为2.447亿美元,进口额为58万美元。2003年两国贸易总额达到3.07亿美元,同比增长25.3%,中国向危地马拉出口额为3.06亿美元,占危地马拉进口总额的4.6%,是危地马拉当年进口的第五大国,仅次于美国(34.3%)、墨西哥(8.9%)、韩国(7.9%)和萨尔瓦多(5.4%)。2004年两国贸易额达到了4.36亿美元,同比增长42%。2005年两国贸易额达到5.68亿美元,同比增长30.3%,其中中国出口额为4.74亿美元,进口额为0.95亿美元。2006年两国贸易额高达7.31亿美元,其中中国出口额为6.88亿美元,进口额为0.43亿美元。[①]根据危地马拉银行披露的数字,2007年危地马拉对中国的进口额和出口额分别为7.2亿美元和5500万美元。中国向危地马拉主要出口产品为纺织品、车辆、家电和化工产品。危地马拉向中国的出口产品主要有蔗糖和咖啡。危地马拉商人在中国的直接投资额2000年是93万美元,2001年78万美元,2002年147万美

---

① 《中国统计年鉴》,中国统计出版社,2007。

元,2006年增加到160万美元。中国和危地马拉的劳务合作,2000年为18万美元,2001年为67万美元,2002年为29万美元。2006年中危经济合作营业额共计18万美元,其中承包工程2万美元,劳务合作16万美元。2007年9月26日,危地马拉中国经贸论坛在危地马拉工业园举行。9月26~29日,中国贸促会在危地马拉城首次举办贸易展览会,中国9个省、直辖市的24家外贸公司和工贸公司参展。

危地马拉同中国台湾当局于1960年9月建立"外交关系"。双方签有农业、贸易、投资、文化、技术等合作协定。1993~1996年危地马拉连续四次在联合国支持台湾"重返联合国"提案,并在联大发言为台湾说项。1996年12月,危地马拉还邀请台湾当局派"代表"参加"和平协议"签字仪式。危地马拉的上述活动违背了《联合国宪章》的宗旨和原则,严重伤害了中国人民的感情。因此,中国代表在1997年10月安理会就派驻155名联合国军事观察员核查危地马拉停火决议草案进行表决时投了否决票。后经危中双方反复磋商,危地马拉政府表示,认识到台湾问题的严重性,将采取积极的态度,并承诺尊重联大第2758号决议的内容,并以此来指导危地马拉在联合国的有关活动。1998年1月20日,双方在联合国达成协议。同日,中国代表就安理会授权向危地马拉派遣军事观察员的协议投了赞成票,联合国安理会一致通过向危地马拉派遣155名观察员的决议。2002年4月17日,中国外交部长助理周文重就中国同危地马拉等中美洲国家关系表示说:"台湾问题是这些国家同我国实现关系正常化的主要障碍。我们希望有关国家能够认清形势,顺应历史和世界潮流,在发展双边关系上做出正确抉择。"2005年6月21日,中国外交部发言人刘建超在例行记者会上答记者问时说,"我可以证实,应中国人民对外友协的邀请,危地马拉经济部长奎瓦斯先生率团于6月20日抵达北京,同中方有关部门就进一

第七章　外　交

步加强两国经贸关系交换看法。近年来中国和危地马拉的双边贸易增长迅速，2004年两国贸易总额达到了4.36亿美元，同比增长41.7%。这说明中危两国经济具有较强互补性，两国经贸合作的潜力很大。我在这里重申，中国愿意在《联合国宪章》及和平共处五项原则的基础上与包括危地马拉在内的中美洲和加勒比地区国家建立正常的国家关系，这符合双方的长远利益"。[1]

危地马拉的华人社团是危地马拉华侨总会，1912年创建于危地马拉城，会员为粤籍华侨和华人。其宗旨是：加强侨胞团结互助，维护权益，谋生存与发展。1956年《华侨周刊》创刊，报道世界消息、侨社动态及台湾新闻。不定期举行活动，活跃文化生活，每逢元旦、春节及孔子诞辰日都举行庆祝活动。2005年9月18日，危地马拉华侨总会理事陈伟杰到广东参加"2005年海外华裔中青年杰出人士华夏行"活动。

---

[1] 中华人民共和国外交部网。

附 录

危地马拉历届总统一览表

年 份	姓 名
1824	亚历杭德罗·迪亚斯·卡韦萨·德巴卡(Alejandro Díaz Cabeza de Vaca)(临时)
1824~1826	胡安·巴伦迪亚(Juan Barrundia)
1827	何塞·多明戈·埃斯特拉达(José Domingo Estrada)
1827~1829	马里亚诺·艾西内纳(Mariano de Aycinena)
1829	马里亚诺·森特诺(Mariano Zenteno)(临时)
1829	胡安·巴伦迪亚(Juan Barrundia)
1829~1831	佩德罗·莫利纳(Pedro Molina)
1831	格雷格里奥·马克斯(Gregorio Márquez)
1831~1838	何塞·马里亚诺·加尔维斯(José Mariano Gálvez)
1838	佩德罗·何塞·巴伦苏埃拉(Pedro José Valenzuela)
1838~1839	马里亚诺·里维拉·帕斯(Mariano Rivera Paz)
1839	卡洛斯·萨拉萨尔(Carlos Salazar)临时
1839	马里亚诺·里维拉·帕斯(Mariano Rivera Paz)
1839~1842	马里亚诺·里维拉·帕斯(Mariano Rivera Paz)
1842	何塞·贝南西奥·洛佩斯(José Venancio López)
1842~1844	马里亚诺·里维拉·帕斯(Mariano Rivera Paz)
1844~1848	何塞·拉斐尔·卡雷拉(José Rafael Carrera)
1848	胡安·安东尼奥·马丁内斯(Juan Antonio Martínez)临时

附录 **Guatemala**

续表

年份	姓名
1848~1849	何塞·贝尔纳多·埃斯科瓦尔（José Bernardo Escobar）
1849~1851	马里亚诺·帕雷德斯（Mariano Paredes）临时
1851~1865	何塞·拉斐尔·卡雷拉（José Rafael Carrera）
1865	佩德罗·艾西内纳（Pedro de Aycinena）临时
1865~1871	维森特·塞尔纳（Vicente Cerna）
1871~1873	米格尔·加西亚·格拉纳多斯（Miguel García Granados）
1873~1885	胡斯托·鲁菲诺·巴里奥斯（Justo Rufino Barrios）
1885	亚历杭德罗 M. 西尼瓦尔迪（Alejandro M. Sinibaldi）
1885~1892	曼努埃尔·利桑德罗·巴里亚斯（Manuel Lisandro Barillas）
1892~1898	何塞·马里亚·雷纳·巴里奥斯（José María Reina Barrios）
1898~1920	曼努埃尔·埃斯特拉达·卡夫雷拉（Manuel Estrada Cabrera）
1920~1921	卡洛斯·埃雷拉（Carlos Herrera）
1921~1926	何塞·马里亚·奥雷利亚那（José María Orellana）
1926~1931	拉萨罗·查孔（Lázaro Chacón）
1931	何塞·马里亚·雷纳·安德拉德（José María Reina Andrade）
1931~1944	豪尔赫·乌维克·卡斯塔涅达（Jorge Ubico y Castañeda）
1944	费德里克·庞塞（Federico Ponce）
1944	阿本斯·豪尔赫·托列略·加里略（Arbenz y Jorge Toriello Garrido）
1945~1951	何塞·阿雷瓦洛（José Arévalo）
1951~1954	哈科沃·阿本斯·古斯曼（Jacobo Arbenz Guzmán）
1954	卡洛斯·恩里克·迪亚斯·莱昂（Carlos Enrique Díaz de León）临时
1954	埃尔菲格 H. 蒙松（Elfego H. Monzón）
1954~1957	卡洛斯·卡斯蒂略·阿马斯（Carlos Castillo Armas）
1957	路易斯·阿图罗·冈萨雷斯·洛佩斯（Luis Arturo González López）
1957	奥斯卡·门多萨·阿苏尔迪亚（óscar Mendoza Azurdia）
1957~1958	吉列尔莫·弗洛雷斯·阿文达尼奥（Guillermo Flores Avendaño）
1958~1963	米格尔·伊迪戈拉斯·富恩特斯（Miguel Ydígoras Fuentes）
1963~1966	恩里克·佩拉尔塔·阿苏尔迪亚（Enrique Peralta Azurdia）
1966~1970	胡利奥·塞萨尔·门德斯·蒙特内格罗（Julio César Méndez Montenegro）

危地马拉

续表

年　份	姓　　名
1970~1974	卡洛斯·曼努埃尔·阿拉纳·奥索里奥(Carlos Manuel Arana Osorio)
1974~1978	基耶尔·欧亨尼奥·劳赫鲁德·加西亚(Kjell Eugenio Laugerud García)
1978~1982	费尔南多·罗米欧·卢卡斯·加西亚(Fernando Romeo Lucas García)
1982~1983	埃弗拉因·里奥斯·蒙特(Efraín Ríos Montt)
1983~1986	奥斯卡·温贝托·梅希亚·维克托雷斯(óscar Humberto Mejía Victores)
1986~1991	马科·比尼西奥·塞雷索·阿雷瓦洛(Marco Vinicio Cerezo Arévalo)
1991~1993	豪尔赫·塞拉诺·埃利亚斯(Jorge Serrano Elías)
1993	何塞·多明戈·加西亚·萨马约阿(Gen. José Domingo García Samayoa)
1993~1996	拉米罗·德莱昂·卡皮奥(Ramiro de León Carpio)
1996~2000	阿尔瓦罗·阿尔苏·伊里戈延(álvaro Arzú Irigoyen)
2000~2004	阿方索·安东尼奥·波蒂略·卡夫雷拉(Alfonso Antonio Portillo Cabrera)
2004~2008	奥斯卡·贝尔赫·佩尔多莫(óscar Berger Perdomo)
2008~	阿尔瓦罗·科洛姆·卡瓦耶罗斯(álvaro Colom Caballeros)

资料来源：http：//es.wikipedia.org/wiki/Presidente_de_Guatemala。

主要参考文献

一 中文著作

〔美〕艾米·伊·詹森:《危地马拉历史概况》(中译本),天津人民出版社,1973。

李春辉:《拉丁美洲史稿》上、下册,商务印书馆,1983。

李春辉、苏振兴、徐世澄主编《拉丁美洲史稿》第 3 卷,商务印书馆,1993。

〔秘鲁〕欧亨尼奥·陈-罗德里格斯(陈汉基):《拉丁美洲的文明与文化》,商务印书馆,1990。

〔英〕莱斯利·贝瑟尔主编《剑桥拉丁美洲所》第 7 卷,中国社会科学院拉丁美洲研究所组译,经济管理出版社,1996。

〔英〕莱斯利·贝瑟尔主编《剑桥拉丁美洲史》第 10 卷,当代世界出版社,2003。

姜世林等主编《世界宪法大全》,青岛出版社,1997。

世界宗教研究所编《各国宗教概况》,中国社会科学出版社,1984。

宗教研究中心编《世界宗教总览》,东方出版社,1993。

尼·斯洛尼姆斯基:《拉丁美洲的音乐》(中译本),人民音

乐出版社,1983。

毛相麟等:《中美洲加勒比国家经济》,社会科学文献出版社,1987。

复旦大学拉丁美洲研究室:《拉丁美洲经济》,上海人民出版社,1986。

赵明德、赵振江等编著《拉丁美洲文学史》,北京大学出版社,2001。

任雪芳、裴惠敏:《印第安人传奇》,重庆出版社,1984。

阿平译《印第安神话和传说》,中国民间文艺出版社,1985。

中国社会科学院拉丁美洲研究所编《拉丁美洲历史词典》,上海辞书出版社,1993。

任锡训主编《中外体育名人大辞典》,警官出版社,1995。

李明德主编《简明拉丁美洲百科全书》,中国社会科学出版社,2001。

苏联科学院米克鲁霍 - 马克来民族学研究所著《美洲印第安人》,三联书店,1960。

吴德明:《拉丁美洲民族问题研究》,世界知识出版社,2004。

〔苏〕A. B. 叶菲莫夫、C. A. 托卡列夫主编《拉丁美洲各族人民》,三联书店,1978。

中华世纪坛《世界文明系列》编委会编《神秘的玛雅》,北京出版社,2001。

任锡训主编《中外体育名人大辞典》,警官出版社,1995。

二 外文著作

José Sánchez Sánchez, Antonio Zarate Martín, *Guatemala,*

Ediciones Anaya, España, 1988;

Flavio Rojas Lima, *Los indios de Guatemala*, *Colección pueblos y lenguas indigenas*, ABYA-YALA, Quito, Ecuador, 1995.

Carme Miret, Eduaardo Suarez, Antonio Vela, *Rumbo a Guatemala*, Laertes SA de Ediciones, España, 1998.

Banderas y Escudos del Mundo, Editorial América. A., Venezuela, 1986.

Enciclopedia de Guatemala, Editorial Océano, España, 1999.

Guauhitemala, Editorial Piedra Santa, Guatemala, 1992.

Navarrete, C., *Una investigación fuera de curriculum*: las matanzas indígenas en los altos Cuchumatannes, Huehuetenangos, La Etnología: temas y tendencias, México, Universidad, Nacional Autónoma de México, 1988.

Constitución política de la República de Guatemala 1985, con las reformas de 1993.

Anuario Iberoamericano 2003, España.

Teresa Gutierrez Haces: *Experiencias Educativas Revolucionarias* (*Nicaragua yGuatemala*), EdicioneselCaballito, México, 1986.

UNESCO, *La Educación en Guatemala 2004*.

THE EUROPA WORLD YEAR BOOK, 2000, 2002, 2003, 2005.

Richard H. Immerman: *The CIA in Guatemala*: *The Foreign Policy of Intervention*, Austin, 1982.

三 外文报刊及网站

Economist Intelligence Unit, Guatemala, Country Profile 2003, 2004, 2007; Economist Intelligence Unit, Guatemala No. 1, 2004.

America Latina en movimiento No. 392.
Inforpress, Central America Report, 23 April/2004.
The World Factbook2002—Guatemala.
www. ign. gob. gt/ : Instituto Geográfico Nacional. 5 - 4 - 2004
www. odci. gov/ , cia-The World Factbook 2002 - Guatemala
www. georgetown. edu/pdba/constitutions/guate
Prensa Libre, 18 de mayo 1999.
www. banguat. gt/
www. mindef. mil. gt/
www. mindef. mil. gt/

牙买加
（Jamaica）

周志伟 编著

列国志

第一章

国土与人民

第一节 自然地理

一 地理位置

牙买加位于加勒比海的西北部,地处加勒比海地区的心脏地带,位于美欧海运进入巴拿马运河的必经航道上。北纬17°43′~18°32′,西经76°11′~78°21′。北距古巴145公里,东距海地160公里,南距哥伦比亚的卡塔赫纳716公里。牙买加领土总面积约为10991平方公里,海岸线长约1220公里,是加勒比海地区仅次于古巴岛和海地岛的第三大岛国,同时也是英联邦西印度群岛中最大的岛屿国家,面积大约是英联邦西印度群岛第二大岛国特立尼达和多巴哥国土面积的两倍。牙买加全岛东西长约235公里,南北最宽处(从北部的圣安斯贝到最南端的波特兰角)约为80公里。[①] 除牙买加主岛外,牙买加还管辖南部的佩德罗群岛和莫兰特群岛。

二 行政区划

牙买加全国共分为三个郡,分别是西部的康沃尔郡、中部的米德尔塞克斯郡、东部的萨里郡。三郡之下划分

---

① Economist Intelligence Unit, *Country Profile 2008*: *Jamaica*, p.12.

为 14 个区，其中，康沃尔郡包括 5 个区：圣伊丽莎白、特里洛尼、圣詹姆斯、汉诺威、威斯特摩兰；米德尔塞克斯郡包括 5 个区：圣凯瑟琳、圣玛丽、克拉伦敦、圣安娜和曼彻斯特；萨里郡包括 4 个区：金斯敦、圣安德鲁、圣托马斯和波特兰。

所有的区都设有首府，由于金斯敦和圣安德鲁区组成一个联合区，因此实际上共设有 13 个区政府。区首府的市长由区委员会选举产生，同时兼任区委员会的主席职位。区委员会负责当地的道路建筑、扶贫、娱乐计划、市场管理等事务。除金斯敦和圣安德鲁联合区外，其他 12 个区事务均由牙买加区法院管理。

为便于各地的选举工作的开展，牙买加设置了选区。1944 年，牙买加最初被划分为 32 个选区；1959 年，增加到 45 个；1967 年又增加到 53 个。为便于众议院议员的选举工作，总督可依据宪法随时决定将选区划分为 45～60 个。此外，宪法规定，每一个选区的人数不得超过最高限额，而每一个选区向众议院推荐议员的人数仅为一人。

三　地形特点

牙买加的地形像一只在加勒比海中游动的海龟。全岛由两个不同的地质带组成，东部主要是由火成岩（又称岩浆岩）和变质岩构成，其余部分大多则为石灰岩结构。牙买加的地形以山地为主，全岛有一半以上的地区海拔在 300 米以上。整个岛屿呈背斜构造，背斜轴呈东西走向。按照地形特征划分，牙买加可以分为两大部分，其一是中部和东部的内陆高地，该部分构成牙买加整个岛屿的主脊；其二是平坦的沿海边缘地区。

牙买加的高地部分主要由山峰和高原组成，最典型的是东部的蓝山山脉。蓝山山脉是由一系列山峰组成，每座山峰海拔均在 900 米以上。蓝山山脉与格兰德山脊连在一起，格兰德山脊的南北两侧同狭窄的滨海平原相连。除蓝山山脉以外,高地部分的其他地区海拔一般在 300～600 米之间和 600～900 米之间。其中,海拔在 300～600 米之间的高原分布范围较广,一般位于滨海平原和高原地区的交接地带;海拔在 600～900 米的高原则主要分布在内陆地区,主要代表有干港山、圣克鲁斯山和五月一日山等。

该岛的北部沿海地区为平原地带,宽度不超过 3 公里。位于南部沿海平原的首都金斯敦与长湾之间的区域是最狭窄的,由此开始,沿海平原逐渐变宽,形成向内陆伸展开来的平地,面积最大的部分位于岛屿的东西两端以及利瓜尼亚平原和米尔克河口之间的南部沿海区域。另外,位于南部沿海的霍斯萨瓦纳和北部沿海地区,也是牙买加岛内为数不多的内陆平原地带。

四　山脉、河流、港口和海岛

牙买加的山脉大致可分为三个山系:(1)包括蓝山和约翰克鲁山(John Crow)在内的东部山系;(2)从多石山(Stony Hill)到科克皮特区(Cockpit country)由石灰石构成的中部山系;(3)以海豚山(Dolphin)为中心的西部山系。

蓝山山脉是牙买加海拔最高的山脉,其最高峰达到了海拔 2256 米,整个山脉横贯牙买加三个郡中的萨里郡和米德尔塞克斯郡的一部分。蓝山山脉包括很多支脉,其中最大的支脉在波特兰的圣玛格利特湾延伸至大海,将格兰特河(Rio Grande)和雨燕河(Swift)分隔开来;第二个支脉源于凯瑟琳山峰附近的斯利夫山(Sliver Hill),构成巴弗贝河(Buff Bay River)和西班牙河(Spanish River)的分水岭;第三个支脉始于圣玛丽和波特兰的分界线的福克斯裂谷(Fox's Gap),一直延伸到巴弗贝(Buff Bay)和安诺托贝之间的海域。约翰克鲁山脉是牙买加最东部的山脉,它从牙买加岛的西北部延伸至波特兰区的东南部,将格兰

牙买加

特河谷与牙买加的东海岸分隔开来。牙买加中部山系始于海拔415米的多石山的西部,一直延伸至科克皮特地区。中部山系分为两个支系,其中一个主要由石灰岩构成,向西穿越曼密山(Mammee Hill)和红山(Red Hills),一直至沼泽地(Bog Walk);另一个呈东北走向,将圣玛丽和圣凯瑟琳分隔开来。牙买加西部山系横贯威斯特摩兰和汉诺威地区,最高峰为白桦山(Birchs Hill),海拔高度551米。

除了上述三大山系外,牙买加还有其他的一些山脉。其中唐·费格雷罗山(Don Figuerero)、五月天山(May Day)和卡朋特山(Carpenter)呈弧形穿越曼彻斯特区。西班牙镇北部的圣凯瑟琳区的山脉为圣安德鲁区红山(Red Hills)山脉的延续,包括圣约翰山、圣多萝西山(St. Dorothy)和盖伊山(Guy's Hills)。另外,圣安娜区有佩德罗山和干港山(Dry Harbour);克拉伦敦区的山脉有莫科山(Mocho Range)和蓝山,这两座山属于独立的山峰,其中蓝山是整个牙买加岛的中心。

牙买加的原名为"Xaymaca",意即"树林与河流之地"的意思。① 牙买加地表径流众多,但东西分布极为不均。东部是全岛最潮湿的地区,河流密集,基本呈枝状分布。这些河流大多起源于蓝山,多为常流河,但河流水情变化多端,雨季洪水暴涨,侵蚀严重。而在牙买加的中部和西部,河流数量较少。

牙买加的主要河流有布莱克河(Black River),全长70.8公里,是牙买加径流最长的河流。其他河流有波特兰境内的格兰德河、雨燕河、西班牙河和巴弗贝河;圣安德鲁和圣玛丽境内的希望河(Hope River);克拉伦敦境内的米尔克河(Milk River);威斯特摩兰境内的卡巴利塔河(Cabaritta)和特里诺尼境内的马

---

① Jamaica Tourist Board, *About Jamaica*: History (http://www.visitjamaica.com/about-jamaica/history.aspx).

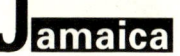

萨布拉厄河（Martha Brae）等。

由于牙买加多山的地形特征，岛上的河流大多落差较大，因此绝大多数的河流不适合航行。岛内最长的布莱克河适合航行的区域仅为河口以上 27 公里的水域。另外，由于岛屿的中部地表为渗水性极强的石灰岩，因此很难形成常流的地表径流。譬如，在圣安娜区，因为石灰岩地表结构的缘故，其境内没有任何河流。但在雨量充分的季节，地下水会渗出石灰岩地表形成湖泊，雨季过后，这种湖泊会随着地下水水位的下降而消失。位于蒙内格（Moneague）附近的蒙内格湖在 1970 年出现，但一年后便消失了。

作为一个四面环海的国家，且位于欧美国家通往巴拿马运河的航道上，优越的地理位置造就了牙买加许多优良的海港。沿海共有 13 个港口，南部最大的港口是首都金斯敦，它是世界第七大天然港，同时也是加勒比海地区的一个主要中转站。北部安东尼奥港和蒙特哥贝被誉为牙买加的"双子海港"。其他港口包括北部的奥乔里奥斯港、卢西港、圣安斯贝港、奥拉卡贝萨港（Oracabessa）、玛丽亚港，以及南部的凯泽港、埃斯基维尔港、莫兰特贝港、布莱克里弗港和罗亚尔港等。

牙买加还有一些小岛屿，最重要的有莫兰特岛和佩德罗岛。其中莫兰特岛呈新月形，由 4 个小岛组成，位于莫兰特角东南部 53 公里处。佩德罗岛同样也由 4 个小岛组成，位于波特兰角南部 64 公里处。另外一个重要的岛屿是罗亚尔港岛，它位于金斯敦港口外。

五　气候

牙买加地处东北信风带，属热带海洋性气候，年平均气温约为 27℃，常年平均气温较为均衡，其中 1 月和 7 月之间的温差不到 5℃。但由于牙买加多山的地形特征，各个地区之间的气温差异较大。受东北信风的影响，北部沿海地区的温度一般略低。牙买加全年温度最高的月份为7月和8月，平均气温为26℃~32℃；气温最低的月份为1月和2月，平均气温为22℃~30℃。因为陆地和海洋增温和冷却的不同，岛屿一般白天吹海风，夜晚吹陆风。早在18世纪，当地人民发现海风非常有益于人体健康，便将这种海风命名为"医生"。

牙买加全年共有两个雨季：5月、10~11月。总体而言，秋季各个月份的降水量较大，大多属于对流雨，主要由大陆暖气流和海洋冷气流相遇所形成。牙买加的降水分布因海拔的不同而极为不均。南部沿海地区的金斯敦，由于地处蓝山的背风面，11月份降水量不到180毫米；而地处蓝山向风面的安东尼奥港，11月份的降水量则可达432毫米；多雨的波特兰区和牙买加北部地区年降水量甚至能超过3500毫米以上。全岛雨量最充足的地区是东部的蓝山山脉地区，年降水量约为5000毫米。另外，2月是牙买加最干燥的月份，降水量平均仅为15毫米；10月则是降水量最丰富的月份，大约为180毫米。

每年的7~10月是牙买加的飓风常发季节。飓风源自大西洋，经加勒比海向西移动，按逆时针方向推进。大多数飓风是沿着该岛北部海岸西进，持续时间可以从每年的6~11月。定期的飓风气候给牙买加的房屋、农作物以及人民带来了极大的损失。

第二节　自然资源

一　矿产

牙买加矿产资源较为单一。全岛遍布着白色石灰岩，在高温多雨的条件下，石灰岩受到水的溶蚀、侵蚀后形成众多大小不等的洼地,并逐渐生成铝土矿质。牙买加的铝土矿储量和质量闻名于世,总储量大约为50亿~60亿吨,铝含量为50%,是世界上第三大铝土生产国。牙买加的铝土矿床一般位于地下8~12米处,厚度达6~8米。铝土矿主要分布在克拉伦敦、圣凯瑟琳、曼彻斯特、圣伊丽莎白、圣安娜和特里诺尼等地区。

除了铝土矿外,在牙买加的圣安德鲁的布尔贝(Bull Bay)地区还蕴藏着丰富的石膏矿,这种天然的石膏被广泛地用来制造建筑材料。另外,在波特兰、圣安德鲁和克拉伦敦的北部蕴藏着少量的铜、锌、铅和锰等矿物,在圣托马斯地区有着储量可观的大理石。

二 林业资源

牙买加的森林面积约为26.5万公顷,占国土总面积的20%。国家公布的保留林地和王室林地共计11万公顷。自第二次世界大战以来,牙买加政府积极推行人工造林政策,到1970年初,牙买加林业局已经营造6500公顷左右人造林,大多数分布在保留林区。

潮湿的灰岩区森林分布在海拔300米而降水量超过1900毫米的地区,其中分布最广的是科克皮特地区。林区树木大多高达15~18米,且都是常青树,生长有附生植物、凤梨类和灰白水龙骨(生长在热带地区的一种高大如树的蕨类植物)等。在曼彻斯特区和圣安娜区的灰岩高原地带,林区大多被开发为耕地和牧场。高大的木棉、美洲香椿、加勒比松、南美桃心木、桉树和雨树是牙买加著名的树种。

牙买加的植被存在着较强的地域差异。在沿海的沼泽地带,大多为苔草、散生的大王椰树和红树林品种;在南部沿海降水量较少的干旱地区,则长满热带旱生灌木丛和柱状仙人掌,另外还广泛分布着红榄树、木棉、凤梨类、兰科植物、棕榈和龙舌兰等植被。

第三节 居民和宗教

一 人口

19世纪初，牙买加的总人口数约为30万，其中大多数为奴隶。1834年奴隶制废除后的几十年间，牙买加的人口数量逐渐上升。1881~1921年，大量往外移民和疾病增多，使得牙买加人口增速极为缓慢。这一期间，大约有15.6万人迁出牙买加，约合当时人口增量的35%。特别是在1911~1921年的10年间，由于大批工人移居哥斯达黎加、古巴和巴拿马，牙买加年均人口增长率仅为0.4%，到1921年，牙买加总人口数约为85.8万。20世纪30年代世界经济大萧条时期，国际市场糖价下跌，使得大批移居海外的牙买加人纷纷回国，到1943年，牙买加的总人口数增至123.7万。

第二次世界大战以后，牙买加又经历了一次向海外移民的高潮，到国家独立前的1960年，人口总数仅为160.9万。这股向海外移民潮一直持续到20世纪70年代，截至20世纪80年代初，移居海外的牙买加人超过总人口数的10%，达到27.62万。随着世界经济危机的爆发，多数国家实施更为严格的移民法，移居海外的牙买加人从20世纪80年代开始逐渐减少。

1991~2001年，牙买加年均人口增长率仅为0.91%，远远低于1970~1982年期间1.42%的水平。而到2003~2006年，牙买加的年均人口增长率更是降至0.5%。人口增长率下降的原因主要有如下两个方面：第一，出生率下降，从1991年的25.1‰下降到2006年17‰；其二，移居美国、加拿大和英国的人口数量增多，尽管被驱逐回国的人数逐年增加，但年净移民率仍从1995年的7.1‰上升到2001年的8.3‰。2006年，牙买加的净移民率回落到 6.4‰。

目前，牙买加全国总人口数约为 280 万（2008 年 7 月）。从居民年龄结构来看，牙买加是一个人口年轻的国家，不足 15 岁的人口占总人口数的 31.7%，15～29 岁的人口占总人口数的 25.7%，65 岁以上的人口仅占总人口数的 7.2%；经济活动人口（15～59 岁）约占总人口数的 59%。从居民性别结构来看，女性约占牙买加总人口数的 50.7%，男性所占比例约为 49.3%。[①]

同其他英联邦的加勒比岛国一样，牙买加是一个人口密度较大的国家。1986 年，人口密度为 209.62 人/平方公里，可耕地区的人口密度甚至达到 1000 人/平方公里，是世界上人口密度最大的国家之一。从 20 世纪 60 年代开始，随着牙买加城市化的迅速发展，城市人口不断增加。1960 年，城市人口仅占全国总人口数的 34%；到 20 世纪 80 年代末，城市人口数量占总人口的比重达到了 50%。其中，金斯敦、圣安德鲁、圣詹姆斯和圣凯瑟琳四个区的城市人口数量占到了牙买加总人口数的 48.3%；而居住在农村地区、山区和密林地区的居民数量极少。据统计，1991～2001 年期间，城市人口增长了 13.6%，农村人口仅增长 4.3%。

二 民族

牙买加是一个多种族的国家。西班牙殖民者抵达牙买加后不久，这里的原始居民泰诺人就基本被殖民者残酷地灭绝了。在随后 3 个多世纪的殖民统治过程中，西班牙和英国殖民者源源不断地从非洲运来了大批奴隶。现在牙买加的主要人种便是非洲黑人以及他们同其他肤色人种的混血种人的后代。黑人大部分从事农业或农产品加工业；而其他有色人种、白人和混

---

① Economist Intelligence Unit, *Country Profile 2008*: *Jamaica*, p. 10.

血种人以资产阶级和小资产者居多。

1834年牙买加废除奴隶制后,殖民主义者为弥补劳动力的空缺,开始大量从亚洲征集承包工,大批印度人、中国人、犹太人作为契约劳工来到牙买加。印度人便是在1845~1924年间通过劳务输出的方式被运到牙买加种植园或牧场做工,随后定居在牙买加,有些印度人后来拥有了自己的种植园成为了庄园主。印度人为牙买加带来了种植水稻的技术,也为改良牛的品种作出了巨大的贡献,他们主要分布在出产甘蔗和香蕉的西部的几个区。华人则是在1854年来牙买加种植园做工后定居下来的,但后来华人从事农业的并不多,大多数华人后裔从事商业、服务业,主要集中在金斯敦和圣安德鲁地区。犹太人抵达牙买加的时间较晚,他们主要是1891年以契约劳工的身份来到牙买加的。

在英国殖民统治时期,作为契约佣工、监工、种植园主、庄园管理人和商人的西班牙人(来自古巴移民的后代)、英格兰人、爱尔兰人、威尔士人、苏格兰人、法兰西人、葡萄牙人和德国人等白种人陆续来到牙买加定居下来。其中德国曾于1700年和1836~1842年先后两次向牙买加移民,他们多从事农业,因此,当地人常常把白人农民称为德国人。总体而言,多数白种人逐渐演变为种植园主、医生、律师,他们有着较高的社会地位,不过也有着极少数的贫穷白种人。

在牙买加,黑人和混血种人所占的比重达到了90%以上。其中,非洲黑人后裔占77%,黑白混血人占15%,欧洲人占5%,还有印度人、华人、叙利亚人、黎巴嫩人和古巴人,华人约有2.5万人(约占总人口的1%)。

三 语言和宗教

牙买加的官方语言是英语。早在殖民地时期,被贩运到该岛的非洲黑人仍在一段时期内通用其本民族语言。

英国殖民者为了防止奴隶串联逃跑和起义,规定英语为当地的通用语言。此后黑人的后代及其混血种人只会讲英语,但是他们的口音与英国本土语言差异较大。印度人、华人、犹太人除了讲通用的英语外,仍然在各自的聚居区使用本民族的语言,华人后裔经常用广东话进行交流。

牙买加居民的宗教信仰是与其发展史密切相连的。1509年被沦为西班牙的殖民地后不久,天主教便被传入牙买加。1655年英国人将基督新教带入牙买加,并逐渐取代天主教的地位,成为当地的主要宗教。1745~1784年,英国国教会指派29名牧师前往牙买加传教,但由于这些牧师品质不佳,该教派在牙买加未能获得威信。1754年基督教的莫拉维亚教派来到了该岛。1784年,黑人奴隶乔治·利尔作为美洲土著牧师和4个美国人到牙买加传播北美浸信会教,该教派在牙买加获得了较快的发展,当时信徒就有1.5万人。1790年浸信会教被英国殖民当局所接纳,到1813年,教徒达到了3.4万人。1789年由英国人托马斯·科克主持的卫理公会也来到了牙买加传教,由于该派教旨认为黑人应作为自由人而受到尊敬,因此受到了大量黑人的支持。时至今日,基督教中的英国国教会、浸信会、卫理公会是牙买加所有教派中教徒最多的宗教团体。另外,牙买加人还信奉源于非洲的拜物教和神秘教。名为"欧庇"的宗教实际上是非洲的一种古老迷信,由男巫或女巫作为超自然的精灵,以血、禽爪、羽毛、牙齿和坟地的泥土等为行巫工具或护身符。这虽然是一种迷信,但在当时的奴隶制时期具有极大的复仇、造反的诱惑力和感召力。在今天的牙买加非洲黑人后裔中,这种"欧庇"的原始宗教仍流传下来,但其程度和形式已经有了一定的变化。

虽然天主教在传入牙买加的初期发展缓慢,甚至一度终止了传教活动,但从1834年以后天主教又恢复了活力,并逐步建立了一些教区,规模也不断扩大。

牙买加

目前，牙买加的主要宗教是基督新教，教徒人数约占全国总人口数的 61.3%。天主教为牙买加的第二大宗教，教徒人数约占全国总人口数的 4%，印度教、犹太教等少数宗教教徒共占全国人口的 34.7%。[①]

牙买加基督新教分为 11 个教派，最大的教派是英国国教会，有 31.8 万多教徒；其余教派以教徒数量多少排列如下：神召会，教徒超过 19 万；卫理公会，教徒为 10.9 万；牙买加联合教会，教徒为 10.5 万；基督复临安息日会，教徒为 7.8 万；五旬节派教会，教徒为 1.5 万；普利茅斯弟兄会，教徒为 1.5 万；救世军，教徒为 1 万；莫拉维亚弟兄会，教徒为 0.9 万；贵格会，教徒为 0.4 万。

第四节　民俗与节日

一　国旗、国徽与国歌

国旗　牙买加国旗呈横长方形，长与宽之比为 2∶1。两道宽度相等的黄色宽条沿对角线将旗面分成两两相等的四个三角形，上下部分为绿色，左右部分则为黑色。黄色代表牙买加的自然资源和明媚的阳光，黑色则象征牙买加人民已经克服和即将要面临的困难，绿色象征希望和丰富的农业资源。

国徽　牙买加国徽的图案中间为盾徽，白色盾面上有一个红色十字，五只金黄色的菠萝排列在红十字上。盾徽上端是一顶头盔，两旁饰有黄白花冠图案。头盔上顶着一段木头，木头上面是一只张着嘴的鳄鱼。盾徽两侧站立着印第安人，右侧的强壮男子手执一张弓，左侧的青年女子则手挽一筐菠萝。下端的绶带上用

---

① http：//jamaica-guide.info/past.and.present/religion/

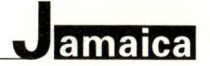

英文写着"出类拔萃,一个民族"。①

国歌 牙买加国歌是在 1962 年独立时所确定的,当时的国歌委员会通过招标方式进行方案的召集。国歌作曲家和词作家分别为罗伯特·查尔斯·莱特伯恩(Robert Charles Lightbourne)和休·布雷厄姆·舍洛克(Hugh Braham Sherlock)。②

二 民俗

牙买加人的风俗习惯体现出较强的欧洲和非洲风俗与民情相结合的特征。西班牙和英国在各自的殖民统治时期,都将本国的人文习俗带到了牙买加。随后,大批被贩运到牙买加的非洲奴隶也将本民族的风俗习惯移植至该岛,两种不同的习俗经过相互交融流传至今,从而形成了牙买加本国特色的风俗与民情。

服饰 牙买加人的服装式样倾向于欧式风格,用料轻薄,花色不拘一格,男女服装只有式样的差异,在色彩上并没有明显的区别,男女都可以穿着色彩鲜艳的衣服。由于气候的缘故,男士经常着衬衫、短裤、长裤,女士则中意穿裙子。从事公务活动或出席某些重要会议,男士则通常着西装。

饮食 牙买加人的主食是米饭和香蕉粉、果肉与大米混合做成的食物和玉米制品。虽然面粉制品和面包类食品在牙买加越来越多,但因为该类食物的原料都依赖进口,因此价格相对较贵,一般的牙买加人只能将其作为调剂的食物。另外,牙买加人还经常食用甘薯、咸鱼、辣椒等传统的主副食品;各种肉类、牛奶及奶制品等消费量也逐年上升。饮料中的可口可乐、啤酒等非常受

---

① 孟淑贤主编《加勒比各国概况》,世界知识出版社,1997,第 192 页。
② The Jamaica Information Service, *Jamaican National Anthem & Pledge*(http://www.jis.gov.jm/special_ sections/This%20Is%20Jamaica/anthem&pledge.html)。

牙买加年轻人的青睐，而老年人仍偏爱喝茶和咖啡。

居住 早在奴隶制时期，奴隶们的住房大多是用木棍打桩、木板当墙、棕榈叶或椰树叶做屋顶的茅舍，屋内为泥土地面；木板拼成的床，床上铺着席子；家具仅是一张小桌或两条板凳。而种植园主的住房多为砖瓦房。

在20世纪50年代以前，乡村住宅多数是木板墙或废旧碎料盖成的小木屋，这种房屋经常遭白蚁蛀食。75%的住房没有洗浴设备，厨房建在主房之外，厕所则一般为坑厕。只有上等和中等阶层的人才能拥有宽敞、经久耐用的住房，以及室内厨房、厕所和浴室。1951年在经受飓风灾害后，牙买加开始推广混凝土结构的住宅，居民的住房得到了较大的改善。

牙买加现在的村庄一般都有一个中心广场。广场是整个村子的中心，广场四周有村政府、医院、商店、长途汽车站等。村里的房子多用水泥和砖瓦建成。城市建筑和规划多采用欧式风格，有许多高层建筑，沿海城市有漂亮的饭店和游泳场等。

婚俗 根据牙买加的习俗，男方在结婚前必须买一栋或建一栋房屋，举行隆重的婚礼，并且具备养活不需外出工作的妻子的能力，但这往往只在上流社会通行。牙买加的女子，大约有1/3在婚前就怀有身孕，当女子一旦有怀孕症状，女方的母亲通常承认这一既成事实，只要婴儿的父亲答应承担孩子的一定费用，就可以住进女方家中。一旦生下孩子，就可以过同居生活，但不举行正式婚礼。

称谓和礼仪 牙买加人的姓名是按名字、第二名字、父姓和母姓的顺序组成，但已婚妇女要将母姓去掉而换成夫姓。在农村地区，非洲人后裔还有着按孩子出生日起名的习惯，男女孩各异：星期一出生的男孩叫"卡德乔"，女孩叫"珠芭"；星期三出生的男孩叫"奎科"，女孩叫"库芭"；星期日出生的男孩叫"奎希"，女孩叫"奎希芭"，等等。城镇居民的姓名则多为欧美化的名字。

牙买加的礼节与英联邦国家和拉美国家比较相近,最常用的称呼是"先生"和"女士"、"太太"、"夫人"等,习惯在称呼前面加官衔或职称。参加宴会时,被邀请的人应携带相应的礼物。牙买加的禁忌与英国相似,如不能问妇女的年龄,认为每月的"13日"是不吉利的日子,一般也不喜欢用"13"这个数字,等等。

三 节 日

牙买加主要的法定节假日有新年、圣灰星期三、耶稣受难日、复活节、复活节星期一、牙买加劳动节、奴隶解放日、独立日、民族英雄日、圣诞节和节礼日。① 其中较为重要的节日有如下几个。

牙买加劳动节 每年的5月23日是牙买加劳动节。这一节日最初起源于工会运动的庆祝仪式,自1972年开始,劳动节逐渐演变成公共服务日,节日当天的活动包括修路、粉刷学校、植树和修整灌木等。

奴隶解放日 每年的8月1日是所有前英属西印度群岛殖民地国家共有的节日。1834年8月1日《奴隶解放法令》的颁布,标志着西印度群岛奴隶制的结束,奴隶从此成为自由民。为纪念这一重要的历史事件,牙买加将每年的8月1日定为奴隶解放日。

独立日 1962年8月6日(星期一)是牙买加独立的日子,从此每年8月的第一个星期一被定为牙买加的国庆日,全国各地举行各种形式的庆祝活动。

---

① The Jamaica Information Service, *Public Holidays* (http://www.jis.gov.jm/public_ holidays/index. asp)。

民族英雄日 每年8月的第三个星期一是牙买加的民族英雄日。该节日主要用来纪念为牙买加作出巨大贡献的民族英雄,他们包括诺曼·华盛顿·曼利(Norman Washington Manley)、保罗·博格(Paul Bogle)、乔治·威廉姆斯·戈登(George William Gordon)、马库斯·加维(Marcus Garvey)、亚历山大·巴斯塔曼特(Alexander Bustamante)和山姆·夏普(Sam Sharp)、马龙奶奶(Nanny of the Maroons)等。[①]

圣诞节 和其他西方国家一样,牙买加的圣诞节也定在每年的12月25日。当天,牙买加人的庆祝活动主要包括:去教堂礼拜、互送礼物、拜访亲朋好友。节日活动要延续一个星期(从圣诞节到新年)。

[①] The Jamaica Information Service, National Heroes (http://www.jis.gov.jm/special_sections/Heroes/Heroes.htm).

第二章

历 史

第一节 西班牙殖民前时期

牙买加最早的土著民是阿拉瓦克人（Arawaks）。他们与古巴的泰诺人非常相近，很可能也是南美洲印第安人中的一支。根据考古资料记载，第一批阿拉瓦克人抵达牙买加的时间大约在公元650年左右，第二批到达时间为公元850～900年之间。与阿拉瓦克人同时期，在加勒比海地区还存在着凶猛好战的"加勒比人"（Caribs）部落，该名源于单词"Cannibal"（食人兽），同阿拉瓦克人相比，加勒比人具备更强的生存能力。在强大的加勒比人部落的驱逐下，阿拉瓦克人逐渐向西迁移，最后定居在牙买加岛上。但是，好战的加勒比人驾驶着独木舟，大肆掠夺加勒比海的所有岛屿，他们所到之处屠杀男性、掳掠妇女。到1492年哥伦布到达西印度群岛时，加勒比人已基本控制了整个小安的列斯群岛，并经常侵袭波多黎各岛的东部。

阿拉瓦克人大约生活在新石器时期，他们过着典型的洞穴生活，即使在今天，仍能在牙买加的许多地区看到这些洞穴的遗迹。因为没有文字，阿拉瓦克人没有留下任何文字记载。考古人员发现，阿拉瓦克人制作的简单陶器上有着许多几何图形的装

牙买加

饰，同时在一些废墟中发现了很多鱼骨和牡蛎壳，由此可以推断阿拉瓦克人属于渔猎部落。除陶器和其他器皿外，阿拉瓦克人主要生活用具就是吊床和木制工具。阿拉瓦克人的吊床大多色彩明亮，用细棉绳或者长棉布编织而成。西班牙人到来之前，牙买加的棉花远近闻名。西班牙殖民者占领古巴和海地后，便是从牙买加进口吊床和棉布，还在牙买加生产帆布。

阿拉瓦克人的皮肤为纯棕色，身材短小精悍，体形较好，毛发为黑色、粗且直，脸形较宽、鼻子扁平且宽。他们穿着非常少，男子和未婚女子通常赤身裸体，私处通常用手掌大小的树叶和花遮掩，或者把一条染色的短棉裙用一根纤维带拴在腰间。阿拉瓦克人习惯用动物羽毛装饰自己，全身上下布满彩色的文身，并且习惯佩戴珠状项链等装饰物。阿拉瓦克人有一个传统的习俗，当小孩生下来后，便用木板将前额固定，使其变得平坦，以此来抵御原始武器的攻击。据说，西班牙人的刀剑无法伤及阿拉瓦克人的头部。另外，阿拉瓦克人还习惯用棉带缠绑整个手臂和腿，因此他们的手臂和腿都非常细小。

阿拉瓦克人的文明较为原始，远远不及美洲大陆的玛雅文明和阿兹特克文明。他们组成部落，部落首领名为"Cacique"（酋长）。关于阿拉瓦克人的数量，至今仍无法确定。历史学家们大多认为当时的阿拉瓦克人有几万人，或者更多。西班牙著名的牧师拉斯卡萨斯称，岛上的阿拉瓦克人不计其数。[①]

同古巴一样，在西班牙殖民者到来之前，牙买加分为若干地区，每个地区由一个酋长管辖，酋长周围由很多村落长者或代理人辅佐。酋长们可以拥有多个妻子，但是他们下属的男性人员每人只能有一个妻子。酋长们在部落中享有极高的荣誉和威望，有

[①] Mary Manning Carley, *Jamaica*: *The Old and the New*, George Allen & Unwin Ltd. p. 22.

着最好的食物供应。他们居住的房间较一般部落民大，屋内设有神像。当酋长生病或即将身亡时，作为对他的特殊恩惠，他将被勒死。而一般身染重疾的部落民将被遗弃在荒野中，身边只有少量的木薯和水，以此来度过自己余生，直至最后死在自己的吊床上。阿拉瓦克人通常将死者的尸体葬在洞穴之中，有时也将死者的头颅和某些部位的骨头装在陶盆中。现已出土了大量陶器，其中完好地保存着阿拉瓦克人的颅骨。

西班牙殖民者到来时，曾得到阿拉瓦克人友好的款待，他们甚至没有作任何的抵抗。阿拉瓦克人将西班牙人当成神灵看待，因为他们有一个预言称，将有一些身着衣服的陌生人会来到他们中间，这些人将以天国的雷电武装自己。哥伦布发现阿拉瓦克人非常诚实，无私地给予他们所需物品。阿拉瓦克人将盗窃看作万恶之首，对盗窃犯的处罚是用尖头树棍慢慢戳刺罪犯，直至其最后断气。哥伦布之子在海地与阿拉瓦克人打过交道后表示："我们甚至没有失去一个针头的价值。"[1] 当西班牙人在1509年抵达牙买加后，阿拉瓦克人很快就放弃了反抗，接受了西班牙殖民者所强加的命运——繁重的庄园和采矿劳役。

第二节　西班牙对牙买加的征服和殖民统治

一　西班牙对牙买加的征服

牙买加是哥伦布所率船队在第二次航行中所发现的。这次航行于1493年9月25日从西班牙出发，受到了西班牙的斐迪南德（Ferdinand）国王和伊莎贝拉（Isabella）王后

---

[1] Clinton V. Black F. S. A., *The History of Jamaica*, Collins Educational, p. 12.

牙买加

的资助。哥伦布从加那利群岛向西,然后向西北直驶至伊斯帕尼奥拉岛,在此建立居留地后继续航行。1494年5月4日,哥伦布终于看到了本次航行中所见到的最后一个岛屿——牙买加。

早在哥伦布的船队抵达古巴岛南岸时,当地的印第安人将牙买加称作"天赐黄金"的产地。哥伦布虽然在牙买加没有见到梦寐以求的黄金,但他确实领略到了牙买加美丽的自然风光。当船队抵达牙买加北岸的圣安恩湾(St Ann's Bay),哥伦布将此地命名为"圣乐园"(Santa Gloria)。哥伦布对面前的美景如此称赞:"这是曾经看到过的最美丽的海岛;山峦起伏,地接天边;面积之广,尤过于西西里,到处都是河谷、田野和平原。"①

哥伦布的船队在牙买加岛的北岸停泊后发现当地的印第安人与古巴的及伊斯帕尼奥拉岛的印第安人同属一类,但是比较好战,敌对情绪较强。哥伦布的船队抵达牙买加的当天,就受到了本地居民大约60~70艘独木舟的顽强抵抗。哥伦布及其随从被迫沿着海岸航行,直至现在名为发现湾(Discovery Bay)的地方登陆。该港口呈马蹄状,哥伦布最初命名该港为"好港"(Puerto Bueno),后来更名为"干港"(Dry Harbour),为纪念哥伦布发现牙买加,该港再次更为现名。

尽管遇到了当地居民的抵抗,哥伦布仍决定在此登陆以寻找船队急需的木材和淡水,一方面修补船队,另一方面也增加船队的供给。西班牙人在登陆处通过释放一只恶狗,驱逐了岸边的阿拉瓦克人,然后才顺利登陆。②登陆后,哥伦布宣布该岛属西班牙斐迪南德国王和伊莎贝拉王后所有。

在牙买加岛上,哥伦布并没有找到传说中存在的黄金,失望

---

① Clinton V. Black F. S. A., *The History of Jamaica*, Collins Educational, p. 20.
② The Jamaica Information Service, *History of Jamaica* (http://www.jis.gov.jm/gov_ ja/history. asp)。

第二章 历史　Jamaica

之余,哥伦布率领船队向西航行,并于当年的5月9日到达蒙特哥贝(哥伦布最初将此地命名为 El Golfo de Buen Tiempo)。由于自己的家人和船队随从坚决反对在此停驻,哥伦布率船队离开牙买加岛,驶向古巴,与那里的西班牙人会合。

　　1494年5~7月,哥伦布继续自己对牙买加的勘察。在勘察的航行中,哥伦布遭到了暴风雨的袭击,直到8月的第二个星期,船队才抵达了波特兰地区(Portland)。当时,波特兰是牙买加印第安人聚居的主要地区之一。哥伦布如此形容说,这是他在安的列斯群岛所见到的智慧最高、文明程度最高的土著居民。[1]在波特兰停留了6天后,哥伦布抵达了摩兰特(Morant),这也是此次航行中在牙买加的最后一站。

　　1503年9月,哥伦布再次率领船队进行了第四次航行,同时也是他的最后一次航行,而这一次,他对牙买加进行了最深入的考察。在此次航行中,他的船队遭遇飓风,船只被毁,被迫于6月23日在发现湾登陆。由于此处缺少淡水,他们向东航行至今天牙买加的圣安恩湾,并在此停留了12个月。在这里,他们受到了阿拉瓦克人非常友好的接待,阿拉瓦克人每天用新鲜食物交换西班牙人随身携带的便宜饰物和商品。

　　由于船队已被暴风雨摧毁,哥伦布派自己的亲信迭戈·门德斯(Diego Mendéz)和巴托罗梅·费斯奇(Bartolomé Fiescchi)驾驶独木舟前往伊斯帕尼奥拉岛请求支援。在圣安恩湾的漫长等待中,西班牙人遭受了传染病和其他疾病的袭击,哥伦布自己也染上了严重的关节炎。被绝望和恐惧笼罩着的西班牙人准备发动叛乱,叛乱者在弗兰西斯科(Francisco)和迭戈·波拉斯(Diego Porras)的领导下,抢夺了哥伦布从当地居民那里购买的10艘独木舟以及所有供给,准备按照迭戈·门德斯的航线向东

---

[1] Clinton V. Black F. S. A., *The History of Jamaica*, Collins Educational, p. 21.

牙买加

逃回伊斯帕尼奥拉岛。叛乱者掠夺了所到之处印第安人的财产和食物,并残酷地杀害了所有拒绝向他们提供食物的土著居民,并唆使印第安人去哥伦布那里索取补偿。叛乱者的计划最终破产,他们刚出海不久就遇到了暴风雨。返回牙买加岛的叛乱者对当地的印第安人施行了更为残酷的压榨和剥削。

由于伊斯帕尼奥拉岛总督唐·尼科拉斯·德·奥万多(Don Nicolás de Ovando)对哥伦布心存憎恨,他拒绝了门德斯的援助请求,但这名哥伦布忠实的亲信一直没有放弃努力。1504年6月29日,哥伦布以及随从100人在门德斯的帮助下终于离开了牙买加岛,回到了预定目的地伊斯帕尼奥拉岛。不久后,哥伦布便返航西班牙。自此之后,哥伦布再没有回到西印度群岛,而由他所发现的大批岛屿便成了欧洲列强争夺的对象。1509年,牙买加正式成为西班牙的殖民地,开始了长达146年的西班牙殖民统治。1510年,西班牙开始建立它在牙买加的第一个永久居留地(西印度群岛第三个西班牙人居留地,前两个分别为伊斯帕尼奥拉和波多黎各)。

二 西班牙对牙买加的殖民统治

尽管哥伦布是一个伟大的航海家,但并不具备作为一个殖民统治者所必备的经验和能力。当他在伊斯帕尼奥拉岛的治理失败以后,西班牙统治者对其管理能力丧失了信心。哥伦布死后,其子迭戈·哥伦布于1508年被授予西印度群岛总督头衔。他任命曾在伊斯帕尼奥拉岛勇猛作战的胡安·德·埃斯基维尔(Juan de Esquivel)为牙买加总督。埃斯基维尔是西班牙在牙买加的首任总督。1510年,埃斯基维尔在哥伦布登陆地建立了塞维利亚城,但由于该城太靠近沼泽,14年后西班牙国王命令将该地的居民迁往牙买加岛南部,定居在牙买加现在的西班牙城。西班牙在牙买加建立的城市除了上述的塞维利亚城和西班

第二章 历 史　Jamaica

牙城外，还有卡瓜亚（Caguaya）、埃斯基维尔（Esquivel）、奥利斯坦（Oristan）、拉斯乔雷拉斯（Las Chorreras）、安东港（Puerto Antón，即现在的安东尼奥港）等。

对西班牙殖民者来说，牙买加并未给他们带来任何利益，相反成了他们的沉重负担。1512年，由于没有发现梦寐以求的黄金，西班牙人从牙买加撤出许多殖民者，将他们送往古巴。随后，西班牙人对移民牙买加也缺乏足够的热情，绝大部分居住在牙买加的西班牙人是流浪者和冒险家，甚至连后来的加拉伊在担任总督没几年后也跑到南美大陆淘金去了。1536年，牙买加被封为哥伦布之孙唐·路易斯（Don Luis）的个人财产，而唐·路易斯及其后嗣甚至从未到过牙买加。

西班牙殖民者无意在牙买加常驻，但他们的到来却让当地的土著阿拉瓦克人遭受了灭顶之灾。据记载，西班牙殖民者经常进行屠杀印第安人的比赛。另外，西班牙殖民者在被授予的土地上残酷地奴役印第安人，大量的印第安奴隶因超负荷的劳作被累死。成千上万的阿拉瓦克人为逃脱永无止境的劳役纷纷上吊或喝有毒的木薯汁自杀。年轻的母亲们甚至认为，亲手杀死自己的孩子都要强于他们成年后所经受的劳役之苦。此外，西班牙人带来的传染病也是阿拉瓦克人大量死亡的一个重要因素，阿拉瓦克人对这些传染病根本没有任何免疫能力。据记载，阿拉瓦克人在1520年大瘟疫中死亡无数。1598年，牙买加总督费尔南多·梅尔加雷霍（Fernando Melgarejo）发出警告，指出印第安人口正在急剧地减少，呼吁西班牙殖民当局给印第安人一块生存和生活的特殊区域。梅尔加雷霍的倡议遭到了殖民者的强烈反对，挽救印第安人的最后努力因此落空。到1655年英国占领牙买加的时候（甚至更早的时期），牙买加的土著印第安人已经完全灭绝了。

对西班牙殖民者来说，牙买加主要起到了"供给站"的作

牙买加

用。在西班牙殖民统治的早期,牙买加的兵员、武器和食物供应对西班牙征服古巴和美洲大陆其他地区起着非常重要的作用。但随着西班牙结束对美洲其他地区的征服,牙买加的重要性迅速减弱,岛上的自然资源也没得到任何开发。其主要贸易仅限于给过往船只提供新鲜食物(因为牙买加位于卡塔赫纳至哈瓦那的航道上),向哈瓦那和美洲大陆地区出口皮革和猪油;进口货物也只限于殖民者所需的布匹、酒、油、小麦粉和一些奢侈品。

为给当地殖民者提供食物供给,西班牙殖民者引进了诸如香蕉、大蕉、柑橘等水果,同时西班牙人也开始在牙买加种植甘蔗的尝试。另外,移居牙买加的西班牙人开始在此种植棉花、可可、烟草、葡萄等经济作物。尽管做出了这样的努力,但是牙买加居民的生活仍然十分贫困,很少有人愿意从西班牙移居牙买加岛,甚至已经定居的西班牙人也尽可能迁出此地。

尽管牙买加岛受西班牙的直接统治,但实际上该岛基本上处于自治状态。该地的政府官员通常由维拉瓜公爵(Duke of Veragua)任命,并与教士委员会共同治理。如果总督权势较大,就可享有最大程度的治理权,然而,教士委员会将其取而代之。由此可以看出,教会在西班牙统治下的牙买加扮演着非常重要的角色。西班牙殖民统治在最后阶段日益衰弱,维拉瓜公爵最终也失去了对总督实施管制的权力。而在这一阶段,总督与教会势力则处于水火不容的争权斗争中。在西班牙殖民统治的最后12年期间,几位总督或是死于非命,或是被教会流放。

西班牙殖民统治衰弱的另一个重要原因是,随着1580年西班牙吞并葡萄牙后,大量的葡萄牙人移居牙买加,同时也有一些犹太人在此扎根。由于老移民与这些新移民不能和睦相处,导致最后一些西班牙人移居古巴,一部分葡萄牙人也被驱逐出牙买加,西班牙对牙买加的殖民统治从此步入了最后阶段。

三　西班牙在牙买加面临的挑战

西班牙人在新大陆的事业令其他欧洲列强垂涎。早在1506年,法国人的船队就出现在加勒比海地区,攻击西班牙在这里的一些小居留地。1542年,荷兰人开始在加勒比附近的海域开展贸易。相比之下,英国人进入该地区的时间较晚。这些冒险家、海盗和私掠船队的活动仅限于走私和侵略而非定居,但是海上掠夺所带来的无本万利的利润却刺激了欧洲其他国家政府的金钱欲望。

1585年,英国人弗朗西斯·德雷克爵士开始了对西印度群岛采取有组织的私掠远征活动,他的海上掠夺给英国的王室和政府带来了巨大的利益。在本国政府的鼓励下,很多英国冒险家也纷纷效仿德雷克在这一地区的做法。1597年安东尼·雪利在未遇到任何抵抗的情况下占据了牙买加的比利亚德拉贝加(西班牙城),但是雪利仅仅在牙买加停留了40天,在搜刮完当地财物之后,便在当年年底回到英国。1603年,一支英、法海盗联合舰队开始在加勒比地区活动,其中的500多人在当年的1月24日登陆牙买加,但是在获得赖以为生的食物以后,他们便离开了牙买加岛,转而在新大陆寻找更大的目标。

随着海上掠夺活动的不断壮大,英国私掠船主们下一步的目标便是在西属西印度群岛上站住脚跟。17世纪初,英国人曾为实现该目标做过多次尝试,但直到1624年,英国殖民者才最终在西印度群岛上建立了自己的首个居留地圣基茨(St Kitts)。三年后,英国殖民者占领巴巴多斯,1628年控制尼维斯(Newis),1632年进驻安提瓜和蒙特塞拉特(Montserrat),1655年成功攻占了牙买加。

当时的英国正值克伦威尔执政,资产阶级革命取得了初步胜利。为夺取西印度群岛,扩大英国的海外市场,克伦威尔政府命

牙买加

令维纳布尔斯将军（General Robert Venables）与佩恩海军上将（Admiral Penn）率领 2500 人的远征队伍向西印度群岛进发，在相继占领巴巴多斯和背风群岛后，马上向牙买加进军。1655 年 5 月 10 日，大约 8000 名英军分乘 38 支船抵达金斯敦港。当时居住在牙买加岛上的西班牙人总共不到 1500 人，而具备参战能力的人则不足 500 人。西班牙人很快便放弃了抵抗，英国国旗插上了比利亚德拉贝加的城头。西班牙人最初认为，英军将会像以前那样抢劫一番后撤出牙买加岛。而始料未及的是，英国人在攻占比利亚德拉贝加后，要求西班牙人签署投降协定。

对维纳布尔斯将军来说，在这次攻占行动中，最不明智的做法就是他只是消极地等待西班牙人的答复，而没有乘胜追击，这给西班牙人提供了喘息的机会。西班牙人利用这段时间将他们的财产运到牙买加北部海岸，再从那里转运至古巴。因此当英军收到对方签署的和平协定进入西班牙城后，发现城中已是人去财空。在失望和愤怒之余，英军几乎将整个西班牙城摧毁，唯一的收获就是将教堂的钟熔化后制成的子弹。

在转移完财产后，西班牙人经常用游击战骚扰英军，他们还通过解放奴隶的方式，将当地的黑人也纳入反抗英军的行列。这些被解放的黑人奴隶就是后来著名的"马龙人"（Maroons）。1658 年 6 月 27 日，牙买加总督萨西（Ysassi）率领 750 名精壮士兵以及从墨西哥征募的分遣队发动了对英国人的反击。在顶住西班牙人的猛烈攻击后，英国人爱德华·多伊利（Edward D'Oyley）以优厚的条件向萨西招降，并答应停战后将其送往古巴。但是萨西坚信自己的部队强于英国人，拒绝了多伊利的劝降。劝降不成，多伊利对西班牙人的堡垒和供给线路大肆猛攻，切断了西班牙人的粮食和弹药的供给。由于迟迟得不到西班牙海军的支援，萨西在坚持了两年多时间后败下阵来，英国人的胜利彻底断绝了西班牙殖民者收复牙买加的希望。

随着萨西的失败,西班牙对牙买加殖民统治宣告结束。1670年签订的《马德里条约》,正式承认了英国对牙买加的统治,自此开始,牙买加进入了英国殖民统治时期。

第三节 英国殖民统治时期

一 英国的殖民统治

占领牙买加之后,英国人对牙买加的殖民热情并没有维持太长时间,当他们发现这里并没有他们所期待的金银财宝后,便马上失去了对牙买加的兴趣。另外,留在牙买加岛上的英国殖民者还面临食物匮乏的大难题,无奈之下,他们大肆抢杀牛群和猪群,毁坏西班牙人种植的庄稼,期望等食物断绝后能马上回到英国,但随之而来的大饥荒使得大量的英军丧生。随着衣物和药品储备的耗尽,驻守牙买加的英军中开始流行发烧热等疾病。

尽管面临着上述诸多困难,但英国政府仍然坚持将牙买加殖民化的计划。首先,英国政府加大了对牙买加的食物供给和移民力度。英国王室甚至动用国库收入派出更多军队增援牙买加的守备部队,同时通过授地来鼓励守备在牙买加的部队在此定居,并许诺给予移居牙买加的英国人诸如捕鱼、采矿、打猎及3年免税等特权,在牙买加出生的英国人后代也将享受同样的权利。除此之外,英国政府还将在国内的囚犯送往牙买加。1655年10月,英国王室下令将年龄在14岁以下的爱尔兰少男少女各1000人送至牙买加,并下令女孩将成为驻守在牙买加的英国士兵的妻子,而男孩将做军官们的仆人。1656年,1200名爱尔兰和苏格兰男子被运到牙买加岛。但由于这些从爱尔兰和苏格兰等地引进的"奴隶"无法忍受牙买加炎热的天气,英国政府随后开始向牙买

牙买加

加输入非洲黑人奴隶。除此之外,克伦威尔政府还希望从北美向牙买加补充移民。1655年年底,300人从北美的新英格兰辗转来到牙买加。在移民中,包括了一些百慕大人和巴巴多斯人,他们移居牙买加或希望改善生活状况,或因逃避债务和刑法的惩处。

英国在征服牙买加后便在该岛建立了军政府制度,这种制度一直持续到1661年2月13日才结束。重登英国王位的查理二世委任军事总督多伊利上校在牙买加组织议会。为鼓励更多移民前往牙买加定居,并建立一个稳定的社会,英国国王授权接替多伊利担任军事总督的温泽勋爵(Lord Windsor)给予本岛居民更大的权益。在温泽1661年12月14日所发布的公告中,国王宣布:凡我英国出生之臣民在牙买加养育之儿童,在各自出生之日起即被视为、且应为英国之自由公民,在任何方面均与在我英国出生之臣民享有同样权利。

1661年,牙买加结束军政府统治制度,英国政府效仿英国政治结构的模式,开始在牙买加实施民法政府的体制。在17世纪末,建立一个和英国下议院非常相似的代议制议会,设置一名代表英国国王意旨的总督;设立一个相当于英国上议院的政务会,作为立法机关的上议院机构。

牙买加的司法制度是根据实用的原则建立的。最上层是最高法庭,处理民事和刑事案件。在各教区设有两个法庭,皆由最高法庭的首席法官主持。有关偿付事宜的较小司法争执由地方民事法庭处理,而较小的刑事犯罪则由每季开审的地方法庭处理。大法官法庭和推事法庭由总督亲自主持。海事法庭同样由总督直辖。总督、首席法官和立法委员会的成员共同组成上诉法庭。牙买加各级法官共有30多位,但除了最高法院之外,其他在职的法官都是没有薪金的,正因为如此,牙买加的很多法官都玩忽职守。

总督须根据国王及其顾问的指示行事,而不具备独立执行权。在行政和司法领域内，总督有权设置法庭，委任法官，颁布命令，批准减刑和免刑；也有权召开、休止和解散议会。总督在制定法律上有发言权，因为所有的立法都须经他批准。总督最重要的行政权包括：任命殖民地官吏，核批财政开支，赠送土地，征集民军，宣布戒严法，撤销行为不轨的地方政务会成员和其他官吏的职务。对总督的权力主要有两个方面的限制：地方政务会和英王的训令，其中英王的训令主要通过英国国务大臣发布。牙买加所有法律的制定都得经过英国国王和枢密院的批准。地方政务会享有较高的威望，在其与总督的争议中，地方政务会通常会有最后决定权，因此，地方政务会经常通过与总督和英国枢密院意愿相左的法律。虽然总督有权否决并使该法律不能在牙买加付之实施，但总督实际上极少利用此项特权。

　　作为民军总司令，总督拥有至高无上的权力，不需受到英国议会和国王的干预，可以任命各级民军军官。因此，总督掌握着牙买加的安全和内部治安的权力，这也是历任总督扩大自己在殖民地影响的主要手段。他们通常在地方部队中任命自己的亲信，以巩固自己在牙买加的权力和影响力。

　　地方政务会作为立法机关的一个组成部分，负责批准法律。地方政务会的组成人员由总督指派，因此，通常认为地方政务会是与总督保持一致的。地方政务会享有极高的司法权，但在立法权上则需要向议会作出妥协。

　　牙买加议会共有43名成员，他们来自牙买加的各个区，每个区拥有2名议员的名额（金斯敦和西班牙城各出3名）。但是作为议员，他们必须满足是白人基督教徒这一基本条件。此外，法律要求年收入达到300英镑者才能取得议员资格，因此议员全部都是来自商人和种植园主这两大集团。

　　牙买加议会与英国国王之间的分歧，主要体现在控制财政的问题上。1677年，牙买加议会曾拒绝通过一项永久性的税收法

牙买加

案,宣布一切拨出的款项应该用于牙买加本岛,拒绝每年从总收入中分出一部分钱供英国国王使用。英王与牙买加议会就财政税收问题的争端一直持续至1728年。最终,争议的双方都做出了一定让步,牙买加议会通过了一个永久性的税收法案,每年从免役税、罚款和酒类进口税中拨付8000英镑税收上缴英国,而英国国王也承认了争议期间通过的一切法律的有效性。

二 种植园经济及奴隶起义

在英国殖民扩张计划中,牙买加的价值主要体现在它是英国部队在与西班牙的作战的后备基地。征服牙买加后,英国开始尝试在西印度群岛种植农作物,但由于牙买加可耕地极为有限,加之农业开发成本很高,英国殖民者最终选定了产量和利润较高的甘蔗作为在牙买加种植的主要农作物。但要想从甘蔗种植中牟取最大限度的利润,则急需一支庞大的、组织严密的、服从管理的劳动大军。为解决甘蔗种植所必需的大量劳力,英国殖民者开始从非洲引进黑人奴隶,牙买加因此成为当时世界上最大的奴隶市场。随着奴隶贸易的兴盛,牙买加的黑人数量迅速增加。1658年牙买加还只有1400个黑人,到1722年便增至8万人,1800年更是达到30万人之多,奴隶已成为牙买加经济活动中的重要组成部分。

从非洲被贩运到牙买加的奴隶们强迫在条件恶劣的甘蔗种植园中劳动,遭受着种植园主惨无人道的压迫。为争取自由,奴隶们进行了成百上千次反抗,尤其是在美国独立战争(1775~1781年)和法国大革命(1789年)的精神鼓舞下,牙买加掀起一场奴隶起义的高潮,但在英国殖民者的残酷镇压下,奴隶起义一次次都归于失败。

牙买加规模最大的一次奴隶起义发生在1831年的圣诞节,在"父亲"森姆·夏普('Daddy' Sam Sharpe)的组织下,大约

第二章 历　史

2万名奴隶参加了此次起义，他们捣毁种植园，杀死种植园主。迫于当时紧急的形势，奴隶主们答应"废除奴隶制"。在种植园主的谎言欺骗下，奴隶们放弃了武装起义，英国殖民者则迅速对起义的奴隶进行了剿灭，大约有400名奴隶被绞死，成百上千名起义奴隶受到了严刑拷打。

虽然起义遭到了严厉镇压，但废除奴隶制的运动却没有因此停止。废奴主义者认识到，要想在牙买加根除奴隶制度绝不是一朝一夕能所能做到的，因此，他们将目标首先瞄准奴隶贸易，因为只有消除这种交易，才能真正摧毁奴隶制度的供应来源。废奴主义者们认为，强大的公众舆论能影响英国议会，从而促使英国殖民政府在废除奴隶制上采取措施。为营造公众舆论，废奴主义者通过散发传单和小册子，让广大民众真正认识到奴隶制度的罪恶，然后他们在市、镇和郡建立废奴运动的地方协会，并向英国议会递交请愿书。

按照英国的不成文法，贩卖奴隶并不算违法，因此废除奴隶制的首要步骤便是通过议会立法，废除奴隶贸易。废奴主义者的努力终于赢得了英国议员威廉·威尔伯福斯的支持。在议会中，威廉·威尔伯福斯积极呼吁议会采取行动，改善黑人奴隶的生活状况。在英国国王的授权下，威廉·威尔伯福斯于1788年2月11日成立了调查奴隶贸易的常务委员会。但威廉·威尔伯福斯反对奴隶贸易的动议在英国议会缺乏足够的支持，1791年，废除奴隶贸易的动议在英国下院遭到否决。

虽然废奴的动议在英国议会中没有获得通过，但废奴主义者并没有放弃努力。1792年，他们征集了大量来自英格兰和苏格兰等地支持废除奴隶贸易的请愿书，再一次向英国议会施加压力。迫于强大的社会舆论，坚持奴隶贸易的英国议员们开始有所让步，但他们只是提议对奴隶制度加以限制，改善奴隶的生存状况等。威廉·威尔伯福斯则坚持认为，取消奴隶贸易才能真正改

牙买加

善奴隶的生存状况,并且也能降低奴隶暴动的机会。在双方激烈的争持下,英国下院最终达成妥协,通过了有关"逐渐废除奴隶贸易"的决议,但此议案没有在英国上院获得通过。

并且,法国大革命的爆发以及法属加勒比圣多明各等地的奴隶起义使得废奴运动在英国陷入困境,"废奴将引发革命"的思想在英国议会中开始流行。与此同时,牙买加议会也向英国国王表达了无意废除奴隶制的想法,这使得废奴主义者面临困境。

在这一时期,恰逢英国从荷兰和法国手中夺取了加勒比地区的许多小岛屿,局势开始转而对废奴主义者有利。因为,英国殖民当局要想开发这些小岛,必须具备充足的非洲劳动力,而这势必造成原有的英属殖民地的奴隶供应量的减少。1799年以后,牙买加因为非洲奴隶来源的减少,很多甘蔗种植园开始废弃。1807年11月13日,牙买加议会向英国政府提出了有关本岛经济发展情况的报告,称本岛当前存在困难的主要原因是"英属岛屿以及新征服的一些小岛的蔗糖总产量大大超过了不列颠和爱尔兰蔗糖的消费量,这挤压了牙买加的市场份额"。于是,英国政府决定通过切断奴隶买卖来压制格林纳达、小格林纳达、多米尼加、圣文森特和多巴哥等新殖民地的经济发展。在这种有利形势下,废奴主义者进而提出在整个英帝国内部废除奴隶贸易的要求。1804~1807年,废奴主义者获得了英国议会中爱尔兰议员们的支持,下院又一次通过了废除奴隶贸易的议案,但是上院拖延对该议案的表决。

1806年1月,庇特首相去世,支持废除奴隶贸易的主张在新内阁中成了主导力量,这使得英国上院通过废奴议案成为可能。随着当时法国入侵英国危险的消失,以及反对奴隶贸易的公众舆论进一步高涨,英国议会所面临的政治压力因此增大。1804年和1806年,英国下院两度通过废除奴隶贸易的议案。公众支持力的上升,加之1806年英国成功通过"禁止英国船只和商人

第二章 历 史

向外国领地贩运奴隶"的法律,在英帝国废除奴隶贸易的决议最终在1806年获得上、下两院的通过。1807年3月25日,废除奴隶贸易被确定为英国法律。根据该法律,奴隶贸易"应予彻底废除、禁止,并宣布为非法"。该法律条文还规定,1807年5月1日以后,英国国内各港口一概不许贩运奴隶的船只出港;1808年3月1日以后,各殖民地一律不许奴隶上岸。

尽管奴隶贸易通过立法的方式在英国及其殖民地被禁止,但是在牙买加,关于奴隶贸易的争端仍未因此而停止。为了维护自己的利益,种植园主们坚决反对在牙买加禁止奴隶贸易。牙买加议会的一名议员甚至提议,"停止向英国派驻该岛的3000名士兵的供给",以此抵制禁止奴隶贸易的法律在牙买加实施。但是种植园主的抵抗并不能再给奴隶制的废除带来太大阻力。1831年12月,时任英国外交大臣戈德里奇勋爵向西印度群岛各殖民地的总督发出紧急通知,警告他们必须做出让步,否则将影响各殖民地的政治命运。

1832年5月,英国下院通过了一项动议,要求成立一个特别委员会,起草"保证殖民地各阶级和谐共存,尽早实现全英自治领消除奴隶制度"的计划。1832年6月9日,戈德里奇勋爵通知西印度群岛的殖民者们,自由劳动不久将取代强迫劳动,而且要在"没有如何冲突和动乱的情况下"实现这个步骤。1833年初,戈德里奇勋爵要求牙买加总督马尔格雷夫伯爵对其所拟定的计划提出意见。牙买加总督表示:"赞成逐步而不是立即解放所有的奴隶"。

1833年5月14日,特别委员会建议下院"立即采取有效的措施,在全部殖民地内完全废除奴隶制度"。同日,戈德里奇勋爵的继任者爱德华·斯坦利向下院提议解放黑奴的计划,要求在一年之内解放黑奴,而自此的12年时期为学徒期,在学徒期间,黑人的工资将上缴给殖民当局,用于偿还政府给予每个奴隶

1500 英镑的补偿贷款；而不足 6 岁的奴隶儿童立即予以释放。

在废奴主义者的努力下，牙买加最终达成了一个妥协方案：法案通过后的一年内立即释放奴隶；农业奴隶的学徒期限为 6 年，其他奴隶的学徒期则为 4 年；给种植园主的补偿金为 2000 万镑的完全赠款；规定由英王指派和资助 100 名特别官员前往各殖民地，以确保对奴隶的公平待遇。1834 年 8 月 1 日，牙买加的奴隶制度最终在英国政府的敦促下得到了废除。

奴隶制废除后，牙买加经济经历了一个较为混乱的时期。大部分奴隶拒绝为不能提供满足其温饱需要的种植园主工作，他们大多选择自主经营。尽管旧的秩序被打破，进而破坏了种植园经济的基础，但是种植园主们仍然控制着政治权，因为只有拥有财产的人才享有被选举权。

第四节　从直辖殖民地到独立国家（1938～1962 年）

1929 年开始的世界经济大危机使牙买加的经济陷入了困境。由于初级产品价格比工业产品的价格下跌得更为厉害，作为初级产品的生产国，牙买加所受到的冲击远比工业国家大，这也催生了牙买加的政治变革。

从 19 世纪末期开始，牙买加经历了一次移民海外的高潮。1883～1935 年间，每年约有 1 万多牙买加人迁居海外。世界经济大危机发生后，大批移居海外的牙买加人被迫回国，但回国的牙买加人发现国内的政治经济形势更为糟糕，这对那些在国外有过舒适生活经历的牙买加人来说是无法忍受的。这些从美国和一些拉丁美洲国家回来的牙买加人中，很多人后来成为牙买加革命的领导者。经济上的严重衰退加剧了社会各个层面的矛盾，20 世纪 30 年代牙买加社会动荡不断加剧，一场政治革命最终爆发

第二章 历史

出来。

1929~1938年期间，牙买加经历了整整十年的经济衰退。经济的连续不景气使工人工资连年下跌，失业人数逐年俱增。1938年5月，西印度糖业公司所属的佛罗姆种植园发生大罢工，点燃了整个牙买加革命的火种，罢工和社会暴动席卷了牙买加岛全境。事态的发展使当地的官员和伦敦的殖民总部大为震惊。

罢工和社会暴动催生了牙买加的工会和政党。当时，劳工组织在牙买加仍处于萌芽状态，并受到了当局的严厉控制，虽然此前曾出现几个小型的职业工会，但是人数和力量十分有限。1938年，英国殖民政府开始放松对牙买加工会的限制；1938年修改了《店员法》，规定了店铺的工作时间和定员；同年又颁布了《最低工资法》，规定成立咨询评议会，为某些特定工业部门规定了最低工资限额；当年还修改了1919年的《工会法》，免除工会承担破坏合同的责任，除此之外，还订立了有关劳资争端的仲裁和协调条例。正是在这种有利的环境下，牙买加工人运动迅速成长和壮大。

然而，当时的工人运动基本上属于无政府状态，要真正改变这种状况，必须要有一个强势的领导人。亚历山大·巴斯塔曼特（Alexander Bustamante, 1884~1977年）因此应运而生。亚历山大·巴斯塔曼特出生于1884年，父亲是爱尔兰人、种植园主，母亲则有一半印第安人血统。他在15岁时被送到西班牙，并在西班牙接受正规教育。他曾在西班牙军队服役，并在南美、美国、古巴、加拿大和英国有过工作经历。回到牙买加后，亚历山大·巴斯塔曼特成为一位有名的放债主。为获得广大民众的支持，巴斯塔曼特提出了"改善人民生活"等口号。

1938年佛罗姆大罢工后不久，亚历山大·巴斯塔曼特在牙买加最大的报纸《搜索者日报》上发表文章，要求"各个阶层的工人不能再像过去那样受践踏了"，他直言不讳地声称，"我

牙买加

要指导工会的政策,少数人独裁的时间太长了"。佛罗姆罢工失败后,牙买加总督便以"煽动闹事"和"非法集会"的罪名把巴斯塔曼特关进了监狱。此举激起了广大民众对巴斯塔曼特的拥护,他的领导地位也逐渐被广大的牙买加民众所接受。入狱后不久,巴斯塔曼特便在其表兄弟、牙买加著名的律师诺曼·曼利的帮助下成功获释。出狱后,巴斯塔曼特和曼利巡游全国,替罢工工人出面谈判。在一些谈判获得成功后,他们决定开始组建政党。1938年9月,巴斯塔曼特创建了牙买加第一个正式政党——人民民族党(简称PNP),"实行普选"成为该党纲领的首要主张。

为改变当时各个工会单打独斗的局面,巴斯塔曼特宣布将牙买加当时的五个工会统一组成巴斯塔曼特产业工会(BITU)。到1939年1月,巴斯塔曼特产业工会的人数达到6000人,其中包括2000名码头工人和4000名农业工人。巴斯塔曼特组织的工会运动引起了牙买加总督阿瑟·理查德的恐慌,1940年9月巴斯塔曼特再次被捕。在巴斯塔曼特被捕的17个月时间里,曼利接替领导了巴斯塔曼特产业工会。在曼利的出色组织下,产业工会的人数在一年时间内便从8000人增至20000人。1941年3月,工会与制糖商协会缔结了第一个全岛范围的糖业协议,该协议规定工人的工资将根据消费指数而定。糖业协议的签订为以后其他工会缔结大规模的工资协定提供了样本。

1938年,英国政府成立了一个由莫恩勋爵主持的委员会,负责对牙买加及其他殖民地所出现的问题提出报告。该委员会的主要着眼点是社会福利和政治改革。在完成对牙买加的调查后,该委员会提议在牙买加开展"有限的政治改革"。但是,人民民族党不满意莫恩的"有限的政治改革"的提议,进而要求实行"充分自治",并提出在1948年将牙买加改为"自治领"。人民民族党要求自治的愿望遭到莫恩的威胁,他表示,如果他的提议遭到否定，那么所谓的普选权、地方政府改革、普查以及类似的改革都将被推迟。

随着第二次世界大战的临近，这些改革计划都被英国殖民政府搁置，从而更激起了牙买加人要求实行彻底改革的愿望。越来越多的牙买加人认识到，只有通过政治改革才能实现经济与社会的进步。在牙买加实现自治的问题上，美国当时提出，英国应在其加勒比殖民地实行民主改革。美国的表态给英国殖民当局巨大的压力，并迫使英国政府最终做出了让步。1943年2月23日，英国殖民事务大臣斯坦利上校发表声明：英国准备在牙买加实施立宪改革。

1944年11月20日，牙买加颁布《新宪法》。根据《新宪法》，牙买加立法机关（Legislature）实行两院制：其一为众议院，由32位从普选中产生的议员组成；另一个是立法委员会（the Legislative Council），由政府官员及非官方成员构成，拥有立法审议权和搁置权。按照《新宪法》的规定，还成立了执行委员会（Executive Council），总督为该委员会主席，另外还包括3名政府官员和2名非政府官员，以及5位由众议院选举出来的部长。同时，还成立了枢密院，也称总督顾问团，其主要职责是对有关惩罚问题向总督提供咨询意见。尤为重要的是，《新宪法》赋予了所有年满21岁的牙买加人以选举权。

然而，《新宪法》的颁布并未使牙买加彻底摆脱英国的殖民统治，因为《新宪法》规定，总督"对英王陛下负责并代表英王至高无上的权威"。总督的"至上权"被保留下来，这包括否决权、保留权以及批准权等各个方面。只要是为了"公共秩序、公众信心或有效管理"，总督就可以动用这些权力；凡是他认为有必要的法案，他就可以"批准"，而不需要经过牙买加立法机关的同意。

《新宪法》于1944年11月20日生效，12月14日牙买加实

牙买加

行普选。

　　普选的实行加速了牙买加政党制度的成熟，同时也形成了牙买加的两党制度，两党制随后正式被确定下来。根据牙买加新宪法，每个选区只能选出一名代表，这无疑限制了第三个党的兴起和继续存在，一些小党因为得不到足够民众的支持逐步走向衰落。1942年2月，出狱后的巴斯塔曼特马上与曼利领导的人民民族党分裂。1943年，巴斯塔曼特创建了牙买加工党。次年，牙买加工党便在《新宪法》颁布后的首次选举中赢得了绝对的胜利，取得了众议院32个席位中的25席。

　　选举的失利使曼利认识到扩大人民民族党和工会组织的重要性，在理查德·哈特、阿瑟·亨利、弗兰克·希尔和肯·希尔（因四人名字的首个字母都是"H"，这四人也被称为"四H"。）的帮助下，人民民族党将机关职员和技术工人等受过较好教育的职工成功地组织起来，成立了一个新的劳工联盟——工会代表大会。1951年，工会代表大会发生分裂，以托希·凯利和韦林顿·麦克弗森为首的一派另行组织了全国劳工代表大会，并与人民民族党的工会代表大会相对抗，攻击"四H"和人民民族党支持共产主义。为防止本党进一步瓦解，曼利任命一个审判委员会调查"四H"颠覆党的嫌疑。1952年4月，曼利开除了"四H"的党籍，随后成立新的工会——全国工人工会。在完成党内清理后，人民民族党在1952年对党纲进行了修改，放弃此前坚持的社会主义路线。

　　在此之前，巴斯塔曼特领导的牙买加工党也实行了一系列改革，其保守的政策虽然赢得了企业家们的支持，但经过十年执政以后，牙买加工党内部要求"改革"的呼声日益高涨。由于存在较大的党内分歧，牙买加工党的影响力也由此下降。

　　在1955年的选举中，人民民族党赢得了超过50%的选票，它在众议院的议席也增至18席；工党席位则降至14席。

第二章 历 史

曼利上台后，设立了一个名为"部长会议"的超宪法机构。这些部长都从众议员中产生，并由总督亲自任命，他们分别担任地方政府、财政、农业和土地、教育和社会福利、贸易和工业以及交通等部门的部长。1957年，总督退出执行委员会，委员会主席改由"部长会议"的首席部长担任，而绝大部分委员则是由首席部长任命的众议院议员担任。1959年，执行委员会成为实际上的内阁，而首席部长成了政府总理。内阁的设立大大限制了总督的权利，总督的否决权只在涉及英国国王的特权、国际关系以及任何不符合宪法精神的法律问题上才能行使。这样，除了某些对外政策方面的事务之外，牙买加实际上已实现了自治。1955年，获得选举胜利的曼利成为执行委员会的首席部长，随后便成为了牙买加总理。

1958年牙买加加入西印度联邦后，牙买加向英国政府提出改组联邦机构、在联邦众议院中给予牙买加半数议席等要求。在遭到了英国政府的拒绝后，牙买加立法机构在1959年9月决定：如果它的要求得不到满足，牙买加将退出西印度联邦。1961年9月，牙买加就"是否脱离联邦"举行公民投票，最终以微弱的多数通过了脱离联邦的决议。1962年3月21日，牙买加正式退出西印度联邦。

1962年8月5日午夜，牙买加各区首府都举行了隆重而热烈的庆祝典礼，代表英国殖民统治的米字旗被牙买加的黑、黄、绿三色国旗所代替。从此，牙买加结束了长达3个世纪的殖民地历史，从一个直辖殖民地国家变成为一个独立的国家，但仍然保持英联邦成员国的身份。8月7日，玛格丽特公主殿下作为英国女王的代表抵达牙买加，召开了第一届众议院全会，在会上宣读了《英国女王告牙买加人民书》，并将《独立制宪文件》呈交给牙买加总理。从此，牙买加人真正成为自己国家的主人。

第五节 独立后的牙买加

一 独立初期的牙买加（1963~1972年）

独立后的牙买加仍然继续保留着独立前的政治传统，牙买加工党和人民民族党轮流执政。独立后的最初几年，牙买加国内就财富分配等问题展开了广泛的辩论。1965年，人民民族党要求立即在牙买加实行国有化，将港口、电话服务、水泥和纺织等公共事业收归国有。1967年，牙买加迎来了独立后的首次选举。牙买加工党利用其曾是执政党的有利条件，重新划分了选区，并私自提前选举，这使人民民族党缺乏足够的准备。最终，人民民族党以微弱的劣势（牙买加工党支持率为50.65%，而人民民族党支持率为49.08%）败北，但是在众议院的议席分配上，牙买加工党改划选区的做法让本党取得了33席，而人民民族党只有20席。这样，牙买加工党领袖巴斯塔曼特成为牙买加独立后的首任总理。人民民族党虽然在选举中失利，但其"国有化"的主张已给牙买加工党带来了巨大的冲击。

20世纪60年代，牙买加经济迎来了自第二次世界大战以来增长最快的一个时期。到60年代末期，除传统的农业之外，牙买加的矿业、旅游业、制造业和建筑业等部门已经粗具规模。

1969年3月18日，牙买加举行地方选举。在本次地方选举中，人民民族党除获得金斯敦—圣安德鲁联合区议会的控制权外，还在东南的圣安恩选区中战胜了执政党牙买加工党。而在全国范围内，人民民族党总共获得5个地方参议院的控制权，牙买加工党只保留了7个地方参议院的控制权。两党之间的竞争更趋白热化。

1970年7月，接替诺曼·曼利成为人民民族党领袖的迈克尔·曼利（Michael Manley，诺曼·曼利之子，也称"小曼利"）对人民民族党的纲领进行了调整，扩充了"公共所有权"的概念。他在一次议会辩论中表示，牙买加的制铝工业应归政府、工人和私人股东共同所有。小曼利的讲话被认为是人民民族党从一个"公共所有权"的纲领转变成为"公私合作"的新概念上来。

二　人民民族党执政及"民主社会主义"（1972~1980年）

1972~1980年代初期，牙买加经历了独立以来首次意识形态的正面交锋。1972年2月5日，议会解散，2月29日举行大选，人民民族党赢得大选胜利，获得了众议院60个席位中的37个，而牙买加工党仅获得16个席位，迈克尔·曼利当选为牙买加总理。在两年后的地方选举中，人民民族党再次获得大胜，该党控制的选区增加到11个，而工党则仅保留一个选区的控制权。

1972年大选获胜后，迈克尔·曼利便着手对人民民族党进行改革。1974年初，迈克尔·曼利召集了一个特别委员会，就人民民族党的党纲起草了一份书面报告。在党纲的定性上，迈克尔·曼利和特别委员会进行了深入的探讨。迈克尔·曼利认为，"基督教社会主义"带有"政治游戏"的性质，而"共产主义"也同样不适合牙买加。因为当时牙买加国内的左派人士打着所谓"科学社会主义"的旗号，处在半公开活动的状态中，而非洲的一些"共产主义"国家则都是以一党制为基础的，而人民民族党既不想成为共产主义政党，又不想以一党制为基础。最后，迈克尔·曼利选择了"民主社会主义"的旗帜，并称人民民族党追求的是一条"非资本主义"发展道路。它既不同于波多黎各的新殖民主义模式，又有别于古巴的社会主义模式。

牙买加

1974年10月，迈克尔·曼利向议会提交了特别委员会的报告，并对"民主社会主义"纲领的有关问题进行了说明。经过反复修改和讨论后，在1978年9月召开的人民民族党第38届年会上，特别委员会的书面报告被采纳为党的纲领性文件。根据迈克尔·曼利的阐述，"民主社会主义"主要包括如下几个方面的含义：（1）它是一种政治、经济理论。在这种理论中，生产、分配和交换的手段都由人民拥有和控制。（2）它是一种制度。在这种制度中，政治权力必须保证消灭剥削；社会中的每一个人都必须获得平等的机会；社会团体的财富应均等地分配给每一个成员。（3）它还是一个进程，不是一种教条。这个进程的发展必须依据牙买加的特定条件。另外，他还认为："民主社会主义"强调合作，轻视竞争。个人、团体和社会的行为应以"为他人服务"为基本动力。"民主社会主义"的最终目标是建立一个没有阶级的社会，从而取消构成阶级基础的经济特权。实现"民主社会主义"的手段是阶级联合，而不是科学社会主义提倡的阶级斗争。

为实现"民主社会主义"的目标，迈克尔·曼利提出了四点实施战略：（1）阶级联合和民族联合。由于社会主义是"工人阶级"的社会，所有工人（包括家庭保姆、农民、律师、医生、教师、护士、职员、管理人员和企业家等）都应参与这个社会，民族利益成为联合的基础。（2）发展教育。公共教育和新闻媒介是培植新价值观的有效手段和工具。（3）培养干部和群众。每个党员应遵守党的意识形态、政策和纪律。党的作用是"为政府确定政策，并监督政府的工作，使其与民主社会主义原则保持一致"。（4）鼓励工人参与民主建设。民主社会主义的实现需要工人参与决策过程，为此，地方政府、社团委员会和工人组织应得到加强。

人民民族党执政后，牙买加经济形势非常严峻，在国际铝市场不景气以及外资纷纷撤离的冲击下,牙买加的通货膨胀率达到了50%,失业率也急剧上升,社会出现极端两极分化趋势。为渡过经济难关,迈克尔·曼利总理推行了一系列经济和社会改革政策:(1)重视发展农业,特别是发展粮食生产,强调"农业是牙买加进步的关键"。迈克尔·曼利上台后即宣布实行"栽种进财"计划,包括建立农场、回购私人闲置土地并转租给小农、农民组织合作社自助三项内容。(2)实行"混合经济"方针,政府对影响国计民生的私人企业和工业进行有区别的管理,有的"实行直接或全部的占有",有的参与股份和管理,强调私人企业和国有企业互相补充。主张"工人在更大范围内参与对生产资料的占有"和企业管理,同时鼓励私人企业的发展。(3)鼓励外资,但强调须与当地私人企业或政府合营,对需要实行国有化的外资企业采取有偿征购的政策。同时,为摆脱对美、英资本的依赖,主动寻求日本、西欧国家的投资,并积极发展与委内瑞拉、墨西哥等国的合作,以求外资来源多元化。(4)推行福利措施。从1975年起,实行最低工资制,每周最低工资为20牙买加元;政府对孕妇和新生儿童(三岁之前)分别实行免费营养补助和免费食物供应,对4~6岁儿童给予营养补贴;给40万小学生发免费校服,全国实行中小学免费教育。

在外交政策方面,牙买加在这一阶段不仅与一些社会主义国家建立了外交关系,而且还积极推动第三世界国家之间的合作。迈克尔·曼利上台后即宣布:"除了那些有着传统联系的国家和地区外,牙买加需要与其他国家增加交往和接触"。在1972年10月举行的英联邦加勒比地区政府首脑会议上,迈克尔·曼利一改过去在对外关系上片面倚重美、英、加的传统,宣布执行第三世界主义的外交政策。1972年11月,牙买加与中华人民共和国正式建交;12月,与古巴建交。另外,迈克尔·曼利政府还加大了对非洲国家的外交力度。1972年6月,牙买加政府派出

牙买加

代表团访问赞比亚、坦桑尼亚、肯尼亚、埃塞俄比亚、尼日利亚、加纳和塞内加尔七国。通过一系列的外交活动,牙买加的国际形象有了非常大的改变。

迈克尔·曼利的"民主社会主义"政策引起了美国的高度警惕。1975 年底,美国国务卿基辛格率领约 70 人的代表团赴牙买加"休假"。在牙买加逗留期间,基辛格与迈克尔·曼利进行了不记录的会谈,主题是牙买加与古巴的关系,牙买加对安哥拉人民解放运动的支持,以及牙买加推行的"社会主义"政策。在会谈中,基辛格向迈克尔·曼利表示,如果牙买加停止对安哥拉人民解放运动的支持并与古巴断绝外交关系,美国将会给牙买加提供大量的经济援助,以帮助迈克尔·曼利政府渡过经济困境。基辛格的"利诱政策"未能奏效,迈克尔·曼利政府延续了自己的政策,积极发展与社会主义国家的友好关系。

迈克尔·曼利政府实施的改良主义政策,对民族经济虽起到了促进作用,但并未根本改变牙买加的经济结构,在 20 世纪 70 年代初世界经济危机的严重冲击下,牙买加的经济状况持续恶化。尽管如此,迈克尔·曼利仍然大搞社会福利,不断扩大政府开支(1975/1976 年度政府财政预算支出比 1973/1974 年度增加一倍多),通过大量举借外债来弥补财政赤字。此外,人民民族党内激进派提出的"消灭剥削"、"消灭资本主义"等口号,迫使不少私营企业主纷纷将资金撤出牙买加。再加上美国中断了对牙买加的投资和贷款,牙买加的经济和财政状况日益严峻。

经济状况的不断恶化激化了广大工农阶层对现状的不满,罢工斗争接连不断,还出现了农民抢占土地、工人抢占旅馆等事件。1976 年大选前夕,各派政治力量的斗争更是造成了政局的动荡。仅 1975 年上半年就有 160 多人在两党间的政治暴力斗争中丧生,甚至连秘鲁驻牙买加大使也遭到刺杀。社会秩序混乱严重影响了正常的政治、经济活动,更加剧了牙买加经济上的困难。与此同时,牙买加工党经过一年多的整顿,渐渐恢复了元气。工党抓住牙买加政治、经济的混乱局面大做文章,攻击迈克尔·曼利政府"从国外进口意识形态",把牙买加"引向共产主义","实行一党制"。牙买加工党对迈克尔·曼利政府"民主社会主义"的攻击不仅赢得了美国的支持,同时也得到了私营企业组织的响应。

面临严峻的国内外局势,迈克尔·曼利政府不得不通过削减福利和就业项目,紧缩政府开支;同时呼吁私营企业通过"合作"提高生产,实行货币贬值,对外贸实行限进奖出措施,加强对资金外流的控制,积极争取国际援助,借以渡过全方位的难关。

尽管牙买加国内局势持续动荡,人民民族党最终还是赢得了1976年大选的胜利,获得连任的迈克尔·曼利总理继续推行"民主社会主义"政策、实行国有化并加强与古巴的外交关系。但由于缺少外国投资和援助,以及铝土矿、蔗糖的减产,牙买加的经济仍然没有任何起色。外国资本大批撤离牙买加后,生产陷入停顿,工厂被迫关门。1976/1977年度,牙买加国内生产总值较前一年度下降了6.9%。其中,铝土矿业降幅达到了8.9%,制造业下降了6.7%,销售业下降了15.8%,不动产业下降了11.%。到20世纪70年代末,牙买加失业率和通货膨胀率居高不下,财政赤字巨大,外债负担加重,经济出现负增长。随着国内失业率、通货膨胀率和外债的上升,牙买加在20世纪70年代末不得不寻求国际货币基金组织和世界银行的援助,这使牙买加逐步走上了一条经济不能自主发展的道路。

三 牙买加工党执政(1980~1989年)

1980年,牙买加经历了本国历史上最为混乱的一次选举,共有700人在这次大选中遭到杀害。最终,牙买加工党以压倒优势赢得了选举的胜利,获得了众议院60个席位中的52席，爱德华·西加（Edward Seaga）当选为牙买加总理。西加上台后对迈克尔·曼利政府时期的国内外政策进行了大幅度的调整。在对内政策方面，推行私有化政策，解决失业问题，减少通货膨胀，争取外汇，重新发展工农业，进口国内所必需的食品及原料，吸引外资，刺激旅游业的发展，接受美国的经济援助，等等。西加在阐述其政策主张时表示：必须改变加勒比国家的经济发展模式，实现进口替代向出口导向的过渡。同时，他还认为，必须调动私人企业的积极性和主动性，使之成为经济发展的"基本动力"，政府在经济中只起调节作用。在对外政策方面，西加疏远了牙买加与古巴的关系，并于1981年2月宣布与古巴断交，加强了与美国的关系。西加政府的内外政策得到美国政府的认同，美国政府也随即解除对牙买加的经济制裁。

西加政府的政策调整，恢复了企业界对发展经济的信心，同时也取得了美国等西方国家和国际金融机构的经济援助。在执政的头一年，政府及国内外私人机构对国民经济各部门的投资增加了20%（在1980年之前的8年时间里总共才增长了6%）。在投资的刺激下，牙买加经济从1981年开始有了明显的改观。1981年，国内生产总值增长了2%，其中旅游业的收入增幅达到了20%；通货膨胀率也从过去年均23%降到了4.7%；财政赤字也有所减少。1982年，国内生产总值在1981年的基础上再增长了1%，其中旅游业收入比1981年又增长了20%，建筑业收入较1981年增长了26%。

1983年，西加总理宣布提前举行大选。由于人民民族党对本次大选未做充分准备，牙买加工党取得了众议院所有的60个席位。1983年，美国入侵格林纳达后，当年10月，牙买加与巴巴多斯响应多米尼加女总理玛丽·尤金尼亚·查尔斯（Mary Eugenia Charles）的号召，协助美国出兵格林纳达。

为使经济彻底走出停滞的局面，连任后的西加实施了下述经济政策：（1）加速国营企业私有化。1986年12月，政府把国家商业银行转交给私人经营，随后向私人出售国营加勒比水泥公司的大部分股份，又把13家属于政府所有的旅馆（其房间数约占全国旅馆房间总数的一半）出售给私人。另外，政府还允许私人创办电台和电视台。（2）继续扩大旅游业，大规模兴建旅馆、游览村和套房。（3）调整税收，鼓励建立替代进口、面向出口的地方工业。西加政府制订了旨在替代进口、面向出口的工业新政策。该政策在服装业收效显著，1986年牙买加服装出口值增加83%，创汇达9500万美元。1987年，西加政府宣布一项为期四年的降低关税的计划，目的是为了刺激那些面向国内市场的生产部门。计划规定，从1987年2月起，进口税的最高限额从200%降至68%，在四年的降低关税计划结束时，对消费品征收的关税可降至30%，资本货降至20%，原材料降至10%，公用事业进口的物资降至5%。（4）把发展农业提到优先地位，使农业生产实现多样化和现代化。（5）建立和发展自由区。牙买加政府给设立在自由区的公司提供许多优惠：免缴利润税，允许用外币结账，外汇自由汇出等。

　　1986年牙买加经济开始走出谷底。当年，牙买加国内生产总值增长了2.1%，人均产值达到了1000美元。其主要经济部门——铝土工业增长11.5%，铝土和氧化铝出口共达696万吨；旅游业创汇1.12亿美元。在此基础上，1987年国内生产总值又增长了3.4%；预算赤字在国内生产总值中的比例已从1985/1986财政年度的14%降至1987/1988年度的5.5%；通货膨胀率也相应地从25.7%降到了7%。

　　1986年，人民民族党在地方选举中战胜牙买加工党，赢得了128个城市的控制权，牙买加工党则只保留着59个地方控制权。并且，人民民族党还取得了除圣托马斯区外的所有地方委员会的领导权。

四　人民民族党长期执政与工党东山再起（1989年至今）

1989年2月9日的议会选举中，人民民族党东山再起，它提出"以人民为先"的口号得到了多数选民的支持，赢得了众议院的45个席位；工党只获得另外15个席位。迈克尔·曼利再次当选为牙买加总理，成为牙买加历史上首位三度出任总理的政治家。

迈克尔·曼利领导的人民民族党能够东山再起的主要原因有：（1）西加政府的自由市场经济模式逐渐失去民心。1980年，西加政府上台后摒弃了迈克尔·曼利政府的"民主社会主义"模式，采取私有化等措施。这些政策虽然使牙买加摆脱了经济混乱并实现了恢复性增长，但由于受到巨额外债的困扰，西加政府不得不求助于国际货币基金组织和世界银行等国际金融机构，遵从这些机构给牙买加提出的苛刻要求，在国内实行紧缩政策，大量削减社会开支。这使得占牙买加人口80%的穷人生活水平不但没有提高，反而有所下降，失业率更是达到了20%。对生活状况不满是使大部分下层选民选择人民民族党的主要原因。（2）人民民族党执行了"调和的、中间路线"的纲领。迈克尔·曼利从过去执政的经历中吸取了教训，改变了原来的激进形象。迈克尔·曼利在竞选中保证，他已放弃了国有化的主张，将鼓励私人企业并与之合作，继续执行西加政府开创的经济模式，并重视吸引外资和鼓励私人在农业、矿业和旅游业进行投资，从而赢得了企业界的支持。在社会政策方面，迈克尔·曼利表示将增加对教育、卫生和住房的投资。另外，他还允诺通过税收和其他鼓励措施支持小农户和小型工业。这些措施对中下层群众具有相当的吸引力。

上台伊始，迈克尔·曼利公开承认自己在20世纪70年代存

第二章 历史

在很多失误,有些失误甚至是相当严重的,并表示将对前期的内政外交政策做相应调整。在内政方面:(1)减少国家对经济的干预作用,推动私营部门的快速发展,发挥其在经济发展中的核心作用。政府在发挥其扶植和支持作用的同时,积极推行私有化。(2)减少对外国资本的限制,对任何形式的外资都持欢迎态度,改善国内投资环境,为进入牙买加的外国资本提供优惠的政策支持。(3)放松外汇管制。(4)改善与国际货币基金组织的关系,尽可能地履行该组织为牙买加开出的"药方",通过推行必要的经济调整,以求赢得国际货币基金组织的支持。

在对外关系方面,迈克尔·曼利努力改善与美国的关系。大选获胜后,迈克尔·曼利便表示将与美国总统布什改善双边关系。在处理与古巴关系方面,迈克尔·曼利也表现得非常谨慎。由于西加总理执政时,在1981年断绝了牙买加与古巴的外交关系,他表示将与古巴复交,但与古巴的关系不再是牙买加对外政策的首要任务,同古巴将保持"正常的外交关系",决不会达到妨碍华盛顿向牙买加提供援助的地步。在与国际金融机构的关系方面,他表示,为了履行40多亿美元的外债义务,将继续保持西加政府与国际货币基金组织的合作关系。

迈克尔·曼利政府的经济改革从1990年开始便收到了明显的成效。根据牙买加计划院统计资料显示,1990年牙买加国内生产总值增长率超过了2%,作为三大经济支柱的铝土工业、旅游业和农业均有较大幅度的增长:铝土矿产量较1989年增长12%,氧化铝产量增长16%;旅游业增长17.6%,创汇6.67亿美元,比1989年增收1亿美元;农业也恢复到了1988年遭受"吉尔伯特"飓风前的水平。在外贸方面,1990年出口额达到了11.26亿美元,较1989年增长12%;进口额为18.5亿美元,基本上保持1989年的水平;外贸逆差为7.24亿美元,比1989年减少了1亿美元。国际货币基金组织表示,牙买加基本上达到了

牙买加

国际货币基金组织与牙买加政府所签协议中规定的 8 项指标。

尽管如此,牙买加为经济的发展也付出了一定的代价:物价和服务费用节节攀升,货币不断贬值,通货膨胀率达到了 29.8%,失业率上升到 20% 左右,大多数居民的实际生活水平大大降低,经济增长和社会发展出现了明显的脱节。

1992 年 3 月 15 日,由于身体健康的原因,迈克尔·曼利辞去了总理和人民民族党主席的职位。3 月 28 日,前财政部长、副总理珀西瓦尔·帕特森(P. J. Patterson)在人民民族党代表大会上当选为党的主席。3 月 30 日,帕特森就任牙买加总理。帕特森上台后,摈弃了早期人民民族党较为激进的内外政策主张,在经济方面,帕特森政府实施市场开放政策;在对外政策方面,帕特森政府极力改善与美国的关系。在 1993 年 3 月 30 日举行的大选中,帕特森获得连任;在 1997 年大选中,帕特森再次获得连任。帕特森连任后,牙买加经济增长乏力的情况一直没有得到好转,高利率、竞争力下降以及经济结构僵化是经济不景气的主要原因,同时,高犯罪率也是制约牙买加经济的重要因素之一。

连续的选举失利使西加在牙买加工党的领导地位受到了挑战,部分党内知名人士对西加的专制领导作风提出了批评。1995 年 10 月,以牙买加工党原主席布鲁斯·戈尔丁(Bruce Golding)为首的党员脱离牙买加工党,另外组建了全国民主运动(National Democratic Movement,NDM)。2000 年,牙买加工党的民意支持率有了一定的提升,到 2002 年 10 月议会竞选前夕,牙买加工党的支持率一直保持领先位置。但是人民民族党利用其执政党的有利地位,在选举前增加社会开支,此举最终使人民民族党在最后关头扭转了败局,赢得了被认为是"败局已定"的选举胜利。2002 年议会选举获胜后,帕特森政府采取了一系列增收节支的措施,希望以此改善政府的财政困境。2003 年 1 月,帕特森政府通过了一系列增税措施,此举遭到了企业界的强烈反对。2003年年底推出"公共部门零就业"方案。2004年3月，政府与牙买加工会联合会（Jamaica Confederation of Trade Unions）签署协议，规定公共部门工资在未来两年内保持年均3%的增长（当时牙买加的通货膨胀率达到了16.9%）。帕特森政府的增收节支政策不仅没有带来太大实效，同时也引起了企业界和工会的一致反对。

人民民族党的糟糕政绩虽然为牙买加工党角逐2007年议会选举提供了机会，但是，牙买加工党内部的纷争依然没有得到根本解决，党内斗争最终导致西加在2005年1月的辞职。戈尔丁（1995年创立全国民主运动后于2002年议会选举前重新回到牙买加工党）接替西加担任牙买加工党领袖。尽管戈尔丁有着较高的民意支持率，但1995年的脱党行为大大影响了他在牙买加工党内部的威望。

早在西加辞去牙买加工党领袖之前，帕特森就曾表示要在自己任期内辞去人民民族党领袖职位。2006年2月25日，在人民民族党内部领导人选举中，波西娅·辛普森·米勒（Portia Simpson Miller）获得1775票，超过主要竞争对手、时任国家安全部部长菲利普斯的1538票，当选为人民民族党的新领袖。2006年3月30日，帕特森正式辞去总理职位，结束了自己长达14年的总理生涯。按照《牙买加宪法》的规定，帕特森辞职后，米勒自动成为牙买加新总理，同时也是牙买加历史上首位女总理。牙买加此次总理人选的更换并非议会大选的结果，而是由于帕特森总理在任期间的人事变更。① 尽管人民民族党连续获得了1989年以来的四次选举的胜利，但从众议院的力量对比来看，人民民族党不再具有20世纪90年代初期的绝对优势（1993年

---

① 周志伟：《牙买加新总理米勒的执政主张及牙买加政治局势走向》，《拉美调研》，2006年4月10日。

的议会选举中,人民民族党在众议院 60 个席位中拥有 52 个席位)。

2007 年 9 月 3 日牙买加举行了全国议会大选,原反对党牙买加工党获得 32 个席位,而执政党牙买加人民民族党获得 28 个席位,牙买加工党结束了近 18 年的在野党地位。2007 年 9 月 11 日,布鲁斯·戈尔丁在牙买加总督府举行了盛大的总理就职典礼,正式宣誓就任牙买加新一届政府总理,成为牙买加自 1962 年独立后第八任政府总理。

布鲁斯·戈尔丁总理在就职讲话中强调,新一届政府面临七项工作,其中包括:进一步保护好牙买加人民的权利;减少犯罪,使牙买加人民感到安全;进一步增加受过教育的、富有生产力的劳动力量;吸引投资,创造更多就业岗位,创造繁荣并确保牙买加人民共享;增加政府工作透明度,消除腐败;建立一个强有力的议会,实现更有效的政治代表制;消除官僚作风,消除浪费公共资源行为,有效加强政府服务。①

---

① 转引自中华人民共和国驻牙买加大使馆经济商务参赞处网站(http://jm.mofcom.gov.cn/aarticle/jmxw/200709/20070905089647.html)。

第三章

政　治

第一节　宪法

牙买加现行宪法于 1962 年 8 月 6 日生效，包括 10 章 138 款。该宪法规定了牙买加现行的行政、立法、司法和公共服务等方面的法律。

按照牙买加宪法规定，所有在牙买加出生的人自动获得牙买加国籍，但在该公民取得其他国家国籍的情况下，其牙买加国籍自动被取消。牙买加人的配偶和孩子即使是在国外也可以申请牙买加国籍。宪法的第 3 章赋予所有在牙买加居住的人的基本权利和自由，其中包括生命、自由、人身安全、财产所有权，以及言论和出版自由、集会和结社自由、行动自由和在牙买加居住的自由、赴外旅游的自由、移民和回国的自由等。

宪法禁止非人道的种族、性别、信仰和政治歧视；规定牙买加妇女享有与男性同等的权利。1975 年的《就业法令》保障妇女在工作中享有与男性同工同酬的权利。牙买加妇女的法律地位，在 20 世纪 80 年代以来的政府和公务员等有影响力的职务上可以得到鲜明的体现。

牙买加宪法规定，英国女王仍为牙买加的国家元首。英国女王虽然名义上拥有最高行政权,但是实际行政权为英国女王任命的总督所有。按照宪法规定,总督履行国家元首礼仪上的权力,享有批准法律、召集和推迟议会选举的职能。但在大多数情况下,总督实际上是按总理的建议行事,有时也接受反对派首领的建议,或者接受枢密院的协助。枢密院的六个成员由总督与总理协商后任命,其中两名必须在政府部门任职。枢密院的功能主要是建议总督履行王室特权,枢密院的决定须上报总部设在伦敦的枢密院,由其作出最终抉择。

在牙买加宪法中有很多重要部分属于不能变更的。这些部分只有在以下的情况下才能修改:(1)宪法修订必须分别得到参众两院2/3的支持;(2)法律生效3个月后,才能对修订方案进行辩论;(3)辩论结束后必须经过3个月后才能在众议院通过修订方案;(4)如果参议院连续两次否决众议院的提案,那么将举行全民公决,在获得3/5的选民赞成的情况下,宪法修正案将直接送交总督批准。(5)宪法中一些特殊法律除在两院通过外,还需要在全民公决中获得大多数选民的支持,然后才能呈交总督批准。

为了对牙买加宪法进行评估,1991年牙买加成立一个"宪法委员会",专门收集不同利益集团和公众对宪法的意见,然后对这些不同意见进行陈述,并对宪法进行系统的评估,最后确定宪法的修订方案。

第二节 国家机构

一 总督

牙买加是英联邦国家,独立后仍然奉英国女王为国家元首。总督是英国女王在牙买加的代表,由女王根据牙买加政府的提名任命。总督有权任命总理，并根据总理的推荐任命各部部长和最高法院法官。牙买加宪法规定，总督职位缺位，或担任总督者不在牙买加，或因任何其他原因不能行使其职责，该职责应由女王可能任命的其他人行使；如在牙买加无该类任命和能够行使该职责者，则由牙买加的首席法官行使。牙买加现任总督为帕德里克·阿伦（Patrick Allen），他是牙买加独立后第六任总督，于2009年2月26日就任。

二　行政机构

内阁是牙买加主要政策的制定机构，它向议会负责。总理由众议院多数党的领导人担任，并由总督任命，每届任期4年。总理是内阁中最重要的职位，他负责指导和管理内阁各部事务，同时在国内外事务中是牙买加政府最主要的代表人。在外交上，总理有着绝对的权力。内阁由总理推荐并由总督任命的部长组成，人员不少于11人，一般为13~15名。各部部长则由总督听从总理的推荐，在两院议员中任命。另外，宪法还规定，内阁部长中至少有两位，最多不超过四位由参议员担任。总理和各部部长应在就职之前向总督进行忠诚宣誓。总理应尽可能参加并主持内阁的一切会议，如果总理不在，内阁会议应由总理任命的其他部长主持。总理应随时向总督报告有关牙买加政府的一般事务；并应尽可能满足总督的要求，向其提供有关牙买加政府的任何特殊情况。20世纪80年代以来，在内阁中，财政与计划部长、国家安全部长、外交与外贸部长占有极为重要的地位。

牙买加政府一般由国防部（总理兼任）、外交与外贸部、财政与计划部、国家安全部、农业部、商业部、科学与技术部、旅游与工业部、地方政府部、社区发展与体育部、卫生部、教育部、青年与文化部、交通与工程部、劳动与社会保障部、信息

牙买加

部、水利与住房部、发展部、司法部、土地与环境部等组成。牙买加各部之间经常合并，例如1974年，国家安全部和司法部就合为一体。而1986年10月，西加总理对内阁进行改组，将上述两部独立成部。在牙买加，有时某位部长，特别是总理可以兼任其他部的部长。内阁部长在失去议员资格后将自动失去部长职位；或者当部长失去总理的信任，也将被迫辞职。部长的权力和声望除了有赖于其个人能力，更重要的是依靠政党身份和对其所在政党的忠诚。

在牙买加的两党制的政治体系中，反对党领导人有着极其重要的地位。反对党领袖由总督任命，履行政府的咨询职责，尤其是在政府官员的任命上，同时他也是在野党的召集人。由于其特殊地位和牙买加的民主传统，反对党领袖有对政府进行批评的自由，同时也是最有希望挑战执政党的人物。

本届政府于2007年9月14日宣誓就职，2008年5月和2009年4月两次调整内阁。现内阁成员包括：总理兼国防、计划与发展、新闻与电信事务部长布鲁斯·戈尔丁（Bruce Golding）；副总理兼外交与外贸部长肯尼思·鲍（Kenneth Baugh）；总检察长兼司法部长多萝西·莱特伯恩（Dorothy Lightbourne，女）；财政与公共服务部长奥德利·肖（Audley Shaw）；国家安全部长德里克·史密斯（Derick Smith）；教育与选举事务部长安德鲁·霍尔尼斯（Andrew Holness）；工业与商业部长卡尔·萨姆达（Karl Samuda）；旅游部长埃德蒙·巴特利特（Edmund Bartlett）；农业部长克里斯托弗·塔夫顿（Christopher Tufton）；能源与矿业部长詹姆斯·罗伯特森（James Robertson）；水利与住房部长霍勒斯·郑（Horace Chang）；劳动与社会保障部长皮尔内尔·查尔斯（Pearnel Charles）；卫生部长拉迪亚德·斯潘塞（Rudyard Spencer）；青年、体育与文化部长奥利维娅·格兰奇（Olivia Grange，女）；交通与工程部长迈克

第三章 政 治

尔·亨利（Michael Henry）；不管部长（负责信息、通信和特殊项目）达里尔·瓦斯（Daryl Vaz）。①

三 立法机构

牙买加议会由参、众两院组成，任期5年。在战争时期，议会可以延长任期，每次延长不得超过12个月，每届议会延长不得超过2次。

牙买加议会是国家的最高立法机构，由选举产生的众议院和由任命形成的参议院组成。参议院共有21名议员，皆由总督任命，其中总理推荐13名，反对党领袖推荐8名。现在众议院由60名议员组成，由简单多数制普选产生。众议院的选举应在每届议会解散后3个月内举行，总督根据总理的建议指定选举日期。众议员候选人必须在选举日前16~23天得到提名，10名选民联名即可提名候选人。每位候选人须交100牙买加元的押金，如果候选人获得1/8以上有效选票，即可退还押金。议会应在产生后的首次会议上选举议长。②

全国共分为60个选区，每个选区选举1名众议员。凡年满21周岁，在选民登记日是牙买加公民并在牙买加居住不少于12个月的英联邦成员国公民，都有资格任命为参议员和当选为众议员。众议院常务委员会负责审查牙买加选区的个数及各个选区的地界。该委员会由众议长、总理指定的3名议员及反对党领袖指定的3名议员组成。常务委员会可建议增加或维持选区的数量。

宪法规定，议会可以为国家的和平、秩序和良好的政体制定法律；可以在两院以通过法令的方式修改宪法和其他法律；也可以对国家财政预算进行审核，对政府的行政行为进行监督。总督

---

① 牙买加政府信息网站（http://www.jis.gov.jm）。
② 牙买加议会网站（http://www.mct.gov.jm/parliament.htm）。

可以在任何时候宣布议会闭会或解散议会。

本届牙买加众议院于 2007 年 9 月 3 日选举产生。本届参议长为奥斯瓦尔德·哈丁（Oswald Harding），众议长德尔罗伊·卓（Delroy Chuck），均于 2007 年 9 月 27 日就职。

四　司法机构

牙买加的司法机构分为最高法院、上诉法院、初审法院和专门法院。各级法院院长均由总理提名，经反对党同意后由总督任命，任期不限。

最高法院的法官有首席法官、一名高级法官和议会规定的一些其他下级法官组成。首席法官由总理提名，并与反对党领袖协商后，最后由总督任命。下级法官由总督听从司法事务委员会的建议任命。宪法规定，法官可在任何时间辞职，法官的年龄一般不能超过 65 岁，但得到总督的特批，年满 65 岁的法官可以继续任职到 67 岁。现任最高法院院长扎拉·麦克卡拉（Zaila McCalla），2007 年 6 月 27 日就职。

上诉法院的法官包括 1 名院长和首席法官、3 名其他法官和议会规定的其他法官。上诉法院院长须由总督听从总理的建议任命，其职责为主持本院工作和会议。其他法官则由总督根据司法事务委员会的意见任命。上诉法院在裁决任何案件时，法官的人数必须为单数，并不得少于 3 人。现任上诉法院院长伊恩·福特（Ian Forte），2007 年 7 月 6 日就职。

牙买加设有司法事务委员会，它由最高法院首席法官、上诉法院院长、公众事务委员会主席和按规定指定的 3 名其他成员组成，最高法院首席法官为委员会主席。

2005 年 4 月 16 日，加勒比共同体国家共同组建的加勒比法院（CCJ）正式在特立尼达和多巴哥首都宣告成立，该法院取代英国枢密院成为加勒比国家最终上诉法院。

另外，牙买加还设有地方法院（Resident Magistrates' Court）、税务法院（Revenue Court）、家庭法院（Family Court）和交通法院（Traffic Court）。

第三节 政党

一 政党制度

牙买加是典型的两党制国家。两党制自牙买加工党和人民民族党成立之初便已成型。牙买加工党和人民民族党分别代表特定集团的利益，两党间的关系曾处于若即若离状态，但是后来分歧增大。每个党都走联盟路线，因此党派立场经常发生改变。

与美国和英国的两党制相比，牙买加两党制有着较大的不同，主要表现在其较强的家族特点，体现在下述两个方面：其一是政党具有一定的家族特点。一般情况下，担任国家领导人的政党精英与家族紧密联系，比如该国最早的五位总理都存在血缘关系。其二是政党成员具有较高的忠诚度，而这种忠诚几乎可以称为宗族内的忠诚，内部通过家族关系来联系。党派之间的对抗往往极为激烈，经常引发暴力事件。

二 主要政党

牙买加有10多个政党，主要政党如下：

牙买加工党（Jamaica Labour Party） 现在的执政党。成立于1943年7月，创始人为亚历山大·巴斯塔曼特。牙买加工党是一个代表大农场主、大资产阶级利益的政党，在部分城市工人和农村蔗糖工人中也有一定影响力。牙买加工党的基础是牙买加巴斯塔曼特产业工会。

牙买加

根据牙买加工党 1951 年修改的党章，该党的宗旨是：(1) 创造自由民主政体原则；(2) 鼓励私人企业开发牙买加经济；(3) 增进和保护经济和社会福利。牙买加工党申明，它是"建立在基督教原则上的，坚持民主主义的最高思想"，客观上倾向于保护工人和社会弱者的利益，主张维护劳方和资方各自的权利并发展私营经济；对外加强与美国的合作关系。

牙买加工党曾在 1944~1955 年、1962~1972 年两次执政。执政期间，牙买加工党积极维护大资产阶级和买办资产阶级的利益，镇压进步力量，片面发展旅游业，忽视发展农业，造成粮食进口不断增加。对外资敞开大门，给予各种优惠政策，把大量的铝土资源廉价卖给美国跨国公司。国家独立后，牙买加工党政府在 1963 年与美国签订军事协定，同意美国军事人员驻扎牙买加并在牙买加领空、领海巡逻。1964 年，它又与英国签订军事协定，由英国"协助"训练、指挥和管理牙买加军队。由于牙买加工党的政策引起了牙买加人民的强烈不满，在 1972 年大选中，牙买加工党惨败给人民民族党。再加上内部出现了分化，牙买加工党力量迅速受到削弱。

1974 年，在牙买加工党第 31 届年会上，牙买加工党领导机构进行改组，原工党政府财政部长爱德华·西加出任该党领袖。改组后，牙买加工党对党纲进行了修改，提出了"民族主义"，以对抗人民民族党的"社会主义"口号。1980~1989 年，牙买加工党战胜人民民族党取得执政党地位。在此期间，牙买加工党政府紧跟西方阵营，对社会主义国家持敌视态度。随着国际形势的变化，牙买加工党在对外政策上出现了较大的转变，在对中国的态度上改变了原来的反华立场。1989 年，牙买加工党的执政党地位被人民民族党取代，自此以后的 18 年期间，牙买加工党一直处于在野党地位。

2007 年 9 月，牙买加工党以微弱的优势赢得大选的胜利，目前牙买加工党领袖为布鲁斯·戈尔丁。

人民民族党（People's National Party） 现在的在野党，是社会党国际的成员。1938年9月成立。现有党员12.5万人，主要成分是民族资产阶级、知识分子和城市工人。它代表中产阶级的利益，在小资产阶级、城市工人、矿工中有较大影响。

在1938年的成立大会上，诺曼·曼利宣布该党的目标是：（1）实行普选和修改宪法；（2）全力支持工会组织。1940年该党宣布奉行"社会主义"原则，主张"一个符合当地需要和可能的温和的社会主义纲领"。人民民族党一直和英国工党保持着紧密联系。

从1944年牙买加第一次大选至1955年的10年间，人民民族党在议会中一直处于反对党地位。1955年、1959年，该党曾两次获得选举胜利。在这期间，人民民族党在英国的诱迫下，为换取内部自治，于1958年加入英属西印度联邦，这引起了牙买加民众的强烈反对。1961年，牙买加举行全民公决，投票结果是多数人赞成牙买加退出联邦。在次年的大选中，人民民族党失败。

1969年2月，诺曼·曼利辞去该党主席职位，同年9月病故，诺曼·曼利的次子迈克尔·曼利当选为党主席。1972年大选中，迈克尔·曼利抓住人民对工党的不满，提出了一个强调实行社会和经济变革的资产阶级改良主义纲领，一举获得大选胜利。上台后，迈克尔·曼利对内执行有利于发展民族经济、改善人民生活的政策；对外执行反帝反殖，加强和第三世界的关系，逐步摆脱美、英控制的政策。在1974年的地方政府选举中，该党获得了压倒性的胜利。同年9月，人民民族党提出"民主社会主义"纲领。

"民主社会主义"纲领的提出造成了人民民族党分化成两个派别，一派是以该党前总书记邓肯为首的"激进派"，另一派是"温和派"。"激进派"主张对内实行国有化，消灭资本主义，建立"真正的社会主义";对外抵制美援,要求苏援。"温和派"则主张坚持"民主社会主义"纲领,联合私人企业,发展民族经济;对外依靠美援,对苏援既接受同时又保持戒心。1976年12月,人民民族党再次获得大选胜利后逐步走上了亲苏、亲古巴的道路,在重大国际问题上附和苏联和古巴的主张,攻击美国;在经济上依照古巴模式采取过激政策。由于经济陷入困境,人民民族党政府的政策引起了人民的不满。

在1980年大选中,工党取代人民民族党成为牙买加的执政党,在接下来的9年间,人民民族党一直处于在野党地位。在1989年2月大选中,人民民族党再次获胜执政。重新执政后,人民民族党对其在20世纪70年代执行的政策进行了调整,推行自由市场经济,发挥私人企业在经济上的作用。在2007年9月举行的大选中,人民民族党败北,目前人民民族党领袖为波西娅·辛普森·米勒(Portia Simpson-Miller)。

牙买加工人党(Workers Party of Jamaica) 其前身为1974年成立的工人解放联盟,1978年12月17日改为现名。成员多为知识界人士,在大学生中有较大影响。该党的宗旨是:"在牙买加为建设社会主义和共产主义而奋斗",将"加强牙买加进步运动,进行反对帝国主义的斗争"。牙买加工人党是人民民族党的联盟党派,在20世纪70年代初,牙买加工人党支持人民民族党政府积极发展与古巴的关系。1990年,该党宣布放弃马克思列宁主义思想。现任总书记特雷弗·芒罗(Trevor Munroe)。

牙买加共产党(Communist Party of Jamaica) 1975年8月成立。该党成立时申明支持1975年在哈瓦那召开的"拉美和加勒比共产党会议的宣言",但该党目前尚没有具体的纲领。主席赫·杰·辛克莱尔(H. G. Sinclair)。

第四章

经　济

第一节　概述

牙买加是加勒比英联邦国家中的第二大经济体，国内生产总值仅次于特立尼达和多巴哥。

在长达3个世纪的殖民地时期，牙买加的经济结构极为单一，主要的经济部门是初级产品出口部门，当地的资源也没有得到有效的开发和利用。17世纪末，牙买加开始种植甘蔗。到18世纪后期，以甘蔗为主的单一种植业已经确立起来。随后，香蕉和咖啡等热带作物也在牙买加获得较快的发展。

第二次世界大战后，尤其是获得独立后，牙买加政府确立了以铝土、制糖和旅游业为重点扶植部门，实现农业多样化和系统的民族工业体系的经济发展思想，经济也随之有了较快的发展。20世纪70年代以来，牙买加一直致力于经济多元化发展战略，经济结构逐步得到一定的改观，但仍然依赖矿产品出口和旅游业，这两个部门的收入占到整个国内生产总值的23%。其他主要经济部门包括农业、制造业、金融和保险服务业。20世纪80年代，牙买加政府对经济结构进行改革，积极培育私人企业的发展，增加对私人企业的市场配额，调动私人企业的积极性。到20世纪80

年代末期，在自由贸易以及私有化政策的推动下，加之建筑、旅游和采矿等行业的带动，牙买加经济增势强劲。1991年后，牙买加开始实行新自由主义改革，取消固定汇率制、实行浮动汇率制度，削减关税，稳定牙买加货币，降低通货膨胀率，取消对外国投资的限制，严格财政纪律，促进出口，加快资金流动，实行市场自由化，减少政府干预，牙买加由此出现了私有化的高潮。

1992年帕特森总理上台后，大力推行新自由主义经济改革，解除价格控制，改革税制，推行国有企业私有化，牙买加的宏观经济逐渐走向稳定。通货膨胀率得到了有效的控制，从1991年的80.2%降到1998年的7.9%，1999年再度降至6.2%，2000年继续降至6.1%。但紧缩的财政和货币政策导致了经济的持续低迷，1996~1999年牙买加出现了连续4年的经济负增长。尤其在1997年，由于遭受了70年以来最严重的旱灾，加上亚洲金融危机和本国泡沫经济等多种因素的冲击，牙买加经济几乎陷入崩溃的边缘。

在经历了连续4年的经济负增长后，牙买加经济在2000年开始复苏，当年国内生产总值实现了0.8%的缓慢增长，人均GDP达到了3700美元。2001年牙买加经济增幅较2000年有了一定的提升，GDP增长率达到了1.5%。在旅游业的带动下，2003年牙买加经济实现了自1995年以来的最快增速，达到了2.3%。2004年下半年，由于连续遭受"查理"（Charley）和"伊万"（Ivan）飓风的影响，其中传统农产品香蕉的生产损失近100%，甘蔗生产损失10%，咖啡生产损失60%，柑橘生产损失35%，当年牙买加经济仅有1.0%的增长率。2005年，气候条件依然对经济造成非常大的影响，增长率仅为1.4%。2006年，在有利气候条件和国际市场对铝矾土需求增加等利好因素的影响下，牙买加经济全年增长率约为2.7%，高出2000~2005年平均1.3%的增速，成为近十年来牙买加经济发展最好的一年。2007年，由于受"迪安"飓风和漫长雨季的影响，牙买加经济增长率仅为1.2%。

表4-1　2002~2007年牙买加各项经济指标

年　份	2002	2003	2004	2005	2006	2007
GDP(亿美元)	85	82	88	97	103	105
人均GDP(美元)	3244	3188	3321	3647	3800	4030
实际GDP增长率(%)	1.1	2.3	1.0	1.4	2.7	1.2
通货膨胀率(%)	7.2	13.8	13.7	12.6	5.7	16.8
失业率(%)	14.2	11.4	11.7	11.3	11.0	10.5
商品出口(FOB)(亿美元)	13.1	13.9	16.0	16.6	19.8	21.7
商品进口(FOB)(亿美元)	-31.8	-33.3	-35.5	-42.5	-56.5	-64.6
经常账户余额(亿美元)	-10.7	-7.7	-5.1	-10.8	-10.8	-6.5
国际储备(亿美元)	16.5	11.9	18.5	21.7	23.0	18.8
外债总额(亿美元)	55	56	64	71	76	77
偿债率(%)	18.1	16.0	14.4	17.7	12.2	15.8

资料来源：Bank of Jamaica, *Annual 2007*。

尽管自2000年以来牙买加经济形势有明显好转，但其宏观经济依然比较脆弱，制约经济发展的客观因素依然存在，政府在如何治理经济问题上面临严峻挑战。这是因为牙买加经济基本以旅游、农业及矿业为基础，制造业相对落后，物产贫乏；维持牙买加经济生产的主要物资和一般日常生活用品均依赖进口，贸易逆差有增无减；政府债务负担过于沉重；失业率居高不下；打击贩毒、犯罪，维持社会稳定等工作仍然任重道远。

第二节　农业

牙买加的耕地面积约为27万公顷，占国土总面积的25%，农业就业人口约占牙买加总就业人口的20%，农业曾是牙买加的第一大产业。国家独立后，尤其是20世纪80

年代，由于旅游业、铝矿业和制造业的不断发展，农业逐步由第一经济支柱降为第四经济支柱。20 世纪 90 年代上半期，农业占 GDP 的份额有所上升，从 90 年代初的 6.2% 升至 1996 年的 8.4%，农业创汇也增加到 1.923 亿美元，约占全年出口总额 12 亿美元的 16%。1996 年，农业就业人口为 20.6 万，成为继服务业后牙买加的第二大就业部门，约占全国总就业人口的 20%。1996 年之后的 10 时间里，由于频繁遭受飓风、洪水和干旱等自然灾害，农业在 GDP 中所占的份额持续下跌，2005 年降到了 5.2%，而农业总产值较 2004 年下降了 7.3%。2005 年农业产品出口额从 2004 年的 1.47 亿美元减少到 1.14 亿美元，其中种植业产品出口额下降了 3.4%，渔业产品出口下降了 32.1%，仅畜牧业产品增长了 4.5%。

2006 年，由于有利的气候条件，牙买加农业生产保持强劲的增长势头，全年增长率达到了 16.1%，农林渔业产值占 GDP 比重约为 5.7%;[①] 另外，牙买加国内农产品消费量增长了 19.4%。2007 年，由于"迪安"飓风和漫长雨季的影响，牙买加农业生产出现了 5% 的负增长，其中，国内农产品消费量下降了 8.7%，而农产品出口量下降幅度为 3.8%。

表 4-2　2006~2007 年牙买加主要出口农产品统计

产品名称	2006 年	2007 年	增幅情况（%）
	出口量（千吨）		
香　蕉	31.8	17.5	-45.3
柑　橘	5.8	4.1	-29.8
可　可	0.4	0.7	66.7
咖　啡	1.2	1.1	-8.3
胡　椒	0.50	0.52	14.3

资料来源：Bank of Jamaica Estimate & Sugar Corporation of Jamaica。

---

① Economist Intelligence Unit, *Country Profile 2008*: *Jamaica*, p. 20.

第四章 经　济

牙买加主要农作物有甘蔗、香蕉、柑橘、椰子、咖啡、可可、烟草和胡椒等热带作物，产品主要面向出口。其中蔗糖和香蕉是该国农产品的重要出口商品，蔗糖年均产量在30万吨以上，香蕉年均产量也超过30万吨。粮食作物的生产不足。畜牧业、渔业不甚发达。近年来，玉米和水稻的种植面积虽不断增加，但产量仍远不能满足国内人民生活的需要，面粉、大米、油脂、鱼、肉类等主副食品仍需大量进口。目前，牙买加不断引进种植新的非传统农作物，主要是新的蔬菜和水果品种以及粮食作物。

长期以来，甘蔗一直都是牙买加最重要的农产品，在牙买加享有"农业金子"的美誉。蔗糖是牙买加主要的传统出口产品之一。早在1509年西班牙占领牙买加岛后，当地就因为土地肥沃、气候温和湿润，而被西班牙殖民者选定为种植甘蔗的地区。在随后的几个世纪，甘蔗种植业一直是牙买加经济的主要支柱，蔗糖也成了其出口创汇的主要来源之一，其出口额曾占到了全国出口总额的一半以上。二战后，甘蔗种植得到了更快的发展，蔗糖产量也从二战前的8.6万吨增至1946年的14.9万吨。20世纪60年代，甘蔗种植面积增长迅速，约占牙买加全部可耕地面积25%，达到了6万多公顷，蔗糖产量也增加到了51.5万吨。随后，甘蔗种植面积有所减少。80年代，甘蔗种植面积逐步减少到4万公顷，蔗糖产量降为19.3吨。近10年来，由于接连遭受自然灾害以及投资的减少，牙买加的蔗糖产量持续下滑。2003年更是降至第二次世界大战之前的水平，仅为12.5万吨；蔗糖出口量也从1996年的23.6万吨降到了2007年的16万吨。[1] 为满足对美国和欧盟的出口配额和国内的需要，牙买加甚至需要从外部进口部分蔗糖。

独立之前，牙买加的蔗糖全部出口到英国。独立后，牙买加

---

[1] Economist Intelligence Unit, *Country Profile 2008*: *Jamaica*, p. 20.

牙买加

与非洲、加勒比以及太平洋岛屿的 18 个蔗糖生产国（ACP 蔗糖生产国），按照与欧盟签署的《洛美协定》以及《科托努协定》，这些国家生产的蔗糖对欧盟市场出口享受欧盟提供的特殊优惠价格补贴政策。同时牙买加作为加勒比国家，按照加勒比国家与美国签署的加勒比盆地倡议，加勒比国家生产的蔗糖对美国市场出口同样享受美国提供的特殊优惠价格补贴政策。每年，牙买加生产的蔗糖全部出口到欧盟和美国，其中对欧盟出口占其蔗糖总出口量的 85%，对美国出口占 15%。2005 年牙买加蔗糖对欧盟出口 13.5 万吨，对美国出口 5000 吨，蔗糖出口创汇达 8700 万美元，约占农产品出口总额的 70%。

自 2006 年起，由于世界贸易组织（WTO）的仲裁，欧盟逐步取消长期实施的对 ACP 蔗糖生产国提供的特殊优惠价格的政策，从 2006 年 1 月 1 日起至 2009 年，将 ACP 蔗糖生产国家对欧盟市场出口蔗糖的价格削减 39%，从每吨 523.7 欧元减至 319.5 欧元。这给牙买加的蔗糖出口带来严重的损失，并将直接影响到牙买加甘蔗种植和制糖业的发展。为缓解和减少欧盟削减蔗糖价格后对牙甘蔗种植和蔗糖业发展带来的困境，牙买加政府一方面利用欧盟削减蔗糖价格后所提供的经济补偿资金，加速改变甘蔗种植和蔗糖生产的技术，提高甘蔗产量和产糖率，降低生产成本；另一方面，牙买加积极寻求外资和技术帮助，改造国营甘蔗种植园和蔗糖生产企业，牙买加准备将其中经营亏损严重的 2 家国营企业从生产蔗糖改造成生产乙醇，即利用甘蔗加工生产乙醇。目前巴西企业已开始投资参与其中一家企业的改造。

香蕉是牙买加传统的农产品和出口产品，也是牙买加第二大农产品。香蕉的种植时间要晚于甘蔗，但是在 1876~1926 年的 50 年时间里，牙买加的香蕉出口量一直位居世界首位。此后因受巴拿马病和叶斑病的影响，牙买加的香蕉产量严重下降，尽管

第四章 经 济

后来产量有所回升,但香蕉在出口农产品中的地位逐渐被蔗糖所取代。近年来,香蕉产业由于经营成本过高,一些香蕉种植园无力维持,出口创汇呈连年下降之势,整个行业处境堪忧。牙买加香蕉产量和出口量大幅度降低,产量从 1996 年的 8.74 万吨降至 2006 年的 3.24 万吨,降幅达 60%;出口收入则从 4500 万美元跌至 1300 万美元。①

牙买加的咖啡种植始于 1725 年。当年,尼古拉·劳斯爵士(Sir Nicholas Lawes)将第一批咖啡树种从马提尼克岛(Martinique)带到牙买加,种植在圣安德鲁地区。经过一百多年的推广,到 1828 年,牙买加的咖啡出口就超过 2000 万磅。奴隶解放后,劳动力的缺少阻碍了牙买加咖啡种植业的发展。1932 年,牙买加议会通过法律,大力鼓励种植咖啡,以此减少国民经济对蔗糖出口的依赖,当年咖啡产量创历史纪录,达到 1.5 吨。1986 年,牙买加政府制订了发展咖啡生产的 10 年计划,但是咖啡产量并没有太大的增长。2000~2004 年,咖啡产量基本维持在 1.3 万~1.6 万吨之间。

在牙买加种植的众多咖啡品种中,以蓝山咖啡品质最优,它也是世界上最贵、最有名的咖啡品种。蓝山山脉大多在海拔 1800 米以上,其中最高峰海拔 2256 米,是加勒比海地区最高的山峰。该地区天气凉爽、多雾、降雨频繁,土壤十分适宜种植咖啡。但只有在海拔 1800 米以上的蓝山区域种植的咖啡才能称为纯正的蓝山咖啡。蓝山咖啡将酸、苦、甘、醇等味道完美地融合在一起,形成强烈诱人的优雅气息,是其他咖啡所望尘莫及的。近年来,蓝山山脉地区的咖啡种植面积有了一定的增加,种植面积约为 6000 公顷。目前,蓝山咖啡年均产量约为 4 万袋左右。每年生产的蓝山咖啡 90% 出口到日本,其余的 10% 出口到欧美

---

① Economist Intelligence Unit, *Country Profile 2008*: *Jamaica*, p. 21.

的少数国家。①

除甘蔗、香蕉和咖啡外,牙买加的传统农产品还包括可可、椰子、柑橘等。由于自20世纪90年代后期接连遭受干旱、洪水和飓风等自然灾害的影响,加之缺乏足够的资金投入,以及国际市场价格的下跌,牙买加传统农产品出口的收入大幅减少,从1996年2.02亿美元降至2001年的1.28亿美元。但是,咖啡是传统农产品中的一个特例,由于蓝山咖啡在国际市场上的高价,咖啡出口收入从1998年的1750万美元增加到2004年3870万美元。与传统出口农产品不同的是,马铃薯、木瓜、辣椒、海产品等非传统出口农产品在20世纪90年代增长迅速,2000年非传统农产品出口占牙买加农产品出口总额的27%;到2006年,升至30%左右。②

目前,牙买加除了甘蔗种植、蔗糖生产和香蕉种植业大部分集中在较大型企业和大农场主手中外,咖啡等农作物的生产均分散在小型企业和小农场主手中。由于受到资金和技术的限制,绝大部分小农场主在农作物种植生产上存在机械化程度不高的缺陷。近年来,牙买加政府为发展农业,积极引进资金和技术,并制定了相关的鼓励投资政策。牙买加政府规定,不论本国投资者或外国投资者投资于牙买加农业种植和农产品加工领域,其种植和加工的农产品绝大部分用于出口者,可享受10年税收优惠政策,根据具体情况减免进口税和收入税。

牙买加的畜牧业较为落后,尽管南部内陆地区有一定数量的牧场,但远远不能满足国内居民对畜产品的需求,肉类产品主要依赖进口。

尽管牙买加政府逐渐意识到开发利用环岛周围的海产资源的

---

① http://www.coffeecaffeine.com/coffees/BlueMountian.html
② Economist Intelligence Unit, *Country Profile 2008*: *Jamaica*, p. 21.

重要性，鱼和海产品的产量也有所增加，但仍然不能满足国内市场的实际需求。牙买加已参加联合国加勒比海渔业发展计划，探讨拓展渔业的可行性，同时寻求国际援助开发本国渔业资源。

牙买加森林面积约为 21.8 万公顷，占国土总面积的 20%。在独立之前，由于殖民者片面追求蔗糖的产量，大片的森林被砍伐，造成森林面积锐减。近几十年来，牙买加人民为防止洪涝和水土流失，掀起了植树造林热潮，首选的树木品种有柳、桉、加勒比松、桃花心木和烟草香椿等，已经建立起 98 处防护林。国家为保护林业资源，除按计划出口染料木外，严禁乱砍其他林木。

第三节 工业

一 制造业

制造业是牙买加出口创汇的重要来源之一，在过去的 10 年中，制造业年均创汇超过 4 亿美元。当前，牙买加的制造业已成为对 GDP 贡献率的第三大产业。主要制造业有蔗糖加工业、食品业、饮料业、烟草业、药品生产、建筑材料业、电器业和成衣加工业等。

第二次世界大战之前，牙买加的制造业主要是以一些农牧业产品为原料的加工工业，如食糖、卷烟、啤酒、制革。第二次世界大战以后，牙买加议会颁布了一系列立法来刺激制造业的发展。在这些政策的带动下，牙买加制造业产值在 1950~1971 年的 21 年间增长了 7 倍多。1952 年，牙买加仅有 703 家制造业工厂，到 1971 年增加到了 1400 家，其中 158 家是通过各类鼓励法建立起来的。20 世纪 70 年代初期，在牙买加制造业中，民族资本只占总数的 17.7%，外资则控制了 33.5%，合资企业占 48.8%。20 世纪 70 年代，相当数量的产品只是面向出口，这样,一旦外部条件出现恶化,制造业便将面临瘫痪的危险。

20世纪80年代,牙买加政府为制造业实施了一系列调整政策,主要措施包括:放宽进口许可,减少进口配额限制,鼓励外资,促进向欧美市场出口,等等。经过结构调整,一些效率低、利润少的制造业产品的产量降低甚至停产,而一大批面向出口的非传统制造业部门成为吸引投资最多的部门。

自20世纪80年代末开始,制造业对GDP的贡献率开始下降,制造业产值占GDP的比重从1990年的21.1%降至1996年的15%;到2006年降至12.6%。[①] 制造业就业人口也从1990年占就业总人口的12.5%减少到2004年的6.5%。2005年,制造业的产值较2004年下降1.0%,下降的主要因素包括牙买加石油冶炼厂的关闭,维尔马热带风暴、"丹尼斯"和"埃米莉"飓风造成农作物产量的下降,以及机电等进口成本的增加。但制造业出口额在2005年获得了较大幅度的增长,与2004年相比,增幅达到了16.9%。2006年,牙买加制造业产值继续出现负增长,总产值较2005年下降了2.4%。2007年,制造业产值有了一定的回升,年增长率约为0.9%。

表4-3 2002~2006年牙买加主要制造业生产情况

年 份	2002	2003	2004	2005	2006
水泥(千吨)	614.1	615.3	808.5	844.8	760.8
酒(含朗姆酒,百万升)	22.8	26.7	26.6	26.2	22.8
面粉(千吨)	126.9	129.9	128.8	135.4	129.3
香烟(百万)	1050.3	888.9	954.7	728.4	0.0
肥料(千吨)	40.0	45.8	45.9	54.5	48.8

资料来源:Planning Institute of Jamaica, *Economic and Social Survey*。

---

① Economist Intelligence Unit, *Country Profile 2008*:*Jamaica*, p.23.

第四章 经 济

制造业中纺织业和制衣业兴起于进口替代工业化时期。20世纪80年代，由于美国和其他英属加勒比国家对牙买加商品实行免关税政策，纺织品和成衣出口曾是牙买加政府主要扶植的制造业部门。20世纪90年代中期以来，牙买加货币长期被高估，加上墨西哥、多米尼加和海地等国的低成本优势，牙买加的纺织业和制衣业的竞争力迅速下滑，该行业就业人数也从20世纪90年代初的35000人减少到2001年的不足10000人，2004年更是减少到不足7000人；出口收入也相应地从1995年的5.82亿美元减少到2004年的2.13亿美元，2001年出口收入甚至只有9000万美元，较2000年下降了41%。

制糖业是牙买加的传统行业，在众多工业部门中仍占据重要位置。现在制糖业的规模、机械化程度都发生了根本性的变化，由过去作坊式、手工操作的简陋工序，经过多次技术改造和革新，逐步被现代化规模所取代。

二 矿业

牙买加的矿产资源较为单一，主要有铝土、钴、铜、铁、铅、锌和石膏等。其中铝土储量约为25亿吨，居世界第5位，仅次于澳大利亚、几内亚、中国和巴西，其中易开采的约为15亿吨。[①] 按照牙买加目前的年产量计算，可开采100年。其优势在于矿层接近地表而易开采，矿山靠近港口便于运输。铝土矿早在1869年就被发现，但直到1952年牙买加政府才与两家美国公司和一家加拿大公司联合开采。5年后，牙买加铝土年均产量达到500万吨，约占世界铝土总产量的1/4，成为

[①] Jamaican Bauxite Institute, *Jamaican Bauxite and Alumina Industry*, p. 2. (http://www.bunting.org.jm/pdfs/JBI_ An% 20Overview _ of _ Jamaica's _ Bauxite_ Industry. pdf).

牙买加

世界第一大铝土生产国,这一优势一直维持到1970年。1971年,澳大利亚以年约6000万吨的产量取代牙买加成为世界上第一大铝土生产国,而年产量约为1300万吨的牙买加退居第二位。到20世纪70年代末,几内亚的铝土年产量升至1800万吨,成为世界第二大铝土生产国。牙买加在世界铝土总产量中所占份额从20世纪70年代的18.1%降至2005年的8.1%。尽管如此,但国际上仍习惯称牙买加为"铝土之国"。据统计,牙买加的铝土开采和加工业占其国内生产总值的10%。[①]

氧化铝是铝土经过粉碎、浸提、过滤和沉淀后,在华氏2000度的转窑中煅烧、冷却等一系列工序后制成的精盐状白色粉末。在牙买加,大约每2.6吨铝土可以炼成1吨氧化铝,每5吨多铝土可炼成1吨铝。与单纯出口铝土相比,牙买加从氧化铝的出口所获得的外汇收入要多3倍,就业机会也要多3倍。因此,牙买加政府一直鼓励国内外投资者在岛内开设氧化铝工厂。

为有效开采国家资源,增加财政收入,牙买加政府于1974年开始对铝土的开采和冶炼采取保护政策,对开采铝土资源的外国公司征收生产税。为减少纳税数额,外国公司对开采量加以限制,使铝土开采业没有得到有效的发展,大量矿工也因外国公司的限制生产规模而失业。为加快铝土开采业的发展,牙买加政府在维护民族经济利益的前提下,采取股份制形式,吸引外商投资入股。现在牙买加已经控制3家美国公司的51%股份。

从20世纪80年代中期开始,由于世界对铝土需求量的减少以及牙买加相对竞争力的下降,铝土产量出现了短暂的迅速下滑。随着国际市场价格的回升,以及牙买加采矿条件的改善,铝

[①] Jamaican Bauxite Institute, *Jamaican Bauxite and Alumina Industry*, p. 4. (http://www.bunting.org.jm/pdfs/JBI_ An% 20verview_ of_ Jamaica's_ Bauxite_ Industry. pdf).

土的出口量开始有了稳定的增长。1990~1996年，牙买加矿业年均增长率为9%。但是1988年的"吉尔伯特"飓风和2004年的"伊万"飓风给当地的采矿业带来了巨大的打击。以2004年为例，当年牙买加的铝土出口量较2003年下降了12.4%，出口额也下降了将近9%。2005年，虽然遭受了多次自然灾害，但是采矿业还是实现了2.8%的增长，其中铝土产量增长6.2%，创下了1974年以来最大的增幅。本国产量的增加，以及世界铝产量与消费量的增长（世界铝产量增长了6.8%，铝的消费量增长了5.7%），带动了牙买加全年铝土业出口收入的增加。2005年，铝土的出口创汇占到了全国外汇总收入的9.5%，氧化铝的出口额也达到了9.2亿美元。

根据牙买加政府统计的数据，2006年，矿业部门同比增长1.8%。增幅较低的原因在于劳资纠纷和技术困难制约了氧化铝行业的发展，与2005年1.6%的增幅相比，2006年氧化铝产量仅增长0.3%。相反，铝土的产量有了较大幅度的增长，增幅达到了12.3%。2006年牙买加铝土产量约达1490万吨，创历史最高产量，其中直接出口450万吨，氧化铝出口量410万吨，出口收入约10亿美元。2007年，矿业部门不太景气，全年铝土产量约为1460万吨，较2006年减少2%。

表4-4 2002~2006年矿产量及其出口情况

单位：百万吨

年　份	2002	2003	2004	2005	2006
铝土总产量	13.1	13.4	13.3	14.1	14.9
天然铝土出口量	4.1	3.8	3.3	4.0	4.5
氧化铝出口量	3.6	3.8	4.0	4.1	4.1
铝土出口额（百万美元）	102.5	89.4	80.7	98.7	111.2
氧化铝出口额（百万美元）	611.0	685.0	823.0	920.9	1042.1

资料来源：Bank of Jamaica；Planning Institute of Jamaica, *Economic and Social Survey*。

铝土开采业的发展,不仅受国际市场价格的直接影响,还受到投资状况的影响。目前在牙买加经营铝土开采业的跨国公司有美国的美铝公司(Alcoa)、挪威的海德罗公司(Norsk Hydro)、瑞士的嘉能可公司(Glencore,2001年收购了加拿大铝业集团),以及由嘉能可和罗南达(Noranda)联合控股的世纪铝业公司(Century Aluminum Company)。其中世纪铝业公司在2004年10月收购了牙买加恺撒铝土矿业公司49%的股份。为促进铝土业的发展,牙买加政府给予跨国公司一系列优惠政策。2002年,美铝公司与牙买加政府达成协议,以收入税取代铝土税,这一政策对扩大美铝公司在牙买加的经营起到了非常大的推动作用。该公司增加了1.15亿美元的投资,在牙买加扩建了两个氧化铝冶炼厂,从而使得该公司在2003年年底的产量提高了25%,年产量达到了125万吨;到2007年,年产量达到142.5万吨。跨国公司投资的增加,不仅提高了牙买加铝土业的产量和生产效率,同时也提高了牙买加在该行业的国际竞争力。

三 建筑业

20世纪80年代初,牙买加建筑业摆脱了20世纪70年代长期低迷的状况。铝土业和旅游业的飞速发展,给牙买加建筑业带来了发展的契机。牙买加建筑业的发展主要体现在新工厂、旅馆和居民住宅建设的增加。20世纪90年代以来,牙买加建筑业开始走下坡路,1990~1994年期间年均下降0.8%。1995年,由于牙买加政府加大对住房建设和社会基础事业投资的力度,以及一些与旅游相关的建筑项目的开展,建筑业出现复苏迹象,当年增长率便达到7.2%。但从1995年开始,牙买加的建筑业每况愈下,1996~1999年,由于政府实行紧缩需求的管理政策,建筑业年均下降4.2%。随着建筑业的持续不振,建筑业产值占GDP的比重也逐渐下滑。1992~1995年间建筑业产值占 GDP 的 10.5%，1996~2000 年该比重降至 9.7%。[1]
2000 年以来，牙买加政府加大了对基础设施建设的投资力度，加之电信网络的不断扩建，建筑业开始复苏。2001 年、2002 年该行业分别获得了 2% 和 2.2% 的增长，而 2000~2004 年，建筑业产值占 GDP 的比重年均为 9.6%。2004~2006 年，随着旅游业的强劲发展和采矿业投资的增长，牙买加建筑业重新焕发出了生机，年均增幅达到了 10.2%。[2] 2006 年，建筑业出现 2.8% 的负增长，成为当年业绩最差的行业。2007 年，在公共部门和私营部门投资的带动下，旅馆建设和电信设施建设出现了大幅度增长，建筑业增长率达到了 5.4%，远远高于其他经济部门同年的增长率，也高出了建筑业自身近五年来 3.0% 的平均增长率。

四 能源工业

牙买加石油储量极为贫乏。20 世纪 80 年代末期，该国 90% 的石油依靠进口，主要石油输入国为墨西哥、委内瑞拉、特立尼达和多巴哥以及荷属安的列斯群岛。牙买加的石油资源和进口由国有的牙买加石油公司 (Petroleum Corporation of Jamaica, PCJ) 经营管理。30% 以上的进口石油主要投入对石油需求较大的铝土及其相关行业。

牙买加仅有的一座石油提炼厂，坐落在金斯敦，具有日产油量 3600 桶的提炼能力。该提炼厂原先由埃克森美孚石油公司所有，1982 年，牙买加政府以 5500 万美元的价格将其收为国有。该厂被收归国有后，牙买加石油公司的附属公司牙买加石油 (PetroJam) 负责管理该厂的经营操作。

随着牙买加宏观经济的发展，电力供应成为亟待解决的问

---

[1] Economist Intelligence Unit, *Country Profile 2008*: *Jamaica*, p. 23.
[2] Economist Intelligence Unit, *Country Profile 2008*: *Jamaica*, p. 23.

牙买加

题。20世纪70年代,牙买加的能源政策注重增加农村电力供应。1975年,牙买加政府与美洲发展银行合作,发起了农村电气化计划。到1987年,牙买加农村的电气普及率达到了54%,高于大多数发展中国家,而在城市地区,牙买加的电气普及率接近100%。

牙买加的电力主要靠热力发电,占总发电量的83%,其次是水力发电,另外还有少量的柴油发电。2005年,牙买加的发电量有了较大的增长,总发电量达到了38.78亿千瓦时,比2004年增长4.3%。牙买加的发电量主要由牙买加公共服务公司(Jamaica Public Service Company,JPSCo)提供,2005年,该公司的发电量占牙买加发电总量的72.5%,而其他一些小发电厂只占27.5%。牙买加的电力消费主要以大城市为主,其中金斯敦和蒙特哥贝的电力消费量占全国电力总消费量的60%。2005年,售电量约为30.11亿千瓦时,相当于发电量的77%,较2004年增长1.3%,电力收入也增至403亿牙买加元,同比增长31.8%。2007年,"迪安"飓风给牙买加的电力部门带来很大的影响,飓风损坏了全国60%的输电网络,该年发电量仅增长了0.9%,售电量增长率为2.3%。①

第四节 旅游业

牙买加具有丰富的旅游资源,阳光、沙滩和大海是牙买加旅游业的招牌。旅游业已是牙买加最为重要的经济部门,也是该国发展最为迅速的行业。牙买加旅游资源主要集中在北部海岸,包括蒙特哥贝、迪斯卡弗里贝、朗阿韦贝、奥丘里奥斯、奥拉卡贝萨、玛丽亚港和安东尼奥港,其中蒙特哥贝是北

---

① 牙买加公共服务公司网站(http://www.myjpsco.com/)。

部海岸旅游带的中心。

20世纪初，牙买加的旅游业的规模较小。从20世纪40年代开始，牙买加旅游业发展迅速。到20世纪50年代，牙买加已成为世界上著名的旅游胜地之一，来牙买加的游客数量从20世纪40年代后期的6万人增至1969年的37.5万人。20世纪70年代以来，牙买加旅游业的外汇收入仅次于铝土开采业。20世纪80年代，旅游业取代铝土业成为牙买加创汇最多的部门。

近年来，旅游业继续保持快速发展趋势。2005年，旅游业收入创历史最高纪录，达到了15亿美元，已经跃居牙买加各行业之首，成为牙买加国民经济中的最重要的支柱产业。旅游业从业人数达21万，其中4万人直接在旅游部门就业，还有17万人在与旅游业相关的行业就业。2006年旅游业收入增长了16.1%，达到了18亿美元，与当年货物总出口收入的19亿美元基本持平。[1]

牙买加旅游业完全是凭借政府扶持发展起来的。1944年，牙买加制定了《旅馆援助法案》，其宗旨是通过加快旅游设施等硬件的建设，改善国内旅游环境。1955年，牙买加政府专门为加速旅游业发展设立了牙买加旅游局。旅游局不仅在全国各地设有分支机构，而且在英国、美国、加拿大和拉美国家的大城市都成立了办事处。这不仅加深了国外游客对牙买加的认识，而且也为国外游客赴牙买加旅游提供了便利。牙买加政府随后在1968年和1971年分别制定了《旅馆鼓励法》和《别墅鼓励法》，政府对新建的旅馆和别墅给予长达7年免征所得税的优惠，大大提高了国营和私营旅游部门的积极性。为适应西方发达国家游客的消费要求，牙买加还开发了金斯敦、蒙特哥贝、奥丘里奥斯、安东尼奥、曼彻斯特6个现代化旅游度假区。此外，政府还通过开

---

[1] Economist Intelligence Unit, *Country Profile 2008*: *Jamaica*, p. 25.

牙买加

办旅游服务学校,培训从事旅游业的管理人员和服务人员,从提高旅游业服务人员的素质入手来提高服务质量。

在政府多年的扶持下,牙买加旅游业获得了快速发展,赴牙买加的外国游客人数明显增长。1994年,牙买加接待的游客数量便达到了157万。2001年,受牙买加首都金斯敦武力冲突和美国"9·11"恐怖袭击事件的影响,牙买加旅游业陷入困境。2002年,游客数量有了0.65%的较小回升,达到了213万,旅游外汇收入也恢复到了12亿美元。2003年之后的两年时间里,牙买加旅游业增势强劲,已接近或超过2000年牙买加旅游业的鼎盛时期。2005年,赴牙买加的游客数量增至270万,游客人数首次超过了牙买加本国人口的总数,旅游业收入也比2004年增加4%以上。在2005年的游客中,游船游客数量约占42%,而航空过夜游客数量约占58%。特别值得注意的是,在过去10年中,游船游客数量增长迅速,从1993年的62.8万人次增至2006年的130万人次。整体消费更高的游船游客数量的增加,是牙买加整个旅游业收入迅速增长的一个主要原因。[①]

表4-5 2003~2007年牙买加旅游业情况统计

单位:万人

年 份	2003	2004	2005	2006	2007
游客总数量*	248.4	251.5	261.5	301.6	288.0
美国游客数	90.5	93.3	99.1	115.7	113.6
加拿大游客数	8.8	9.9	11.0	15.1	19.1
欧洲游客数	21.1	23.3	22.6	25.3	28.9
旅游总收入(百万美元)	1355.1	1438.0	1545.0	1884.7	1832.0

* 游客总数量中除包括美国、加拿大、欧洲游客以外,还包括其他国家和地区的游客。

资料来源:Bank of Jamaica, *Statistics Digest*, March of 2008。

---

① Economist Intelligence Unit, *Country Profile 2008*: *Jamaica*, p. 25.

第四章 经 济

牙买加的游客客源较为集中，大部分游客是美国人，其中以来自纽约、伊利诺伊、新泽西、佛罗里达和加利福尼亚等州的美国游客居多。除美国旅客外，加拿大的游客较多，其次是欧洲人和其他西印度群岛人。从2003年以来，欧洲游客数量有了明显的增长。2005年，在所有过夜游客中，美国游客占2/3，欧洲和加拿大游客占1/4。2006年游客数量首次超过300万，其中美国游客首次超过了100万人次，增幅约为12.5%；加拿大和欧洲游客数量也分别增长了31.4%和17.1%。2007年，由于受到飓风等恶劣天气的影响，牙买加接待的游客数量较2006年有所减少，全年共接待游客数量约为288万人次。

目前，牙买加旅游业的蓬勃发展还表现在对旅馆建设的投资方面。牙买加扩大旅馆建设投资的主要出发点是：（1）牙买加已成为吸引欧洲游客的主要出游目的地之一，赴牙买加的欧洲游客出现了强劲增长势头；（2）牙买加在旅游目的地国家中享有较高的声誉。2004年，牙买加政府提出了耗资高达1226.4亿牙买加元（约合20亿美元）的"大旅游计划"，即在此后10年内，对牙买加旅游胜地的英国殖民烙印进行清除，对名胜古迹进行修复，并修建连接各旅游胜地间的道路。另外，牙买加政府还制定了《旅游促进法》。

第五节 财政与金融

一 财政

牙买加的财政年度是每年的4月1日至次年的3月31日，该国90%以上的财政收入来源于政府税收。20世纪90年代初，牙买加的财政一直处于盈余的状况。1994年经济危机过后，牙买加的内债迅速上升。从20世纪90年代后期开始，牙买加的利息支付额超过了政府财政收入的一半，财政收支状况迅速恶化。为改善财政收支状况，牙买加政府在增加财政收入的同时，大力压缩财政支出，除了压缩日常项目开支、控制工资增长幅度以外，重点压缩基本建设项目支出。为弥补财政收支不足，尤其为弥补和扩大基本建设项目支出，牙买加政府更多地依赖于外国援助和借债。2002~2006年，牙买加的财政状况呈好转趋势，财政赤字占GDP的比重逐年下降，从2002年的8.2%降至2005年的3.2%。2006/2007年度，牙买加财政赤字约为4.1亿美元，约占GDP的4.1%，高于牙买加政府2.5%的预期目标，财政状况较2005年有所恶化。①

由于牙买加政府无法通过缩减财政开支来平衡预算，在开源节流方面缺乏政策回旋余地，使牙买加政府的财政平衡目标只有通过提高税率来实现。鉴于目前政府开支的50%要用于偿还债务和利息，能否将公共财政带入健康发展轨道将直接影响牙买加未来的经济发展前景。

目前，牙买加主要税收有进口关税、财产税、所得税；涉及商品的税种有进口关税、普通消费税、特别消费税和海关担保附

表4-6 2002~2007年度牙买加财政状况（按财政年度统计）

单位：亿牙买加元

	2002/2003年度	2003/2004年度	2004/2005年度	2005/2006年度	2006/2007年度
总收入	1141.0	1498.7	1715.4	1866.8	2116.3
税收收入	1029.3	1310.9	1504.8	1625.8	1883.0
非税收入	47.7	90.4	98.3	118.0	140.5
铝土税	17.6	21.4	24.8	31.3	41.7
资本收入	37.2	70.6	45.3	84.6	32.9

---

① Bank of Jamaica, *BOJ Annual Report* (2007).

续表 4-6

	2002/2003 年度	2003/2004 年度	2004/2005 年度	2005/2006 年度	2006/2007 年度
援助	9.1	5.4	42.2	7.2	18.1
支出和贷款	1483.1	1796.1	1994.9	2077.2	2491.0
工资支出	514.9	604.6	635.2	631.1	786.6
计划支出	274.6	252.7	320.8	408.5	491.2
利息支付	621.2	881.9	927.8	883.0	978.2
资本支出	72.4	56.9	111.1	154.7	235.0
财政平衡	-342	-297.3	-279.5	-210.4	-374.8
财政平衡占 GDP 比重(%)	-8.2	-6.1	-4.9	-3.2	4.1

资料来源：Planning Institute of Jamaica, Economica and Social Survey。

加印花税。近几年来，牙买加的税收收入增加较快，2005 年全国税收收入达到了 1866.8 亿牙买加元（约合 30 亿美元），约占 GDP 的 30%。

二　金融

1. 金融业概况

牙买加独立之初，由于经济状况较好，大批外资银行涌入牙买加，其中包括美洲银行（Bank of America）、摩根大通银行（JP Morgan Chase）、第一芝加哥银行（Frist Chicago NDB）等。1984 年 6 月，主要外资银行停止了在牙买加的运营。

牙买加金融业在 20 世纪 80 年代得到了充分的发展。根据美洲开发银行对 1986~1990 年牙买加金融业发展状况的研究统计，该时期牙买加金融部门的资产实际增长了 19%，固定资产从 2.48 亿美元增至 2.95 亿美元，而整个拉美金融业在该阶段的增长率仅为 7.2%。伴随着牙买加的金融业的发展，牙买加的商业银行和金融机构数量也逐渐增多，其中商业银行（Commercial

牙买加

banks)和招商银行(Merchant banks)是金融业中增长最为迅速的机构。

20世纪90年代初,牙买加实行新自由主义改革后,政府放松了干预经济的力度,对外资实施完全开放,扩大了货币的供应量。金融业的无序扩张造成了生产成本的大幅提高,从而使得银行贷款锐减。1994年以后,金融业收益率不断恶化,实际利率快速上升,经济增长乏力。

1994年12月,牙买加金融业濒临危机。1995年年中,牙买加第四大商业银行世纪国家银行(Century National Bank, CNB)由于不良贷款率迅速上升而陷入困境,1996年7月该银行被牙买加政府接管。次年,牙买加金融机构出现了资产大量流失的局面。为防止局势进一步恶化,牙买加银行(Bank of Jamaica, BOJ)不得不通过预付和透支的方式来维持濒临倒闭的金融机构。除了银行业外,牙买加的一些保险公司也陷入了同样的困境。1998年7月,牙买加政府宣布接管全国最大的7家商业银行,并通过新成立的金融部门调整公司(Financial Sector Adjustment Company, FINSAC)负责管理这些被政府接管的金融机构。

在政府的干预下,受金融部门调整公司管理的金融机构及相关企业一度达到了100多家,其中包括旅馆、房地产公司和其他类型的企业。到1998年11月,金融部门调整公司掌控了所有的国有银行,其中包括60%的银行资产和90%的保险公司的总资产。通过干预和转让等措施,牙买加政府总共向金融业投入了1300亿牙买加元(约合28亿美元,约占当年GDP的40%)。[①]随后,金融部门调整公司还通过发行债券和转移不良贷款等手段,帮助金融机构恢复了偿付能力。2001~2002年,牙买加金

---

① Economist Intelligence Unit, *Country Profile 2008*: *Jamaica*, p. 24.

融业的流动性也得到了较大的改观。金融部门调整公司的调整措施虽然起到了稳定金融部门的效果，但也带来了两个方面的问题：其一，巨额的低息贷款使得公共债务（主要是金融部门调整公司债务）迅速上升，到 2000 年 6 月 30 日，金融部门调整公司债务总额超过了 GDP 的 40%，这使得公共部门的总债务达到了 GDP 的 140% 以上。其二，由于金融机构不动资产的绝大部分皆为金融部门调整公司贷款，这使得金融机构自我调整的空间非常有限。

为使宏观经济保持稳定并克服危机的影响，牙买加政府在国际货币基金组织的监督下实施了"政府银行重建和债务管理计划"（the Government's Bank Restructuring and Debt Management Program，BRDP）。该计划旨在使经济恢复增长，并逐步降低公共债务率，主要包括如下几个方面：（1）对接受政府援助的金融机构实行资本重置（Re-capitaliztion）。金融部门调整公司对一些金融机构采取了关闭、合并、重建和出售的处理措施，同时持有两个大银行和一个保险公司绝大部分股权。另外，金融部门调整公司出售了大批房地产、商业、物业（Residential Property）等空心资本（Non-core assets）。除此之外，金融部门调整公司还出台了一系列处理不良贷款（Non-Performing Loans）的新政策。（2）改进金融监督体制，主要包括加强牙买加银行（Bank of Jamaica）的权力，加强监督机构之间的相互协作，成立一个对保险业、证券业和养老金管理实施综合监督的机构，等等。（3）对政府公共债务结构进行调整和管理，通过资产出售降低债务比率；使用长期和优惠的外债取代短期和高息内债的方法调整债务结构，采取措施阻止金融部门调整公司债务继续增长。

该计划的主要执行部门是牙买加财政与计划部（Ministry of Finance and Planning，MOF），金融部门调整公司协同财政与计划部执行。"政府银行重建和债务管理计划"于2002年12月31日结束,总投资额为7500万美元。该计划的实施使牙买加金融业得以规范,抑制了危机进一步恶化,阻止了经济的下滑,同时也提高了金融系统对危机的防御能力。通过改革计划,牙买加制定了新的相关法律,加强了对银行业的监管力度。

2. 金融机构

牙买加银行 前身为1960年10月1日成立的牙买加中央银行,1961年5月正式营业,牙买加政府拥有其100%的股份。牙买加银行是牙买加的中央银行,拥有发行货币、代理国库、管制外汇、制定货币政策等权力。现任行长为德里克·拉蒂博迪尔(Derick Latibeaudiere)。

牙买加国民商业银行(National Commercial Bank Jamaica Limited) 前身是1837年5月成立的殖民银行(The Colonial Bank),后来先后三次更名,1977年6月12日改用今名。牙买加国民商业银行是一家商业银行,为 N. C. B. Group Limited 所有。在本国银行中排名首位。1975年1月与中国银行建立了代理行关系。

牙买加诺瓦斯科蒂亚银行(Bank of Nova Scotia Jamaica Limited) 1967年1月16日成立,是一家商业银行,在牙买加的银行排名中列第2位。

牙买加公民银行(Jamaica Citizens Bank Ltd.) 1967年成立,是一家合资银行,在牙买加的银行中排名第3位。

牙买加加拿大帝国银行(CIBC Jamaica Limited) 前身是1976年10月1日成立的牙买加商业银行(Bank of Commerce Jamaica),1988年7月1日改用今名。该银行是一家商业银行,加拿大帝国商业银行拥有其55%的股份,牙买加政府拥有45%的股份,在牙买加的银行中排名第4位。

斯科蒂亚牙买加信托及商业银行(Scotiabank Jamaica

Trust ande Merchant Bank Ltd.) 1987年成立,牙买加诺瓦斯科蒂亚银行拥有其100%的股份,在牙买加的银行中排名第5位。

牙买加加拿大帝国信托公司(CIBC Trust Jamaica Limited) 前身是1960年7月23日成立的加拿大商业银行信托公司,1988年改用今名,在牙买加的银行排名中位居第6位。

三 货币与汇率

1. 货币

自独立以来,牙买加共发行过两套货币。第一套货币于1961年5月1日面世,由牙买加银行发行。牙买加货币分纸币和硬币两种,纸币的面值包括5元和10元两种,硬币的面值有1镑和5镑两种。货币上分别印有伊丽莎白女王二世的肖像和牙买加银行首位主管人斯坦利·佩顿(Stanley W. Payton)的签名。该套货币一直沿用到1969年牙买加改用十进位制货币体制。

1968年1月30日,众议院一致通过了议会特别委员会所提出的修改货币体制的建议,决议包括(1)实行货币十进位制;(2)货币最大和最小单位应该分别为"元"和"分";(3)在1969年9~10月间完成货币体制的改变。1969年9月8日,新硬币和纸币首先面世,这种1分的硬币最初是铜镍合金,1970年硬币的材质改为铜质;新纸币的变化非常大,英国女王的肖像被牙买加民族英雄的肖像所取代,其中10元纸币上的肖像是乔治·威廉·戈登;2元纸币上是保尔·博格尔(Paul Bogle)的肖像;1元纸币选择的是巴斯塔曼特的肖像;而马库斯·加维的肖像出现在50分纸币上。1970年10月20日,又增发了一种5元面值的纸币。

1976年11月,牙买加银行增发了一种20元面值的纸币,纸币上的肖像选择了诺埃尔·内泽索尔(Noel Nethersole,牙买

加银行的创立者），同时取消50分纸币的流通。1986年和1988年，100元和50元面值的纸币相继面世。

1994年6月，牙买加对货币面值进行了新的调整。5元纸币用硬币取代，改变1元、25分和10分三种面值硬币的外观，取消了5分硬币。这样，新确立的货币面值结构是：硬币的面值分别为1分、10分、25分、1元和5元五种类型，纸币则包括10元、20元、50元、100元和500元五种面值。2000年3月，1000元的纸币面世，同年7月进入流通，与此同时，20元的纸币被硬币所取代。[①]

2. 汇率

从独立以来，牙买加政府实行了多种汇率制度，其中包括正式盯住汇率制、非正式盯住汇率制、双重汇率制以及多种类型的浮动汇率制。目前，国际货币基金组织将牙买加的汇率制定位为自由浮动汇率制。

在过去的30年间，牙买加与美元的汇率波动幅度非常大，1977年为1美元＝0.91牙买加元，1990～1994年期间，由于经济的不稳定，牙买加货币大幅贬值，牙买加元与美元的比价从1990年7.18∶1升至1994年的33.35∶1。1995～1998年，牙买加政府将汇率作为稳定物价的做法造成了这一时期本币实际升值54％。20世纪90年代末期，随着宏观经济环境的逐步稳定，以及实施了更为灵活的汇率政策，牙买加币值高估的情况有所改善。1999～2002年，货币累计贬值10％，2003年，再次贬值10％。自2004年开始，牙买加的汇率相对趋于稳定，2007年，1美元约合69.06牙买加元[②]。

---

① 有关货币的具体介绍参见牙买加银行关于货币历史的介绍（http：//www.boj.org.jm/currency_history.php）。
② 牙买加银行网站（http：//www.boj.org.jm/foreign_exchange.php）。

表4-7　2000~2007年美元与牙买加元的比价

单位：牙买加元

年　份	2000	2001	2002	2003	2004	2005	2006	2007
1美元兑换	43.08	46.08	48.54	57.93	61.34	62.50	65.88	69.06

资料来源：Bank of Jamaica, *Exchange Rate Annual Average*。

第六节　交通与通信业

一　交通运输

牙买加的交通运输业较为发达，但是交通运输系统的设施日益老化，已逐渐成为牙买加经济发展中面临的主要问题之一。由于近年来货物贸易和汽车数量的大幅增多，全国城市公路运输网亟待更新。铁路运输较为滞后，海运和空运是牙买加重要的交通运输手段。

公路　公路线总长度达到30198公里，主要公路里程为4857公里，其中，3219公里为沥青路，另外还包括23971公里的农村公路和1497公里金斯敦市区公路。随着1993年解除对汽车的进口限制，牙买加的机动车数量激增，这给牙买加的公路运输系统带来了巨大压力；尤其是在城市地区，交通拥挤问题愈发严重。近几年，牙买加政府在公路建设方面增加了投入。目前，牙买加还有两条高速公路在建，其中一条是沟通尼格瑞尔、蒙特哥贝、奥乔里奥斯和希望交易会（Fair Prospect）之间的北部海岸高速公路，该高速公路的首个路段已于2002年通车，第二路段已于2007年底完工，最后一个路段的原定完工时间为2008年年中，但工程目前延期至今依然未能完工。另一个是连接金斯敦和蒙特哥贝的公路项目"高速2000"，在经过多年的规划后已动

牙买加

工，目前仅完成首期工程部分路段的施工。[①]

铁路 牙买加的铁路运输非常薄弱，全国铁路总长仅为 272 公里。1999 年，牙买加政府制订了与私人部门联合开发铁路运输的计划，但该计划最终没有得到落实。自 1992 年铁路停止客运服务后，现有的铁路基本全部用于铝土和氧化铝的运输。

海运 海运在牙买加交通运输中占有极为重要的地位，全国共有 13 个港口。其中，金斯敦是世界第七大天然港，同时也是加勒比海一个主要的货运中转站，具有现代化集装箱码头和仓库。金斯敦港的运营效率非常高，但是由于劳动成本偏高，以及加勒比地区新建了一批港口，该港的竞争力有所下降。蒙特哥贝是牙买加另一个主要港口。2005 年，牙买加港口吞吐量增长 9.6%，达到了 1860 万吨。

空运 在旅游业的带动下，牙买加的空运服务发展较为迅速。全国共有首都金斯敦的诺曼·曼利和蒙特哥贝市的唐纳德·萨格斯特两个国际机场，开辟了通往美国、加拿大、欧洲等 20 条航线，年均客运量约为 450 万人次。

二　通信业

牙买加的信息技术处于世界 78 个信息技术发达国家行列。2005 年，牙买加移动电话用户数量增长了 22.2%，达到了 270 万户。

为进一步发展经济，创造更多的就业机会，牙买加政府将发展信息通信产业（IT）作为经济的重点发展领域，在政策上给予大力扶持，加大对 IT 产业基础设施建设的投入，不断扩大 IT 产业规模。在过去五年里，牙买加信息技术产业发展迅速，该行业已成为牙买加国内最赚钱和最有活力的部门。

[①] Economist Intelligence Unit, *Country Profile 2008*: Jamaica, p. 12.

第四章 经　　济

　　1999年之前,牙买加的电信业一直由英国公司——牙买加电缆和无线公司（Cable & Wireless Jamaica, C&WJ）独家垄断。自牙买加成为世界贸易组织《基础电信服务协定》（Agreement on Basic telecommunications Services）的签约国后,牙买加政府开始允许其他外国公司进入电信行业,并给予外国投资者以国民待遇。1999年9月,牙买加政府推出开放电信业的具体实施办法,决定分三个阶段逐步开放本国电信业,并在2000年颁布了《电信法》（Telecommunications Act）,规范行业的经营和竞争。第一个阶段,即从1999年9月到2001年10月,牙买加政府首先与牙买加电缆及无线公司签署协定,结束了牙买加电缆及无线公司在牙买加电信业长达25年的垄断经营,但依然允许该公司在电信业利润最高的国际语音服务领域享有为期3年的独家经营权；第二阶段,从2001年11月电信业的自由化到2002年底,牙买加政府进一步开放IT产业领域,共发放了146个电信业经营许可证；第三阶段,从2003年3月1日开始,牙买加政府宣布该国电信业完全开放,进入了全面自由化、公平竞争的经营时期。

　　在分三个阶段逐步开放本国电信业的同时,牙买加政府还于2000年推出了一项全国IT业战略五年计划。该计划着重开发人力资源、建设基础设施、落实推动经济增长的新立法和政策等,目的是将牙买加经济改造成知识型经济,建设信息化社会。根据该战略计划,牙买加政府加大了对IT业的人力资源开发,对政府机构推行电子政务,社会项目开发以及对企业的扶持。牙买加政府还与世界银行、美洲开发银行等机构共同开展上述领域内的项目合作。

　　自政府开放电信业以来,外国投资者逐步进入牙买加IT产业,为该行业的发展注入了生机,IT产业已成为牙买加发展最快的行业之一,同时也成了牙买加的支柱产业之一。牙买加政府希望本国的 IT 产业不仅在加勒比地区引领潮流，并在未来 5~10 年里能与世界 IT 产业领先的国家展开竞争，使 IT 产业真正成为牙买加经济增长、创造就业机会的主要推动力。

第七节　对外经济关系

一　外贸政策

牙买加从 1986 年开始实行贸易自由化，废除实行 20 年的进口替代政策，取消了对进口的限制，逐步降低 200% 的进口关税。到目前为止，牙买加一般工业品和农产品的进口关税已分别降至原关税的 30% 和 40%。目前，牙买加几乎没有什么贸易限制，对享受最惠国待遇的进口产品所征关税相对较低，平均关税水平约为 10%。

由于牙买加的经济规模不大，制造业受到资源和人口的限制而相对落后，出口仅限于几个主要产品，而经济发展的主要物资和居民的日常生活用品基本上依靠进口。虽然进出口贸易在近 5 年中有了一定的增长，但是进口额大大高于出口额，贸易逆差逐年扩大。为减小贸易逆差，减缓财政困境，牙买加政府在进出口贸易方面积极促进扩大出口，协调政府部门和出口协会之间的关系，改善出口环境，调动私营企业出口的积极性。相关目标和促进措施包括如下几个方面：(1) 力争在 2010 年消除贸易逆差，进出口贸易达到平衡；(2) 大力支持对增强出口竞争力有影响的项目；(3) 积极发展和建立出口商品品牌战略；(4) 研究促进出口措施；(5) 加速发展面向出口的各种养殖业。牙买加政府希望利用 6 年时间通过采取各种促进扩大出口的措施，逐步减小贸易逆差，力争 2010 年进出口贸易达到平衡。

二 外贸现状

牙买加的出口结构非常单一，铝土、氧化铝、咖啡、朗姆酒和通信器材是牙买加的主要出口产品，其中铝土出口约占牙买加出口总额的30%。在进口方面，制造业产品和重工业品为其主要进口产品，其中近60%的进口产品主要集中在制造业、石油、交通运输设施和基础金属等部门。

目前，牙买加的外贸呈现如下几个方面的特点：（1）贸易逆差继续扩大，2006年，牙买加外贸逆差达到了36.66亿美元，比2005年增长了14.3%，而2007年比2006年再增长了17%，达到了42.9亿美元。（2）石油产品在进口贸易中占首位，2007年，牙买加石油进口额为20.13亿美元，占进口总额的31%，该比例与2006年基本持平，但进口额较2006年增长14.5%，主要由于全球石油价格不断攀升，导致牙买加花在进口石油上的外汇一直在增加。（3）出口产品过于单一，牙买加过于依赖传统出口产品，三种主要产品占到了牙买加总出口额的92.1%，其中铝土和氧化铝及其他未加工矿产品的出口额为13.83亿美元；矿物燃料油出口3.26亿美元；食品出口额为2.4亿美元。

表4-8 2003~2007年牙买加外贸统计表

单位：亿美元

年份	进口额	出口额	外贸收支
2003	38.13	13.68	-24.45
2004	41.06	16.07	-24.99
2005	48.66	16.64	-32.02
2006	58.01	21.35	-36.66
2007	64.59	21.69	-42.90

资料来源：Bank of Jamaica, *Statistical Digest*, March, 2008。

牙买加

由于长期存在着巨大的贸易逆差,牙买加的经常账户在近10年中一直处于赤字水平,并且有逐年增加的趋势。2005年,经常账户逆差达10.8亿美元,约占GDP总额的11%。2006年与2005年的水平基本持平,经常项目逆差占GDP约为10%。2007年,经常项目逆差约为6.45亿美元,约占全年GDP的15%,但比2006年减少了4.62亿美元。

牙买加的贸易对象非常集中,主要贸易伙伴国为美国、英国、加拿大和挪威。其中美国在牙买加的进出口贸易中占有很大份额,1998年,美国占牙买加总出口额达到了40%。由于近几年牙买加出口美国的纺织品数额下滑迅速,2003年,美国在牙买加的出口额降到了28.8%;同年,美国在牙买加的进口额为44.4%。2006年,美国占牙买加总出口的27.2%;占牙买加总进口额的37.3%。[①] 近几年,牙买加积极拓宽对外贸易市场,加强与拉美大陆国家和加勒比共同体成员国的经贸往来。但从20世

表4-9　2001~2005年牙买加外贸产品结构

单位:%

年　份	2001	2002	2003	2004	2005
主要出口商品					
氧化铝	52.6	54.1	57.5	50.7	55.5
蔗糖	5.8	5.9	5.5	6.1	4.6
铝土	7.7	9.5	7.5	4.9	6.0
香蕉	1.5	1.6	1.6	0.8	0.3
主要进口商品					
原材料(燃料除外)	35.9	32.7	33.3	32.3	31.0
消费品(包括食品)	28.9	30.6	29.0	29.6	26.2
资本货	17.0	18.8	15.2	14.9	13.3
燃料	18.1	17.8	22.5	23.2	26.1

资料来源:The Economist Intelligence Unit, *Country Risk Service*, September 2006。

---

① Economist Intelligence Unit, *Country Profile 2008*;*Jamaica*, p.26.

纪 80 年代以来，该地区在牙买加出口额不断下降；相反，该地区在牙买加的进口额则不断上升，1992～2004 年间，年均增长率达到了 65%。出现这一局面，一方面是加勒比共体内部关税下降的结果，另一方面也反映出牙买加出口商品缺乏足够的竞争力。

表 4-10　2002～2006 年牙买加主要贸易伙伴

单位：%

年　份	2002	2003	2004	2005	2006
出口国别所占份额					
美国	28.1	28.8	21.5	25.8	27.2
加拿大	14.1	16.1	19.5	19.3	14.4
英国	12.0	12.8	10.6	10.7	9.6
进口国别所占份额					
美国	43.3	44.4	40.9	40.9	37.3
加勒比共同体	7.9	12.8	14.3	15.9	14.8
拉美大陆国家	12.5	10.6	14.3	13.8	16.2
英国	2.6	4.1	2.4	2.4	23.0

资料来源：Bank of Jamaica, *Statistical Digest*, March, 2008。

三　外国资本

1. 外国投资政策

外国投资在牙买加享受非歧视性待遇，受到牙买加公平贸易法、普通法等有关法律以及牙买加政府与多边机构或双边政府签署的各项投资保护协定的保护。根据出口鼓励措施法案，外资企业产品出口可享受税收和进口关税减免待遇。1992 年，牙买加政府废除了外汇管制法案，外资企业在外汇兑换、利润汇出、物资和技术进口等方面已无任何限制。牙买加政府鼓励外资在下述领域进行投资：（1）采矿业；（2）农产品加工业；（3）服装和轻工产品制造业；（4）港口和航运业；（5）信息技术产业；（6）旅游、娱乐和体育业。牙买加政府对上述领域的投资给予诸如税收、土地使用和人员培训等方面程度不同的优惠政策。

牙买加政府对外国资本投资本国经济领域没有特殊的限定。按照牙买加的外资法规定，虽然每个投资牙买加的外资项目都须经过评估，但在诸如可能促进产值增长、利用国内原材料、争取或者节约外汇、发展相关工业、促进就业或者推广新技术等部门，外资备受政府青睐。近年来，牙买加政府在开放经济、加强对私有部门信任、国有企业私有化、提供优惠政策等方面的积极主动，大大刺激了外资进入牙买加的速度。

牙买加对外资的评估标准是统一的，不存在任何歧视。衡量外资公司的主要标准是该公司的信任度，另外，环境影响评估是其中的重要因素之一。在牙买加，外国投资者自始至终与牙买加本国的投资者享受同等待遇。

与投资者密切相关的法规有：

（1）《铝土和氧化铝业鼓励法》。该法规定，在牙买加从事铝土或氧化铝的生产者可自动享有资本货物、润滑油、油脂和其他化学制品进口的免税资格。

（2）《国际金融公司法》。为努力促进和方便外国银行来牙买加经营，该法规定减免国际金融公司利润和资本收益所得税。

（3）《制造业出口鼓励法》。该法规定，对满足条件的制造商给予10年所得税减免，而且免除原材料和机械进口税。此外，制造商不仅可以获得对新出口商按出口销售和总销售百分比计算的退税，还可取得对原有出口商按超过基本出口销售额计算的退税奖励。修正后的该法，还增加了对非加勒比共同体国家出口超过出口总额5%后的奖励措施。

此外，为了增加法规的透明度，保护消费者权益，牙买加制定了《公平竞争法》，以对广告误导、价格垄断和非公平交易等进行规范。牙买加还制定了有关税收、劳动、卫生与安全等法律法规和政策,以确保吸引外资工作的有效进行。对于争端的解决,企业之间的纠纷通常经过地方法院协调解决。牙买加政府与投资者之间的纠纷可通过国际投资纠纷调解中心进行仲裁,该中心的最终裁决可通过牙买加法院强制执行。

2. **外国直接投资**

20世纪90年代初,牙买加按照国际货币基金组织所开出的"药方"实行了新自由主义改革,解除了外汇管制,实行贸易自由化,并积极推行私有化政策。这些措施带动了牙买加的外国直接投资额迅速增加,年均流入量约为6000万美元。1995年以来,牙买加政府加快了对矿业、制造业、金融业、交通运输业、媒体以及能源等行业的国有企业私有化进程,并通过新工程项目吸引了大量的外国直接投资。

1980~1994年间,牙买加年均吸引外来投资额一直徘徊在4000万美元上下。20世纪90年代初,在国际货币基金组织(IMF)的支持下,牙买加放松了外汇管制,开始实行贸易自由化政策。1995年以来,政府采取措施加快了国有企业私有化进程,在矿业、制造业、金融业、交通业、媒体和能源等领域的国有企业被出售,使得外国直接投资大幅增长,从1989年的5700万美元上升到1999年的5.24亿美元。近年来,由于牙买加可供出售的国有企业数量下降,加之政府债务负担过重、经济前景不佳、社会治安每况愈下等因素,外资流入放缓,2002~2006年间,牙买加年均接受外国直接投资6.74亿美元,约占GDP的7.4%。其中,2006年的外国直接投资流入量达到了约8亿美元,创下了牙买加接受外国直接投资的年度最高纪录。[1]

---

[1] Economist Intelligence Unit, *Country Profile 2008*: *Jamaica*, p. 27.

表 4–11　2002～2006 年牙买加外国直接投资状况

年份	2002	2003	2004	2005	2006
外国直接投资（亿美元）	4.8	7.2	6.0	6.0	8.0
外国直接投资/GDP(%)	5.6	8.8	6.8	6.2	7.8

资料来源：牙买加银行网站（http://www.boj.org.jm/）。

3. 外国援助

20 世纪 80 年代，美国是牙买加的主要外国援助来源国。1981 年和 1982 年，牙买加从美国获得经济援助比其整个战后所获得的援助总额都多。据统计，在整个 20 世纪 80 年代，美国总共向牙买加援助了 10 亿美元，其大部分资金被牙买加政府用来平衡财政支出。

除此之外，牙买加还从联合国发展计划署获得了大量的资金投入。加拿大、西欧国家和日本也给予了牙买加政府援助。此外，很多非营利性国际组织，特别是美国的非营利性组织也给予了牙买加经济上的大量援助。

2004 年牙买加政府接受外国政府和国际金融机构赠款及发展援助资金 1.961 亿美元。其中，接受赠款 1.087 亿美元，接受发展援助资金 0.874 亿美元。国际金融机构提供了 1.31 亿美元赠款及发展援助资金，外国政府和多边援助机构分别提供了 0.361 亿美元和 0.29 亿美元赠款及发展援助资金。其中，美国、欧盟和英国是给牙买加提供援助最多的国家和地区。2004 年遭受飓风"伊万"袭击后，美国承诺向牙买加提供 16 亿牙买加元的无偿援助，2005 年已相继向牙买加学校卫生保健体系和飓风灾民提供 2400 万牙买加元和 1.89 亿牙买加元的无偿援助。为帮助中小企业提高国际竞争力，自 2000 年开始的五年内，欧盟共向牙买加提供 4.8 亿牙买加元的援助，2005 年承诺向牙买加私营部门提供 2870 万欧元资助。为帮助牙买加消除贫困，2005 年英国免除牙买加近7亿牙买加元的债务，近几年来，英国总共免除牙买加45亿牙买加元的债务。

2008年1月，为帮助牙买加因飓风袭击而遭到严重损失的香蕉种植者，根据欧盟与牙买加政府在金斯敦签订的协议，欧盟向牙买加提供6.3亿牙买加元（约900万美元）的援助。该笔援助分两部分，第一部分2.22亿牙买加元，主要用于帮助在2007年8月受到飓风"迪安"袭击的香蕉种植者购买农业生产物资，第二部分4.08亿牙买加元将拨给6个传统的香蕉种植地区，主要协助这些地区开展多种农作物种植。

4. 外债

20世纪70年代，在国际原油价格上涨和扩张性的财政政策的综合作用下，牙买加的外债迅速增长。1980年至1986年间，牙买加的债务翻了一番，达到了35亿美元，成为当时世界上人均负债最多的国家之一。1987年，西加政府与国际货币基金组织和巴黎俱乐部重新签订了债务协议，延长了还债的周期。尽管如此，牙买加的债务问题一直到20世纪80年代末都没有找到很好的解决办法。1990年，牙买加的外债总额已经达到47亿美元，占GDP的比重增至101%，其中85%属于公共部门的外债。①

20世纪90年代初，由于私人资本流入的增多，加之一些国际金融机构免除债务，以及牙买加货币的升值，牙买加勉强避免了受到巨额外债的冲击，外债有了很大幅度的下降。从1991年占GDP的107%降至1997年的54%，偿债率也相应地从29%下降到15%。

20世纪90年代末，为维持汇率稳定、提高外汇净储备、平衡财政和外贸赤字，牙买加再次选择举借新债的无奈之举。1998

---

① Economist Intelligence Unit, *Country Profile 2008*: *Jamaica*, p. 27.

年，外债占 GDP 的比重再次回升至 90%。2002~2006 年的 5 年中，由于存在严重的财政赤字，加之本币汇率的持续贬值等因素，牙买加的外债总额仍然逐渐增加，从 2002 年的 55 亿美元增加到了 2006 年的约 80 亿美元。在外债结构方面，公共部门外债占到了外债总额的 80% 以上，中长期外债在总外债中所占的比重也超过了 80%。

一般而言，偿还外债的主要渠道来自财政收支盈余，对牙买加而言，国际资本市场和国内财政收支的变化都会直接影响外债的偿还。自 20 世纪 80 年代以来，牙买加的偿债能力长期不佳。2002 年，偿债率达到了 18%；2003 年和 2004 年开始有所改观，分别为 16.3% 和 14.7%；2005 年再度高达 16%；2006 年偿债率则降至 11.7%。

表 4-12　2002~2006 年牙买加外债情况统计

年　份	2002	2003	2004	2005	2006
外债总额（亿美元）	54.8	56.5	64.8	65.6	79.9
外债总额/GDP	64.7	69.0	73.3	67.5	78.1
偿债率	18.0	16.3	14.7	16.0	11.7

资料来源：World Bank。

5. 国际储备

整个 20 世纪 80 年代，牙买加国际储备的水平一直较低，净国际储备不够维持一个月的进口额。1991 年 9 月放弃对外汇的管制和 1992 年利率的迅速上升，带动了国际净储备的增长，国际净储备从 1991 年 7400 万美元增至 1996 年底的 8.8 亿美元。1997 年，由于货币压力增大，国际净储备降至 6.82 亿美元。

牙买加国际净储备主要以外资的注入为主。2000 年 5 月，3.5 亿美元的政府贷款和近 1.5 亿美元的私人资本流入牙买加后,其国际净储备达到 8.79 亿美元;2001 年,外汇储备猛增至 19 亿美元;2002 年 5 月,随着更多外资的流入,牙买加国际净储备一度达到了创纪录的 20 亿美元,储备能力达到近 5 个月的进口额。2002 年底,牙买加大选引起了公共财政状况的恶化,牙买加政府动用国际储备稳定国内金融局势,这使得当年的高外汇储备没有得到维持,2002 年底回落至 16.5 亿美元;2003 年,由于要支付到期的 2.3 亿美元的债券,当年的国际净储备继续降至 11 亿美元;2004 年和 2005 年,由于投资流入量超过了国际收支赤字,这两年的外汇净储备增幅较大,分别达到了 18.5 亿美元和 21.7 亿美元。截止到 2006 年年底,牙买加外汇储备约为 23.99 亿美元,较 2005 年增长了 10.6%。2007 年,牙买加的外汇储备出现了较大的下滑,总额降至 18.77 亿美元。[1]

表 4 – 13　2003 ~ 2007 年牙买加国际储备情况

年　份	2003	2004	2005	2006	2007
国际储备(亿美元)	11.9	18.5	21.7	23.99	18.8
国际储备/月进口用汇	2.9	4.4	4.4	4.2	4.0

资料来源:牙买加银行网站 (http://www.boj.org.jm/)。

---

[1]　http://www.boj.org.jm/economic_ data.php? report_ id = 56.

第五章
军　　事

第一节　概述

一　军事简史

牙买加最早的军事力量是1662年成立的民兵团,当时西班牙殖民者主要利用该民兵团抵抗英国军队。英国战胜西班牙后,牙买加民兵团被英国接管。1694年,法国军队在牙买加克拉伦敦的南部登陆,由250人组成的牙买加民兵团在没有得到任何支援的情况下,击败了由1400名士兵组成的法国入侵部队。① 自此之后,这支由少量骑兵和步兵组成的民兵团被英国殖民者作为镇压当地奴隶暴动的主要军事力量被保留下来。

由于担心法国拿破仑军队再次入侵,英国殖民者随后扩大了牙买加民兵团的规模,人数增加到2.1万人,其中步兵人数达到1万人。根据当时牙买加的3个郡、18个区的行政区划,部队进行了全新编制,分为3个骑兵团和18个步兵团,每个骑兵团分

---

① Jamaica Defense Force, *History* (http://www.jdfmil.org/overview/background/background.php).

管一个郡，而每个步兵团负责一个区的防卫工作。

1906年，牙买加步兵团解散，部分士兵自发组成半官方性质的圣安德鲁步兵团（St Andrew Rifle Corps）。1914年第一次世界大战爆发后，圣安德鲁步兵团士兵重新组团。作为英属西印度群岛中的一员，在第一次世界大战期间，牙买加总共派出了10000名士兵到前线支援英国部队。

1939年，第二次世界大战爆发初期，这支半职业性质的部队更名为"牙买加志愿步兵团"。第二次世界大战爆发后，美国成为英属西印度群岛的保护国。通过1941年的租界法案，美国取得了在牙买加和其他岛屿的99年租界权，牙买加开始给美国提供航海和航空基地。二战结束后，美国放弃了在牙买加的基地，英国仍然负责牙买加的防卫和外交事务，直至牙买加最后独立。

1962年8月6日牙买加独立，巴斯塔曼特总理宣布美国可以随意在牙买加设立军事基地，并且不需要美国履行援助的义务。巴斯塔曼特的慷慨请求没有得到美国的回应。随着20世纪60年代末古巴卡斯特罗政权的稳固，以及苏联在该地区军事存在的不断扩大，牙买加对美国安全利益的重要性迅速增强。

20世纪80年代初，在古巴问题和格林纳达事件上，牙买加政府与美国政府保持密切的合作。在古巴问题上，西加政府驱逐古巴侨民出境并与古巴断绝外交关系；在格林纳达问题上，牙买加与东加勒比国家组织（Organization of Eastern Caribbean States，OECS）几个成员国请求美国对格林纳达进行军事干预，以恢复格林纳达的秩序和民主。随后，美国和加勒比国家军队形成了美国—加勒比联合部队进入格林纳达，其中，牙买加士兵的数量占到整个联合部队的56%。除了上述两个非直接的军事行动外，西加政府还积极支持在加勒比英联邦岛国之间的安全合作，并积极参加在该地区的军事演习。此外，牙买加还与美国和东加勒比地区安全体系成员国在地区安全问题上保持密切合作，并向其他东加勒比国家军队提供训练和技术上的支持。

牙买加没有签署任何正式的防卫协定，牙买加政府认为没有保持一支强大的防卫军队的必要。和其他加勒比地区英语岛国一样，在遇到外部军事侵略的情况下，牙买加只有依赖其盟国的支持，本国的全部军力甚至都不能够控制国内重大的骚乱事件。

二　国防体制

1. 军队的作用

牙买加是加勒比岛国，军队的作用主要用来防御和维护国内治安，而不是作为进攻的军事力量而存在。牙买加所有军种的作用都是维护国家主权，维持国内秩序，时刻准备对国内危机做出适当反应，支援国家建设，保护牙买加人民在国内外的利益。

除上述职责外，牙买加军队在特殊时期还必须履行国防委员会下达的任务，主要包括：协助文职权力机构维护各项法律制度的实施；协助保护基础设施（电力和用水供应等）；在发生灾害时，协助并保护民众；执行法律，保护牙买加领海环境和安全；随时支持政府所推行的各项计划，包括环境保护；陆海空搜救行动，如加勒比其他国家遇到灾难时，在受请求和必需前提下，协助加勒比地区其他国家重建法律和秩序，救援他国公民；参加国家军事礼仪；等等。①

2. 组织机构

牙买加宪法规定，总督为国家武装力量总指挥。总督通过国

---

① Jamaica Defense Force, *Jamaica Defense Force Tasks*（http://www.jdfmil.org/jdfTask/tasks.php）.

防部队参谋长对全国武装力量实施领导和指挥。牙买加国家安全部全面负责国家的安全和保护。国家武装力量共分为正规军、预备役和警察三个部分。其中，国家安全主要由牙买加国防部队（Jamaica Defence Force，JDF）负责，它由正规军和预备队两部分构成。其中，正规军下辖陆军部队、海岸警卫队和航空联队及一个辅助性质的工程小分队；警察部队（Jamaica Constabulary Force，JCF）则主要负责维护法律和维持国内秩序。

牙买加国防委员会（Defence Board）主要由牙买加总理、国家安全部长、司法部长、国防部队参谋长以及国家安全与司法部常务秘书长组成，委员会主席由总理担任，国家安全与司法部常务秘书兼任委员会秘书长。

牙买加国防部队绝大多数事务都由国防委员会负责，其中包括指挥、训练以及管理。牙买加国防部队的调用命令由国防部队司令下达，并须经过内阁的批准。但在紧急情况下，总理可以给予国防部队司令在不经内阁批准的情况下调兵的权力。

第二节 军队编制

牙买加国防部队是牙买加主要的军事力量，它成立于独立前夕的1962年7月31日，由两个陆军营、一个支持和服务营、一个空军联队、一个海岸警卫队、一个工兵团、一个情报组和一个陆军预备营等八个部分组成。国防部队总指挥为三军参谋长，现任参谋长斯图尔特·埃莫森·桑德斯少将（Stewart Emerson Saunders），2007年12月4日被国防委员会任命为现职。①

---

① Jamaica Defense Force, *Organization Chart of Jamaica Defense Force*（http://www.jdfmil.org/overview/background/organizationalChart.php）.

牙买加

一 陆军

牙买加陆军是该国主要作战部队,除承担国家战备外,主要负责以下职责:抵御外部入侵;协助警察部队维护法律和维持国内秩序;紧急情况下协助维持公共服务;在发生战争和自然灾害情况下,协助保护本国公民;提供海陆空搜寻和救援活动;参与国际维和行动;负责国家军事礼仪活动;等等。牙买加陆军曾先后3次参与国际维和部队,分别是1983~1985年的格林纳达国际维和部队;1990年的特立尼达和多巴哥国际维和部队;1994~1996年的海地国际维和部队。

2005年,牙买加陆军共计2500人,共设三个营,其中两个为正规陆军营,另外一个营是陆军预备队。在两个正规陆军营中,第一陆军营建立于1962年7月31日,1979年第一陆军营一分为二,分出部分成为牙买加第二陆军营。牙买加陆军预备营(第三陆军营)与第一陆军营同时成立,目前人数约为950人。正规陆军营由3个步枪连和1个本部连构成。牙买加陆军主要的训练基地是蒙内格训练营(Moneague Training Camp),陆军部队定期要到这里进行高强度的训练演习。另外,牙买加陆军还经常在海外与英国和加拿大的军队进行联合训练。

第一陆军营现任指挥官为贾米尔·奥格尔维少校(Jaimie Ogilvie);第二陆军营现任指挥官为安德鲁·菲茨杰尔德·休厄尔陆军少校(Andrew Fitzgerald Sewell);第三陆军营现任指挥官为尤肯·科林赞·米尔斯少校(Euken Corinthan Mills)。[1]

---

[1] Jamaica Defense Force, *Biographies* (http://www.jdfmil.org/info/bios/officer/bio_officer_home.php).

二 海岸警卫队

海岸警卫队是在牙买加独立后的第二年在美国帮助下建立的,当时美国给牙买加提供了三条小艇,而英国皇家海军也派出了一支训练队协助牙买加。1966年,牙买加海岸警卫队进行了全新的整编,并将名称从原来的"海军中队"更名为"牙买加国防部队海岸警卫队"。海岸警卫队的职责包括四个方面:1.执行《海事法》,主要工作重点是打击毒品运输,监督外来移民,实行进口商品检查,管理捕鱼,保护野生动物等;2.维护海上安全,训练海上巡逻员;3.进行海事防务;4.协助国家建设等。目前,海岸警卫队的指挥官是肯尼思·道格拉斯(Kenneth Douglas),2007年11月26日被任命为海岸警卫队的司令。[1]

牙买加海岸警卫队主要分为海上巡逻队、岸基支援队和检查站三部分。目前,海岸警卫队总共190人,包括30名军官和160名士兵。进入海岸警卫队的队员都需经过艰苦的训练,入伍后,首先送到圣安德鲁的纽卡斯尔新兵训练营,在完成基本训练后,送到英国皇家海军学院接受基本的海军技能训练。结束基本技能训练后,他们将被送到牙买加圣安恩的Moneague训练营进行强化训练。

三 空军

牙买加的空军是在独立以后才建立起来的。1963年7月,根据牙买加与美国签署的军事协定,美国向牙买加提供了四架塞斯纳(Cessna)185B飞机,牙买加空军部队也

---

[1] Jamaica Defense Force, *JDF Coast Guard* (http://www.jdfmil.org/Units/coast_guard/jdfcg_co.php).

牙买加

就是在此基础上发展起来的。牙买加空军的作用主要包括：协助陆军部队行动，必需时可将陆军转移到全国任何地方；通过高空监视手段，支援牙买加警察部队行动；消灭非法大麻种植，打击贩毒；协助海上巡逻队进行海上防务和监控；协助卫生部进行人员救治和撤离；协助搜寻、营救失踪者和受伤的徒步旅行者；在发生自然灾害时提供紧急支援；负责运送国家元首、政府部长、大使和高级军事官员等。其中，打击犯罪、取缔非法种植大麻是牙买加空军部队的最主要的职责。①

2005年，牙买加空军人数为140名，包括25位军官和115名士兵；人员组成包括机组人员、地勤人员、飞机技师和医务人员等，其中飞机技师占到了空军人数的38%。目前，牙买加空军部队的司令是杰弗里·罗珀少校（Geoffrey Roper），2003年8月被任命为空军司令。

四 工兵团

牙买加工兵团建立于1991年8月。工兵团在国防部队中起到了辅助海陆空三军的作用，其重要职责就是向国防部队其他军种提供军事工程支持，以及在国防部队司令部的指导下协助中央和地方政府。具体而言，工兵团具备如下功能：在军事行动和训练中，向国防部队所有军种提供战事工程支持；规划、修建并维护国防部队的装备和设施；为国内建设提供基本技术方面的支持；为减灾提供紧急工程支援；在工程技术方面，协助中央和地方政府提供合理化建议；在国防部队司令部的授权下，承担军事礼仪任务等。

牙买加工兵团共分为五大类：1. 两个战地中队，主要负责

---

① Jamaica Defense Force, *JDF Air Wing*（http：//www.jdfmil.org/Units/air_wing/history.php）。

军事工程；2. 三个建筑中队，主要负责修建国家永久建筑工程；3. 四个支援中队，主要承担海陆空三军的后勤保障；4. 五个维修中队，主要负责维修国防部队的设施和装备；5. 六个电力中队，为国防部队提供电力支持。

所有工兵团的新兵首先接受的是步兵的基本训练。工兵团的军官或在本国，或在国外接受工程学的专门训练，其中包括军事工程、数量调查、土木工程、机械工程以及电机工程等。而工兵团士兵的训练课程包括：军事工程、陆地测量、木工制造、石工技术、电力安装、铅管和机械操作等。

目前，牙买加工兵团指挥官是丹尼尔·普赖斯少校（Daniel Pryce），2002年11月30日被任命为现职。

第六章
教育、文化、卫生、体育

第一节 教育

一 教育简史

19世纪末,在首都金斯敦设立了一些主要面向白人子弟的中学,但是数量非常有限,奴隶的子女根本不可能接受正规的教育。根据1871年人口普查,5岁以上的牙买加人中只有16%的人具备一定的读写能力,即使在金斯敦地区,也只有40%。1892年实行小学免费教育后,情况有了较大的改观。到1921年时,识字率已经超过了50%,在金斯敦地区甚至高达80%。这一成绩反映了牙买加的初等教育有了较大的发展,但中等教育在当时依旧非常薄弱。到1943年,接受过中学教育的黑人不到1%,混血种人也仅为9%。

1953年牙买加成立了教育部。1962年,牙买加开始推行"国家教育政策",在这一政策的指导下,牙买加的教育范围得到了扩大。在20世纪60年代,牙买加教育的重点是建立一大批小学和50所初级中学,但是这些努力的成效并不明显。到70年代,中等教育和高等教育仍旧没有太大的改观。

1972年人民民族党执政后,对牙买加的教育体制进行了一系列改革,并将教育改革作为消除社会不公平的措施之一。其中,最主要的两个措施是推行免费的中学教育和"扫盲运动"。免费的中学教育的实行提高了中学生的入学率,但是资金上的匮乏仍然无法满足更多学生接受中等教育的要求。尽管如此,对那些穷人家庭来说,免费中学教育已经是一种很大的进步。继20世纪70年代初开始扫盲运动后,人民民族党于1974年推出"牙买加提高识字运动计划",每年解决10万成人的扫盲问题。该计划获得较大的成功,牙买加人的识字率到20世纪70年代末已经超过了85%。

20世纪80年代,牙买加政府沿袭了前十年的教育战略,强调九年基础教育和人力资源培训的重要性,着重恢复和改进初级和基础教育设施,提高基础教育的质量和效率,实施教师在职培训计划,等等。在这一时期,牙买加的教育体制逐步得到了完善。尽管牙买加的公立学校提供免费教育,且牙买加宪法也规定16岁以下的儿童有受教育的义务,但是课本、校服、校餐和交通等所需费用还是让许多家庭望而却步。20世纪80年代早期,牙买加小学生的入学率为98%;而中学生的入学率仅为58%,即使在金斯敦中学生入学率也只有75%,圣安德鲁区中学生的入学率稍高于65%。因当时教育投资只占GDP的3%左右,公立学校普遍存在班级人数超编的现象,每班学生人数平均达到40人。此外,缺少合格的教职员也是教育中存在的严重问题。大多数教员乃是获得牙买加学校文凭的小学实习教师,只有部分教员接受过教育学院的在职培训。在全国14个区中,有6个区的教员只有不到一半的人接受过教师培训;在其余的8个区中,只有金斯敦和圣安德鲁这两个区有2/3以上的教员受过教育学院正式培训。学生与教师的比例在全国各地都非常的高,平均每50个学生才有1位教师。

牙买加在教育方面的投资一直较为薄弱,尤其是当经济出现不景气时，教育投资甚至出现大幅下降。20世纪80年代经济危机期间，牙买加的教育经费出现非常大的下降，1980年，教育经费占GDP的比重约为7%，到1985年跌至4%。在接下来的5年中，教育经费都要低于1980年的水平。1991年的教育经费甚至还比1990年下降了24%。

为提高教育质量和教育效率，增强教育的公平性，牙买加于1992年推出了"初等教育改革方案Ⅱ"，着重改善初等教育状况，增设学校和其他教育设施。此项政策得到了较好的实施，新建了2所学校，翻新了17所旧学校，学校教学设施有了很大的改善，师资力量得到了加强。1997年，学生与老师的比例降至33∶1。进入21世纪以来，随着经济的好转，牙买加政府对教育的投入开始有所加强，2002/2003年度，教育经费占GDP比重回升至5.3%，学生与老师的人数之比降至30∶1。

二　教育体制

目前，牙买加的教育事务由教育、青年与文化部全权负责，牙买加的教育政策也由该部负责。牙买加教育机构包括公立学校、私立学校和教会学校三种。公立学校主要由牙买加教育、青年与文化部和地区学校董事会管理。学校体系包括学前教育、初级教育、中等教育和高等教育4个等级。按照这4个等级，学校分为不同类别的学校：学前教育分为托儿所和基础学校；初级教育按学生年龄的不同分为1～6年级；中等教育包括7～13年级，包括综合学校和技术高中等，其中第12和第13年级是大学的预科阶段。

私立学校主要提供初级和中等教育，目前全国共有232所私立学校，就读学生人数只占全国初、中级教育学生总数的5%。私立学校的学生绝大多数都能进入大学预科班学习。总体而言，大多数人的初、中级教育都由公立学校提供，且不收取任何学杂费。

牙买加的高等学校主要有西印度大学（University of the West Indies, UWI）、科技大学（University of Technology）、埃德娜·曼利视觉及表演艺术学院（Edna Manley College of the Visual & Performing Arts）、农业、科学和教育学院，福斯特体育学院（G. C. Foster College of Physical Education and Sports），北加勒比大学（前西印度学院）和12所师范学院。

西印度大学是加勒比地区最著名的高等学府之一。该校创建于1948年，最初是英国伦敦大学的一所分校，1962年牙买加独立后才成为一所独立的大学。西印度大学目前有三个分校，主校区是牙买加的莫纳校区，另外两所分校分别设在特立尼达和多巴哥的热带农业帝国学院，设在巴巴多斯的希尔分校。该校设有文学、艺术、农业、教育、法律、工程、医学、自然科学、社会学等专业，能授予硕士和博士学位。学校主要面向加勒比英联邦国家招生，包括安奎拉、安提瓜和巴布达、巴哈马群岛、巴巴多斯、伯利兹、英属维尔京群岛、开曼群岛、多米尼加共和国、格林纳达、牙买加、蒙特塞拉特岛、圣克里斯托弗及尼维斯、圣卢西亚、圣文森特和格林纳丁斯、特立尼达和多巴哥、特克斯和凯科斯群岛等国和地区。

西印度大学主校——莫纳校区坐落在牙买加蓝山脚下，总面积为264公顷，由两个甘蔗种植园扩建而成。校园内目前还保留着很多罗马风格的建筑遗迹，以及一些甘蔗作坊。现任校长是乔治·阿莱恩（George Alleyne）。目前该校区学生总人数为1.1万人，牙买加学生约占学生总数的一半。

三　教育现状

根据联合国开发计划署所公布的《人类发展指数（2007~2008年）》统计显示，2005年，牙买加初级教育的入学率达到了90%，中等教育的入学率从1990~1991年

牙买加

的64%提高到2005年的78%，高于其邻国特立尼达和多巴哥（69%）和多米尼加共和国（53%）。①

牙买加的教育水平虽然有了较大提高，但由于受政府公共财政短缺的限制，教学质量并没有出现太大的改善，并且教师工资过高使资金短缺问题进一步恶化。根据2003年世界银行的报告显示，牙买加教师工资是其国内人均GDP的2.6~5倍，而美国和拉美其他国家教师的工资一般在人均GDP的2倍左右。由于实行从上至下的资金分配制度，牙买加初级和中等教育资金严重缺乏，这也造成了牙买加成人识字率没有根本的提高。2005年，牙买加成人识字率为79.9%，而邻国特立尼达和多巴哥达到了98.4%，多米尼加达到了87%。牙买加是世界上女性就学率和参政率最高的国家之一，在大学生中，女学生占学生总数的70%，而在一些司法学校中，女性所占比重甚至高达80%~90%。

为提高全民教育水平，牙买加政府在2004年成立了"国家教育工作组"，制定专门的教育改革方案。2005年，国家教育工作组制订了一系列整改措施，以进一步提高入学率，着重提高学前教育和初级教育的水平，同时减少学校暴力事件。

第二节 文化

一 文学

牙买加的文学包括诗歌、民间传说、小说和散文几大类。牙买加绝大多数文学作品都是产生在1962年国家独立之后。为繁荣本国文学，牙买加政府每年举办一次文学

---

① Economist Intelligence Unit, *Jamaica Profile 2008*: *Jamaica*, p. 10.

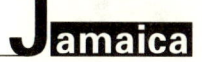

节。牙买加具有国际声誉的文学家不多,较为著名的有:

黑兹尔·坎贝尔(HazelCampbell),1940年出生于牙买加,曾获得西印度大学莫纳分校英语和西班牙语学士学位,随后获得大众传播与管理学硕士学位。先后任职教师、公共关系职员、编辑、采写编辑和电视制作人。1987年以后,成为自由撰稿人。1978年,出版处女作《布娃娃与其他故事》(*The rag Doll & other Stories*)。1985年出版了《妇人舌:八篇短篇小说集》(*Women's Tongue: a collection of eight short stories*)。她的小说被收入到约翰·维克汉姆1981年(John Wickham)主编的《西印度故事集》(*West Indian Stories*)、布鲁斯·约翰(Bruce St. John)主编的《加勒比文选1》(*Caribanthology I*)、维瑞·威雷德(Verre Wereld)的《聚焦1983》(*Focus 1983*),以及安妮·瓦尔梅斯利(Anne Walmesley)在1986年主编的《面向大海》(*Facing the Sea*)等多部著作中。

米歇尔·克里夫(Michelle Cliff),1946年出生于牙买加,曾在纽约和伦敦求学,并获得意大利文艺复兴博士学位。其著作包括长篇小说:《没有直拨天堂的电话》(*No Telephone to Heaven*)、《自由企业》(*Free Enterprise*)等,短篇小说有《水之形态》(*Bodies of Water*)等,诗歌作品有《回眸之地》(*The Land of Look Behind*)等。

夸梅·塞努·内维尔·戴维斯(Kwame Senu Neville Dawes),1962年出生在加纳,在牙买加长大,是后殖民主义代表诗人。戴维斯出版的诗歌选有:《空气的后裔》、《抵抗混乱》、《预言者》、《挽歌》、《中间道路:白船与黑货》。另外,戴维斯还出版了两本非小说类作品,分别是《自然神秘主义:通向雷鬼美学》(*Natural Mysticism: Towards a Reggae Aesthetic*)和《面对面:加勒比诗人采访录》。小说有《露营》(*Bivouac*),短篇小说集有《隐蔽之地》(*A Place to Hide*)。

牙买加

二 音乐

牙买加是一个盛产音乐的国度,曾经创造了很多音乐形式。该国最早的音乐形式是"蒙托"(Mento),这种音乐产生于殖民时期,源于非洲音乐和英国音乐的融合。其形式表现为有节奏的打击乐和喊叫,辅以非洲式的唱腔。蒙托的歌词主要强调人们对社会和经济的抗争。在早期的牙买加,蒙托乐队在牙买加的乡村非常普遍。时至今日,在牙买加北部沿海地区,仍然可以听到这种古老而又有特色的牙买加音乐。

"斯加"(Ska)是一种起源于牙买加的城市音乐及舞蹈风格。20世纪40年代,美国的黑人爵士乐和布鲁斯音乐进入牙买加。第二次世界大战后,在牙买加曾出现了很多受美国音乐影响的舞蹈乐队,像"埃里克·迪恩斯乐团"(Eric Deans Orchestra)中的特罗姆伯恩斯特·唐·德拉蒙德(Tromboneist Don Drummond)和吉他大师埃里克·朗林(Eric Ranglin),就从美国的康特·巴锡(Count Basie)、厄斯金·霍金斯(Erskine Hawkins)、埃林顿公爵(Duke Ellington)、格伦·米勒(Glenn Miller)和伍迪·赫尔曼(Woody Herman)的音乐中吸收了不少爵士和布鲁斯音乐的演奏技法。到了20世纪50年代,牙买加接受了这种音乐,20世纪60年代,斯加在劳工阶层中十分流行,它把美国黑人爵士乐的节奏与当地传统的"蒙托"音乐结合在一起,形成了牙买加独特的音乐形式。

"雷鬼"(Reggae)是牙买加新型的音乐形式,并在世界音乐上享有很高的地位。雷鬼音乐发源于牙买加土著居民、非洲和美洲黑人。Reggae这个字源自于"Ragged",代表牙买加不修边幅的舞蹈形式。雷鬼音乐结合了传统非洲节奏、美国的蓝调节奏及牙买加原始民俗音乐,歌词多以拉斯特法里(牙买加黑人教派)的宗教传统为主,强调社会、政治及人文的关怀。鲍勃·马尔内(Bob Marley,1945~1981)跟他的乐团"哀悼者"(the Wailers)是雷鬼音乐的鼻祖,他也成为20世纪70年代最具知名度的音乐名人。在鲍勃·马尔内去世后,雷鬼音乐渐渐衰落,但它对其他类型音乐留下了深远的影响。如今,每年的7月下旬到8月初,世界各地的雷鬼乐迷们都要在牙买加举行为期一周的音乐盛会。很多牙买加雷鬼艺术家享有非常高的国际声誉,其中鲍勃·马尔内因其对牙买加雷鬼音乐的贡献,被授予牙买加第三大国家荣誉勋章。当前,牙买加著名的雷鬼艺术家有吉米·克里夫(Jimmy Cliff)和邦蒂·基勒(Bounty Killer)等。

第三节 医疗卫生

和其他加勒比岛屿国家相比,牙买加人的卫生和健康情况较好。2005年,牙买加的人均预期寿命为72.2岁,高于特立尼达和多巴哥的69.2岁和多米尼加共和国的71.5岁。另外,牙买加的婴儿死亡率在2005年约为17‰,而特立尼达和多巴哥、多米尼加共和国分别为17‰和26‰。①

经过牙买加政府的不懈努力,第二次世界大战后,热带疾病大大减少。因黄热病、疟疾、登革热、伤寒、百日咳、小儿麻痹和其他儿童疾病死亡的人数大大减少。现在在牙买加较为普遍的疾病包括:肠胃病(主要由营养不良引起)、麻疹、性病(主要是淋病)、肺结核、肝炎和少数非致命性的疟疾、伤寒和登革热等。另外,在牙买加比较严重的疾病还有麻风病和

---

① Economist Intelligence Unit, *Country Profile 2008: Jamaica*, p.11.

牙买加

精神分裂症。

牙买加是艾滋病较为严重的国家之一。1982年牙买加发现首例艾滋病感染者,到1995年12月份为止,牙买加共报告1533例艾滋病感染者(男性占52.3%,女性占37.7%)。近十年来,由于越来越多的育龄妇女被感染艾滋病,使得牙买加艾滋病患者人数几乎每两年翻一番。2003年,艾滋病感染者约有2.2万人次,其中成年女性(15~49岁)感染者占到将近一半,约有1万人次。[1]

早在1921年,牙买加的医疗卫生开支占到了政府财政预算的10%。20世纪80年代,牙买加政府将改善公民卫生健康状况作为10年内的优先目标,政府的投资使得牙买加的医疗卫生状况得到很大的改善。进入90年代,卫生部门的开支逐年上涨,1995年总经费达到了3.48亿美元,占当年政府财政预算的6%,人均卫生开支为133美元。近年来,牙买加的医疗卫生经费占政府财政预算的比重一直处于下降趋势,从1997/1998年度的7%降至2007/2008年度的5.5%。[2] 由于资金不足,加之牙买加货币波动较大,牙买加只得从国外获取贷款来维持本国医疗卫生经费。

卫生部作为政府公共卫生政策的直接管理部门,直接管理公共医院、卫生所、诊疗所、计划生育和公共卫生等事务。牙买加的医疗机构分为公立和私立两种类型,主要公立医院有金斯敦公立医院(Kingston Public Hospital)、莫纳医科大学(University of Hospital in Mona)、蒙特哥贝康沃尔地区医院(Cornwall Regional Hospital in Montego Bay)和曼德维尔医院(Mandeville Hospital)等,这些医院都是地区半自治性的医

---

[1] 牙买加全国艾滋病委员会网站(http://www.nacjamaica.com/)。
[2] Economist Intelligence Unit, *Country Profile 2008*: *Jamaica*, p. 11.

第六章 教育、文化、卫生、体育　Jamaica

院。另外，还有一些私立的医院。除了医院外，每个区委员会都雇用了一个由医生、护士、卫生监督员和助产士组成的医疗队。

为培养合格的专业医务人员，牙买加成立了一些正规的专业机构，其中包括牙买加医学委员会（Medical Council of Jamaica）、牙买加医学协会（Medical Association of Jamaica）、牙齿健康委员会（Dental Health Council）、护士委员会（Nursing council）、牙买加护士协会（Nurses Association of Jamaica）、牙买加心理健康协会（Jamaican Association of Mental Health）、牙买加红十字协会和牙买加药品学会（Pharmaceutical Society of Jamaica）等。

在培养医护人员上，政府承担着主要的责任，共主要培养途径是将学员送至国外进行培训。虽然牙买加的医疗队伍不断壮大，但医生数量仍没有达到泛美卫生组织（Pan American Health Organization，PAHO）的要求。1991年，牙买加公共医护人员人数为4220人，1995年增至4968人；1996年每万人拥有的医护人员数量为14人，超过世界卫生组织规定的每万名居民10名医护人员的标准。

第四节　体育

牙买加是一个体育较为发达的国家，最流行的运动项目是板球、田径、网球和足球。牙买加的田径项目非常发达，在过去半个多世纪内，牙买加创造并保持着一批世界纪录。自1948年伦敦奥运会登上奥运舞台，至2008年参加北京奥运会为止，牙买加运动员总共获得51枚奥运奖牌，其中金牌13枚，银牌23枚，铜牌15枚。另外，板球、拳击等也是牙买加的优势项目。

牙买加

表 6-1 1948~2008 年历届奥运会牙买加获得奖牌情况

	金 牌	银 牌	铜 牌	奖牌数
1948 年伦敦奥运会	1	2	0	3
1952 年赫尔辛基奥运会	2	3	0	5
1956 年墨尔本奥运会	0	0	0	0
1960 年罗马奥运会	0	0	0	0
1964 年东京奥运会	0	0	0	0
1968 年墨西哥奥运会	0	0	0	0
1972 年慕尼黑奥运会	0	0	0	0
1976 年蒙特利尔奥运会	1	1	0	2
1980 年莫斯科奥运会	0	0	3	3
1984 年洛杉矶奥运会	0	1	2	3
1988 年汉城奥运会	0	2	0	2
1992 年巴塞罗那奥运会	0	3	1	4
1996 年亚特兰大奥运会	1	3	2	6
2000 年悉尼奥运会	0	4	3	7
2004 年雅典奥运会	2	1	2	5
2008 年北京奥运会	6	3	2	11
总 数	13	23	15	51

资料来源：国际奥林匹克委员会网站（http://www.olympic.org/）。

田径 牙买加参加奥运的历史是从 1948 年伦敦奥运会开始的。在该届奥运会上，28 岁的亚瑟·温特（Arthur Wint）在 400 米决赛中战胜美国选手为牙买加获得第一枚奥运金牌。在 4 年后的 1952 年赫尔辛基奥运会上，牙买加田径高手再次创造了辉煌的成绩，乔治·罗登（George Rhoden）不仅让牙买加蝉联了 400 米接力比赛冠军，并且还与亚瑟·温特、赫伯·麦肯利（Herb McKenley）和莱斯利·莱茵（Leslie Laing）合作以 3 分 03 秒 9 的成绩获得 4×400 米接力比赛的冠军，更是将 20 年前在洛杉矶奥运会所创造的 3 分 08 秒 2 该项目世界纪录提高了 4.3 秒。随后的各届奥运会上，牙买加田径运动员都有着不俗的表现：1976年蒙特利尔奥运会上，唐纳德·夸林（Donald Quarrie）获200米金牌和100米银牌；1980年莫斯科奥运会上，戴维德·韦勒（David Weller）获自行车比赛项目铜牌；1988年汉城奥运会上，牙买加运动员获男子4×400米栏银牌，格雷斯·杰克逊（Grace Jackson）获200米银牌；1992年巴塞罗那奥运会上，温斯罗普·格雷厄姆（Winthrop Graham）获得400米栏银牌，雷蒙德·斯图尔特（Raymond Stewart）获100米银牌，朱丽叶·卡斯伯特（Juliet Cuthbert）获200米亚军；1996年亚特兰大奥运会上，德昂·亨明斯（Deon Hemmings）获400米栏冠军，成为牙买加历史上第一个获女子田径项目奥运会金牌运动员。另外，詹姆斯·贝克福德（James Beckford）为牙买加获得了第一块奥运会跳远奖牌。2004年雅典奥运会上，牙买加女队获得4×100米接力赛跑冠军，维罗尼卡·坎贝尔-布朗（Veronica Campbell-Brown）取得女子200米金牌，托德·麦克法兰（Todd McFarlane）赢得男子400米栏银牌。另外，坎贝尔-布朗和牙买加女队还分别为牙买加获得女子100米和女子4×400米接力比赛两枚铜牌。

在2008年北京奥运会上，牙买加运动员刮起了一股"加勒比旋风"，取得了6金3银2铜的骄人成绩，创造了牙买加有史以来单届奥运会上的最佳成绩，金牌总数在所有国家中排名第13位。并且，牙买加在本届奥运会上获得的所有奖牌都出自田径项目，在田径项目金牌榜上，牙买加以6枚金牌与俄罗斯并列第二位。

牙买加运动员尤塞恩·博尔特（Usain Bolt）是2008年北京奥运会最耀眼的明星之一，连获100米、200米和4×100米接力三项冠军，并且相继打破了这三个项目的世界纪录。其中在200米项目上，博尔特更是以19秒30的成绩打破由迈克尔·约

牙买加

翰逊保持12年之久的19秒32的男子200米世界纪录。博尔特不仅成为奥运史上首位夺得男子百米金牌的牙买加选手，也是自1996年亚特兰大奥运会加拿大名将多诺万·贝利之后，又一位非美国籍的奥运男子百米冠军。另外，他也是继卡尔·刘易斯1984年同时获得奥运会男子100米和200米两项冠军之后，首位再夺双冠的运动员奖。凭借着北京奥运会的骄人成绩，博尔特成为2008年度各项大奖的得主，分别获得了国际田联2008年最佳男运动员奖、联合国教科文组织"体育冠军"奖、牙买加2008年度最佳男运动员、牙买加秩序奖（国家勋章）、2008年拉美和加勒比最佳运动员等奖项和称号。

除了博尔特外，牙买加女运动员也在北京奥运会上创造了"牙买加神话"。其中，谢莉-安·弗雷泽（Shelly-Ann Fraser）、谢伦·辛普森（Sherone Simpson）和克伦·斯图尔特（Kerron Stewart）包揽了女子100米的前三名。坎贝尔-布朗则在女子200米项目上蝉联奥运会冠军，她获得了联合国教科文组织"体育冠军"奖、2008年度牙买加最佳女运动员、2008年加勒比体育偶像奖。另外，梅兰·沃克（Melaine Walker）在北京奥运会上获得了女子400米栏冠军，并以52秒64的成绩打破了奥运会纪录，同时也创造了牙买加国家纪录。

牙买加的田径运动拥有充足的后备人才，许多著名的田径运动员都是从中学时期就开始了职业生涯。在1997年举行的加勒比共同体少年运动会上，牙买加共获得61枚奖牌，其中包括28枚金牌、20枚银牌和13枚铜牌。1998年4月，在特立尼达和多巴哥举行的加勒比共同市场田径锦标赛上，牙买加获得了31枚金牌、21枚银牌和17枚铜牌，在奖牌榜上位居首位，确立了自己在加勒比地区"第一田径强国"的地位。

牙买加田径运动的崛起始于梅琳·奥蒂（Merlene Ottey）。她在1978年中美洲和加勒比地区运动会首次亮相，在随后将近

第六章 教育、文化、卫生、体育

30年时间里，奥蒂在各种大赛中共获得了35块奖牌，其中包括7届奥运会的8枚奥运奖牌（3枚银牌，5枚铜牌），这也创造了世界女子田径赛运动员的奥运奖牌纪录。同时，她也是牙买加首位获得奥运会奖牌（1980年莫斯科奥运会获女子200米铜牌）的女运动员，也是加勒比英语国家中首位获得两块奥运会奖牌的女运动员。遗憾的是奥蒂从未赢得过奥运金牌，因而被称为奥运会"铜牌王后"。1996年亚特兰大奥运会是奥蒂距离奥运冠军最近的一次，在100米的决赛中以0.005秒的最微弱差距输给了美国著名运动员德弗斯。2000年悉尼奥运会，奥蒂在国内选拔赛中未能获得单项参赛权，但在4×100米项目上，奥蒂帮助牙买加获得该项目铜牌，并以40岁高龄，成为当时年龄最大的田径奖牌得主。悉尼奥运会后，奥蒂在2001年定居斯洛文尼亚。奥蒂还是第一位室内田径赛60米跑进7秒、200米跑进22秒以内的女性运动员，在1979～1997年间，她15次获得牙买加全国最佳女运动员的殊荣，是牙买加名副其实的短跑皇后。1993年，奥蒂被牙买加政府授予形象大使的荣誉。

板球 板球最初是由英国殖民者传入，现在已经成为牙买加最普及的运动项目之一。牙买加涌现出了一大批著名的板球运动员，其中包括乔治·海德利（George Headley）、阿尔弗雷德·瓦伦丁（Alfred Valentine）、杰吉·恩德里克斯（Jackie Hendricks）、科利·史密斯（Collie Smith）、迈克尔·霍尔丁（Michael Holding）、杰夫里·杜戎（Jeffry Dujon）和考特利·沃尔什（Courtney Walsh）。

足球 1998年，牙买加男子足球队创造了自己的历史，进入了法国世界杯决赛阶段比赛。这也是加勒比英语国家中首支杀入世界杯决赛阶段比赛的足球队。牙买加与克罗地亚、阿根廷和日本分在同一小组，虽然他们相继输给了克罗地亚队和阿根廷队，但却以2∶1的比分击败日本队。

第七章
对外关系

第一节 外交政策

  独立以来,牙买加一贯奉行独立的、不结盟的外交政策,主张国家主权平等、互不干涉内政、促进国际合作;在联合国的框架内解决国际争端,反对使用武力;积极发展同加勒比国家的团结与合作,大力推进地区一体化进程。维护国家主权,吸引外资和游客,开拓国际市场,是其外交工作的主要目标。在优先发展与美国等西方发达国家关系的同时,努力发展与拉丁美洲、亚洲、非洲地区发展中国家的友好合作,积极参加不结盟运动和联合国事务。截至 2006 年年底,牙买加已与 139 个国家建立了外交关系。

  牙买加对经济全球化持有保留的支持态度,认为经济全球化虽然带来许多机遇,但同时也给发展中国家带来了诸多的挑战,其中最大的挑战便是两极分化日益加剧。

  在南北关系问题上,牙买加认为南北国家的利益是相互关联的,赞赏发达国家对发展中国家的援助,主张同其他发展中国家建立团结合作的密切关系,尤其是加强在经贸、投资、科技等多个领域实现合作。它积极主张建立更为公正、合理的国际政治、

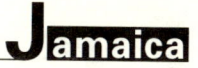

经济新秩序，呼吁发达国家与发展中国家进行新的全球合作与对话，寻找针对发展中国家经济发展的政策良方。

在联合国改革方面，牙买加认为联合国是开展多边谈判的主要舞台，主张对联合国机构进行调整，以适应当前新形势的需要；支持改革联合国安理会，增加安理会常任理事国，要求重新考虑否决权问题；主张联合国在维护和平、解决冲突方面发挥积极作用，解决导致冲突的根本原因，在维持和平行动中增加促进发展和加强社会机构建设等内容，并且优先考虑非洲地区的战乱问题。

在外债问题上，牙买加认为债务问题是全球性问题，也成了拉美和加勒比地区经济发展的主要障碍，主张解决债务问题主要着眼点应该是使债务国增强经济和社会发展的能力。

牙买加主张不结盟运动应该逐步转变职能，更多注重各种社会和经济事务，强调不结盟运动应致力于实现发展中国家之间和发展中国家与发达国家之间的合作。

在加勒比一体化问题上，牙买加政府认为加勒比共同体是牙买加进入国际活动领域的重要平台；主张加勒比国家联合自强，提高在各种国际谈判场合的地位和作用。同时，牙买加政府积极主张促进"大加勒比"一体化进程，以此实现加勒比各国间实质性合作和经济一体化，达到规模经济的效应，并最终全面参与美洲自由贸易区和全球化进程。

第二节 与美国、英国和加拿大的关系

美国、英国和加拿大3国在牙买加外交战略中占有极为重要的地位。第二次世界大战以后，上述3国也是给牙买加提供经济援助最多的国家。1962年8月7日，牙买加独立后的第一天，牙买加总理亚历山大·巴斯塔曼特将牙买加定位

牙买加

为亲西方的、基督教的和反共产主义的国家,并且宣布"牙买加与西方和美国保持一致的方针是永远不容改变的"。

一 与美国的关系

古巴革命胜利后,牙买加采取一种周旋于古巴和美国之间的灵活外交政策,这也提升了牙买加在美国外交政策中的地位。独立后的牙买加在国内发展和国际事务上采取完全的亲西方模式,响应美国的号召,坚决反对苏联在古巴和英属圭亚那(即今天的圭亚那)的影响。从1965年开始,牙买加亲西方的外交政策开始有所调整。1971年,在中国恢复联合国合法席位问题上,牙买加首次采取了与美国不一致的态度。当时牙买加国内的民意调查显示,赞成牙买加与西方国家结盟的民意支持率从1962年的71%降至1974年36%。尽管如此,美国仍然在牙买加外交中处于优先位置。1970年,牙买加总理希勒(Shearer)访问美国时表明,牙买加工党政府将增强与美国的关系置于外交政策的首要地位。

牙买加外交政策的真正转变是发生在迈克尔·曼利(Michael Manley)政府时期。迈克尔·曼利上台后表示,牙买加必须改变与美国和英联邦国家结盟的外交传统,并强调"外交政策应与实现经济独立相联系",对美、英两国的外交依赖违反牙买加的长远利益,必须逐步减弱对美、英两国的依赖。1972年,迈克尔·曼利政府在美洲国家组织大多数国家反对的情况下,坚决与古巴建立外交关系;1973年7月,迈克尔·曼利政府宣布美国驻牙买加大使为不受欢迎的人,其原因是美国大使曾称自己与曼利之间存在私下交易:美国在1972年牙买加选举中支持迈克尔·曼利,而曼利则许诺不对铝土工业实行国有化。20世纪70年代末,牙买加与美国的关系进一步恶化,迈克尔·曼利总理在第三世界论坛上强烈批评美国的霸权作风。这一阶段,

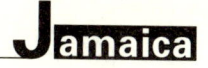

迈克尔·曼利领导的人民民族党政府与苏古两国的关系有了较快的发展，特别是与古巴的交往极为密切。

1980年，新上任的西加政府彻底改变了迈克尔·曼利政府亲古巴和第三世界的外交政策的理念，牙买加的外交政策重新回到了"亲美、抗苏、反古"的路线。1981年1月，西加总理访问美国，他也成了里根当选美国总统后第一位抵美访问的外国领导人，牙买加外交政策的转变换得了美国所提供的大量资金援助。1981年，美国对牙买加的援助金额增加了5倍，而1981～1986年，美国对牙买加的年均援助资金超过1.25亿美元。此外，为帮助当时已陷入困境的牙买加铝土工业，美国宣布购买160万吨铝土作为美国战略储备物资。1982年，美国再次购买价值6500万美元的160万吨铝土，1983年，征购价值3000万美元的100万吨铝土。美国与牙买加友好关系得到了全面恢复，里根政府甚至将牙买加当成"加勒比盆地倡议"（Caribbean Basin Initiative, CBI）的支点。1980～1987年期间，西加总理定期与里根总统以及美国政府的主要官员举行会晤。1982年4月，里根成为首位访问牙买加的美国总统。除此之外，在格林纳达和古巴问题上，牙买加政府也与美国的步调保持一致。而两国在该阶段唯一分歧是《海洋条约法》（Law of the Sea Treaty）问题，牙买加表示不同意美国确定的海域边界的划定方法。

进入20世纪90年代，牙买加政府虽然努力拓宽其外交领域，但美国仍然在牙买加外交政策中占据着首要的位置。美国是牙买加最大的贸易伙伴，两国双边贸易额约占牙买加外贸总额的一半以上。此外，美国在牙买加铝土业、旅游业、金融保险业等领域有着大量的投资。近年来，牙买加还在缉毒等问题上与美国展开密切合作，1998年9月，两国正式签署了双方在缉毒方面进行合作的协议。1999年，牙买加被美国政府列入"积极合作者"名单，但为了维护本国的权益，牙买加敦促美国在缉毒、

牙买加

枪支走私和驱逐罪犯等问题上积极考虑对方国家提出的要求。1998年,美国向牙买加提供2075万美元的无偿援助。

进入21世纪以来,美国和牙买加延续着较为密切的双边关系。美国保持着牙买加最大贸易伙伴国的地位,两国年均贸易额约20亿美元,2005年,美国分别占牙买加出口额和进口额的25.8%和41.4%。另外,牙买加依然是美国游客最受欢迎的旅游目的地国家之一。2000年,超过80万美国游客赴牙买加旅游。另外,大约有1万名美国公民(很多人拥有双重国际)长期定居在牙买加。美国也是牙买加最大的投资国,目前共有80家美国公司在牙买加投资办厂,总投资额约为10亿美元。除贸易和投资外,美国还是牙买加的第二大经济援助国。

牙买加和美国两国签有投资保护和知识产权保护等协定。牙买加对美国的政策重在促进官方往来和交流,提高对美国商品和服务出口,吸引更多美国游客与投资,争取更多发展援助。但是2005年美国在人权状况和人口偷渡国别报告中指责牙买加警方滥用武力,并将牙买加打击人口贩运状况的级别定为最低的三级,引发牙买加政府的不满,反驳美国使用双重标准。牙美双边关系一度因海地问题而紧张。此后,牙买加政府努力修复同美国的关系。2006年,牙买加总理辛普森-米勒访美,呼吁美国加大对加勒比地区的援助力度。2007年6月,米勒总理出席在美国华盛顿举行的首届加勒比大会,并参加加勒比领导人与美国总统布什的会晤。

二　与英国的关系

1962年牙买加获得独立,结束了英国长达300多年的殖民统治,但作为英联邦成员国,英国女王依然是牙买加名义上的国家元首,牙买加与英国传统关系仍然延续下来。

英国在牙买加有着较大的投资,对牙买加经济具有一定的影响。牙买加与英国的双边贸易仅次于牙买加与美国的贸易,英国是牙买加食糖和香蕉的传统出口市场,2005 年,英国占牙买加总出口额的 10.7%。此外,英国曾多次减免牙买加所欠债务,1998 年英国减免牙买加 730 万英镑的债务。1989 年、1990 年、1991 年牙买加总理曼利先后 3 次访问英国;1993 年和 2000 年,英国王储查尔斯访问牙买加。1994 年,英国女王伊丽莎白二世访问牙买加。2001 年,英国首相布莱尔访问牙买加。2002 年 2 月英国女王伊丽莎白二世为纪念登基 50 周年,选择牙买加作为出访的 4 个国家之一。2007 年 3 月,牙买加总理辛普森-米勒访问英国。2007 年 5 月,英国副首相约翰·普雷斯科特、外交和联邦事务国务大臣金·豪厄尔相继访问牙买加。

三 与加拿大的关系

加拿大在牙买加的投资总共为 1.4 亿多美元,并设有四家银行。牙买加航空公司中有加拿大的股份和技术人员。1993 年 5 月,加拿大政府向牙买加提供价值 4300 万牙买加元的化肥和 370 万牙买加元的技术援助。1998 年 6 月牙买加政府与加拿大国际开发署签订协议,加拿大在四年内向牙买加政府提供了 700 万美元的无偿援助,用于牙买加地方政府改革工程。2005 年,加拿大占牙买加出口额的 19.3%,所占份额仅次于美国。

加拿大每年有不少游客赴牙买加旅游。牙买加向加拿大派出大量劳务人员,从事农业、服务业等方面工作。近年来,牙买加和加拿大两国在缉毒、司法协助和移民等方面的合作不断加强。

第三节 与拉美和加勒比国家的关系

独立之初,加强与英联邦国家和英属西印度群岛国家的关系成了牙买加外交的优先目标。1964 年,在牙买加

牙买加

召开了英联邦议会委员会会议。1968 年,牙买加加入加勒比自由贸易协会(Caribbean Free Trade Association, Carifta)。1973 年 7 月 4 日,加勒比自由贸易协会更名为加勒比共同体和共同市场(Caricom),包括牙买加、特立尼达和多巴哥、巴巴多斯、圭亚那等国。1975 年,牙买加成为第一个举办英联邦总理会议的加勒比国家。从 20 世纪 60 年代末开始,牙买加加大了对拉美和加勒比地区非英联邦国家的外交力度。1969 年,牙买加加入美洲国家组织(OAS)。在 20 世纪 70 年代初期的美洲国家组织的会议上,牙买加和墨西哥提出与古巴建立正常化关系。此外,牙买加还与西班牙语系拉美国家,特别是与墨西哥和委内瑞拉签署了一系列协议,并开通了与 7 个拉美国家的海上航线。迈克尔·曼利政府上台后,牙买加与古巴、海地、多米尼加共和国的关系也有了较快发展。

西加政府时期,牙买加与英联邦加勒比国家之间的关系得到加强。比如,牙买加政府支持伯利兹自治和独立;1981 年 9 月 21 日伯利兹独立后,西加政府公开表示反对旨在推翻伯利兹政府的武装攻击,并于 1984 年 10 月与伯利兹建交。另外,牙买加开始加强与东加勒比小国之间的外交关系。牙买加和特立尼达和多巴哥之间的关系得到进一步加强,双方高层互访增多。1985 年 11 月,特立尼达和多巴哥总理乔治·钱伯斯访问牙买加。1986 年 3 月 1~4 日,牙买加总理西加回访特立尼达和多巴哥。

20 世纪 80 年代,牙买加一直努力寻求地区间在政治等领域的合作。1986 年 1 月,在牙买加首都金斯敦举行的地区总理和其他高级官员的会议上,由西加提议的加勒比民主联盟(Caribbean Democratic Union, CDU)成立,从而为该地区各国提供了一个就地区和国际政治事务交流看法的平台。除牙买加外,加入加勒比民主联盟的还包括其他 7 个英联邦加勒比岛国家:伯利兹、多米尼加、格林纳达、圣基斯内维斯、圣卢西亚、圣文森特和格林纳丁斯和蒙特塞拉岛等;百慕大是加勒比民主联盟观察国。西加当选为加勒比民主联盟主席。西加总理表示,该组织的意图是努力恢复像 1958~1962 年西印度联邦时期的地区政治联盟。

牙买加与古巴的双边关系经历了多次反复。1972 年 12 月两国建交;1981 年 2 月牙买加宣布与古巴断交;1990 年 7 月 27 日两国重新恢复大使级外交关系。近十年来,两国关系发展较快,双方交往日益增多。1994 年 2 月,牙买加与古巴签订两国海域边界非军事化协议。同年 11 月,牙买加与古巴达成了关于两国海关管理协定。1995 年 9 月,古巴人民政权代表大会主席阿拉尔孔访问牙买加。1997 年 3 月,古巴国务委员会主席菲德尔·卡斯特罗赴牙买加出席曼利总理的葬礼,5 月底牙买加总理帕特森出访古巴。1998 年 7 月,菲德尔·卡斯特罗再次出访牙买加。牙买加认为,美国对古巴实施的长期禁运是该地区紧张局势的源头,并有爆发冲突的危险。目前,牙买加与美国和古巴均保持良好的关系,并呼吁美国与古巴展开对话,结束对抗和孤立政策,实现两国关系正常化。

近年来,牙买加与古巴的双边关系发展较快,双方交往日益增多。2006 年 9 月,古巴政府启动 2006 年度援助牙买加奖学金计划,共资助 170 名牙买加学生赴古巴留学。随着牙买加和古巴关系的发展,牙买加在多边领域,尤其是在经贸方面对古巴表示了极大支持,主张古巴加入加勒比共同体和洛美后续协定,参与加勒比地区经济一体化进程和美洲自由贸易区谈判。

第四节　与其他发展中国家的关系

牙买加独立后,其外交政策开始重视与非洲国家发展关系,并关注非洲的殖民主义、种族主义和南非的种族隔离制度等问题。1966 年 4 月 2 日,埃塞俄比亚皇帝塞拉西一世访问牙买加,促进了牙买加和非洲国家关系的发展。1968 年,牙买加开启了与黑非洲国家的低级别的外交关系,仅在埃塞俄比亚建立了大使馆。1969年,牙买加总理希勒和曼利先后访问了非洲。20世纪70年代初,牙买加在阿尔及利亚和尼日利亚设立了常驻使团。

1968年在贝尔格莱德召开的不结盟国家会议上,牙买加成为不结盟运动的正式成员国。1972年牙买加成为该组织的永久成员国。为在资本主义和共产主义中间实现"第三道路",迈克尔·曼利总理强调民族主义并坚决反对美帝国主义。1973年在阿尔及尔举行的不结盟国家会议上,曼利率领一支高级别代表团出席该次会议,并与古巴领导人菲德尔·卡斯特罗举行了会谈。1976年,在联合国贸易和发展大会上,牙买加代表团在促进"国际经济新秩序"上也发挥了积极的作用。

西加政府在联合国重大的政治和经济等问题上仍然坚持不结盟的立场。比如,1986年牙买加外交部长希勒倡议广泛解决中东问题和给予巴勒斯坦人民建国权利;呼吁以色列坚守1967年的边界协议,同时强调犹太国家存在的权利。西加政府认为,联合国是谈判解决中东地区阿以冲突问题的最好平台。

由于亚洲一直不是牙买加的外交重点,因此牙买加与亚洲发展中国家的关系相对滞后,目前,仅在中国、印度、印度尼西亚、黎巴嫩、马来西亚、菲律宾、泰国等主要亚洲发展中国家设有使领馆。在经贸关系方面,除中国与牙买加之间的贸易往来呈快速增长趋势外,牙买加与其他亚洲发展中国家之间的经贸关系发展也比较缓慢。

第五节 与中国的关系

一 两国政治关系回顾

1962年8月6日,牙买加宣布独立时,中华人民共和国总理周恩来和外交部长陈毅曾致电祝贺并予以承

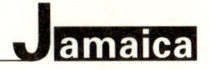

认。1972年,牙买加人民民族党执政,牙买加与中国的关系逐步改善。同年,中国贸促会代表团应邀访问牙买加,受到了牙买加政府的破格接待。1972年11月21日,中国与牙买加正式建交,中国驻加拿大大使姚广和牙买加驻加拿大高级专员史密斯在渥太华签署两国建交公报。1973年3月,中国在牙买加设立大使馆;牙买加驻华大使由其常驻日本大使兼任。随后两国先后签署了《政府贸易协定》、《经济合作协定》、《投资保护协定》和《避免双重征税协定》等,这些协定的签订为双边贸易、投资的发展提供了保障。建交30多年来,两国在政治、经济、文化等各个领域的友好合作关系不断巩固和发展。在国际事务中,两国有许多共同语言和共同利益,一贯相互支持,密切配合。

2005年4月,牙买加外交与外贸部任命韦恩·麦库克(Wayne McCook)担任牙买加首位常驻中国大使,牙买加驻中国大使馆于当年6月正式开馆。麦库克是位职业外交官,曾任外交与外贸部代理次长,主管贸易事务,并曾历任对外贸易司高级司长、加勒比和美洲司司长、牙买加驻美国大使馆公使及使团副团长、牙买加常驻联合国代表团公使及常驻副代表等职。

从两国建交至今,中国与牙买加之间的政治关系呈现以下几个方面的特点。

(1) 高层互访日益频繁。1976年9月,牙买加副总理库尔率团访问中国,这是两国建交以后首个访华的牙买加官方代表团。但直到1991年,迈克尔·曼利才成为首位访问中国的牙买加总理,1998年和2005年,牙买加总理帕特森两次率团访问中国,推动了中牙双边关系进入快速发展阶段。2005年2月,中国国家副主席曾庆红在访问牙买加期间,出席了在牙买加首都金斯敦举行的"中国—加勒比经贸合作论坛"首届部长级会议开幕式,并宣布与加勒比共同体建立"共同发展的友好伙伴关系"。2009年2月,中国国家副主席习近平访问牙买加,明确表示牙买加是中国在加勒比地区的重要合作伙伴,并明确了中牙两国关系未来发展的三项重点内容:一是在政治上加强交往,互尊互信,继续开展政府部门、立法机构和政党间的交流与合作;二是在经贸上深化合作,进一步拓展合作领域和渠道,实现互利共赢;三是在人文上密切交流,积极开展文化、体育、旅游等领域合作,实现互鉴共进。①

(2)议会、政党交往发展顺利。1990年1月,牙买加众议院议长赫德里·坎宁安和参议院副议长科特尼·福勒启尔访华,此次访问开启了中牙两国议会之间的交流。1992年4月,王汉斌副委员长率中国全国人大代表团访问牙买加。1995年6月,中国全国政协主席李瑞环访问牙买加。1996年6月,牙买加工党领袖、前总理爱德华·西加访华。1996年8月,牙买加众议院议长卡尔·马歇尔访华。进入21世纪后,两国议会和政党之间交流更趋密切,议会和政党交往在两国政治关系占据着非常重要的地位。

(3)政治互信增强,两国政治对话实现机制化。自两国建交以来,牙买加奉行一个中国的原则。2005年6月,牙买加总理帕特森在访华期间重申牙买加继续坚持一个中国政策;并表示,中国是国际上有重要影响的国家,牙买加愿与中国加强协调与配合,携手为维护世界和地区和平、促进共同发展和繁荣作出贡献。随着两国政治互信的增强,两国政府在2008年4月8日共同宣布正式启动中牙两国外交部官员会晤制度,并签署《中华人民共和国外交部和牙买加外交与外贸部官员会晤制度谅解备忘录》。

---

① 罗春华:《习近平同牙买加总理会谈希望伙伴关系再上新台阶》,《人民网》,2009年2月13日。

二 经贸关系及经济技术合作

早在建交前夕,中国和牙买加就建立了贸易关系,实现了贸易代表团的互访。1972年两国建交以来,双边经贸关系不断发展,牙买加已成为中国在加勒比英语国家中第一大贸易伙伴。有关数据显示,双边贸易额10年来增长了5倍多,牙买加从中国进口增长了3倍,牙买加对中国出口增长了400多倍。2005年2月牙买加总理帕特森宣布,牙买加政府承认中国完全市场经济地位。

据中国海关总署统计,2007年,两国双边贸易额为2.8478亿美元,同比下降47.1%;其中中方出口额为2.4631亿美元,同比增长37.2%;进口额为0.3846亿美元,同比下降89.3%。

表7-1 2004~2007年中国与牙买加双边贸易情况

年份	进出口额		中方出口额		中方进口额	
	总额(亿美元)	增幅(%)	总额(亿美元)	增幅(%)	总额(亿美元)	增幅(%)
2004	3.96	90.8	1.26	23.6	2.70	155.9
2005	3.25	-17.9	1.04	-17.4	2.21	-18.1
2006	5.38	65.6	1.80	72.6	3.59	62.3
2007	2.85	-47.1	2.46	37.2	0.38	-89.3

资料来源:中国商务部网站。

总体而言,中国与牙买加双边贸易额较小,多为中国向牙买加出口,近年来情况有所改观。中国从牙买加主要进口商品是蔗糖、铝土和氧化铝。中国向牙买加主要出口商品有食品、香粉、纺织品、小五金以及农具等。目前,中国向牙买加出口机电产品和高科技产品增长迅速,机电产品已成为中国对牙买加出口的主要大宗商品,约占对牙买加出口总额的35%,其次是箱包和纺织品。

另外，自20世纪80年代开始，中国企业在牙买加开展劳务承包业务。据中国商务部的统计数据显示，截至2007年年底，中国企业在牙买加实现承包劳务合同营业额2.6亿美元。

三　文化、教育、新闻、体育等领域的交流与合作

建交后，两国在文教体育方面交流频繁，主要的交流与合作如下。①

（一）文化交流

1991年牙买加总理迈克尔·曼利访华时，两国签署了文化协定。中国艺术团体和体育团队曾赴牙买加访问演出和比赛。1985年在牙买加举办中国文化周。1986年中国社会科学院拉丁美洲研究所研究人员访问牙买加，与牙买加西印度大学社会经济研究所教授进行了学术交流。2006年7月下旬，牙买加歌舞团来华文艺演出，并在北京世界公园举办"激情牙买加"活动。

（二）教育交流

1988年中国接收1名牙买加学生来华进修印染织绣专业。此前，中国还录取3名牙买加学生来华学习电信工程、口腔医学和建筑专业。2000年11月19～21日，中国教育部长陈至立访问牙买加，受到牙买加总督库克、代总理罗伯逊、教育部长怀特曼分别会见。2007年3月21～23日，中国教育部副部长吴启迪率团访问牙买加，拜会了牙买加教育、青年与文化部长威尔逊，并与西印度大学莫纳分校校长利奥·莱尼教授举行了座谈。2008年12月9～11日，西印度大学莫纳分校校长雪利来华出席第三届国际孔子学院大会。2009年2月12～13日，习近平副主席访问牙买加期间，中牙两国签署《中国孔子学院总部与牙买加西

---

① 转引自中华人民共和国外交部网站（http://www.fmprc.gov.cn/）。

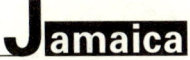

印度大学莫纳分校关于合作设立西印度大学莫纳分校孔子学院的协议》，习近平副主席还出席了西印度大学莫纳分校孔子学院授牌仪式。

(三) 新闻交流

1973年中国记者组访问牙买加。1974年和1976年在牙买加首都金斯敦先后举办了"中国摄影艺术展览"和"新中国妇女、儿童图片展览"。2005年9月19～28日，牙买加《集锦报》记者罗伯特·哈特和《观察家报》记者阿雷恩·马丁参加加勒比联合新闻团访华。2006年5月23日～6月2日，由中国中央电视台、北京电视台和北京人民广播电台组成的中国记者代表团访问牙买加，进行参观和采风。2007年5月13～25日，牙买加《集锦报》副主编和牙买加《观察家报》执行主编参加加勒比国家主流媒体访华团访华。2008年8月12～17日，牙买加4名非注册记者应邀来华采访北京奥运会。

(四) 体育交流

2004年1月，中国国家体育总局为牙买加著名乒乓球运动员韦布提供为期一个月的在华培训。2006年7月9～13日，中国国家体育总局副局长段世杰率中国体育代表团访问牙买加，中国田径协会和牙买加业余田径协会签署了《合作协议》。2007年9月，牙买加体育代表团来华参加第12届世界特殊奥林匹克运动会。2008年8月和9月，牙买加体育代表团来华参加第29届北京奥运会和残奥会，取得奥运会6金3银2铜、残奥会1枚铜牌的佳绩。在奥运会上多次获金牌并打破世界纪录的牙买加短跑运动员博尔特还向中国红十字基金会捐赠5万美元，用于救助汶川地震中致残的儿童。

(五) 其他领域的交流

2002年11月29日～12月3日，中国人民对外友好协会会长陈昊苏访问牙买加，受到牙买加总督库克会见。2005年10月

5~10日，中国国家海洋局副司长王飞率领中国海洋代表团访问牙买加和国际海底管理局，这是中国海洋代表团首次访问牙买加。期间，中国"大洋一号"海洋考察船也访问牙买加。2005年11月15~22日，应中国全国青年联合会的邀请，5位牙买加青年代表来华参加"中国—拉丁美洲青年节"活动。2007年8月，牙买加遭受"迪安"飓风袭击，中国红十字会向牙买加红十字会提供3万美元的援助。9月，牙买加中国友好协会代表团来华出席首届中国—拉丁美洲及加勒比民间友好论坛。2008年9月，中国政府和中国红十字会就牙买加遭受"古斯塔夫"热带风暴袭击分别向牙买加提供10万美元和5万美元现汇救灾援助。同年10月，杭州市对外友协会长虞荣仁访问牙买加，蒙特哥贝市市长辛克莱应邀出席杭州国际友好城市市长峰会，并与浙江义乌市签订"友好交流关系备忘录"。

第六节 牙买加与国际组织的关系

牙买加是国际事务的积极参与者，不仅与很多国际组织保持着密切的合作关系，而且也是许多国际组织的成员国。目前，牙买加加入的主要国际机构和组织包括：非洲、加勒比海及太平洋国家集团（ACP）、加勒比共同体共同市场（Caricom）、加勒比开发银行（CDB）、联合国粮农组织（FAO）、15国集团（G-15）、77国集团（G-77）、美洲防务理事会（IADB）、国际原子能机构（IAEA）、国际复兴开发银行（IBRD）、国际民航组织（ICAO）、交通运输领域国际会议（ICCT）、国际自由工会联盟（ICFTU）、国际红十字与红新月运动（ICRM）、国际农业发展基金（IFAD）、国际金融公司（IFC）、红十字会与红新月会国际联合会（IFRCS）、国际水路组织（IHO）、国际劳工组织（ILO）、国际货币基金组织（IMF）、国际海事组织（IMO）、国际通信卫星组织（Intelsat）、国际刑警组织（Interpol）、政府间海洋学委员会（IOC）、国际移民组织（IOM）、国际标准化组织（ISO）、国际电信联盟（ITU）、拉丁美洲经济体系（LAES）、多边投资担保机构（MIGA）、不结盟运动（NAM）、美洲国家组织（OAS）、拉丁美洲能源组织（OLADE）、拉丁美洲禁止核武器组织（OPANAL）、禁止化学武器组织（OPCW）、联合国（UN）、联合国贸易与发展会议（UNCTAD）、联合国教科文组织（UNESCO）、联合国工业发展组织（UNIDO）、万国邮政联盟（UPU）、国际海关组织（WCO）、世界工会联合会（WFTU）、世界卫生组织（WHO）、世界知识产权组织（WIPO）、世界气象组织（WMO）、世界贸易组织（WTO），等等。

附　　录

一　20世纪初以来牙买加历任总督

1898~1904年	奥古斯塔斯·亨明(Augustus W. L. Hemming)
1904年	悉尼·奥利弗(Sydney Oliver)
1904年	休·克拉伦斯·伯恩(Hugh Clarence Bourne)
1904~1907年	詹姆斯·亚历山大·斯韦藤汉(James Alexander Swettenham)
1907年	休·克拉伦斯·伯恩(Hugh Clarence Bourne)
1907~1913年	亨利·奥利弗(Henry Oliver)
1913年	菲利普·克拉克·科克(Phillip Clarke Cork)
1913~1918年	威廉·亨利·曼宁(William Henry Manning)
1918~1924年	莱斯利·普洛宾(Leslie Probyn)
1924年	赫伯特·布赖恩(Herbert Bryan)
1924~1925年	塞缪尔·维尔森(Samuel Wilson)
1925~1926年	阿瑟·塞尔伯恩·杰夫(Arthur Selborne Jelf)
1926~1932年	雷金纳德·爱德华·斯塔布斯(Reginald Edward Stubbs)
1932~1934年	兰斯福德·斯莱特(Ransford Slater)
1934~1938年	爱德华·德纳姆(Edward Denham)
1938年	C. C. 伍利(C. C. Woolley)
1938~1943年	阿瑟·理查德(Arthur Richards)
1943~1951年	约翰·哈金斯(John Huggins)
1951~1957年	休·富特(Hugh Foot)

续表

1957~1960 年	肯尼思·布莱克本(Kenneth Blackburne)
1962 年	肯尼思·布莱克本(Kenneth Blackburne)
1962~1972 年	克利福德·坎贝尔(Clifford Campbell)
1972~1991 年	弗洛里泽尔·格拉斯波尔(Florizel Glasspole)
1991~2006 年	霍华德·库克(Howard Cooke)
2006~2009 年	肯尼思·霍尔(Kenneth Hall)
2009 年 2 月至今	帕特里克·艾伦(Patrick Allen)

资料来源：http://www.mct.gov.jm/general_info.htm#。

二　牙买加独立后历届总理

1960~1962 年	诺曼·华盛顿·曼利(Norman Washington Manley)
1962~1967 年	威廉·亚历山大·巴斯塔曼特(William Alexander Bustamante)
1967 年	唐纳德·B. 桑斯特(Donald B. Sangster)
1967~1972 年	休·劳森·希勒(Hugh Lawson Shearer)
1972~1980 年	迈克尔·诺曼·曼利(Michael Norman Manley)
1980~1989 年	爱德华·西加(Edward Seaga)
1989~1992 年	迈克尔·诺曼·曼利(Michael Norman Manley)
1992~2006 年	珀西瓦尔·J. 帕特森(Percival J. Patterson)
2006~2007 年	波西娅·辛普森-米勒(Portia Simpson Miller)
2007 年 9 月至今	布鲁斯·戈尔丁(Bruce Golding)

资料来源：http://www.mct.gov.jm/general_info.htm#。

三　著名人物介绍

帕特里克·林顿·艾伦（Patrick Linton Allen） 牙买加独立以来的第六位总督。1951 年 2 月 7 日出生于

牙买加

牙买加的波特兰地区，11 岁便成为基督复临安息会（Seventh Day Adventist）全职牧师。1983 年进入美国密歇根州安德鲁斯大学学习，获得历史和宗教学学士学位和组织神学硕士学位。1986 年返回牙买加后从事神职工作。1989 年被正式授予基督复临安息会牧师。1993 年再次回到安德鲁斯大学攻读博士学位，1998 年获得教育行政管理学博士学位。同年，被选举为基督复临安息会牙买加中部联合会主席。2000 年，当选为西印度群岛基督复临安息会联盟会议主席，2005 年连任该职。2009 年 2 月 26 日接替肯尼思·霍尔就任牙买加总督。是牙买加首位就任总督的基督复临安息会牧师，也是牙买加历史上第二位年轻总督。已婚，现有三子。①

布鲁斯·戈尔丁（Bruce Golding） 牙买加现任总理、牙买加工党领袖。1947 年 12 月 5 日生于牙买加一个政治世家。1966～1969 年就读于西印度大学莫纳分校，获经济学学士学位。1972 年当选众议员，成为牙买加历史上最年轻的众议员。1976 年大选中败北，1977 年被任命为参议员。1980 年牙买加工党赢得大选后，再次被任命为参议员，并任政府建设部长。1983 年重新当选众议员，1989 年和 1993 年连任。2002 年大选后，被任命为参议员及牙买加工党影子内阁的外交外贸部长。2005 年 4 月，在金斯敦西区补选中当选众议员。1974 年起任牙买加工党总书记，1984 年起改任党主席。1995 年，退出牙买加工党，并自行组建全国民主运动，当选首任主席。2002 年，重返牙买加工党，并再次当选党主席。2005 年 2 月，当选牙买加工党第五任领袖，同年 4 月，正式就任牙买加工党领袖。在 2007 年 9 月 3 日牙买加大选中连任众议员，并作为议会多数党领袖出任牙买加

---

① Jamaica Information Service, *Profile of Governor-General of Jamaica*, (http://www.jis.gov.jm/ProfileGG/index.asp).

第八任总理。已婚,有一子二女。[1]

波西娅·辛普森-米勒(Portia Simpson-Miller) 牙买加第七任总理。1946年生于牙买加东南部圣凯瑟琳区。毕业于美国佛罗里达州迈阿密联合学院并获行政管理学学士学位,同时进修计算机和公共关系课程,后获该学院授予的人文荣誉博士学位。1970年,出任地方政府议会秘书,随后被调入总理办公室工作。1974年,被选为金斯敦和圣安德鲁联合区地方议会议员,从此步入政坛。1976年当选众议员至今。1978~2006年3月,米勒一直担任牙买加人民民族党副主席。1983年,她成为人民民族党有关妇女、养老金、社会保障和消费等事务的新闻发言人。1989年出任劳工、福利和体育部长。1993年出任劳工与福利部长。1995年1月内阁改组后任劳工、社会保障与体育部长。2000年2月内阁改组后出任旅游与体育部长。2002年10月,改任地方政府、社区发展与体育部长。2006年2月25日在人民民族党领袖选举中获胜,3月30日接替提前卸任的帕特森出任总理。信奉浸礼教。已婚。喜好阅读、音乐、电影、骑马和拳击。[2]

迈克尔·诺曼·曼利(Michael Norman Manley) 牙买加前总理,人民民族党前领袖。1924年12月10日生于金斯敦市。其父诺曼·华盛顿·曼利是人民民族党的创始人,1955~1962年曾任总理;其母是著名雕刻家。迈克尔·诺曼·曼利毕业于英国伦敦政治经济学院。第二次世界大战期间在加拿大皇家空军供职。1952年加入人民民族党。1953年起在工会中担任重要职务,参加了工人运动。1969年任人民民族党领袖。1957~1967年任

---

[1] Jamaica Information Service, *Profile of Prime Minister of Jamaica*, (http://www.jis.gov.jm/ProfilePM/index.asp).

[2] Jamaica Information Service, *Profile of Leader of the Opposition*, (http://www.jis.gov.jm/ProfileOL/index.asp).

牙买加

参议员，1967年起曾多次当选为众议员。1972～1980年任牙买加政府总理，期间同时担任过对外关系部长、经济事务部长、国防部长、青年事务部长、联邦发展部长、国家动员部长、人力资源部长、新闻部长、文化部长和农业部长。曼利政府实行一系列进步的社会经济改革，限制外国垄断组织在牙买加的活动，奉行独立的外交政策，主张反对殖民主义和种族主义，建立了与苏联和古巴的外交关系，积极参加不结盟运动。1980～1989年2月任休·希勒工党政府时期的反对党领袖。1989年2月在议会选举获胜后，再次出任政府总理，成为牙买加历史上首位三度出任总理的人。1992年3月15日，由于身体健康原因，曼利辞去了总理和人民民族党主席的职位。

珀西瓦尔·帕特森（Percival Patterson）　1935年4月10日生于牙买加圣安德鲁区。毕业于西印度大学，获文学学士学位。1960年赴英国经济学院学习，取得律师资格后加入牙买加律师协会。1959年开始从政。1964年当选为人民民族党执委会委员。1967年任参议员，并在参议院担任反对党领袖。1969年，他当选为人民民族党第一副领袖。1970年当选为众议员。1983年出任人民民族党主席，1992年3月出任党的领袖。1972年起先后担任过工业、旅游和外贸部长、副总理兼外交部长、副总理兼生产、发展和计划部长等职。1992年3月30日就任总理，1993年4月、1997年12月和2002年10月三度连任。现为英国王室法律顾问和皇家枢密院成员。喜好体育、园艺、阅读和音乐。丧偶，有一子一女。曾于1998年10月和2005年6月正式访华。

主要参考文献

一 中文著作

莱斯利·贝塞尔主编《剑桥拉丁美洲史》第 5 卷,社会科学文献出版社,1992。

孟淑贤主编《加勒比各国概况》,世界知识出版社,1997。

塞缪尔·赫维茨、伊迪丝·赫维茨:《牙买加史》,南开大学历史系译,天津人民出版社,1979。

〔英〕科拉·G. 克拉克:《牙买加图志》,周陵生译,商务印书馆,1980。

二 外文著作

The World Bank, *The road to sustained growth in Jamaica*, Washington, D. C., 2004.

Carl Stone, *Class, state, and democracy in Jamaica*, New York: Praeger Special Studies, Praeger Scientific, 1986.

Aggrey Brown, *Color, class, and politics in Jamaica*, New York: New Brunswick, Transaction Books, 1979.

Anthony J. Payne, *Politics in Jamaica*, London: C. Hurst; New York: St. Martin's Press, 1988.

Martin Mordecai and Pamela Mordecai, *Culture and customs of Jamaica*, Westport: Greenwood Press, 2001.

Trevor Munroe, *Jamaican politics: a Marxist perspective in transition*, Heinemann Publishers; Colo.: L. Rienner Publishers, 1990.

Karl. Luntta, *Jamaica handbook*, Jamaica: Moon, 1991.

Mervyn C. Alleyne, *Roots of Jamaican culture*, London: Pluto, 1989.

Evelyne Huber Stephens and John D. Stephens, *Democratic socialism in Jamaica: the political movement and social transformation in 1ependent capitalism*, Houndmills: Macmillan, 1986.

Derick A. C. Boyd, *Economic management, income distribution, and poverty in Jamaica*, New York: Praeger, 1988.

Michael Kaufman, *Jamaica under Manley: dilemmas of socialism and democracy*, London: Zed Books, 1985.

Economist Intelligence Unit, *Country Profile 2008: Jamaica*.

Bank of Jamaica, *BOJ Annual Report 2007*.

Bank of Jamaica, *Statistical Digest March*, 2008.

The Jamaica Information Service (http://www.jis.gov.jm/).

三 网站

中华人民共和国驻牙买加大使馆经济商务参赞处网站（http://jm.mofcom.gov.cn/）。

中华人民共和国外交部网站（http://www.fmprc.gov.cn/chn/pds/gjhdq/gj/bmz/1206_35/）。

巴巴多斯
(Barbados)

周志伟 编著

列国志

第一章

国土与人民

第一节 自然地理

一 地理位置

巴巴多斯是东加勒比海小安的列斯群岛最东端的一个小岛国,位于西经59°32′、北纬13°10′。西距圣文森特岛160公里,南距圭亚那480公里,西北距离波多黎各岛965公里。巴巴多斯的地理位置实际上并不在加勒比海地区,而是在大西洋上,但是它和巴哈马群岛一样,通常都被看成是西印度群岛中的一个岛屿。全岛呈正南正北走向,总面积为431平方公里,南北最长处为34公里,东西最宽处为23公里,海岸线总长为97公里。

二 行政区划

1629年,在英国殖民统治下,巴巴多斯被划分为6个区,1645年改为11个区后沿用至今。按照地理位置划分,11个区分别归于南北两个大区,其中北部大区包括:圣安德鲁区(Saint Andrew)、圣詹姆斯区(Saint James)、圣约瑟夫区(Saint Joseph)、圣露西区(Saint Lucy)、圣彼得区(Saint

巴巴多斯

Peter)和圣托马斯区(Saint Thomas);南部大区包括:克莱斯特·丘奇区(Christ Church)、圣迈克尔区(Saint Michael)、圣约翰区(Saint John)、圣菲利普区(Saint Philip)和圣乔治区(Saint George)。[①]

圣安德鲁区是巴巴多斯东北部的一个区,总面积为36平方公里,总人口数约为5580人,人口密度约为155人/平方公里,首府是圣安德鲁市。

圣詹姆斯区位于巴巴多斯的西部,面积为31平方公里,总人口数约为2.5万,人口密度达810人/平方公里,首府是霍尔敦(Holetown)。圣詹姆斯区曾被誉为巴巴多斯的"黄金海岸",随着旅游业的快速发展,该区出现了大批海滨别墅、豪华宾馆,加上迷人的海滩和迅速上涨的地价,如今的圣詹姆斯区被巴巴多斯人称为"白金海岸"。圣詹姆斯区是巴巴多斯历史最为悠久的一个区,1625年,第一批英国殖民者就是在该区的霍尔城(原名以英国国王詹姆斯命名,为詹姆斯城)登陆,并宣布整个岛屿为英国国王所有。圣詹姆斯区不仅拥有迷人的自然风光,而且还有一些著名的人文景观,是巴巴多斯名副其实的旅游业中心区,也是外国移民最为集中的一个区。

圣约瑟夫区位于巴巴多斯的东部,面积为26平方公里,总人口数为8370人,人口密度约为321.92人/平方公里,首府为圣约瑟夫市。该区有巴巴多斯两座著名的植物园:弗劳尔森林和安德罗梅达花园。

圣露西区位于巴巴多斯的最北端,面积为36平方公里,总人口数约为1.03万,人口密度为286.75人/平方公里,首府为圣露西市。

[①] 以下关于各个区的介绍请参阅网站链接:http://en.wikipedia.org/wiki/Parishes_of_Barbados。

第一章 国土与人民

圣彼得区位于巴巴多斯的北部，面积为 34 平方公里，人口总数约为 1.12 万，人口密度为 328.24 人/平方公里。该区是巴巴多斯为数不多的同时濒临大西洋和加勒比海的一个区。由于圣詹姆斯的"白金海岸"一直延伸至圣彼得区的南部，因此该区也是巴巴多斯的旅游热点地区之一。圣彼得区是巴巴多斯风景最迷人的一个区，这里不仅有着世界闻名的白色海滩穆林斯湾（Mullins Bay），而且还有起伏的山峰以及保留完好的甘蔗梯田。此外，该区的旅游设施非常完备，不仅拥有圣查尔斯港，而且兴建了大批海滨别墅。该区首府是斯佩茨敦（Speightstown），是个具有悠久历史的城市，它的历史最早可以追溯到 17 世纪，当时它是英国殖民者连接巴巴多斯岛与英国的几个主要港口中的一个。由于当时巴巴多斯与英国之间的贸易联系主要集中在英国的布里斯托尔（英国西南部最大的城市），因此，斯佩茨敦曾被称为"小布里斯托尔"。圣彼得区也是巴巴多斯名胜古迹较为集中的一个区，其中一些名胜古迹甚至可以追溯到殖民时期早期。圣彼得教区教堂是其中的典型，该教堂始建于 1629 年，后来因为飓风多次被毁，随后被多次重建。另外，建于 1660 年的圣尼古拉斯修道院（Saint Nicholas Abbey）是巴巴多斯国内仅有的两座詹姆士一世时期的建筑之一，也是美洲大陆仅有的三座之一。

圣托马斯区位于巴巴多斯的中部，面积为 34 平方公里，人口总数约为 1.4 万，人口密度为 410.29 人/平方公里。首府为圣托马斯市。

克莱斯特·丘奇区是巴巴多斯南部的一个教区，面积 57 平方公里，总人口数约为 5.6 万，人口密度约为 978.85 人/平方公里。该区首府城市是奥伊斯廷斯（Oistins），它是巴巴多斯一个主要的渔业集散中心。

圣迈克尔区位于巴巴多斯的西南部，面积为 39 平方公里，人口总数约为 9.5 万，人口密度位居全国各区之首，达到

2432.3 人/平方公里。该区首府同时也是巴巴多斯的首都布里奇顿市，布里奇顿是巴巴多斯的商业中心，同时也是公共交通网络中心。圣迈克尔区是全国高等院校最集中的地区，其中包括詹金斯（Jenkins）精神科学院、康伯米尔（Combermere）学院和哈里森学院（Harrison College）等等。另外，由于巴巴多斯深水港位于圣迈克尔区，因此这里也是巴巴多斯商品和人员的主要集散地，绝大部分游船和游客都从该区进入巴巴多斯。

圣约翰区位于巴巴多斯的东部，总面积为 34 平方公里，人口总数为 9765，人口密度约为 287.21 人/平方公里，首府是圣约翰市。

圣菲利普区位于巴巴多斯的东南部，总面积为 60 平方公里，是全国面积最大的一个区，人口总数为 2.5 万，人口密度约为 418.5 人/平方公里，首府为圣菲利普市。

圣乔治区位于巴巴多斯的中部，是一个内陆教区，面积为 44 平方公里，人口总数为 1.95 万，人口密度约为 443.86 人/平方公里，首府为圣乔治。该教区著名的景点是枪山（Gun Hill）信号站，它是英国殖民者于 1818 年修建的一系列信号站中保留最好的一个，在这里不仅可以饱览整个岛屿的全景，而且可以侦察到所有进出巴巴多斯的船只。该信号站有一座白色的狮子雕像，它是于 1868 年用一块完整的石头雕刻而成，目前仍保存完好。

三　地形特点

据考古资料显示，远古时期，巴巴多斯所在的地区只是南美大陆的科迪勒拉山系延伸到此露出水面的一个山脊。经过漫长的岁月，山脊周围堆积起大量的珊瑚虫骨骼覆盖在岩石的表层上，覆盖物的增多与水面山脊逐渐上升，形成一层层环状的珊瑚石灰岩台地。台地的顶端演变为中央高地；台地最

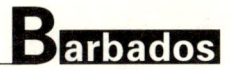

下层演变成平原,最终才形成一个岛屿。巴巴多斯的大部分地区由珊瑚石灰岩构成,沿海水域中珊瑚礁较多,某些海岸密集的珊瑚礁还伸入海洋达数公里之远。

巴巴多斯全岛的地势为中部高,四周呈阶梯状下降,沿海低平。内陆有为数不多的起伏小山,山脉走向基本与海岸线平行。岛屿内陆平均海拔为 180~240 米,全岛最高处为中北部的希拉比山(Hillaby),其海拔为 340 米。西部与南部的某些低地平原,海拔则不足 130 米。全岛分为苏格兰、高地平原和低地平原三个地区。其中,苏格兰在东北部,是一个地势较高的狭长山地,高地和低地两个平原在西部和南部。海岸线虽有 97 公里,但悬崖峭壁较多,周围近海珊瑚礁密布,不利于航行。位于西南角的首都布里奇顿成为全岛唯一大港和交通枢纽。

巴巴多斯 85% 的地表由厚度达 24~30 米的珊瑚礁石灰石构成。由于含有丰富的海洋形成物,这里土壤肥沃,非常适宜种植甘蔗。全岛 80% 以上的石灰石土壤都种植了甘蔗。

巴巴多斯的地表径流非常少,苏格兰是全岛河流最集中的地区,其他地区几乎没有地表径流,主要靠雨水的渗透来灌溉农作物。

四 气候

巴巴多斯地处热带,属热带雨林气候。由于受海洋性气候的影响,全年气候温暖如春,加之风光奇秀,巴巴多斯是驰名世界的旅游胜地。巴巴多斯气温变化不大,全年平均气温为 26℃,最高气温不超过 32℃。由于全岛面积不大,巴巴多斯的昼长变化很小,北部地区冬夏季节昼长时差仅为 1~2 小时。巴巴多斯岛的日照时间较长,每日早晨 5 点半日出,下午 6 点日落,年均日照时间可达 3000 小时。

由于受东北信风的影响,巴巴多斯降水量非常充足,全年湿度都维持在 65%~75% 之间。全年季节变化很不明显,1~5 月为旱季，6~12月是雨季。和其他加勒比岛国一样，巴巴多斯的降水量因海拔高度不同存在较大差异，干旱地区年均降水量仅为100毫米，而多雨地区则可以超过2000毫米。首都布里奇顿和著名旅游城市巴希巴（Bathsheba）虽然仅隔27公里，但布里奇顿的年均降水量为1270毫米，而巴希巴则高达2540毫米。总体而言，内地的降水量多于沿海地区，其中高地平原的年均降水量为2300毫米，而沿海地区则为1000毫米。

巴巴多斯的气候受东北信风影响非常大，东北信风的风向具有较强的季节性，基本呈现"东南东→东→东北东"的弓形变化轨迹。每年11月至次年4月，东北信风的风向为东北东→东；每年5~10月，风向变为东→东南东。巴巴多斯地处西印度飓风区的最南端，因此是一个飓风频发的地区，平常岛上的风速约为13~21公里/小时，而每年6~11月飓风频发期的风速可达150公里/小时以上。

第二节 自然资源

一 矿产

巴巴多斯没有重要的矿产资源，仅有少量石油和天然气，1973年开始生产石油。据2004年估计，巴巴多斯石油储量约为730万桶，天然气储量也只有1.124亿立方米。但是，因其独特的珊瑚礁地质构造，石灰石储量丰富，覆盖面积占国土总面积的85%，储量约为300亿吨。

二 动植物资源

由于地处热带，雨量适中，巴巴多斯非常适宜动植物的生长。雪松、樱桃、鹅莓和苦芦荟是该岛特有的植

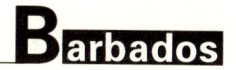

物。在野生动物方面,有一种奇特的"树蛙",形体比青蛙略小,能从水中跃上树枝鸣叫,声音婉转动听。在海产中,巴巴多斯富产一种著名的"飞鱼",能跃出水面在空中滑翔,它也是巴巴多斯的主要渔产品,具有非常重要的经济价值。

第三节 居民和宗教

一 人口与种族

巴巴多斯人口总数为 27.4 万(2008 年),其中,90%以上为非洲黑人后裔,6%为亚洲人和黑白混血人,4%为欧洲人后裔。从年龄层次来看,0~14 岁人口占总人口数的 20.1%(男性为 28160 人,女性为 28039 人);15~64 岁人口所占比例为 71.1%(男性为 97755 人,女性为 101223 人);65 岁以上人口所占比例为 8.8%(男性为 9508 人;女性为 15227 人)。人口平均年龄为 34.6 岁,其中男性为 33.4 岁,女性为 35.6 岁。巴巴多斯预期寿命为 72.79 岁,其中男性为 70.79 岁,女性为 74.82 岁。[①]

巴巴多斯的人口增长率非常低,20 世纪 80 年代至今,年均人口增长率仅为 2‰~8‰,其中 1996~2006 年为 3‰。尽管如此,巴巴多斯仍是东加勒比地区人口密度最大的国家,人口密度为 646 人/平方公里。

除了较低的人口增长率外,造成人口数量相对稳定的另一个重要因素是巴巴多斯存在大量的外迁移民。从第二次世界大战结束到 20 世纪 70 年代,巴巴多斯和其他向风群岛的岛国向英国输出大量的非就业人口。1946~1980 年间,巴巴多斯人口增长率

---

① 美国国务院网站(http://www.state.gov/r/pa/ei/bgn/26507.htm)。

因向外移民降低了 1/3。20 世纪 60 年代开始，由于英国对西印度群岛移民实施限制政策，美国逐渐成了巴巴多斯等加勒比小岛国向外移民的首选目的地。

表 1-1　21 世纪初巴巴多斯人口增长情况

年　份	2002	2003	2004	2005	2006
总人口数(万)	27.09	27.17	27.25	27.34	27.42
增长率(‰)	3	3	3	3	3

资料来源：Central Bank of Barbados, *Annual Statistical Digest*, 2007。

20 世纪 70 年代，由于其他东加勒比岛国纷纷向巴巴多斯移民，因此巴巴多斯成为人口净流入国，这种趋势一直维持了近十年时间。20 世纪 80 年代，随着邻国移民的减少，巴巴多斯的人口数量基本稳定下来，人口增长率至今依然很低。据统计，1986 年，巴巴多斯人口总数为 25.55 万，2005 年增至 27.9 万，20 年时间仅仅增加了不到 2.5 万人。

巴巴多斯的社会结构有较强的种族特色，占人口绝对少数的白人占据着社会的上层，拥有与他们所占人口比例不相称的社会财富。而社会下层人口基本上全部由黑人组成。

二　宗教

在巴巴多斯，宗教信仰完全自由。巴巴多斯宪法总则中写道："巴巴多斯人民主张，他们是建立在承认上帝至上性原则基础上的主权国家。"宪法第 11 条把"信仰、集会和结社的自由"列入"个人基本权利和自由之中"。宪法对信仰自由保护的条款在第 19 条中得到进一步阐述：允许宗教信仰和实践的完全自由，禁止对这种自由的任何阻挠，给宗教社团以用自己的费用建立和维护学校并在其中开设宗教课程的资格，同时也免除不愿选修的人们的宗教课程，禁止要求个人执行与其宗教信仰相抵触的誓言。此外，巴巴多斯法律规定，要举行婚礼的教堂必须登记。

目前，67%的人信奉英国圣公会教（英国国教派占40%，五旬节教派占8%，卫理公会教派占7%，其他教派占12%），此外，还有4%的人信奉天主教，以及12%的人信奉其他宗教，不信教的人占到了17%。[①]

巴巴多斯的宗教信仰受英国影响较深。英国殖民者占领巴巴多斯后，便在这里建立起英国圣公会教，并且马上成为该岛占统治地位的宗教派别，20世纪80年代，信奉该教的人口数占总人口数的31%，而其余的分属其他宗教信仰，或者不信仰任何宗教。总体而言，天主教在巴巴多斯的影响比其他西印度群岛国家都要弱。

从1969年以来，国家给予教会的财政资助以每年1/7的速度减少，到1972年，政府的财政资助占教区收入的35%，而占主教会议财政预算的50%，到1977年完全终止。政府的宗教事务部处理与教会有关的一切事务。

第四节　民俗与节日

一　民俗

巴巴多斯的早期移民，有的是来自英国的贵族和船员，有的是来自欧洲其他地区的契约劳工，有的是从非洲各地掠夺与贩卖来的黑奴。不同的文化传统与宗教信仰给巴巴多

---

① http://www.totallybarbados.com/barbados/About_ Barbados/Local_ Information/Religion_ in_ Barbados/

巴巴多斯

斯带来了不同的生活习惯、礼仪习尚和民情风俗。

非洲黑人后裔占岛上人口的绝大多数，在皈依基督教后，虽然他们原有的宗教仪式被逐渐同化，但许多生活习俗仍然被保留下来。比如，非洲人后裔每天都在 10 点左右吃早餐，要到下午很晚或在傍晚才吃第二顿正餐，家中的男人不和妇女、小孩一起进餐。他们最钟爱的食物是由非洲菜肴改制而成的"三萨姆"（蒸玉米粉再拌些盐或糖干吃）和"卡拉露"（用蘸了面粉的咸鱼熬熟，再撒上胡椒粉）。在移民初期，黑人家族对妇女的贞操要求极其苛刻，如果一个女人生了双胞胎，他们就会认定她肯定失去了贞洁，并会立即处死她。在生命科学知识广泛普及之后，这一陋习才被废除。

虽然巴巴多斯的官方语言是英语，但非洲后裔的原始语言仍有近千个词，如有个常见的词叫"Obeah"，意思是施魔法或巫术。魔法或巫术风气从非洲带来，至今在巴巴多斯仍难禁绝。巴巴多斯一位学者说："每一个人都有他自己的魔法经历，自己的恐惧，自己的特殊替罪羊。无可怀疑，所有巴巴多斯人，对于不能理解的力量，就有理由去惧怕、去信仰。"

朗姆酒 巴巴多斯是世界上公认的朗姆酒的发源地，该酒的酿造最早可以追溯到 1663 年，但作为一种合法的制造业则是从 1703 年 2 月 20 日开始的。

巴巴多斯的朗姆酒品牌非常多，其中要数马脱壳（mount gay）、马力宝（Malibu）、口库斯巴（cockspur）等几种品牌最为著名。马脱壳朗姆酒是世界上历史最为悠久的朗姆酒之一，它使用橡木桶酿制，包括各种各样的口味。该酒由西印度群岛的克依公司生产，在国际各类酒类比赛中获得过无数奖项。马力宝朗姆酒于 1980 年开始生产，该酒是在白牌朗姆酒中添加椰汁酿制而成，其最大特点是有香醇的椰子味，口味比较清淡，一般可以加橙汁、菠萝汁、苹果汁一起饮用。该酒很适合女子饮用，在欧美年轻人中有着很好的销量。口库斯巴朗姆酒是一种金牌朗姆酒，它自 1884 年开始酿造。口库斯巴朗姆酒最大的特征是酒呈现鸡血红色。和马脱壳朗姆酒一样，口库斯巴朗姆酒也是用橡木桶酿造的。

啤酒 巴巴多斯的啤酒有着很好的国际声誉，班克斯啤酒（Banks Beer）是众多啤酒品牌中的佼佼者。班克斯啤酒于 1961 年出品，酒精含量为 4.7%，口味较淡，在国际市场上有很好的销量。班克斯啤酒是由位于巴巴多斯圣迈克尔区的班克斯酿酒有限公司生产。

二 节日

由于巴巴多斯大多数居民为非洲后裔，因此全国的节日具有非常浓郁的非洲特色，同时也保留着较深的英国印记。全国主要节日主要包括：

新年（1月1日） 这是全世界各国共有的节日。

埃罗尔·巴罗日（1月21日） 埃罗尔·巴罗（Errol Barrow）是巴巴多斯独立后的第一位总理，1月21日是巴罗总理的诞生日。

爵士节（1月底） 巴巴多斯的爵士节世界闻名，通常在每年的 1 月底举行。节日期间，全球许多地方著名的爵士歌手和乐队以及爵士音乐爱好者都会齐聚在此，巴巴多斯各地都将举行一系列爵士音乐的演出。节日的高潮是在法利山公园（Farley Hill Park）举行露天音乐会。在音乐会当天，爵士乐爱好者成群结队地在法利山公园附近的山坡上野营，一边欣赏动人的音乐，一边享受大自然带来的快乐。

霍尔敦节（2月中旬） 为纪念 1627 年英国首批移民抵达霍尔敦，每年 2 月中旬举行一系列纪念活动。节日开幕式定在霍尔敦博物馆举行，开幕式结束后，有非常多的带有巴巴多斯特色

的庆祝活动，其中包括：历史演讲、时装表演、选美比赛、街道游戏、文身展示、展览会、音乐会、戏剧表演、体育比赛、老爷车游行等等。

康茄舞狂欢节（4月底） 巴巴多斯最为大众化的节日。节日当天，所有参加狂欢节的人都排成一个康茄舞列队。他们从首都布里奇顿出发，一直跳到6公里外的南部沿海小镇圣劳伦斯（St. Lawrence），舞蹈队伍由装满音乐家、乐队演奏家的卡车开道。在圣劳伦斯节日期间要举办一天的工艺和食物展览。

英雄日（4月28日） 1998年4月，巴巴多斯议会通过了《国家英雄法令》，宣布将每年的4月28日定为"英雄日"，以此纪念那些在巴巴多斯历史上为国家作出重大贡献的民族英雄。1998年的4月28日，正好是格兰特利·亚当斯100周年诞辰纪念日。目前享有国家英雄荣誉称号的有如下几位：布萨（出生于非洲，在1816年奴隶起义中牺牲）、莎拉·安·吉尔（1795～1866年）、塞缪尔·杰克曼·普雷斯科特（Samuel Jackman Prescod，1806～1871年）、查尔斯·邓肯·奥尼尔（Charles Duncan O'Neal，1879～1936年）、克莱门特·奥斯伯内·佩恩（Clement Osbourne Payne，1904～1941年）、格兰特利·赫伯特·亚当斯（Sir Grantley Herbert Adams，1898～1987年）、埃罗尔·沃尔顿·巴罗（Errol Walton Barrow，1920～1987年）、休·沃雷尔·斯普林格（Hugh Worrell Springer，1913～1994年）、弗兰克·莱斯利·沃尔科特（Frank Leslie Walcott，1916～1999年）和加菲尔德·奥宾·索伯斯（Garfield St. Aubyn Sobers，1936～）。

劳动节（5月1日） 劳动者共有的节日。

丰收节（6月的后三周到7月的第一个周末） 巴巴多斯最隆重的节日，庆祝活动是从每年6月的后三周到7月的第一个周末。场面有点类似南美洲一些国家的"狂欢节"。该节日最早起源于18世纪80年代,当时巴巴多斯岛是世界上最大的甘蔗生产地。每年甘蔗收获季节结束后,当地人民会举行盛大的活动庆祝甘蔗大丰收。后来随着甘蔗种植业的衰退,丰收节在20世纪40年代曾一度停办,1974年巴巴多斯政府恢复了甘蔗节等一些传统节日,该节日重新焕发了活力,成为巴巴多斯极具特色的传统节日。

节日期间,巴巴多斯人会在露天支起很多卡里普索帐篷,在钢鼓乐队的伴奏下尽情地跳卡里普索舞。节日活动的高潮是每年一度的卡里普索舞竞赛,夺得比赛冠军的舞者将加冕本年度的卡里普索舞王。

隆重的庆祝活动到7月的第一个周末就移至首都布里奇顿举行。这时,市内各种车辆停止行驶,街上摆满五花八门的商品,整个城市变成了一个贸易市场。人们披红戴绿,悠闲地挑选自己喜爱的商品。第二天,人们汇集在一起,选举"甘蔗节女王",同时演出一系列丰富多彩的文艺节目。7月第二周的星期一是丰收节的最后一天,人们相互赠送自己精心制作的服装花边和手帕。最后,在欢笑声中,人们把象征艰难时世的"哈丁先生"(用甘蔗扎成的"甘蔗人")投入熊熊烈火中,至此,一年一度的丰收节宣告结束。

解放日(8月1日) 1838年8月1日,巴巴多斯彻底结束了奴隶制度,奴隶们获得了完全的自由。为纪念这一历史时刻,每年的8月1日被定为巴巴多斯解放日。

独立日(11月30日) 1966年11月30日,巴巴多斯获得了完全的独立,摆脱了自1627年以来长达300多年的英国殖民统治。为纪念这一历史时刻,每年的11月30日成了巴巴多斯举国欢庆的全国性节日。独立日的庆祝活动多种多样,其中在Garrison Savannah举行的游行和庆典仪式是一系列庆祝活动的开始。随后,全国各地将举行诸如体育竞赛、团体活动以及宗教仪式等。

节日的首都布里奇顿是一个不夜之城，议会大厦被蓝、黄两色（国旗的颜色）彩灯装饰得光彩夺目，公路两旁的路灯也被全部点亮，整个城市一片流光溢彩。

在独立日还要举行一项非常特别的活动——独立日创造艺术大赛。此项比赛旨在发掘具有创造精神的巴巴多斯天才艺术家，各个年龄段的选手都可以释放他们的艺术才能，形式包括音乐、声乐、舞蹈、戏剧、写作、绘画、摄影、工艺等。比赛是从11月的月初开始，整个比赛持续整整一个月，最后的决赛定在独立日当天举行。

圣诞节（12月25日） 圣诞节是所有信奉基督教国家共有的节日。巴巴多斯的圣诞节，一般是家人和亲戚朋友们团聚的日子。节日当天，大多巴巴多斯人将会赴教堂参加宗教仪式。在巴巴多斯，圣诞节宴会上有一道名为"jug jug"的菜肴，它是巴巴多斯人在圣诞节当天必须食用的一道菜，主要是用五谷和豌豆烹制而成。

第五节　国旗、国徽和国歌

一　国旗

巴巴多斯国旗形状为长方形，长宽比例为3∶2。国旗颜色由蓝、黄、黑三色组成，其结构则是由三个垂直的长方形构成，中间垂直长方形为金黄色，左右长方形为蓝色，其中金黄色长方形中央有一把黑色的三叉戟。这一设计反映了巴巴多斯这个岛国地处加勒比海和大西洋交界处的地理特征。蓝色象征浩瀚的海洋和广阔的天空，金黄色则代表巴巴多斯极具热带气息的金色海滩。黑色三叉戟曾经是殖民地时期徽章上的图案，独立时被赋予了新的含义，它象征古代希腊、罗马神话中的尼普顿

第一章 国土与人民

海神,也体现巴巴多斯是一个民有、民享和民治的独立国家。不带长柄的三叉戟象征同过去的历史与政体决裂,又表示还保留过去的某些传统。

国旗的设计者是格兰特利·普雷斯科德(Grantley W. Prescod)。独立后,巴巴多斯政府对国旗设计进行公开招标,格兰特利·普雷斯科德的设计最终从1029件作品中脱颖而出,普雷斯科德因此获得金质奖章,并获得500美元奖励。①

二 国徽

巴巴多斯国徽由巴巴多斯博物馆(the Barbados Museum)前馆长内维尔·康奈尔(Neville C. Connell)设计。国徽中心图案为盾徽,盾面上有一棵巴巴多塔树,也称无花果树,表示该国国名由它演变而来。据说巴巴多斯这个国名就是发现该岛的葡萄牙人对岛上盛产的印第安无花果的称呼。具有巴巴多斯特色的红花点缀于盾面上部两角。国徽顶部有一个饰有红、黄两色彩环的头盔。一只粗壮的黑人手臂高擎两根交叉的甘蔗,表示甘蔗种植业和榨糖业是巴巴多斯国民经济的支柱。国徽左侧是一头海豚,有着美丽的红鳍银鳞;右侧是一只长着白、橙、褐、蓝四色美丽羽毛的鹈鹕展翅欲飞,这是巴巴多斯的国鸟。国徽基部是一条黄色饰带,上面写着巴巴多斯的国家格言"自豪和勤劳"。②

三 国歌

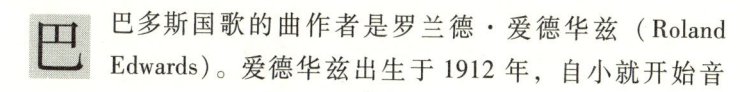

巴巴多斯国歌的曲作者是罗兰德·爱德华兹(Roland Edwards)。爱德华兹出生于1912年,自小就开始音

---

① Government Information Service, *The National Flag of Barbados* (http://www.barbados.gov.bb/natflag.htm).

② Government Information Service, *The Barbados Coat of Arms* (http://www.barbados.gov.bb/bdoscoatarms.htm).

巴巴多斯

乐创作，他因创作《圣安德鲁谋杀》（*The St. Andrew Murder*）、《好人颂歌》（*the Goodman Song*）、《联邦赞歌》（*the Federation Song*）和《欢迎伊丽莎白女王二世殿下》（*Welcome to Her Majesty the Queen Elizabeth II*）等歌曲而闻名。在为国歌谱曲时，爱德华兹的视力几乎失明，他的两个女儿纳内特（Nannette）和尤莉亚（Eullia）帮助他完成了最后的工作。1967年，巴巴多斯国歌的曲调由普林斯·卡维（Prince Cave）进行了部分修改，在保持原曲调的基础上添加了一些和声成分。①

国歌的词作者是埃文·伯吉尔（Irving Burgie）。他于1926年出生在美国纽约，母亲是巴巴多斯人，父亲是美国人。毕业于美国南加利福尼亚大学。

歌词大意：当这块土地还幼小，在丰年，在荒年，我们祖先播下了种，光荣的历史开了先。说光荣不是夸大口，曾长期受考验。民族的光荣感。使我们的心结成一片。我们是忠诚的好儿女，使祖国美名扬。古老的河山、今天的主权由我们自己掌。满怀着希望，我们把名字写在历史上。我们是传统的保卫者，命运的巧匠。

---

① Government Information Service, *The National Anthem of Barbados* (http://www.barbados.gov.bb/natanthem.htm).

第二章

历　史

第一节　英国殖民者占领巴巴多斯及初期统治

一　英国殖民者占领前的巴巴多斯

巴多斯最早的居民是阿拉瓦克人，他们大约在公元前4世纪从美洲大陆来到这里。阿拉瓦克人是一个以渔猎为生的民族，他们在村落中定居，并能制作一些简单的陶器。大约在公元1200年左右，阿拉瓦克人被一支好战的加勒比人部落驱逐出西印度群岛，从那之后，加勒比族人在这里定居下来。加勒比人以渔猎为生，繁衍生息，过着原始的生活。到哥伦布"发现"西印度群岛时，他们基本占领了全部的西印度群岛。

巴巴多斯是一个面积很小的岛屿，不在哥伦布西航的主要航线上，因此哥伦布的四次美洲航行都没有"发现"这个岛屿。1518年前后，当西班牙殖民者科尔特斯率队征服墨西哥的时候，驻守在加勒比其他岛屿上的西班牙殖民者发起东征，占领了巴巴多斯岛，并把加勒比人统统抓起来送到了伊斯帕尼奥拉岛等地充当奴隶。1536年，葡萄牙人的一支探险队路过该岛，看到岛上荒无人迹，满山遍野长的是被藤蔓缠绕的无花果树。藤蔓上所长的木须，酷似人的胡须，因此，葡萄牙人就把这个岛称为巴巴多斯（在葡萄牙语中，巴巴多斯的意思是"长胡须的地方"）。①由于葡萄牙探险队的主要目的地是更为富裕的美洲大陆，因此他们无意在此停留和经营。

西班牙殖民者占领巴巴多斯岛后，对加勒比人进行残酷的奴役，加上殖民者带来的瘟疫和肺结核等疾病，加勒比人逐渐在巴巴多斯灭迹。由于巴巴多斯岛资源非常匮乏，西班牙殖民者占领巴巴多斯后，并没有在这里逗留太久，他们将目标锁定在其他比较大的加勒比岛屿上。因此，巴巴多斯成为他们殖民掠夺过程中遗弃的小岛。

二　英国殖民者占领巴巴多斯

英国殖民者首次"发现"巴巴多斯岛是在1625年5月14日。当时，约翰·鲍威尔（John Powell）船长率领由伦敦富商与冒险家威廉·科提恩爵士（Sir William Courteen）资助的船队抵达巴巴多斯岛后，便宣布该岛为英国国王詹姆斯一世所有。

到达巴巴多斯岛后的几个月时间里，鲍威尔和船上水手们的生活相当艰难，由于缺乏必需的食物供给，鲍威尔船长带领一部分人起航南行，终于在圭亚那的埃塞奎博殖民点找到了荷兰的"总督"。这位总督曾和鲍威尔一块在西班牙军队服役。"总督"送给鲍威尔一些植物的根茎、种子，并且说服当地一个拥有40人左右的阿拉瓦克家族随鲍威尔返航巴巴多斯，帮助种植和培育这些植物。

鲍威尔船长回到巴巴多斯岛后不久，他的兄弟约翰指挥的"彼得号"载着50名英国人和大量的物资也来到了这里。他们

---

① http：//www.barbados.org/history1.htm

在霍尔建立了一个要塞,并在此升起了英国国王的旗帜。1627年,鲍威尔船长的侄子约翰·鲍威尔上尉被任命为这个新建殖民地的第一任总督,正式宣布巴巴多斯为英国的殖民地。英国国王随即将巴巴多斯岛的所有权授予了威廉·科提恩爵士。

1628年7月,由查尔斯·沃尔弗斯顿上尉率领的一个70多人的船队从圣克里斯托弗岛来到巴巴多斯岛。虽然他们曾保证决不干涉之前到此的殖民者的利益,但在实际上,两派之间的利益争斗最终还是无法避免,斗争的结局是沃尔弗斯顿上尉杀害了约翰·鲍威尔,并宣布该岛为他们的支持者卡莱尔伯爵(Earl of Carlisle)所有。在英国议会中,科提恩的靠山彭布罗克勋爵与卡莱尔伯爵为巴巴多斯岛的所有权展开了一年的辩论,最终,国王的宠臣、多次出任驻外大使的卡莱尔伯爵获得了最后的胜利。1629年5月5日,英国国王确认了卡莱尔对巴巴多斯的所有权,并授予他任命总督的权力。英国国王授予的特权证书让卡莱尔在巴巴多斯享有与英国国王同等的权力,他有权根据自己的意愿任命总督。卡莱尔选择的首任总督是威廉·塔夫顿爵士,但是不幸的是,威廉·塔夫顿爵士后来因叛变罪被枪决。亨利·霍利上尉成为总督的继任者,在连续担任10年总督后,霍利上尉最终因"行为极其无礼和不规"而被赶下台。

菲利普·贝尔上尉接替霍利成为巴巴多斯的总督,他是一个拥有几个种植园的园主,曾担任百慕大总督。在贝尔担任总督的近10年时间里,立法机关进行了改组,建立了12人政务会与由每个教区推选2人组成的议会。另外,在贝尔担任总督期间,英国的国教传入了该岛。贝尔在原有的6个教区的基础上,又增加了5个教区。这11个教区的行政区划一直沿用至今。

在英国殖民者到达巴巴多斯岛后的20年时间里,巴巴多斯岛的人口迅速增长。其原因有二:一方面,克伦威尔与国王查尔斯一世的斗争,使得大批政治犯出逃英国,其中部分远赴巴巴多

斯避难；另一方面，甘蔗种植业在巴巴多斯岛迅速发展，英国殖民者引进大量的非洲黑人奴隶弥补劳动力的不足。随着大批移民的到来，巴巴多斯开始迎来了甘蔗种植园经济的黄金时期。

第二节 种植园经济和奴隶制度

一 种植园经济的发展和奴隶制度

甘蔗在巴巴多斯的种植开始于威廉·德拉克斯上校的种植园。德拉克斯上校是在移民初期来到巴巴多斯的，当时他仅拥有 300 英镑的微薄资产。在圣约翰购得一块土地后，1638 年德拉克斯上校从巴西请来了一位荷兰栽培师，这位荷兰人掌握着非常高超的甘蔗种植技术。甘蔗试种成功后，德拉克斯上校开始在自己的种植园中大量栽种甘蔗，并在短短几年里成为巴巴多斯最富有的种植园主。由于优良的土壤条件和适宜的气候环境，甘蔗种植在巴巴多斯迅速得到了推广。到 1655 年，全岛便有了 745 个甘蔗种植园。甘蔗种植的推广也给该岛带来了完全的改观，小土地所有者慢慢消失，森林逐渐被砍伐，林地被开辟成甘蔗种植园。

德拉克斯最初是将收获的甘蔗酿成朗姆酒，直到 1642 年，英国殖民者才掌握蔗糖的制作方法。在德拉克斯上校等人的推广下，巴巴多斯的蔗糖制造业开始有了初步的发展，到 17 世纪中期，巴巴多斯远销欧洲的蔗糖量开始日益增多。

蔗糖不仅给殖民者带来了巨额的利润，同时也给巴巴多斯的经济、社会结构带来了根本的改变。大量小土地所有者被迫变卖了自己的地产，越来越多的土地集中到拥有资本的少数人手中。那些无以为生的小土地所有者只有背井离乡迁居别地。据统计，1650~1680 年间，将近 3 万人迁离巴巴多斯岛，他们或者迁往安提瓜岛、蒙特塞拉特岛、弗吉尼亚、纽约、罗得岛和马萨诸塞等英属殖民地,或者去开发牙买加、苏里南和南卡罗来纳这些新殖民地。到17世纪最后10年,巴巴多斯岛仅剩下了2.2万人左右。

蔗糖的生产除了需要足够的资金之外,种植园主还必须有充足的劳力作为保障。由于存在"白人不适宜在热带从事苦力"的说法,从非洲贩运黑人奴隶成为种植园主的当然选择。1645年,巴巴多斯的黑奴人口大概是5680人,到了1667年,黑奴数量超过了4万人。

在甘蔗种植业的带动下,巴巴多斯从17世纪60年代进入繁荣时期,并由此获得了"英王皇冠上最明亮的宝石"的美誉。但在随后的10年期间,巴巴多斯经历了一系列严重的自然灾害:1663年的蝗灾、1667年的布里奇顿火灾和大飓风、1668年的旱灾以及1669年的洪涝灾害,等等。虽然蔗糖业的投资逐年增加,但巴巴多斯在加勒比地区的蔗糖生产领先地位逐步衰退。到1720年,背风群岛和牙买加的蔗糖产量超过了巴巴多斯。

1747年,国际市场上的糖价开始持续下跌,巴巴多斯的蔗糖经济开始衰落,种植园主们带着他们的奴隶纷纷迁往他地。由于蔗糖贸易额的减少,巴巴多斯的生活必需品的进口缺乏足够的资金维持,加之美国独立战争切断了北美和英属加勒比殖民地的贸易往来,巴巴多斯的食品供应严重匮乏,巴巴多斯匆匆结束了自己经济的繁荣时期。蔗糖业的衰落,也敲响了巴巴多斯奴隶制度的"丧钟"。

二 反对奴隶制度的斗争和奴隶制的废除

与其他加勒比英属殖民地相比,巴巴多斯奴隶的反抗斗争开始得较晚,斗争激烈程度也不高,这主要是由于英国殖民者对巴巴多斯的殖民统治较为严厉。另外,由于在蔗糖

巴巴多斯

经济繁荣时期，岛内的大片森林被开发成甘蔗种植园，天然的藏身之所的缺乏，极大地限制了巴巴多斯奴隶们的起义斗争。

甘蔗种植业的衰退并未减少非洲黑奴的输入，到18世纪末期，巴巴多斯的非洲裔黑奴已达到8万人。经济的不景气加剧了奴隶们工作条件的恶化，这直接造成了奴隶暴动的迅速增多，种植园主们不得不逐步放松了对土生奴隶的控制。1807年，英国议会废除了奴隶贸易。为了切断奴隶的非法进口，英国议会下令巴巴多斯种植园主登记庄园奴隶的数量，此举遭到了巴巴多斯种植园主的强烈反对。

1816年，在巴巴多斯东南部的圣菲利普区的贝利种植园（Bayley's plantation）爆发了巴巴多斯历史上著名的"巴萨起义"（Bussa's Rebellion）。贝利甘蔗种植园是巴巴多斯历史上著名的一个种植园，它是约瑟夫·贝利（Joseph Bayley）在1719~1738年建立的，到1812年，该种植园面积扩大到444英亩；另外，贝利还在圣菲利普区拥有另外一个大种植园。这两个种植园中的奴隶总数总共达到了350名。巴萨是本次奴隶起义的领袖，他大约是在18世纪末被从非洲运抵巴巴多斯，在起义前，巴萨是贝利甘蔗种植园的巡逻队队长。起义者主要由穆拉托自由民和黑人奴隶组成，总共约400人，他们提出了"争取自由和解放"的口号。起义于1816年4月14日晚爆发，起义者焚烧了圣彼得区的甘蔗种植园，之后向岛内其他地区蔓延。在英国殖民者和种植园主们的集体镇压下，起义在坚持3天后宣告失败。巴萨在战斗中英勇献身，176名奴隶在起义中牺牲，其余214名被处以死刑。

起义虽然最终归于失败，但它却加速了巴巴多斯奴隶制度的废除。起义被镇压后，英国议会授权巴巴多斯制定并通过了《奴隶登记法令》。1834年，英国议会通过了在英国国内及英属殖民地废除奴隶制的法令。法令颁布后，奴隶获得了有限度的自由，他们仍在学徒制（类似于奴隶制，学徒每个星期必须工作

45 个小时,他们得不到任何薪酬,种植园主只给他们提供一个小棚屋)的限制下被迫留在甘蔗种植园从事苦力。1838 年 8 月 1 日,4 年学徒制期满后,巴巴多斯结束了奴隶制度。

第三节 反对殖民统治的斗争和西印度联邦的建立

一 20 世纪初期反对殖民统治的初期斗争

19 世纪中叶,奴隶制虽然被废除了,但是黑人的奴隶地位实际上并没有根本的改变,争取相应的政治权利成为巴巴多斯非洲裔民众的下一个目标。塞缪尔·杰克逊·普雷斯科特(Samuel Jackson Prescod)便是这场斗争的先驱。普雷斯科特是一个黑白混血种人,母亲是非洲黑奴,而父亲是白人。1843 年,普雷斯科特成为当时巴巴多斯议会中首位非白人议员,随后他创建了代表小农阶层、商人、穆拉托和黑人利益的自由党(Liberal Party)。

第一次世界大战后,随着一大批在英国海外服役的加勒比地区军官们的回归,加勒比地区人民争取民主权利的意识得到了加强。这批军官包括巴巴多斯的克伦内尔·威尔顿·威克汉(Clennell Wilsden Wickham)和特立尼达的安德鲁·阿瑟·西普里亚尼(Andrew Arthur Cipriani)等。1919 年,威克汉回到巴巴多斯后,通过报章大力宣扬民主思想,提出在巴巴多斯建立"民主国家"的口号。威克汉的号召得到了巴巴多斯知识分子的积极响应。1924 年,查尔斯·邓肯·奥尼尔(Charles Duncan O'Neale)创立了民主联盟(Democratic League),这是一个具有广泛社会基础的激进政党,提出了诸如实施广泛的公民权改革,建立养老金制度,实行义务教育和奖学金制度,以及建立工会组织等主张。1924~1932年期间,经过民主联盟不懈的斗争,该党少数代表成功地进入了巴巴多斯众议院(the House of Assembly),打破了300年只有富有白人才能入选议会议员的传统。奥尼尔为巴巴多斯摆脱殖民统治,实现民主政治吹响了号角。

20世纪30年代世界经济大危机期间,英国加紧了对殖民地人民的剥削,这进一步恶化了包括巴巴多斯在内的英属加勒比殖民地人民的生活状况,反对殖民主义的斗争在加勒比地区迅速高涨。1937年,巴巴多斯人民在当地黑人劳工领袖莫尼斯·威克汉等领导下,举行了大规模罢工运动,随后演变为要求独立、结束殖民统治的政治斗争。巴巴多斯人民要求独立的呼声得到了本地区其他英属殖民地人民支持。巴巴多斯的革命形势引起了英国殖民者的恐慌,殖民当局派出了军队到巴巴多斯实行武装镇压,使罢工最终失败,工人运动的领袖们被处以重刑和流放。罢工斗争虽然遭到了残酷镇压,但英国殖民当局被迫同意扩大居民的选举权(1937年巴巴多斯的20万居民中,仅有5000人有选举权),同时承认最早成立的一批政治团体和工会组织的合法地位。

在1937年大罢工失败后,克莱门特·佩恩(Clement Payne)成了当时巴巴多斯工会运动的积极倡导者,他呼吁在首都建立工会,号召民众争取自己相应的权利。佩恩的主张引起了殖民当局的高度警觉,1937年7月26日,佩恩遭到殖民当局的放逐。此举激起了巴巴多斯民众的强烈反抗,随后爆发了起义,起义从城市迅速蔓延到农村,但在殖民当局的镇压下,起义仅持续了3天时间。

二 民主意识的增强和政党的建立

20世纪30年代末期的工人运动使民众的民主意识得到了加强,这为政党的建立提供了非常有利的政治环境。巴巴多斯工党和民主工党这两个最重要的政党便是在这种环境中应运而生。

巴巴多斯工党的创立者是格兰特利·亚当斯（Grantley Adams），于1918年毕业于英国牛津大学，20世纪30年代后期被任命为英国莫因委员会（British Moyne Commission）委员。1938年10月，亚当斯创建了巴巴多斯工党（the Barbados Labour Party）。1941年，亚当斯又创立巴巴多斯工人协会（Barbados Workers Union）。除此之外，亚当斯还积极要求扩大公民权。在亚当斯的极力呼吁下，巴巴多斯众议院在1942年通过了扩大公民权的改革，减少选民财产资格的限制，增加直接税，制定工人赔偿方案，在劳资纠纷中保护工会领袖的权力。

第二次世界大战以后，随着民族解放运动在世界范围内风起云涌，英国在巴巴多斯的殖民统治逐渐瓦解。1948年，英国政府被迫允许巴巴多斯实行有限的"内部自治"；1950年，巴巴多斯制定了普选法；1951年，巴巴多斯举行首次普选权选举，巴巴多斯工党赢得众议院24个席位中的16席。虽然巴巴多斯工党赢得了议会中多数席位，但是党内的分化在此时开始显现出来。党内的分化首先体现在巴巴多斯工党与巴巴多斯工人协会的分裂。1954年，亚当斯卸任巴巴多斯工人协会主席，由于没有吸收巴巴多斯工人协会新主席弗兰克·沃尔特进入政府内阁，巴巴多斯工人协会从巴巴多斯工党中脱离出来。同时，以沃尔顿·巴罗（Walton Barrow）议员为首的一部分青年党员因对以亚当斯为首的巴巴多斯工党左翼派别不满，也于1954年脱离巴巴多斯工党，并在1955年创建民主工党（Democratic Labor Party）。内部的分化减弱了巴巴多斯工党的力量，但由于其他政党力量相对较弱，亚当斯领导的巴巴多斯工党还是赢得了1956年的大选。

三　西印度联邦的建立

英国在巴巴多斯殖民统治衰退的同时，美国在巴巴多斯的影响力开始上升。早在第二次世界大战前，美国就

巴巴多斯

对英属西印度殖民地表示出浓厚的兴趣,并趁英国忙于战事之机加紧对该地区的渗透。1941年,美国以50艘旧驱逐舰的代价换得在英属西印度群岛建立军事基地的权利。次年,美国又胁迫英国成立了"英美加勒比委员会"(1946年,法国和荷兰两国参加进来,并改名为"加勒比委员会")。通过这些"合法的形式",美国成功地渗入英属西印度的内部事务。第二次世界大战结束后,为保持自己的殖民利益,抵制美国势力的渗入,并应付西印度人民要求独立的愿望,英国准备改变对西印度殖民地的统治形式。

1947年英国和英属西印度殖民地代表在牙买加举行了"促进英属西印度殖民地联系会议",并提出了筹建一个"英属西印度联邦"的建议。1953年,英国议会通过了建立英属西印度联邦的议案。1956年,英国与英属西印度殖民地达成建立联邦的协议。1957年7月,英国议会批准西印度联邦宪法。1958年1月,西印度联邦正式成立,联邦成员包括牙买加、特立尼达和多巴哥、巴巴多斯、格林纳达、圣文森特、圣卢西亚、多米尼加、蒙斯拉特、安提瓜、圣克里斯托弗10个英属殖民地。联邦实行自治,它的外交、防务和治安等大权仍由英国控制。联邦议会为两院制,上院19名议员,巴巴多斯占2席,由英国指派的总督任命;下院45名议员,巴巴多斯占5名,由选举产生。[①] 联邦行政事务由国务会议负责,国务会议成员由各个地区的总督组成。

1958年,西印度联邦举行首次选举,巴巴多斯工党赢得了分配给巴巴多斯的所有议会席位,亚当斯被任命为西印度联邦首任总理。在1961年6月举行的西印度联邦制宪会议上,英国同意西印度联邦于1962年5月独立,独立后仍保持英联邦成员国

---

① http://en.wikipedia.org/wiki/West_Indies_Federation

的地位。

西印度联邦实际上是一个松懈的、徒具形式的组织，丝毫没有解决西印度殖民地同宗主国之间的矛盾。联邦内的各个地区仍然保持内部自治的权力，联邦无权决定各地区的事务，总督或行政长官依旧是各殖民地内部事务的决策者。此外，联邦所辖的各个地区的经济发展水平存在着非常大的差异，相互之间在政治、财政、税收等方面也存在较大的矛盾。1961年9月和1962年3月，西印度联邦最大的两个地区、占面积和人口80%的牙买加与特立尼达和多巴哥先后退出了西印度联邦。1962年5月，西印度联邦宣布解体，包括巴巴多斯在内的其余8个地区仍恢复原来的殖民地地位，直接受英国总督管辖。1962年西印度联邦解体之初，英国殖民当局和巴巴多斯的执政者都想组建另外一个以巴巴多斯为核心，包括其他7个殖民地在内的联邦，以此维持英国在西印度群岛的殖民统治，但由于各地区人民的一致反对，以及各个殖民地执政者之间的矛盾，组成新联邦的想法最终未能实现。

四　巴巴多斯独立

在当选西印度联邦首任总理后，亚当斯便辞去了巴巴多斯总理职位。亚当斯的辞职对巴巴多斯工党来说是一个巨大的损失，由于继任者冈明斯（H. G. Gummins）无法弥合党内分歧，巴巴多斯工党的力量逐渐衰退。20世纪50年代末期，由于经济的不景气，失业率高居不下（超过了20%）。在民主工党领袖巴罗的号召下，巴巴多斯出现了一系列罢工运动，农业工人、印刷工人、码头工人等罢工此起彼伏。在工人的大力拥护下，民主工党最终以绝对优势赢得了1961年选举的胜利，结束了巴巴多斯工党连续16年的执政，巴罗当选为总理。选举结束后，巴巴多斯获得英联邦"内部自治"的地位。

巴罗总理在自己的首个任期（1961～1966年）内推行了一系列改革措施：用由总督任命组成的参议院取代英国任命的上院，提高工人福利，制定工业化计划，推广义务教育，对外奉行不结盟政策，并积极维护民主主权，等等。1966年11月2日，巴罗总理领导的民主工党在大选中再次赢得了众议院24个席位中的14个席位，巴罗蝉联总理职位。同年11月29日，英国议会通过了"1966年巴巴多斯独立法案"（Barbados Independence Order Act of 1966），11月30日，巴巴多斯取得完全独立，结束了长达300多年的英国殖民统治。1966年12月，巴巴多斯加入联合国。

独立后的巴巴多斯仍属英联邦国家，国家元首为英国女王，总督成为女王在巴巴多斯的代表，由女王根据巴巴多斯政府的提名任命。巴巴多斯首任总督是约翰·斯托爵士（Sir John Stow），而巴罗则成为独立后的巴巴多斯首任总理。

第五节 独立后的巴巴多斯

独立后的巴巴多斯基本沿袭前宗主国的政治制度，巴巴多斯工党和民主工党交替执政，国内政局一直较为稳定。独立后的首次选举在1971年9月9日举行，民主工党获得众议院24个席位中的18个席位，而巴巴多斯工党仅获6个席位，巴罗再次连任总理。

巴罗执政的15年（1961～1976年）期间，巴巴多斯的国内局势比其他加勒比国家都稳定。但是，他与司法界、宗教界、民族资本家之间的矛盾，政府腐败，以及与美国关系恶化等因素，促成民主工党在1976年大选中失利。

1976年，巴巴多斯工党在大选中赢得了众议院17个席位，格兰特利·亚当斯之子汤姆·亚当斯（Tom Adams）当选为巴巴多斯总理。汤姆·亚当斯上台后,对巴罗总理时期的内外政策实行了较大幅度的调整,推出一系列改良主义措施。在对内政策方面,大力发展旅游业,鼓励开办工厂,限制进口,扩大出口,争取外部援助,削减部长人数,提高养老金,免费提供学生校服等。在外交政策方面,汤姆·亚当斯提出,外交的目的应"创造更多就业机会,促进旅游业的发展,吸收发展资金,保护公民和获得更好的贸易条件"。为此,汤姆·亚当斯总理在上任后不久便访问美国,努力修复巴罗执政时期两国有时出现的紧张关系。

汤姆·亚当斯政府的政策调整收到了明显的效果,巴巴多斯经济从1976年开始获得连续3年的增长,1979年的经济增长率达到7%,国际收支盈余为1380万美元,外汇储备达到6420万美元,各个主要经济部门都出现较大幅度的增长。其中,旅游业收入增加了23%,来巴巴多斯旅游人数自1977年超过本国居民人口数后继续攀升;蔗糖的产值也从1978年的2580万美元增至3070万美元。经济的快速增长带动了产业结构的调整,1976年工业产值首次超过蔗糖的产值,而工业品的出口值更是大大超过了蔗糖的出口值。1978年8月,汤姆·亚当斯总理在向巴巴多斯驻外使节会议上报告国内经济形势时,把这种发展称为"经济结构发生了重要意义的改变",并将此列为发展民族经济的第一项成就。

1980年,巴巴多斯议会通过了"人民代表修正法案"(the Representation of the People Amendment Act),将众议院席位从24个增加到27个。1981年,由汤姆·亚当斯领导的巴巴多斯工党再次在大选中赢得了众议院27个席位中的17个席位,而以埃罗·巴罗为首的反对党民主工党获得另外10个席位。[①] 在竞

---

① http://countrystudies.us/caribbean-islands/89.htm

选中，汤姆·亚当斯表示，在自己的下一任期着重解决失业、通货膨胀以及住房不足等问题。上任后3个月，汤姆·亚当斯便推出旨在解决预算赤字和国际收支危机等问题的一揽子经济复苏方案。这些措施包括：限制信贷，大幅度提高向银行借贷的抵押利率、公共汽车费、出租汽车和小型公共汽车费，减少机动车辆进口定额，以及对雇主和雇员实行一项新的全国保险税，等等。

但是在当时国际经济不景气的环境下，汤姆·亚当斯恢复经济增长的愿望并没有实现。在他连任总理的1981年，巴巴多斯的主要经济部门都出现衰退迹象，其中旅游业下降了5%，糖业下降了30%，制造业下降了4%，全年经济出现了近几年中的首次负增长，降幅达到了3%。1981年巴巴多斯财政赤字创下了历史最高纪录，达到了9000万美元，比1980年多了两倍。1983年，巴巴多斯经济开始了缓慢的恢复性增长，其中旅游业是经济增长最快的行业。1984年，巴巴多斯经济实现了3.6%的增长；但从1985年开始，经济再次陷入困境，当年经济增长率仅为1%。

1985年3月11日，汤姆·亚当斯总理在任内去世，副总理伯纳德·圣约翰接任总理职位。汤姆·亚当斯执政近9年，在世界经济衰退、巴巴多斯经济受到严重冲击的情况下，发展了旅游业及电子、服装、家具等工业，开始改变了巴巴多斯单一的蔗糖经济模式。亚当斯在奉行亲美政策的同时，又加入不结盟运动，使巴巴多斯的国际地位有所提高。

1983年，巴巴多斯支持美军入侵格林纳达，并为美军提供军事基地，巴巴多斯的格兰特利·亚当斯国际机场成了美国空军向格林纳达运送部队和军用物资的转运站。汤姆·亚当斯积极支持美国入侵格林纳达的做法，虽然使巴巴多斯的国际声誉大受影响，但亚当斯在本地区的影响力反而增大，被右派势力视为"果敢捍卫民主"的楷模。

第二章 历　史

在巴巴多斯工党执政的 10 年中，经济增长乏力问题一直没有得到较好的解决。1985 年，巴巴多斯经济增长率仅为 0.3%，失业率则超过了 20%，经济的低迷引起了民众的强烈不满。此外，汤姆·亚当斯总理去世后的继任者圣约翰无法团结党内领导层，也造成了巴巴多斯工党的影响力迅速下降。工党政府的卫生部长布莱克曼在 1986 年选举中倒戈支持反对党。1986 年 5 月 28 日，在巴巴多斯的议会选举中，民主工党赢得了众议院 27 个席位中的 24 席，巴巴多斯工党仅获得 3 个席位，埃罗尔·巴罗再次当选总理职位。

为稳定民心、巩固政权，巴罗总理采取了多项振兴经济的措施，其中包括：发展生产，增加出口，降低利率，刺激工业生产，促进旅游，取消农业税，鼓励垦荒，扶持农业多种经营，发展海洋捕鱼，拉长基建项目工期，填补财政亏空，缩减行政支出，等等。在对外政策方面，巴罗政府致力于加勒比一体化以及维护同美国、加拿大的传统联系。由于巴罗总理曾反对工党政府参与美国入侵格林纳达，因此新政府与美国的关系备受关注。对此，巴罗表示，巴美关系将不会受到"加勒比近期事件的影响"，巴巴多斯将在相互尊重的基础上同美国保持朋友间的不同意见。

巴罗政府的经济政策在上任的当年便取得了明显的效果。1986 年，巴巴多斯国内生产总值增长了 5%，成为 1980 年以来增长幅度最大的一年，也扭转了自 20 世纪 80 年代以后本国经济增长缓慢的颓势。1987 年 6 月 1 日，担任总理仅一年的巴罗总理去世，其职位由厄斯金·桑迪福德（Erskine Sandiford）接任。巴巴多斯经济的恢复性增长仅持续了一年的时间，国内经济形势在 1987 年再次出现衰退迹象，糖业和制造业部门的生产下降，造成了严重的失业问题，失业率高达 18%；同时，蔗糖产量也比 1986 年减产了 25%。

巴巴多斯

1989年2月,民主工党出现了分化,该党四个议员脱离民主工党,并在理查德·海恩斯的领导下成立了新党——民族民主党(the National Democratic Party)。1990年,选举委员会再次增加众议院议席,从27席增加到了28席。同年,埃罗尔·巴罗总理的妹妹莉塔·巴罗(Nita Barrow)爵士成为巴巴多斯首任女总督。1991年1月21日,桑迪福德领导的民主工党再次赢得大选胜利(民主工党与巴巴多斯工党在众议院的议席分别为18席和10席)。

桑迪福德总理执政期间,巴巴多斯经济一直步履维艰,失业率持续走高,最高时达到了27%,加之实行与国际货币基金组织商定的紧缩经济的计划,巴巴多斯出现了经济的全面衰退。1994年6月18日,巴巴多斯议会被解散。9月5日提前举行大选。巴巴多斯工党最终战胜执政8年的民主工党,赢得了49%的选票,而民主工党获得39%的选票。巴巴多斯工党和民主工党在众议院的议席分别是19席和8席,民族民主党在此次选举中也获得成立以来首个众议院席位。巴巴多斯工党新领导人、44岁的欧文·阿瑟(Owen S. Arthur)成为巴巴多斯第5任总理,他也是当时加勒比地区最为年轻的总理。阿瑟在宣誓典礼中强调,"使经济全面发展"将是自己执政期间的第一大任务。阿瑟还表示,将协调与国际货币基金组织、世界银行等国际机构之间的关系,为本国经济发展争取更多的国际援助和支持。在竞选期间,阿瑟许诺与反对党领导人加强协商,恢复议会的重要地位。另外,在此次选举中,妇女首次进入议会,她们分别是比利·米勒(Billie Miller)、伊丽莎白·汤普森(Elizabeth Thompson)和米亚·莫特利(Mia Mottley)。

1995年12月,巴罗总理的妹妹莉塔·巴罗女总督任内去世后,克利福德·赫斯本兹爵士(Sir Clifford Husbands)于1996年6月1日接任总督职位,他一直担任巴巴多斯总督至今。1998

年 12 月 26 日，巴巴多斯议会再次被解散。1999 年 1 月 20 日，巴巴多斯工党在大选中仍以压倒性优势战胜民主工党，两党在众议院的席位分别为 26 席和 2 席。欧文·阿瑟蝉联总理职位。2003 年 5 月 21 日，巴巴多斯工党连续第三次赢得了议会选举的胜利，获得了 30 个众议院席位中的 23 席，民主工党获得了剩下的 7 席。巴巴多斯工党政府主张改革政体，实行议会共和制，加速实施扶贫计划，普及电脑教育，扩大吸收外资，防范金融风险，保持经济稳定；对外奉行独立自主的外交政策，积极参与和推动地区一体化。2006 年 1 月，巴巴多斯成为加勒比共同体单一市场和经济（the Caricom Single Market and Economy，简称 CSM）首批 6 个成员国之一。

2008 年 1 月 15 日，巴巴多斯举行大选，以戴维·汤普森（David Thompson）领导的反对党民主工党赢得了大选的胜利，获得了众议院 30 个席位中的 20 个席位，而巴巴多斯工党仅获得剩余的 10 个席位，从而结束了 1994 年以来由欧文·阿瑟领导的巴巴多斯工党连续三届执政的局面。

第三章

政　治

第一节　宪法

巴巴多斯现行宪法于 1966 年 11 月 22 日制定，11 月 30 日生效，包括十章 117 条。[①]

《巴巴多斯宪法》第一章提出，本宪法是巴巴多斯的最高法律，任何其他法律都受本宪法各条款的约束。如果任何其他法律与本宪法相抵触，本宪法就宣布其他法律与之相抵触的部分无效。第二章内容为公民资格。第三章内容是保护个人的基本权利和自由，在必须尊重他人权利和自由及公众利益的情况下，每一个人不论其种族、出生地、政治见解、肤色、信仰和性别如何，都应享有如下每项权利：人的生命、自由和安全；保护住宅和其他财产的私有和保护财产不被无偿的剥夺；法律保护公民的信仰、言论、集会和结社自由。第四章、第五章、第六章和第七章分别介绍了总督、议会、行政权和司法权产生、组成、职权等方面的规定。第八章列出了"公务"方面的诸多规定，其中包括公务委员会的组成，公务员的任命、免职和纪律，养老金和其他

[①] 有关宪法的介绍请参阅以下链接：http://www.barbados.org/constitution.htm.

杂项等方面的规定。第九章的内容是有关财政方面的规定。第十章的内容是其他杂项和有关宪法的相关解释。

1996年，巴巴多斯政府成立了一个宪法委员会，对国家宪法进行了全面的评估，并于1998年12月提交了有关宪法改革的建议。这些有关宪政改革的建议包括如下五点：(1) 由总统取代英国君主成为巴巴多斯国家元首，总统由总理和反对党领袖提名，或通过议会两院组成的选举团以2/3多数选举产生，总统任期7年；(2) 将反对党参议员人数从2名增加到4名；(3) 加强议会委员会体制的建设，议会委员会应该由反对党领导；(4) 建立一个议会整合委员会（parliamentary integrity commission）；(6) 加勒比法院取代英国枢密院成为国家最高司法机构。在上述五项宪法改革建议中，只有最后一项有关加勒比法院取代英国枢密院最终获得了议会的通过，其他几项或者没有提交议会表决，或者没有在议会中赢得多数的支持。2001年，巴巴多斯通过了就取消英国君主为本国国家元首举行全民公决的决议草案，但直到现在，该全民公决仍迟迟未能举行。

第二节 国家机构

一 总督

巴多斯宪法规定，巴巴多斯是英联部国家，英国女王伊丽莎白二世为国家元首，巴巴多斯总督为女王的代表。总督的任命是根据巴巴多斯总理的提名，由女王签署委任状任命。总督代表英国女王履行其职责，包括：召集或解散议会，主持总理、最高大法官、内阁和枢密院的就职仪式，并根据总理的推荐任命各部部长、参议员和最高法院法官。在特殊情况下，总督可以撤除总理的职位、解散议会和取消法官的职位。实际上

巴巴多斯

巴巴多斯总督的权力受到宪法很大的限制，根据巴巴多斯宪法，总督召集或解散议会必须在总理的提议下进行，其职责的履行必须遵循各有关部长的建议。另外，巴巴多斯宪法规定，每当总督职位空缺，或者总督不在巴巴多斯国内，或因其他原因不能履行总督职责，英国女王可以任命其他官员代行总督职责；如果没有合适人选，最高法院首席法官临时代理总督职位；如果最高法院首席法官空缺或不在巴巴多斯国内，或者因其他原因不能履行其职责，参议院议长可以临时代理总督职位。当总督出国度假或者因病不能行使其职责时，总督可以任命一个代理人，替他行使法律规定的总督职权，而在此期间，总督的权力和权威不能受到任何削弱。巴巴多斯现任总督是克利福德·斯特劳恩·赫斯本兹爵士。

二　行政机构

巴巴多斯最高行政机构是内阁，内阁由总理和各部部长组成，负责对巴巴多斯政府的总的指导和管理，并对议会负责。

总理是由众议院占多数席位的政党领袖担任，由总督任命。总理的权力很大，除了组建政府之外，还可以建议总督人选、提议总督解散议会等。总理的任期没有明确限定，只要他所在的党在众议院占多数席位，便可以多次连任。其他内阁部长由总理从两院议员中推荐，并由总督任命。总理在选择内阁成员时比较重视地区之间的平衡，尽量让每个地区在政府机构中都有利益代表。内阁的主要责任是确定政府各项任务并制定相应的政策和批准有关立法。内阁会议由总理主持，如果总理因故不能主持，可委托其他部长履行其主持的职责。总理须定期向总督汇报政府行政情况，并就某些特别事务向总督做详细说明。

本届政府于 2008 年 1 月组成，内阁主要成员有：总理兼财

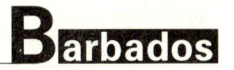

政和经济事务与发展、劳工、公职与能源部长戴维·汤普森（David Thompson）、外交、外贸和国际商务部长克里斯托弗·辛克勒（Christopher Sinckler）、总检察长兼内政部长弗罗因德尔·斯图尔特（Freundel Stuart）、住房和土地部长迈克尔·拉什利（Michael Lashley）等。①

中央政府直接管理全国的地方事务，不另设地区性的行政管理机构。全国有11个教区，每个教区的教区长和由教区执事组成的教区委员会管理区内的宗教事务。

三 立法机构

巴巴多斯的议会始建于1639年，当时是作为殖民统治时期实行地方自治的立法机构。议会创立后，白人控制了议会的全部席位，这种由少数白人把持所有议席的局面一直维持到了1843年。但是，议员的选举仍受到很多的限制，其中最主要的是对议员财产的限制。1884年，巴巴多斯16万人中仅有1300人有资格竞选议员。这种由少数白人种植园主和商人控制国家政权的局面直到20世纪40年代才有所改变。

巴巴多斯的议会实行两院制，由参议院和众议院组成，参议员和众议员的任期均为5年。

参议院由21名参议员组成，他们全部由总督任命，其中总理提名12人；反对党领袖提名2人；宗教界、经济界和文化界等知名人士提名7人，但是在任命这7名参议员之前，总督应与这些人所代表的利益集团进行协商后才能最终确定。② 宪法规定，凡年满21岁的巴巴多斯公民和在巴巴多斯居住满12个月的任何人均有资格被任命为参议员，但下列人员除外：众议院议

---

① http://www.barbados.gov.bb/ministries.htm
② http://www.barbadosparliament.com/the_senate.php

巴巴多斯

员；以自己的行动表示效忠、服从外国政府者；担任或正在行使法官、检察官或总审计长职务者。另外，参议员的席位在下述情况下将空缺：1. 议会解散；2. 如果经参议员本人同意被提名为众议院选举的候选人；3. 议员在参议院开会的任何时候离开巴巴多斯超过40天的时间，而没有按规定经参议长批准的（参议院议长可以批准任何一名参议员离开巴巴多斯，但任何一次不得超过6个月）；4. 参议员不再是英联邦公民；5. 参议员被判处死刑或监禁。巴巴多斯现任参议长布兰福德·泰特（Branford Taitt），于2008年2月12就任。

巴巴多斯众议院由24名议员或者由议会可以规定的更多的议员组成，因此众议员的数量经常发生变动。全部众议员按简单多数制直接选举产生。凡年满21周岁，在选举日前在巴巴多斯居住满7年的巴巴多斯公民都有被选举为众议员的资格。但下列人员没有资格当选为众议员：以行为表示效忠、服从外国政府者；担任或正在行使法官、检察官或总审计长的职务；在职牧师或宗教传教士；被英联邦任何地方的法院判处死刑或6个月以上徒刑或缓刑并正在服刑者；根据现行法律，被证明是精神错乱或被断定精神不健全的人；根据现行法律被断定或被宣布破产和未偿还债务的人；根据现行法律，在选举中因贪污腐化和非法行为被判罪或据报有罪而被剥夺了成为众议院议员的资格；根据现行法律，因伪报选举资格被判罪而被剥夺成为众议员的资格。

众议员选举通常每5年举行一次。1962年和1966年选举时，全国共划分为12个选区，每区直接选举2名众议员。1965年选区划分委员会报告通过后，全国改为24个选区，每区以简单多数直接选举1名众议员。1981年改为27个选区，每区仍由直接选举产生1名众议员。2003年，选区数增加到30个。在2008年5月大选中，民主工党获21席，巴巴多斯工党获9席。现任众议长迈克尔·卡林顿（Michael Carrington），于2008年2

月12就任。

参众两院各次会议由各议院议长、或副议长(议长不在或空缺)、或由一位被推选出来的非部长或国会秘书的议员(如果议长和副议长都不在或空缺)主持。各议院会议主持人不参加表决,除非表决提案时赞成和反对票数相等时,主持人须投决定票。

宪法规定,为了巴巴多斯的和平、秩序和健全治理,议会可以制定法律,但须受宪法条款的制约。在不损害前述原则和服从有关条款规定的各种情况下,议会可以依法决定参议院和众议院以及参众两院议员的特权、豁免权和权利。

宪法的修改必须获得参、众两院2/3的多数支持。法案可以由参众两院提出,但财政法案只能在众议院提出,并需得到内阁(政府)的同意。如果法案在众议院连续两次通过后均被参议院否决,众议院可将该法案直接提交总督批准,无须经过参议院。财政议案必须首先提交到众议院进行审议,如果在议会休会前一个月众议院审议通过了财政议案,并提交到参议院审议,而参议院在一个月内既未通过,又未退回,众议院可直接将财政议案交总督签署。所有议案都必须提交总督批准,只有在总督批准后,议案才具有法律效用。

内阁对议会负责。当众议院通过对政府的不信任案时,根据总理的提请,总督可以解散议会,并要求重新选举。

四 司法机构

巴多斯的司法制度源于英国习惯法,由代表政府的总检察长、首席法官、3名陪审法官和8名地方法官行使司法权。各级法院包括最高法院、上诉法院和若干地方法院。最高法院行使司法权,司法部长、大法官、陪审法官和法庭法官具体负责执行。最高法院由高等法院和上诉法院组成,最高法院的法官由首席法官和一定数量的助理法官组成。首席法官由总理提名,经总督与反对党领袖协商后任命。助理法官则由总督按照司法和法律事务委员会的建议任命。担任法官的人应该在年满65岁时辞职;如有需要,总督可以允许年满65岁的法官继续任职,但是不能超过67岁的最高年龄限定。首席法官丹尼斯·威廉斯(Danis Williams),1987年1月2日就任至今。

终审权最初隶属于设在英国的枢密院,英国枢密院司法委员会为终审上诉机构。2005年4月16日,由加勒比共同体国家共同建立的加勒比法院(CCJ)正式在特立尼达和多巴哥首都宣告成立。加勒比法院取代英国枢密院司法委员会,成为包括巴巴多斯在内的加勒比共同体各成员国的终审上诉机构。

建立加勒比法院取代英国枢密院成为加勒比国家最终上诉法院,是1970年由牙买加政府在加勒比共同体国家政府首脑第六次会议上提出的,1989年通过建立加勒比法院的具体原则,并同意加勒比法院设在特立尼达和多巴哥首都西班牙港。2003年加勒比共同体国家政府首脑会议确定了加勒比法院正式宣告成立日期,但由于各种原因成立日期一拖再拖,直至2005年4月16日才正式宣告成立。在15个加勒比共同体成员国中,巴巴多斯和圭亚那政府最早完成建立和加入加勒比法院的法律程序,成为首批加入加勒比法院的国家。

第三节 政党

巴巴多斯是实行两党制的国家,独立后,巴巴多斯工党和民主工党交替执政。目前,巴巴多斯共有四个主要政党,它们分别是民主工党(The Democratic Labour Party)、巴巴多斯工党(The Barbados Labour Party)、民族民主党(The National Democratic Party)和人民自强党(The People's Empowerment

Party)。政党间政策主张逐渐趋同,不存在任何意识形态上的分歧。

(一) 民主工党

1955年4月27日,以埃罗尔·巴罗为首的部分持不同政见的青年党员从巴巴多斯工党中分裂出来,并于5月1日另立新党"民主工党"。成立后的第二年就参加了全国大选,该党14位候选人有4人当选为众议员。1959年,党的创始人之一埃罗尔·巴罗担任党的主席。在1961年12月15日举行的全国大选中,民主工党获得众议院24个席位中的14席,成功击败执政长达10年的巴巴多斯工党成为执政党,埃罗尔·巴罗就任巴巴多斯总理。随后,民主工党又在接下来的两次议会选举中取胜,连续执政到1976年。1976~1986年的10年间,民主工党一直处于在野党地位。1986年,民主工党重新获得选举的胜利。1987年6月1日,巴罗总理去世,厄斯金·桑迪福德担任民主工党领袖和政府总理。1994年,民主工党被巴巴多斯工党击败。在随后的1999年和2003年两次大选中,民主工党均败给了巴巴多斯工党。2008年1月15日,民主工党在大选中战胜执政党巴巴多斯工党,赢得了众议院30个席位中的21个席位,该党领袖戴维·汤普森当选为巴巴多斯总理。

该党称是"有进步思想和赞成民主政治的人"的组织,主张"民主社会主义"。它对内实行民主化,保障人权;主张实行混合经济体制,让国营和私营部门都充分发展,主张吸引国内外投资;对外主张大小国家一律平等,特别是小国在处理其事务时不应受到大国的指使和欺凌,主张各国共同合作,争取建立一个"和平、公正,更为人道和互利的国际社会和经济秩序",支持加强加勒比一体化运动。

该党在全国共有近30个支部,党员人数约为1万人。党的最高权力机构是代表大会,每年8月或9月召开会议。执行委员

巴巴多斯

会负责全党的综合管理,执委会共由24人组成,其中8位是党的主要领导,10位从党的全体会议中选举产生,另外6位则根据党的主席和秘书长联合提名任命。执委会主席由党主席担任,执委会每月至少召开一次会议。现任党领袖为戴维·汤普森(David Thompson)。目前,该党在众议院30个席位中占有21个席位。党的下属组织包括妇女联盟、青年民主党人等。①

(二) 巴巴多斯工党

1938年3月31日成立,创始人是格兰特利·亚当斯。巴巴多斯工党原为进步同盟的一个派别,1944年改用今名。巴巴多斯工党成立之初是为巴巴多斯民众提供表达政治意愿的场所,使他们能参与国家民主进程。同时,巴巴多斯工党的创建者也希望能借此改善劳资关系,为工人阶级提供指导,并与加勒比其他国家的工人组织进行合作。巴巴多斯工党成立后,便积极为工人阶级争取合法权利,在改进工人阶级的社会、经济地位和制定相关法律方面取得了一系列成果,其中包括"工人赔偿法案"(the Workman's Compensation Act)、"工资法"(the wages Board Act)和"劳工部门法案"(the Labour Department Act)等。其中意义最大是1950年通过的"人民代表法"(the Representation of the People Act),根据这一法案,所有巴巴多斯成年人都获得了选举权。1951年,巴巴多斯工党赢得实行普选权以后首次大选的胜利,获得了众议院17个议席中的15席。1954年,巴巴多斯工党主席格兰特利·亚当斯(Grantley Adams)成为巴巴多斯历史上首位总理。1958年,巴巴多斯工党积极支持成立西印度联邦,格兰特利·亚当斯出任西印度联邦总理。1961年大选中,巴巴多斯工党被民主工党击败成为反对党。1971年11月,格兰特利

---

① 关于民主工党的详细介绍请参阅该党网站:http://www.dlpbarbados.org/cms/。

第三章 政治

逝世后,其子汤姆·亚当斯当选为党的新领袖。1976年9月,汤姆·亚当斯(Tom Adams)当选为巴巴多斯总理。1978年5月,社会党国际执行局会议决定接纳该党为社会党国际成员。同年11月,巴巴多斯工党作为观察员参加了在加拿大举行的社会党国际第14次代表大会。1981年6月大选中,巴巴多斯工党再次获胜。1985年,汤姆·亚当斯逝世后,副总理伯纳德·圣约翰(Bernard St. John)继任党的领袖和政府总理职位。1986年议会选举中,巴巴多斯工党败北。1994年,巴巴多斯工党重新获得大选胜利,欧文·阿瑟当选为总理,1999年和2003年两次蝉联总理。2008年1月15日,巴巴多斯工党在大选中败给反对党民主工党,仅保持了众议院30个席位中的9个席位。

巴巴多斯工党主张"民主社会主义",认为人的尊严和自由必须得到保证,而人的吃饭、教育、住房和医疗是最基本的权利。它对内主张议会民主制,实行市场经济和自由企业体制;鼓励发展私人企业,主张农业多样化,大力发展旅游业;主张引进外资发展本国经济,使外资在工业发展中起主导作用。此外,它还主张种族和睦,反对一切形式的种族歧视,实行社会福利政策;通过税收扩大公共积累,进行公共建设,解决就业问题。它对外主张不结盟外交政策,提出外交要为经济服务,支持民族独立运动,要求建立国际经济新秩序;主张同各国保持和睦关系,注重同加勒比国家的团结合作和促进地区经济一体化;主张在与美国保持密切关系的同时,发展与世界各国的关系,强调同拉丁美洲特别是加勒比国家的团结合作,反对殖民主义和霸权主义。1977年1月,巴巴多斯工党政府宣布同"台湾当局"断交,并于同年5月30日与中华人民共和国建交。

该党在全国有近30个支部,现有党员人数约1.5万人。党员分为普通党员、终身党员和荣誉党员三类。党的最高权力机构是代表大会,每年召开一次年会。巴巴多斯工党本届执行委员会由6位成员组成，分别是主席欧文·阿瑟、第一副主席约瑟夫·阿瑟利（Joseph Atherley）、第二副主席杰罗姆·沃尔科特（Jerome Walcott）、第三副主席乔治·尼科尔斯（Gregory Nicholls）、秘书长威廉·杜吉德（William Dugiud）和司库蒂龙·巴克尔（Tyrone Barker）。目前，巴巴多斯工党在众议院的30个席位中占9个席位。党的下属组织有妇女联盟、青年社会主义联盟和"未来之声"等。①

（三）民族民主党

成立于1989年2月，由从民主工党中分裂出来的理查德·海恩斯、彼提·米勒等4位议员发起组成。该党曾在议会中占4席，但自1991年大选中所有候选人全部落选后，该党不再拥有众议院席位。民族民主党的政治和经济主张基本上与民主工党相同，主张促进社会正义，反对种族歧视；维护巴巴多斯人的社会、经济和政治权利，保护穷人，消除失业；鼓励发展混合经济，促进小企业的发展；主张推动加勒比地区一体化运动。当前，该党对巴巴多斯选举没有太大的影响力。现任领袖为理查德·海恩斯（Richard Haynes）。

（四）人民自强党

成立于2006年1月14日，脱胎于1988年开始的克莱蒙特·佩恩运动（Clement Payne Movement）。该运动领袖戴维·卡米松（David Comissiong）为现任党主席。

---

① 关于巴巴多斯工党的详细介绍请参阅该党网站：http://blp.org.bb/。

第四章

经　济

第一节　概述

一　经济简史

第二次世界大战前后，巴巴多斯的经济结构比较单一，严重依赖蔗糖和其他农产品的出口。农业在国民经济中占绝对优势地位。1946年农业产值在GDP中所占的比重高达49%。20世纪50年代，巴巴多斯的农业产量出现持续下降的趋势，1958年农业产值跌至历史最低水平。农业的衰退并未给巴巴多斯经济带来毁灭性的打击，主要原因在于政府在这个时期加大了对建筑业的扶持力度，建筑业的兴起在一定程度上抵消了农业产值下降给经济带来的冲击。另外，制造业和旅游业也在这一时期有了初步的发展，制造业从1953年、旅游业从1957年开始迅速增长。随着制造业和旅游业的发展，巴巴多斯经济结构单一化的局面有了一定程度的改观，经济增长也从原来一味地依赖某几种农产品的模式过渡了到多极增长的模式。到了20世纪70年代，农业、制造业和旅游业三大产业开始形成一定的互补。

1980年，巴巴多斯人均GDP达到2900美元，成为中等收入发展中国家。如果从卫生、教育、通信和公共事业等方面的数据

来看，巴巴多斯已达到了工业化国家的水平。与此同时，巴巴多斯的经济结构也得到了根本的改变，服务业在 GDP 中的比重约占 70%，而工业所占比重升至 20%，农业所占比重则下降到 10%。

但与其他加勒比岛国一样，巴巴多斯存在资源有限、国内市场规模较小，需要严重依赖外部市场的问题。当 1981～1983 年世界经济陷入困境时，巴巴多斯的经济发展戛然而止。在整个 80 年代，巴巴多斯经济几乎停滞发展。20 世纪 80 年代末至 90 年代初，由于宏观经济失衡，巴巴多斯经历了连续三年的经济大滑坡。1991 年，民主工党政府求助于国际货币基金组织向巴巴多斯提供了 6500 万美元的贷款。根据国际货币基金组织的援助条件，要求巴巴多斯实行经济结构调整和紧缩政策，即增加税收，缩减开支，公务员工资降低 8% 等。到 1993 年，经济调整计划基本完成，经济有所复苏，但是失业率开始上升，到 1993 年年底失业率甚至高达 28%。

1994 年巴巴多斯工党政府上台以后，对经济政策实行了大幅度调整，采取多种措施稳定收支平衡，尤其加大了对离岸金融服务业和第三产业的扶持力度，巴巴多斯经济逐步走出低谷。1997 年 1 月，巴巴多斯对税制进行了成功的改革，此举增加了国家财政收入，大大提高了国家宏观调控能力，巴巴多斯也成为当时世界上少数几个既保持经济增长又维持低通胀的国家。巴巴多斯经济恢复的原因主要是，旅游业和制造业的快速发展，以及蔗糖产量的大幅提高，加之离岸金融服务业的兴起，特别是离岸金融服务业已发展成为巴巴多斯外汇储备增加和经济增长的主要动力源，其创汇能力仅次于旅游业。

2001 年，受全球经济放慢影响和美国 "9 · 11" 事件的冲击，巴巴多斯的旅游业和外汇创收行业出现了较大幅度的下降，这使得巴巴多斯经济在经历持续 8 年（1993～2000 年）年均增长3%后急速滑坡,当年 GDP 增长率为 -3.4%,财政赤字从 2001 年占 GDP 的 3.6% 升至 2002 年的 5.4%。为使经济止跌回升,巴巴多斯政府采取刺激国内需求、提高部分进口商品关税和加大旅游业营销力度等措施,但效果依然不佳,经济的总体表现仍不乐观。在此之后,巴巴多斯政府实施了诸如减少失业、鼓励外国直接投资和国有企业私有化等措施。2002 年经济下降速度开始减缓,2003 年巴巴多斯经济出现了 2.2% 的增长。按购买力平价计算,2003 年巴巴多斯 GDP 为 26.97 亿美元,人均 GDP 达到了 9928 美元。2004 年,巴巴多斯经济增长率达到了 4.8%,成为自 1999 年以来(1998 年经济增长率为 6.2%)增长最快的一年。

表 4-1 巴巴多斯宏观经济指标统计

年 份	2003	2004	2005	2006	2007
GDP(亿巴元,按市场价格计算)	53.9	56.3	60.1	65.0	67.3
实际 GDP 增长率(%)	2.2	4.8	4.1	3.9	3.6
人均 GDP(巴元)	19800	20660	21986	23727	24562
通货膨胀率(%)	1.6	1.4	6.1	7.3	4.0
失业率(%)	11.0	9.6	9.1	8.7	7.4
商品出口额(百万巴元)	4.0	4.22	5.3	6.6	6.8
商品进口额(亿巴元)	21.3	25.2	28.6	29.1	30.4
商品进出口差额(亿巴元)	-17.3	-21.0	-23.3	-22.5	-23.6
经常账户余额(亿巴元)	-3.6	-7.2	-7.3	-5.6	-4.9
外汇储备(亿巴元)	15.0	11.9	12.4	11.9	15.5
外债总额(亿巴元)	12.6	13.3	15.3	16.0	15.1
偿债率(%)	49.8	45.2	45.0	44.9	40.6
汇率(巴巴多斯元:美元)	2.0	2.0	2.0	2.0	2.0

资料来源:Central Bank of Barbados, *Selected Economic Indicators*(注:外汇储备中不包括黄金储备)。

据巴巴多斯中央银行报告显示,2005 年巴巴多斯经济增长率为 4.1%,比 2004 年经济增长率略有下降。2006 年经济增长

率为 3.9%，又比 2005 年略有下降，但远远超过了过去 5 年 2.8% 的平均经济增长率。2007 年巴巴多斯经济增长率为 3.6%，巴巴多斯经济连续五年保持增长。

二 经济结构

巴巴多斯在经历单纯依赖甘蔗种植和相关产业的经济发展之后，逐步朝着多元化方向前进。旅游业、金融服务业、信息业、蔗糖制造业、电灯制造业以及装配零件出口等逐渐成为其经济的主要部门。2005 年，各行业产值在 GDP 中所占的份额分别是：农牧渔业占 4.9%，制造和采矿业占 7.0%，建筑和公共建设业占 12.9%，旅游业占 15.4%，批发和零售业占 20.2%，金融、商业服务业、交通和通信业合占 25.7%，政府服务业占 13.9%。[1]

第二节 农业

一 概况

农业是巴巴多斯发展最早的产业，至今已有 300 年左右的发展历史。起初，农业的主要目的并不是为了满足国内消费，而是向英国和其他英属殖民地提供食物。1627 年，当首批欧洲移民来到巴巴多斯时，这里大部分地区还是被森林所覆盖，到了 1700 年，绝大多数的森林被砍伐，用来种植农作物，其中甘蔗种植占主要地位。

随着居住用地和旅游业的开发（旅馆和高尔夫球场建设）使征地面积不断增加，巴巴多斯的可耕地面积从 20 世纪 60 年代

---

[1] Central Bank of Barbados, *Annual Statistical Digest*, 2006.

开始逐渐减少。目前，巴巴多斯可耕地面积约为 17000 英亩，其中绝大多数（15000 英亩）为 1 公顷以下的小块耕地，超过 50 公顷的大面积耕地只占到了总耕地面积的 1% 左右，而超过 500 公顷的超大面积耕地仅为一个。绝大多数大面积耕地都用来种植甘蔗。

自 20 世纪 70 年代开始，巴巴多斯在实现农产品多元化方面取得了长足的进展，非传统农产品逐渐取代甘蔗成为巴巴多斯主要农业出口的大宗产品。目前，巴巴多斯的主要农作物除甘蔗外，还有棉花、马铃薯、洋芋，以及诸如大豆、黄瓜、胡萝卜、卷心菜、秋葵、南瓜、胡椒等，另外也生产木瓜、香蕉、无花果和柚子等水果。目前，巴巴多斯农业在国民经济中占的份额较低，尚不足 6%。

2006 年，巴巴多斯农业产量有所下降，蔗糖产量低于 2005 年水平，仅为 337018 吨，比 2005 年减少了 12%。其主要原因是种植面积减少；此外，种植期和收获期的不良天气状况致使每公顷蔗糖产量从 25.3 吨减少到了 19.1 吨。

巴巴多斯农业发展主要由农业与农村发展部负责。另外，巴巴多斯农业管理公司（Barbados Agricultural Management Company）也是一个主管农业的单位，创立之初，政府赋予该公司至少 12 年主管甘蔗农场和蔗糖厂的特权。该公司也是巴巴多斯最大的棉花生产厂家，它还是巴巴多斯最主要的农业研究机构。

二 种植业

甘蔗 目前巴巴多斯可耕地面积占全国领土的 65%，其中甘蔗种植面积就占到了可耕地面积的 75%。虽然甘蔗现在仍是巴巴多斯最重要的农作物，但随着国际糖价的下跌、劳动力短缺、种植成本增高、种植技术落后、土质降低和农

巴巴多斯

业机械老化等原因，巴巴多斯的甘蔗种植业面临很多问题，甘蔗种植业在国民经济中所处的地位受到严重削弱。20 世纪 80 年代，甘蔗种植业经历了严重衰退，甘蔗种植者向牙买加国家银行（Barbados National Bank，BNB）大举借债，很多借债者甚至达到了债务高出总资产的地步。1992 年 10 月，经营全国蔗糖加工的巴巴多斯糖厂（Barbados Sugar Industries）被迫宣布破产。甘蔗种植面积在这一时期也出现了迅速下降，据巴巴多斯农业与农村发展部于 1996 年公布的统计数据，甘蔗种植面积从 20 世纪 60 年代的 7 万英亩减少到 90 年代中期的 5 万英亩。

1994 年 1 月，巴巴多斯政府与英国 Booker Tate 公司达成协议，后者可以通过巴巴多斯农业管理公司经营全国的蔗糖厂和绝大多数负债房地产企业。由于巴巴多斯在 1994 年遭受了严重的旱灾，1995 年蔗糖产量下降到 3.88 万吨；1997 年产量得到较大恢复，达到了 6.46 万吨；但是在 2003 年，蔗糖产量再次降至 3.6325 万吨。根据《洛美协定》，巴巴多斯拥有欧盟给予的 5.4 万吨蔗糖市场配额，配额内蔗糖可以 3 倍市场价的价格出售给欧盟，但在实际上，巴巴多斯只能达到配额量的一半。2001 年，巴巴多斯蔗糖产量达到 5 万吨，然而，欧盟将巴巴多斯蔗糖市场配额下调至 3.5 万吨。2002 年，巴巴多斯仅存的三个蔗糖厂之一被迫破产关门。由于产量持续减产，加之国际蔗糖价格下跌，近年来巴巴多斯的蔗糖出口值连年下降。1998 年蔗糖出口值为 5510 万巴元，1999 年增至 5540 万巴元，2000 年降至 5220 万巴元，2001 年猛跌至 4400 万巴元，2002 年再降至 3760 万巴元。2003 年和 2004 年，欧元对与美元挂钩的巴巴多斯元的比价上升，这给当地蔗糖业带了发展契机，但随着世界市场蔗糖价格的下跌，巴巴多斯蔗糖业仍面临困境。2005 年，由于气候状况良好，蔗糖产量共计约 38240 吨，比 2004 年的产量增长 11%，这也是自 2000 年以来蔗糖产量首次出现增长的年份。2007 年，虽然甘蔗产量基本上与 2006 年持平，但由于推广种植高产糖率的甘蔗品种，蔗糖产量较 2006 年增长了 3.2%，达到了 3.47 万吨。

表 4-2　巴巴多斯蔗糖产量和出口情况

年份	2002	2003	2004	2005	2006	2007
甘蔗产量(千吨)	418	365	361	442	348	354
蔗糖产量(千吨)	44.8	36.3	34.4	38.2	33.7	34.7
甘蔗亩产量(吨/亩)	52.6	49.5	51.7	63.7	52.2	56.1
蔗糖亩产量(吨/亩)	5.6	4.9	4.9	5.5	5.0	5.5
蔗糖出口量(千吨)	39.5	33.6	32.9	33.8	32.4	32.8

资料来源：Barbados Agricultral Management Co. Ltd.。

其他农作物　为了摆脱严重依赖蔗糖出口的状况，巴巴多斯政府鼓励实现种植业多样化，加大对诸如蔬菜、块根农作物种植的扶持力度。1987~1996 年，巴巴多斯的甘蔗产量下降了 30%，而蔬菜产量提高了将近 53%。到 90 年代中期，巴巴多斯非蔗糖农业产值已经超过了蔗糖在国民经济中所占的比重。目前在巴巴多斯，超过 3600 公顷土地种植洋葱、胡萝卜、热带块根农作物和蔬菜。然而，由于种植面积不多并且产量较少，巴巴多斯每年需要从国外进口相当数量的水果和蔬菜。

三　畜牧业和渔业

巴巴多斯的畜牧业规模虽然较小，但巴巴多斯的鸡蛋和鸡肉制品产量基本能够自给，猪肉、牛肉和羊肉也能满足国内大部分需求。巴巴多斯的家禽和蔬菜生产者受到了政府高进口税的保护。巴巴多斯的牛奶品质极佳，但由于生产成本较高，价格相对较贵，它每年能向其他加勒比国家出口少量的牛奶、香奶和奶酪。2007 年，由于奶粉供应短缺，国际市场对牛奶的需求量猛增，巴巴多斯牛奶业迎来了难得的发展机遇，牛奶产量因此实现了 9.6% 的高增长率；而在此前的两年，牛奶业平均降幅达到了 7.6%。另外，2007 年巴巴多斯的鸡肉产量也增长了 4.9%，其他肉类产量增幅约为 0.6%。

巴巴多斯的渔业规模较小，仅有 850 艘渔船，渔产品主要面向国内市场。近年来，政府加大了在渔业方面的投资力度，渔业有了一定的发展。2007 年，巴巴多斯渔业产量增长了 16.4%。

第三节　工　业

巴巴多斯的工业非常薄弱，重工业只有水泥厂；制造业主要是食品加工业，以及生产蔗糖、饮料、朗姆酒、动物饲料、啤酒、化学药品、电子零部件、服装和家具等行业。2005 年，工业产值约占 GDP 的 16%。

一　制造业

巴巴多斯的制造业主要面向国内市场，仅有部分产品出口其他加勒比国家。主要产品包括加工食品、饮料、啤酒、面粉、动物饲料、化学药品、电子零部件、服装等，另外还包括蔗糖和朗姆酒等。近年来，巴巴多斯逐渐放开了对本国制造业的高保护政策，1999 年 4 月，某些制造业产品的进口附加税从 75% 降低到 35%，到 2000 年 4 月，这些进口附加税全部取消（2001~2002 年，作为紧急措施，临时将进口附加税恢复到了 60%）。最为重要的是，1997 年 1 月，巴巴多斯对税收制度进行了改革，将一些进口税用增值税取代，与此同时，加勒比共同体的对外关税也有较大的削减。

与大多数加勒比岛国相比，巴巴多斯的劳动力成本较高，因此这里并不是制造业发展的理想之地。近年来，巴巴多斯制造业面临较为艰难的境地，服装和家具制造业连续多年衰退；饮料业靠政府的高保护政策勉强为生。与加勒比其他国家相比，巴巴多斯只有食品加工、化学药品能达到整个地区的水平。

尽管面临残酷的竞争和巨大压力，为了落实经济多元化战略，政府采取多种措施加以保护和扶持制造业的发展。除了继续巩固其传统的制糖和酿酒工业外，巴巴多斯政府还鼓励在电子元件、医疗用品、光学仪器、服装、木器家具、皮革制品、体育用品、汽车零部件翻新、手工具、电气产品、灯具配件、眼镜、手袋和旅游用品制造等领域引进技术和资金，与国外企业开展多种形式的合作。

2006年制造业的增长率为0.2%，低于前两年2.7%的平均增幅。2007年，制造业产值出现了自2003年以来的首度下滑，产值下降了2.9%，除食品加工、饮料和烟草制造业之外，其他制造业部门都出现了不同程度的下滑。食品加工业在2007年实现了1.6%的增长，饮料和烟草产量增幅则达到了5.7%，而以往表现最好的药品制造业产值同比下降了8.5%，电子设备制造业降幅甚至达到了25.3%。[①]

巴巴多斯主要的重工业企业是阿拉瓦克水泥厂，如今该厂为特立尼达水泥厂所有。2003年该厂水泥产量仅为325106吨，其主要原因是受技术因素限制，但其产量仍超过本国的需求。水泥主要出口地为东加勒比岛国，占到了水泥出口总量的58.6%。与前几年相比，由于国内需求量增长，水泥出口呈下降趋势。2005年，巴巴多斯水泥产量约为340696吨，比2004年增长5.7%（2004年水泥产量为322270吨）。随后的2006年和2007年，巴巴多斯的水泥产量出现大幅下降，2007年仅有294184吨，甚至不及2002年的产量。

---

① Central Bank of Barbados, *Annual Statistical Digest*, 2007.

表 4-3　巴巴多斯工业产量增长情况

单位：%

	2005 年	2000~2004 年均增长情况
食品	0.4	-1.7
饮料和烟草	8.3	3.1
服装	1.1	-54.5
化学药品	0.4	9.5
木制家具	0.0	-4.1
其他非金属矿产品	6.8	-14.8
其他制造工业	4.3	-7.8
电子设备	-24.0	-34.2

资料来源：Central Bank of Barbados, *Annual Statistical Digest*, 2007。

服装制造业曾是巴巴多斯较为活跃的行业，它为国内提供了大量的就业机会。自 20 世纪 90 年代以来，服装制造业的形势开始恶化，产量锐减。2007 年，服装制造业产值较 2006 年下降了 1.6%。

巴巴多斯政府鼓励现存服装生产企业转变经营方式，提高国际竞争力，并提供可能的资金支持，主要用于技术支持、市场开发。与此同时，政府指导服装制造业从大规模生产模式向小型化、有特色的生产模式转变，原因是现在的市场已经有了很大的变化，仅仅依靠规模生产已赶不上巴巴多斯服装制造业竞争对手具有的成本优势。

巴巴多斯服装制造业多年来受困于高价劳动力和廉价进口服装的影响，该行业对 GDP 的贡献以及出口额因此急转直下。此外，全球纺织服装业的发展对该行业也产生重大影响。2005 年 1 月份，纺织品服装协议（ATC）的终止，所有限制措施被取消。纺织品服装协议十年过渡期的终止表明，纺织品服装贸易不再受到世界贸易组织通行的多边贸易规则以外特殊体制下配额的限制。

朗姆酒现在已成为巴巴多斯出口额增长最快的商品。自2000年朗姆酒出口额超过3000万巴元以来,朗姆酒生产已成为制造业中发展最快的行业。根据巴巴多斯出口商品统计显示,2003年朗姆酒出口总额为3350万巴元;2004年出口总额增加到4460万巴元,与当年蔗糖的出口额相当。巴巴多斯朗姆酒主要出口到欧洲、美国、加拿大、加勒比国家和拉美国家。

二 能源工业

目前,巴巴多斯的石油日产量仅相当于平均日消费量的15%。2005年,巴巴多斯的石油日产量仅为941桶,远远低于1999年1941桶的历史最高值。巴巴多斯开采的原油都是运往特立尼达和多巴哥进行提炼。20世纪90年代末,美国康菲石油公司(Conocophillips)在巴巴多斯的远海地区进行石油勘探,并于2001年投入4500万美元在距离巴巴多斯西南沿海地区110公里处、1500米水深的海域开凿了一个钻井,但开采量非常少。2006年4月,一些国际石油公司对巴巴多斯与特立尼达和多巴哥交界的专属经济区海域的石油勘探表示出浓厚的兴趣,据美国地质调查局预测,该海域有可能蕴藏1.18亿桶原油和255亿立方米的天然气。巴巴多斯正计划进一步的勘探工作,但超过2000米的水深将给勘探带来难题,成本也将会非常昂贵。2008年6月,巴巴多斯已对该海域的26个区块进行拍卖。2006年,巴巴多斯的天然气产量约为2350万立方米,仅相当于1999年最高产量的50%。为满足国内的需求,巴巴多斯需要从特立尼达和多巴哥进口天然气。①

2007年,巴巴多斯电、气、水部门产量的增长率达到了7.5%,不及2006年9.8%的增长率。巴巴多斯的天然气主要由

---

① Economist Intelligence Unit, *Country Profile 2008*: *Barbados*, pp. 12 – 13.

国家石油公司（National Petroleum Corporation）经营，天然气主要供给城市及其郊区，少量用来发电。由于石油价格的上涨，2007年天然气产量达到了2111万立方米，较2006年下降了10.8%。电力主要由巴巴多斯光电公司（Barbados Light and Power Company）经营，该公司属于私人企业。2007年，巴巴多斯的用电量同比增长4.2%，其中商业和工业用电量增长了5%，居民生活用电增长1.8%，公共服务用电量增幅则达到了8.7%。除天然气发电外，巴巴多斯目前正积极实施水力发电计划。[①]

表4-4　巴巴多斯能源生产与消费情况

年份	2002	2003	2004	2005	2006	2007
原油产量（桶）	390619	370848	376655	348718	343412	302729
天然气产量（千立方米）	28846	22977	20861	23997	23466	21114
电力消费量（千千瓦时）	763859	805876	831305	792868	903398	924394

资料来源：Barbados Light and Power Co. Ltd. and Barbados National Oil Company。

三　建筑业

1990~1992年，巴巴多斯的建筑业经历了严重的衰退。1992年后，随着私营部门对与旅游相关的建设和商业建筑的大量投资，私人住宅的发展，以及政府对基础设施建设投入的增加，巴巴多斯建筑业呈现迅猛发展趋势。但由于随后的经济大滑坡，建筑业出现了短期萧条。

从2002年年中起，巴巴多斯建筑业开始恢复，2003年该行业实现了12.9%的增长。造成这一增长的原因是旅游附属设施的建设、旧建筑的维修和更新、机场扩建项目以及商业房地产的

---

① Central Bank of Barbados, *Annual Statistical Digest*, 2007.

升温等。2004年，建筑业继续保持高速增长趋势，年增长率达到10.7%。

2005年，巴巴多斯建筑业增长率达到了13.5%，远远超过过去5年的平均增长率，在非贸易行业中处于领先地位。2006年建筑业实际产出在2005年13.5%增长率的基础上增长了7%；建筑行业就业人数增长了7.4%。2007年建筑业增长率有所下降，仅为2%；建筑业就业人数增长率约为5.8%，建筑业就业人数保持连续三年的增长。目前，建筑业占GDP的比重已从1990~1992年的4.2%增至2006年的6.7%。[①]

第四节 财政与金融

一 财政

巴巴多斯政府财政收入的95%来源于税收，其中间接税占财政总收入的一半以上；财政支出的主要项目是教育、卫生和基础设施建设。近几年来，政府的财政收支有了一定的好转，但一直存在财政赤字。

2000~2004年，巴巴多斯财政收入年均增长率约为4.1%。2005年，财政收入增幅超过了9%，财政支出增长了12.8%，政府财政赤字占GDP比重达到了4.3%。2006年，由于税收收入的大幅增加，政府财政收入增长了12.7%，支出增长有所放缓（5.7%），财政赤字有所减少，占GDP的比重降至2.0%。2007年，政府财政收入增长5.5%，达到了24亿巴元，财政收入占GDP的比重为34.1%，比2006年下降了0.9个百分点；与此同时，政府财政支出约为25.7亿巴元，同比增长了6.8%，

---

① Economist Intelligence Unit, *Country Profile 2008*: Barbados, p. 18.

高出前 5 年 4.6% 的年均增长率。财政总支出约占 GDP 的 34.6%，较 2006 年的 37.0% 有所下降。2007 年，财政赤字约占 GDP 的 2.4%，比 2006 年略微有所上升。

2006 年，巴巴多斯政府公债总额约为 49.815 亿巴元，比 2005 年约增长了 1.3 亿巴元，债务对 GDP 比率降到 76.6%。国内债务对 GDP 比率为 50.5%，下降了 4.4%；国际债务对 GDP 比率为 23.2%，下降了 1.6%。然而，有担保的债务总额对 GDP 比率从 14.6% 增长到了 16.3%，这反映了巴巴多斯政府和私人企业之间的合作得到了加强。

2007 年，巴巴多斯政府公债规模约为 53.68 亿巴元，较 2006 年增长 7.8%，政府公债占 GDP 的比重为 76%，比 2006 年下降 0.6 个百分点。政府公债规模的上升主要源于内债规模的扩大。2007 年政府国内公共债务较 2006 年增加了 14.1%，内债总额约为 38.59 亿巴元，内债占 GDP 的比重从 2006 年的 52.0% 增至 54.6%，其中长期内债总额为 30.13 亿巴元，比 2006 年增长 11.1%，短期内债增幅则高达 26.5%，约为 8.38 亿巴元。[1]

表 4-5　巴巴多斯财政收支统计

单位：百万巴元

年　份	2002	2003	2004	2005	2006	2007
财政收入	1712.2	1843.8	1895.6	2021.1	2278.5	2404.0
财政支出	2027.3	2008.3	2019.6	2278.2	2408.0	2571.3
财政余额	-315.2	-164.5	-124.4	-257.1	-129.5	-167.3
财政余额/GDP(%)	-6.4	-3.1	-2.2	-4.3	-2.0	-2.4
公共债务	3902.7	3993.8	4234.1	4900.0	4981.5	5367.9
公共债务/GDP(%)	78.8	74.1	75.1	81.5	76.6	76.0

数据来源：Central Bank of Barbados, *Annual Statistical Digest 2007*。

---

[1] Central Bank of Barbados, *Annual Statistical Digest 2007*.

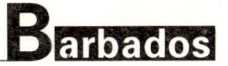

二 税收

巴巴多斯是"税收天堂",各项税收都较低,尤其是对离岸公司的税收更低。按规定,离岸公司生产的产品如全部销往加勒比共同体以外的国家,则可享受长达10年公司所得税免税期,免税期结束后的税率也仅为2.5%。为了提高对外资的吸引力,巴巴多斯在近两年提出了减税措施。

巴巴多斯政府根据议会批准的法律实施税收政策,国家税收委员会负责税收的管理和收税工作,主要包括以下内容,(1)纳税申报:凡是在巴巴多斯成立或在巴巴多斯经营商务活动的公司均要进行纳税申报。申报日期根据公司财政年度截止日期而定,分别为次年3月15日和6月15日。进行纳税申报时,需同时提交财务报表等。(2)查定税额:税收部门在对纳税申报书进行审查后,下达查定税额通知书或重新查定税额通知书。根据查定税额通知书,税收部门可在9年内随时对公司应缴税额重新核定。(3)上诉:如对查定或重新查定税额有异议,公司可在接到通知后21天内向税收部门提出书面抗议。若税收部门仍坚持其查定税额,公司可向由财政部长任命组成的所得税投诉委员会、巴巴多斯高级法院和英国枢密院提出上诉。(4)惩罚措施:①未及时进行纳税申报或评估应缴税额的公司要交纳截止申报日期未付税额5%的罚金;②未及时纳税的公司要交纳截止申报日期未付税额5%的罚金;③对未按期交纳的税款及罚金,按月息1%收取利息;④对逃税或试图逃税者加收100%的税款。

2003年5月,巴巴多斯总理欧文在大选获胜后的讲演中说:"我们必须改革税收制度,以适应2005年后贸易自由化的新形势,税收改革将使我国在区域经济共同体内更具有竞争力,使巴巴多斯成为加勒比首选的经济和商业中心。"目前,巴巴多斯的税收制度中含有一系列优惠政策,这些优惠涵盖各行各业。特别

表 4－6　2002～2007 年巴巴多斯税收情况

单位：百万巴元

年　份	2002	2003	2004	2005	2006	2007
税收总额	1585.0	1724.4	1812.7	1888.9	2176.0	2266.0
直接税	691.4	731.1	739.5	766.8	959.2	998.4
个人所得税	338.1	329.0	312.6	295.7	310.3	319.1
企业所得税	198.5	250.1	258.9	294.3	430.9	492.9
差价税	17.5	4.7	0.0	0.0	0.0	0.0
财产税	97.8	101.7	116.9	127.4	151.7	118.3
其　他	39.5	45.6	51.1	49.4	66.3	68.2
间接税	893.6	993.4	1073.2	1122.1	1216.9	1267.6
消费税	0.0	0.0	0.0	0.0	0.1	0.0
增值税	502.5	548.8	603.2	609.9	704.6	777.8
印花税	10.9	14.8	18.2	20.8	25.1	24.6
货物税	113.4	135.4	137.1	172.4	175.7	156.8
进口税	162.5	170.6	201.0	191.7	188.6	205.2
旅馆酒店税	1.3	0.2	0.0	0.0	0.0	0.0
其　他	103.0	123.6	113.7	127.4	122.9	102.4

资料来源：Central Bank of Barbados, *Annual Report 2007*。

是对出口行业，从财政到税收，从小笔生意到国际贸易均有各种烦琐的税收优惠规定。政府计划在新的税收政策中取消这些烦琐的税收优惠条例，而实施覆盖面更广的低税收政策。如到 2006 年，政府计划把公司所得税税率从 40% 降低到 25%。巴巴多斯商业消费事务与贸易部部长雷尼特·埃斯特蒙德强调，实行广泛全面的低税收政策，可以使更多的人和企业自行决定选择获利行业，而不是依靠政府的指挥棒行动。截至目前，巴巴多斯议会已通过包括所得税、增值税、财产转移税和土地税的多项改革措施。

所得税 可分为个人所得税和公司税两大类。所得税涵盖面非常广,主要包括如下几个方面:(1)职务工资报酬;(2)商业买卖应付税利润;(3)利息、奖金和政府年度直接补贴(Annual Payments);(4)版税;(5)社会公益收入;(6)入息信托(Income Trust);(7)合伙经营收入(Partnership income);(8)职工分股收入(Income from the disposal of shares issued to employees);(9)货币低估贷款收益。

目前巴巴多斯个人所得税起征点为 1.5 万巴元(1 美元约合 2 巴元),个人所得税所征税率分为两档,收入在 1.5 万~3.92 万巴元的,税率为 25%;收入高于 3.92 万巴元的,税率为 40%。根据巴巴多斯议会通过的《所得税修正法案》,从 2004 年起的 4 年内,将把个人所得税的起征点提高到 2.5 万巴元;把所得税低税率从以前的 25% 降到 22.5%,2004 年再降到 20%;2005 年把所得税高税率从现在的 40% 降到 37.5%,2006 年再降到 35%。

公司所得税方面,从 2005 年起到 2006 年,逐步把公司所得税税率从现在的 40% 降到 25%,同时修改《小公司发展法案》,把小公司的所得税率从现在的 25% 降到 20%。为促进建筑业的发展,建筑公司的所得税率将降到 20%。

增值税 巴巴多斯的增值税法是于 1996 年 9 月 9 日开始实施的。该税法规定,增值税取代一切间接税,对巴巴多斯境内所有商品、服务和进口的货物征收增值税,税率一般为 15%,旅馆业的增值税率为 7.5%。最近几年,巴巴多斯政府对增值税法进行了适当调整,取消计算机行业的增值税,以促进 IT 产业的发展。其他免征增值税的还有:出口商品、国际运输服务、国际商用船只、出口服务、国际电信服务、农业物资、商业捕鱼用品、药品、医疗设备、在当地采购的部分物资(其他在当地采购的物资可退税)、福利用品及教科书。

巴巴多斯

土地税 巴巴多斯每年征收一次土地税,个人土地税征收税率因土地类型和土地出售可能达到的最高价值不同而不等。具体收费标准为:价值在10万巴元以下的未开发的地产,土地税率为1%;超过10万巴元的未开发的地产税率为1.5%。对于开发过的地产所征收的土地税率较低,价值低于50万巴元所征土地税率仅为0.4%;价值超过50万巴元所征税率为0.75%。从2006年开始,价值在35万~85万巴元的耕地所征土地税税率将从0.65%降至0.45%。另外,地产主人居住的房屋,在征收土地税时,以其实际价值的70%为基数。领取养老金者,按其居住房屋价值的50%收取土地税。

公司地产方面,开发过的地产按其价值的0.8%收取土地税;未开发的地产价值在1万巴元以内,需交纳0.8%或50巴元的土地税,超出部分按0.8%计取;对旅馆征收的土地税减半。

印花税 在巴巴多斯,印花税是一种十分常见的税种,需要征收印花税的情况包括房地产和股份转让、出租和抵押等。其中,房地产和股份转让的印花税税率为1%;出租房屋所征印花税税率为1%;房屋抵押以500巴元为单位计算,低于500巴元的印花税额为5巴元,超过500巴元抵押的计算方法是:每增加500巴元印花税增加3巴元。

财产转移税 巴巴多斯的房地产或未在巴巴多斯股票交易所上市的公司股份在转让时需上缴财产转移税。公民或常驻居民出售的股份在5万巴元以内、出售地产在2.5万巴元以内免交财产转移税,超出部分按5%的税率交纳财产转移税。非公民或非常驻居民在出售股份或地产时交8%的财产转移税,在购买时交10%的财产转移税。股票交易所的债券交易免交财产转移税。

利润转移税 子公司如将其利润转移至母公司,按转移利润的10%征收转移税。转移利润为公司税后利润减去在巴巴多斯重新投入的资金。对巴巴多斯向外国公司支付的股利、利息、版权使用费、行政管理费、技术服务费等征收15%的转移税。对其他服务费的转移税率为25%。

为吸引投资,巴巴多斯先后与瑞士、英国、加勒比共同体、加拿大、美国、芬兰、挪威、瑞典签订了避免双重征税协议。

表4-7 巴巴多斯主要税收一览表

单位:%

税目	税率	税目	税率
公司所得税	25	土地税	1.5(最高)
转移资本收益税	10	个人所得税	35(最高)
社会保障税	15.25(最高)	增值税	7.5~15
财产转移税	5~10		

资料来源:Economist Intelligence Unit, *Country Report Barbados*, 2008。

三 金融业

巴巴多斯是著名的国际金融中心之一,其离岸金融服务业在国际上有着较为重要的地位,但是国内金融服务业的规模较小。1973年,巴巴多斯成为国际货币基金组织的成员国。近年来,巴巴多斯不断加强对离岸金融服务业的立法规范,一方面在国际离岸金融服务业的竞争中维护自己的地位,另一方面防止洗钱和其他国际金融犯罪。金融服务业已成为巴巴多斯继旅游业后重要的支柱产业之一。

国内金融服务业 巴巴多斯中央银行建立于1972年5月,1973年12月开始经营活动,是一家拥有发行货币权的储备银行,归巴巴多斯政府所有。中央银行是政府控制国内经济和国际金融干预的机构,其职责是通过控制货币的发行维持金融稳定。中央银行建立后,巴巴多斯发行了本国货币——巴巴多斯元,并

巴巴多斯

实施盯住美元的汇率制度。巴巴多斯的汇率基本维持在 1 美元 = 2 巴巴多斯元的水平。巴巴多斯货币面额分别为 1、2、5、10、20、100 巴巴多斯元，另外还有 1、5、10、25 分币。

巴巴多斯拥有 6 个商业银行：第一加勒比国际银行（First Caribbean International Bank）是由英国巴克利银行（Barclays）和加拿大帝国商业银行（Canadian Imperial Bank of Commerce）在该地区的分支机构，在 2002 年 1 月合并而成，大部分所有权属于英国和加拿大，巴巴多斯和加勒比国家只持有 10% 的股权，目前这一比例将升至 20%。加拿大皇家银行（Royal Bank of Canada）和加拿大丰业银行（The Bank of Nova Scotia）是加拿大所属的银行。巴巴多斯国民银行（The Barbados National Bank-BNB）原本是国有银行，但自 2003 年开始，由特立尼达和多巴哥共和银行（Republic Bank of Trinidad and Tobago, RBTT）控股。加勒比商业银行在 2004 年出售给 RBTT 金融控股集团（RBTT Financial Holdings）。巴特菲尔德银行（Bank of Butterfield）归属于百慕大的一个母公司。在特立尼达经营多年的花旗商业银行（Citicorp Merchant Bank）自 2001 年 4 月起在巴巴多斯开展业务。

巴巴多斯最大的保险公司 Sagicor 于 2002 年开办，其前身为 Barbados Mutual。该公司在 2002 年总资产达到 863 万巴巴多斯元，控制了东加勒比市场份额的 75%，在特立尼达和多巴哥以及牙买加这两个加勒比大国中极具竞争力。

巴巴多斯的证券交易业务规模较小。1987 年成立的巴巴多斯证券交易所是唯一的政权交易机构。在该交易所上市的公司中，本国公司有 24 家，另外还包括 7 家银行在内的一批外国公司，其中牙买加与特立尼达和多巴哥分别有 1 家和 4 家上市公司。根据统计资料显示，2005 年 8 月，这些上市公司总市值为 100.6 亿巴元（约合 50.3 亿美元），交易额也非常低。自 1998

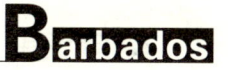

年以来，巴巴多斯的证券市场发展越来越乏力。

离岸金融服务业　早在20世纪70年代中期，由于蔗糖出口大幅度滑坡，出口外向型制造业极度萎缩，巴巴多斯政府决定发展国际商务服务业（即离岸金融服务业），并把它作为赚取外汇的重要来源之一。离岸金融服务业的做法是，离岸金融中心对在其境内注册的外国离岸公司和离岸银行所进行的国际贸易和金融业务免征所得税及其他税收，外国公司只要通过律师或会计师事务所在当地注册并由其代理业务即可，缴纳的费用只有注册费、营业执照费和管理费等。实际上，外国公司并不在注册地从事实质性业务活动，仅在离岸金融中心过一道财务手续，便可避开本国税收监管，把大量资金存于境外用于开展业务，因此，离岸金融中心对国际资本有着巨大的诱惑力。

巴巴多斯对本国公司征收的所得税高达35%，而对离岸金融业只征收0~2.5%的所得税。另外，巴巴多斯不征收资本利润所得税，对离岸公司不实行外汇管制。离岸金融业给注册地方的政府增加财政收入、解决就业和带动其他经济部门的发展等方面有所贡献。政府可通过收取注册费和管理费获取收入。高级管理人员如会计师、律师、有经验的银行管理人员和公司秘书能有更多的就业机会。

尽管离岸金融服务业在巴巴多斯经济中占有着极为重要的地位，并且有着较好的法制化，但是其规模与加勒比岛国开曼群岛、百慕大和巴哈马相比要小得多。根据巴巴多斯央行的估算，离岸金融业的外汇净收入占到全国服务业全部外汇净收入的10%以上。与大多数离岸金融法规不同，巴巴多斯的离岸金融服务业有着较为系统的税收法规。

为防范离岸金融服务业中的洗钱等犯罪，巴巴多斯建立了严厉的反洗钱体制，1998年通过的法律加强了对这方面的控制，并设立了反洗钱机构。2000年6月，巴巴多斯没有被国际金融特别行动组（Financial Action Task Force）列入非合作性管辖（non-co-operative jurisdiction）行列。

在巴巴多斯从事离岸金融的公司主要有：国际商务公司、免税保险公司、免税保险管理公司、有限责任团体银行、离岸银行等。

表4-8 在巴巴多斯注册的离岸金融公司统计

年　份	2002	2003	2004	2005	2006
国际商务公司	260	274	361	372	391
免税保险公司	11	15	15	11	8
免税保险管理公司	3	1	1	3	1
有限责任团体	26	31	64	42	133
离岸银行	3	2	4	0	4
总　　数	303	323	445	428	537

资料来源：Bank Supervision, Supervisor of Insurance and Ministry of International Business。

1. 国际商务公司：巴巴多斯对商业、制造业，特别是高科技行业始终坚持扶持政策。由于拥有邻近美国的地理优势，巴巴多斯吸引了大量的外国销售公司在此驻点，截至2006年年底，约有5800家国际商务公司。

在"974年财政刺激法令"（Fiscal Incentives Act 1974）的框架下，巴巴多斯政府直接或者通过巴巴多斯投资和发展公司（Barbados Investment and Development Corporation）为制造业企业提供了一系列的投资激励政策，主要包括如下几个方面：（1）只为出口加勒比共同体之外市场的"飞地型"制造企业可以享受10年的免税优惠；（2）资本密集型工业（超过5000万巴巴多斯元的投资的企业）可获得超过10年的免税优惠；（3）生产有益于巴巴多斯的注册产品的厂商可获得10年的免税优惠；（4）位居前三位的企业进口原料时可以免除关税；

（5）另外还有诸如资本补贴、税收等方面的优惠。

除上述的优惠政策外，在牙买加的制造业企业还可以享受很多国际贸易条约或协定所提供的优惠政策，这些条约和协定包括"加勒比海盆地经济振兴法"、"洛美协定"、"加加合作条约"（加拿大和加勒比国家合作条约）和其他与中、南美洲之间的贸易协定。

2. 离岸银行：巴巴多斯的离岸金融服务业开始于1979年颁布的"离岸银行法"，该法令于1980年生效，随后巴巴多斯政府对该法令做了逐步的补充和修改。该法令对离岸银行经营种类做了比较详细的说明：（1）通过见票即付的形式接收外国资金；（2）出售外国债券；（3）从事与国际金融和国际债券相关业务等。

巴巴多斯对离岸银行有着较为严格审批手续，目前获得在巴巴多斯经营离岸金融服务许可证的公司需具备以下几个方面的条件：（1）其负债率应该在"1982年公司法"所规定的范围内；（2）严格规范公司的业务和行为；（3）公司董事会中至少要有一名巴巴多斯成员；（4）须具备最低资产限额。根据巴巴多斯相关法令，最低资产限额有两种类型，如果是由巴巴多斯人自己经营的公司，其最低资产法定股本限额是100万巴巴多斯元，最低发行股本限额为50万巴巴多斯元；如果是由外国人经营的公司，最低法定股本限额为200万巴巴多斯元，发行股本最低限额为100万巴巴多斯元。巴巴多斯央行计划重新调高最低资产限额。

"离岸银行法"对银行的准备金做出了明确的规定，所有银行必须将税前利润25%作为本银行的准备金。但是中央银行有权决定离岸银行准备金的数额。按照"离岸银行法"，银行所筹集的外国资金可以用来作为贷款和投资。获得许可证的离岸银行可以拥有较为宽泛的经营范围，除银行所拥有的一半业务外，

还可以从事资产管理、有价证券交易、信托资金管理和租赁业务。

目前在巴巴多斯注册的离岸银行数量有53家,为防止洗钱等国际金融犯罪,巴巴多斯银行加强了对经营离岸金融服务的公司申请公司的审批工作;同时要求所有经营离岸金融服务的公司每个季度都必须提交资产负债报告以及完整的年度账目,还需定期提供公司董事会名单。

离岸银行的客户信息要严格保密,"离岸银行法"规定只有在下列情况才能向外透露客户资料:(1)善意的调查个人信用等级时;(2)当信托受益人提供书面授权时;(3)应高等法院要求时;(4)当某人受到法律调查时。

3. 免税保险公司:1983年实施的"免税保险法"全面规范了巴巴多斯的保险业。巴巴多斯财政与经济事务部对保险业负有监管的权力,所有保险公司必须获得该部的许可才能在巴巴多斯开展业务。

根据"免税保险法"的规定,保险公司必须从财政与经济事务部注册才能获得许可证,申请费250美元,注册费2500美元,年费2500美元;另外还需具备以下条件:(1)依据公司法成立的股份有限公司或互助保险公司;(2)只能经营免税保险业务;(3)至少有一位董事是巴巴多斯籍居民;(4)只能有加勒比共同体成员国之外的股东;(5)须具备至少25万巴巴多斯元的最低发行股本资产。巴巴多斯政府给予保险公司许多优惠条件,其中包括:(1)免征所得税和资本收益税;(2)免除代扣所得税(Withholding Tax)和外汇管制限制;(3)国外雇员收入的35%免征所得税和外汇管制限制。

在巴巴多斯开展业务的保险公司多为美国公司,这些公司主要利用美国和巴巴多斯两国签订的"双重税协定"(Double Tax Convention)有效地规避美国的税收。

第四章 经　济

第五节　旅游业

一　概况

巴多斯是一个景色优美的热带风光岛国,被誉为"西印度群岛的疗养院"。巴巴多斯岛虽然地处热带,但受海洋气候的影响,全年温暖如春,加之风光奇秀,是驰名世界的旅游胜地。巴巴多斯旅游业历史悠久,自 20 世纪 50 年代开始迅速发展,并逐渐取代蔗糖出口成为巴巴多斯主要的外汇来源,已发展成为巴巴多斯的主要经济支柱之一。

近年来,巴巴多斯旅游业产值约占 GDP 的 15%,从业人员占全国就业人口总数的 16%,外汇收入相当于全年外汇收入总量的一半。在 1992~2000 年期间,赴巴巴多斯的过境游客年均增长 4.4%,2000 年落地游客人数为 54 万余人,游轮游客 53 万余人。2001 年和 2002 年,巴巴多斯旅游业经历了连续两年的衰退。2003 年巴巴多斯旅游业出现了 7.7% 的增长,过夜游客增长了 6.6%。这主要得益于开展"巴巴多斯精华游"活动,另外来自传统市场的过夜游客增长较快,其中加勒比共同体、英国、美国的游客分别增长了 8.2%、5.1% 和 4.6%。游轮游客的数量在 2003 年也增长了 9.1%。2002 年,巴巴多斯旅游业收入为 8.03 亿巴元,占 GDP 的 11.4%,其外汇收支占全国外汇总收入的 52.2%。2004 年旅游收入增幅达 6.9%,过夜游客总数超过了 55 万人次,较 2003 年增长 3.8%。2005 年,由于游轮游客减少了 21.9%,过夜游客减少 1%(减少人次约为 4000 人次),全年旅游业收入下降了 3.8%,旅游业下降的主要原因是美国东北部及东南部海岸港口和加勒比地区港口的竞争加剧和国际油价的上涨。2006 年旅游业增长率为 2.5%,其中过夜游客增长了约

4.3%，但由于油价上涨，巴巴多斯游轮航线在 2006 年继续减少，这使得 2006 年巴巴多斯的游轮游客减少了 8.1%。2007 年，由于板球世界杯比赛在巴巴多斯举行，旅游业实现了近几年少有的增长，旅游业产值较 2006 年增长了 3.1%，过夜游客数量超过了 57 万人次，比 2006 年增长了 2.1%。其中，游轮游客数量达到了 77262 人次，约占全年总游客数量的 14.3%，创下了 2004 年以来的新高。

表 4-9　巴巴多斯过夜游客数量统计

	2003 年人次	2004 年人次	2005 年人次	2006 年人次	2007 年人次	2007 年较 2006 年增幅（%）
冬季	180906	196034	198522	207391	207435	0.0
夏季	293342	301735	290947	299984	312111	4.0
12 月	56963	53733	58065	55183	54987	-0.4
总游客数量	531211	551502	547534	562558	574533	2.2

资料来源：Barbados Statistical Service and Barbados Tourism Authority。

巴巴多斯的游客主要来源于英国、美国和其他加勒比国家。1986~2000 年间，美国游客在总游客数量中所占的比例持续下降。此后，随着政府对旅游业的开发，来巴巴多斯的美国游客逐年增加，2002~2003 年，美国游客占到了来巴巴多斯游客总数的 23%。2005 年，过夜旅游数量下降最显著的是来自英国和加拿大的游客，其中英国过夜游客数量在经历了连续三年的增长后下降了 5.2%，而加拿大游客数量也较 2004 年下降了 4.7%（2004 年增长 0.8%）。2007 年，由于英镑和加元的升值，英国和加拿大游客数量分别增长了 5.9% 和 8.3%；同期美国游客数量仅增长了 2.5%；由于板球世界杯赛的举行，来自巴基斯坦、印度、新西兰等英联邦国家的游客数量增长了 44.2%（10790

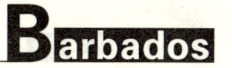

人)。相反,由于旅费的大幅上涨,2007年加勒比共同体的游客数量较2006年减少了15.2%;欧洲大陆国家的游客数量也出现了小幅回落。

旅游业的快速发展也刺激了对该行业的投资,在投资的带动下,巴巴多斯的旅游设施和旅游项目得到了大规模扩建,旅馆客房量和出租别墅的数量有了大幅度的增加。但是旅游业的飞速发展受到了土地供应紧张的限制,特别是南部和西部沿海旅游地区,缺土少地的问题更加严重。另外,巴巴多斯旅游投资公司表示,在今后5年内计划投资10亿巴元对一些基础设施进行重建或改善,以促进旅游业发展。

由于旅游业是巴巴多斯最主要的经济来源,巴巴多斯在加大政府投资力度的同时,特别注重吸引外资,鼓励外来资本投资旅游市场。2002年,巴巴多斯政府颁布的"旅游业发展法"(the Tourism Development Act 2002)取代了以前的"旅馆资助法",新法将可享受投资优惠待遇的范围扩大到同旅游有关的所有项目,优惠待遇包括:(1)用于新建或装修的旅馆设备、家具和原材料等进口不需交纳关税(包括环境税和增值税)。(2)用于经营和开拓有关旅游市场的投资贷款,如经营旅馆业等,可在应税收入中扣除相当于贷款利息150%的数额。为了鼓励向一些不发达地区投资旅游业和建设其他设施,巴巴多斯政府颁布了"特殊地区发展法"(Special Development Areas Act),使投资者可享受更加优惠的税收政策。

巴巴多斯在2003年和2004年连续两年在国际旅游大赛上夺冠,获得"加勒比最佳旅游目的地国家"的称号。巴巴多斯旅游局也两次获得"最杰出的游客和大众服务局"的奖项。据瑞士最新公布的《世界经济论坛2008年度旅游业竞争力报告》显示,在全球130个参评国家中,巴巴多斯旅游业竞争力排名第29位,是拉美和加勒比国家中排名最靠前的国家。

巴巴多斯

二 著名景点

布里奇顿 巴巴多斯首都,加勒比海地区重要的商业中心之一。1625 年英国探险队在此发现了一座美洲印第安人修筑的桥梁,英国船只从此将此处作为进入该岛的登陆地。几个世纪后,布里奇顿成为了商船云集、货运繁忙的港口城市。

民族英雄广场(National Heroes Square) 位于首都布里其顿卡林内奇港的北岸,过去叫特拉法尔加广场。这里有一组古色古香的珊瑚石公共建筑——国民大会堂,它就是巴巴多斯议会的所在地。广场上矗立着一座建于 1813 年的纳尔逊勋爵的雕像,这是英国移民为纪念纳尔逊在特拉法尔加战役中的胜利和阵亡将士而建立的。

圣迈克尔大教堂(St. Michael's Cathedral) 始建于1625年,以后在原址多次重建(最近的一次重建是在 1831 年)。据说美国首任总统华盛顿在 1751 年曾在此做过礼拜。那时也是华盛顿一生中唯一的一次出国旅游。

百老街(Broad Street) 布里奇顿市主要的购物和商业区,位于特拉法尔加广场以西。商业区除了一些现代办公大楼和百货商店以外,还有几座带有铸铁结构阳台的殖民地时代的古式建筑,具有浓郁的英国风情。

布里奇顿犹太教堂(Bridgetown Synagogue) 是巴巴多斯岛上首座犹太教堂(也是美洲的第二座,仅晚于库拉索岛上的犹太教堂)。17 世纪中期,英属各殖民地实行宗教信仰自由,犹太社团在巴巴多斯迅速发展。如今的布里奇顿犹太教堂是 1833 年修建的,但教堂墓地里的许多墓葬的年代要早得多。

萨瓦纳守备营(Garrison Savannah) 位于布里奇顿以南1.5 公里处,此地曾是英国的阅兵场,现在这里修建了一条供居

第四章 经 济 **Barbados**

民跑步用的跑道和一个小型赛马场。巴巴多斯赛马俱乐部在这里举行周末赛马（1～3月和5～10月每隔一周的星期六）。跑道周围有几座高大的19世纪建筑物，如主卫楼（Main Guard）、建于17世纪的查尔斯堡（Fort Charles）以及于1704年开始修建但始终未能完工的圣安妮堡（St. Anne's Fort）。

巴巴多斯博物馆（Barbados Museum） 曾经是英国殖民时期的军事监狱，现改为博物馆。馆内的展物摆放成一个圆圈形状，开始部分是关于该岛的自然史和对美洲古代印第安居民的介绍，并提供详细的背景说明。在展示种植园时代的阿尔展厅里，陈列着珍贵的古代地图，其中有1657年出版的理查德·里贡绘制的巴巴多斯地图的第二版。这张地图表明，当时岛上的部分地区仍覆盖着原始森林，种植园整齐地分布在背风一侧的海岸上。昌塞勒馆内收藏着军事方面的纪念物。库纳德馆里最精彩的东西是17和18世纪的雕刻。

巴巴多斯野生动物保护地 这是一个占地面积4英亩（1.5公顷）的小型动物保护区，保护区内的野生动物包括黑长尾猴、南美小鹿、刺鼠、豪猪、鬣鳞蜥、宽吻鳄、蟒蛇等。

格里南德大厦信号站 是19世纪初修建的该岛6个瞭望塔中的一个，当时修建的目的是为了监督在种植园里干活的奴隶。哨兵如发现奴隶骚乱或海上有船只开过来时，用旗语向上级报告消息。

科德林顿学院 这是巴巴多斯岛上的圣公会神学院，修建于1743年，当时学院的建设经费主要来自克里斯托弗·科德林顿（1668～1710年）的捐赠。科德林顿曾担任背风群岛的总督，巴巴多斯最早的移民之中便有他的家族。学院的楼房不能随便进入，但游人可以参观院长住宅外面的庭院。

哈里森溶洞 巴巴多斯岛上最引人入胜的地方是地下河流在珊瑚石灰岩上冲刷出来的地下溶洞。参观者穿戴好安全设备后便

巴巴多斯

可乘坐小型缆车进入溶洞参观。溶洞总长约为 1.5 公里，溶洞里面阴森可怕，挂满了滴着水的钟乳石、顶岩和森林般的石笋。溶洞内还有一个地下湖，水源来自一个 40 英尺（12 米）高的瀑布。

摩根·莱维斯制糖厂 巴巴多斯岛上最后一家老式制糖厂，有着 250 年的历史，1944 年被关闭。世界古建筑保护基金会已把它列入了世界 100 所濒危古建筑的名单。目前该糖厂还保存着加勒比地区现存最大的风车，这座风车的各个部件仍完好无损，古老的风帆和其他木制部件都已用南美硬木加以修复。游客们可以爬到风车顶部的风帆上面眺望苏格兰区的全景。

白金海岸 巴巴多斯著名的白金海岸的中心是霍尔城（Holetown，在布里奇顿以北 11 公里处的 1 号公路边）。1627 年第一批英国移民在此登陆并建立了一个小村庄，他们用英国国王詹姆斯一世的名字把该村定名为"詹姆斯城"（后来发现海滩附近有一个海潮洞便把村名改为"霍尔城"）。现在村里的小教堂仍称为圣詹姆斯教堂。这座珊瑚石教堂建于 1629 年，原来用的材料是木头，周围地区的人们称它为圣詹姆斯教区教堂。佩因斯湾（Paynes Bay）是白金海岸最活跃的海滩区，这里有许多酒吧和水上运动中心。

蒂洛尔科特遗产村 这是一座带绿色百叶窗的石砌平房，外墙粉饰成浅黄和橘红色，它是 1854 年巴巴多斯著名建筑师威廉·法纳姆建造的。已故总理格兰特利·亚当斯（1898～1971 年）和他的妻子从 1929 年起就一直居住在这里，现在还保存着他们当年使用的很多物品。

花园里展出本地建筑风格的发展历史。最初是用甘蔗枝盖顶的极简陋的奴隶房。废除奴隶制后变成简单的活动木屋，后来又在木屋上加一些花花绿绿的边饰。解放后的奴隶被允许拥有自己的房屋，但没有自己的土地，因此最早的活动木屋只有一个单元，当屋主被种植园解雇时可以很容易地把木屋拆下来搬走。当屋主情况好转或孩子增多时,可以再增加一两个单元,木屋的窗户也变为百叶窗或玻璃窗。

巴希巴风景区（Bathsheba） 巴巴多斯可供旅游的海滩很多,多数位于岛的西海岸和西南海岸,面向加勒比海,比较风平浪静。地处东海岸的巴希巴由于面向大西洋而风高浪急,海浪冲刷的岩石千姿百态,从而吸引了大量游客来此观光。这里也是当地居民的度假胜地,国际冲浪比赛也常在这里举行。沿岸树木常年被强风吹袭,形成向一个方向侧伏的奇特景观。更因此地风景酷似苏格兰的部分地区,故被称为巴巴多斯的"苏格兰"。

法利山国家公园（Farley Hill National Park） 原为英国王室和贵族的休憩地,国家独立后辟为国家公园。园内树木葱茏,花草繁茂,由于坐落在海拔270米的法利山上,可登高望远,巴巴多斯东部半壁江山和波涛汹涌的大海尽收眼底,使人心旷神怡。园内20世纪60年代遭大火焚毁的于1861年英国王子来访时所建的行宫遗址,更显其曾经有过的辉煌。

第六节 交通运输与信息业

一 交通运输

巴巴多斯是东加勒比海地区一个重要的航空中心,它在加勒比岛国和北美、欧洲之间起着桥梁的作用。这里也是一个著名的国际航海集散地。

公路 巴巴多斯公路总长约为1600公里（2003年）,全部为柏油铺设的优质公路。

海港 首都布里奇顿是一个全天候的深水港,设有8个停泊位,可同时为5艘轮船提供燃料。港口总长为1531米,吃水10米,可以停泊万吨级大型集装箱船、货轮和游轮,年均货物吞吐

量约70万吨,接待乘游轮的游客约50万人次。2002年5月,巴巴多斯完成了对对港口的深挖工作。位于西北部的斯佩茨敦也是巴巴多斯最大的港口城市之一。目前,巴巴多斯总共有58艘货船,全部为1000容积总吨(GRT)① 以上,其中散装货轮14艘、集装货轮31艘、化学品运输船6艘、客轮1艘、油轮3艘、滚装船2艘和专用油轮1艘。另外,2006年还有57艘外国船只在巴巴多斯经营,它们分别是:巴哈马1艘、加拿大8艘、希腊11艘、黎巴嫩1艘、摩纳哥1艘、挪威29艘、阿联酋1艘、英国5艘。

机场 巴巴多斯是东加勒比地区重要的航运中心,是连接东加勒比地区与北美、欧洲、多数加勒比岛国、委内瑞拉、苏里南和圭亚那等国和地区的枢纽。距离首都布里奇顿18公里的格兰特利·亚当斯国际机场(Grantley Adams International Airport)是加勒比地区最现代化的国际机场之一,该机场有17个停机泊位,24小时运营,机场跑道总长为3047米。2007年,该机场完成了总投资1.4亿美元的扩建计划,每小时可接待的客流量从以前的2000人增加至3000人。②

二 信息业

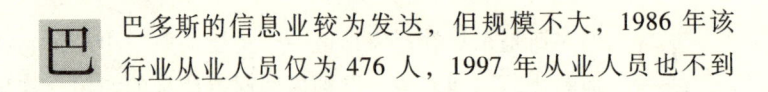

巴巴多斯的信息业较为发达,但规模不大,1986年该行业从业人员仅为476人,1997年从业人员也不到

---

① 容积总吨的英文名称为 Gross Registered Tonnage,缩写为 GRT,也称注册总吨,是指船舱内及甲板上所有关闭的场所的内部空间(或体积)的总和,是以100立方英尺或2.83立方米为一吨折合所得的商数。容积总吨的用途很广,它可以用于国家对商船队的统计;表明船舶的大小;用于船舶登记;用于政府确定对航运业的补贴或造舰津贴;用于计算保险费用、造船费用以及船舶的赔偿等。

② Economist Intelligence Unit, *Country Profile 2008*;*Barbados*, p. 12.

3000 人。由于电信业的高成本与当地员工的工资水平差距较大，近几年来，巴巴多斯的电信业状况不景气，到 2001 年底，该行业从业人数下降到 1221 人，仅占全国就业人总数的 0.9%。

巴巴多斯的电话使用率大大高于加勒比地区的平均水平。2003 年，全国固定电话数量约为 13.4 万部，移动电话数量为 14 万部；2004 年，固定电话数量增加至 13.6 万部，移动电话数量增加至 20 万部。1991～2004 年，巴巴多斯国内的电信服务基本上由 Cable & Wireless 公司所垄断。该公司是在 1991 年巴巴多斯经济危机时仅用 2500 万美元就获得了控股权，并从原有的公司那里继承了高度发达的电信基础设施，随后在使用光电纤维方面投入了大量资金。

另外，巴巴多斯因特网的使用情况优于其他加勒比国家。联合国贸易发展会议（UNTCTAD）发布的 2004 年网络贸易发展报告显示，巴巴多斯网络使用率在全球排名靠前。在加勒比地区，巴巴多斯网络使用率也是最高的，2003 年每万人中有 3708 名网民。2005 年，巴巴多斯因特网用户增加到了 15 万人。

表 4－10 2005 年巴巴多斯电话拥有量与其他国家的比较

单位：部

	固定电话每百人拥有的数量	移动电话第百人拥有的数量
巴巴多斯	50.0	76.5
特立尼达和多巴哥	24.8	61.3
牙买加	12.9	101.7
英国	52.8	108.8
美国	60.6	68.0

资料来源：UN Development Programme, *Human Development Report*, 2007/2008。

为加快发展电信产业，巴巴多斯政府制定了吸引电信产业投资的战略，主要分为两个方面：一方面是引进国外的先进技术和

管理，目的是增强市场竞争力、优化内部结构和提高服务质量，以此带动旅游服务业等其他行业向更高层次发展。巴巴多斯政府为此制定了市场开放计划，有多家国际知名电信企业已开始在巴巴多斯进行运作。另一方面，巴巴多斯通过设立免税工业区，提供优惠政策等措施，充分利用其熟悉和靠近欧美市场的优势，在信息技术领域与一些西方企业和公司开展合作，提供一些中间环节的服务。目前在软件开发、印刷制版、信用卡申请处理、保险理赔、计算机辅助设计（CAD）等电信服务行业，已吸引了一些欧美企业来巴巴多斯投资，电信服务业已成为巴巴多斯工业领域新的经济增长点。

此外，政府鼓励软件开发、银行信用卡申请处理系统、印刷排版系统、数据输入和处理系统、健康保险的索赔系统、法律诉讼支持系统和计算机辅助设计系统等。对电信行业的特殊优惠政策包括：（1）公司纯利润的最高公司所得税征收幅度仅为 2.5%；（2）可免税进口所需的设备，如计算机等；（3）政府提供设备先进、租金低廉的工业区内的厂房和免费培训员工；（4）资本、利润和红利转汇不受任何限制等。

第七节　对外经济关系

一　基本方针和政策

巴巴多斯于 1967 年 2 月 15 日成为关贸总协定缔约国，同时也是 1995 年 1 月 1 日成立的世界贸易组织（WTO）76 个创始成员国之一。巴巴多斯政府根据 WTO 规则，制定适合本国国情的相关法规和贸易政策。

（一）商品进口政策

巴巴多斯大部分商品依赖进口，从机器设备、汽车、建材、食品、燃料、工业原料到日用消费品等都需从国外进口。但为保护本国及本地区的工业和农业，政府优先考虑从加勒比共同体其他国家进口商品，并免征关税。从加勒比共同体以外国家进口的商品，将征收进口关税；除征收关税外，对某些商品的进口还采取非关税壁垒加以限制。

（二）服务贸易

巴巴多斯是一个发展中小国，市场狭小，在服务业的许多领域只能依靠欧美国家来填补空白，因此在服务业方面是比较开放的。巴巴多斯对 WTO 承诺开放以下 6 个领域：法律服务（仅限文件证明）、特别医疗服务、计算机服务、快递服务、再保险业及娱乐业。根据这些承诺，巴巴多斯不能限制从事上述服务企业的数量、交易额及从业人数。此外，外商投资上述服务领域，无需通过合资企业的形式，投资额度也不受任何限制。服务贸易在巴巴多斯经济中所占的比重比较小，发展相对滞后，主要指信息服务、工程咨询、金融服务及劳务输出等，但作为本国支柱产业的旅游业不被列入服务贸易项目之中。巴巴多斯政府近年来注重吸引外资，鼓励服务贸易的发展。目前，巴巴多斯服务贸易的主要伙伴为美国和加拿大。1996 年，巴巴多斯还承诺开放一些基本的电信服务。目前主要的电信服务仍由英国大东电报公司（Cable & Wireless）独家经营，巴巴多斯政府计划在今后几年中将逐步引入全面竞争。

巴巴多斯从欧美输入的劳务多为技术人员，如医生、律师等；从加勒比共同体国家输入的劳务人员主要从事技术含量较低的体力劳动。由于巴巴多斯失业率较高，政府及工会在就业方面绝对优先考虑本国人，严格限制外来人口的流入。此外，巴巴多斯对外来劳务人员的英语水平也有较高的要求。

（三）知识产权保护

巴巴多斯作为世贸组织成员和世界知识产权组织成员，签署

了"与贸易有关的知识产权协定"和"保护工业产权巴黎公约",在知识产权保护方面有较完善的立法。这方面的主要立法有,(1)专利法:2001年8月6日进行重大修订,目的是与有关国际公约相一致,其中专利保护期限为20年;(2)版权法:修订的版权法于1998年3月5日颁布,其中规定版权保护期为所有者终生及死后50年;(3)商标法:1985年1月1日实施,2001年8月6日进行了重大修订,注册商标的保护期限为10年,续保期10年;(4)"防止不公平竞争法"(Protection Against Unfair Competition Act):1998年9月14日实施,旨在履行世贸组织规则,是对其他有关知识产权立法的补充。

(四)其他贸易障碍

巴巴多斯作为加勒比地区的一个微型岛国,虽然人均GDP在发展中国家中相对较高,但经济仍显单一和脆弱,因此在制定各类经济政策时,首先考虑的是如何保护本国经济;特别是在全球经济放缓和美国"9·11"事件后,政府更是加大了贸易保护的力度,采取了一系列措施保护本国经济,其中一些措施扩大了贸易保护程度。巴巴多斯政府从2001年11月1日起对部分食品、农产品和建材征收60%的高关税,目的是保护本国工业。巴巴多斯政府将保护本国经济作为首要任务,使得贸易自由化进程放缓。此外,政府还发起了购买国货运动(Buy Local),鼓励优先购买本地产品,间接地抵制国外产品对本地市场的冲击;但是这种"抵制"非常有限,因为巴巴多斯本国能生产的产品并不多,仅限于一些食品、农产品、少量服装和建材等。

二 外贸

巴巴多斯国土狭小,资源贫乏,经济单一,对外贸的依赖性很强。20世纪80年代,巴巴多斯期望通过大力发展贸易推动经济发展模式向出口导向型转变,并取得了不错的效果。1985年，蔗糖出口收入约占农产品出口总收入的80%，占全国商品出口总量的10%；制造业部门的出口收入占商品出口收入的85%和总外汇收入的30%。1985年，电子元件约占制造业商品出口的60%，其他制造业出口商品包括服装、化学药品和朗姆酒。

巴巴多斯的对外贸易可分为国际贸易和地区贸易两大类，前者指与加勒比地区以外的国家所进行的贸易，地区贸易则是指巴巴多斯与加勒比共同体成员国之间的进出口贸易。巴巴多斯作为加勒比共同体中较发达的成员国，充分享受成员国之间贸易"共同对外关税"等一系列的区域优惠政策。巴巴多斯与许多国家签署了贸易优惠协议，因此它生产的绝大多数产品无需配额即可免税进入主要世界市场。根据"加勒比盆地计划"、《洛美协定》、"巴加合作计划"、"加勒比共同市场与委内瑞拉和哥伦比亚合作计划"，巴巴多斯的大部分产品可分别免税进入美国、欧盟、加拿大、加勒比国家、委内瑞拉及哥伦比亚。

自1997年降低进口关税以来，巴巴多斯外贸赤字呈现逐渐扩大趋势。1992~2000年，巴巴多斯进口额增长了120%。为了控制进口的过快增长，从2001年11月开始，巴巴多斯再次对某些特定的制造业和农业产品进口征收保护性关税和进口许可证。2004年，巴巴多斯外贸逆差增加到了11.34亿美元。2005年，虽然出口增幅达到了13.6%，但外贸赤字仍达12.45亿美元的。长期存在巨大的贸易逆差，使得巴巴多斯经常项目在近十年中一直处于赤字。2005年，经常项目逆差达到了3.09亿美元，约占GDP的10.1%。2006年，巴巴多斯进口商品下降了约1.5%（2003~2005年年均增长率为13.5%），全年进口总额为16.29亿美元，出口总额为4.41亿美元，贸易逆差较2005年有小幅降低，约为11.88亿美元。

2007年，巴巴多斯进口总额增长4.4%。由于从2007年3月开始取消对本地区以外进口商品征收额外税，2007年消费品进口增长 7.9%（2006 年下降了 12.6%）；食品和饮料进口增幅达到了 8.0%（2006 年下降了 1%）；药品、摩托车和其他制造业产品进口分别增长了 17.7%、15.7% 和 7.6%；中间产品的进口增长达到了 8.9%，其中燃料进口增幅达 21.6%，钢铁进口增幅为 6.5%，水泥进口增幅为 26.6%，电子元件进口增幅 10.3%，建筑器材增幅为 36.2%，资本货进口则下降了 8%。

出口方面，2007 年继续保持增长势头，但较前四年的增速有所放缓，全年出口总额增长 4.4%，远低于 2006 年 16.8% 的增速。除食品、饮料出口分别增长了 34.5% 和 34.6% 以外，其他产品出口都出现不同程度的萎缩，其中电子元件出口下降 42.6%，水泥出口下降 9.2%，机械和运输设备出口降幅达 37.2%，蔗糖出口在 2006 年下降 11.5% 的基础上再萎缩 4.9%。

2007 年，经常项目赤字降至 4.89 亿巴元，为 2003 年以来的最低值，经常项目赤字占 GDP 的比重则从 2006 年的 8.6% 降至 2007 年的 6.9%。[①]

表 4-11 巴巴多斯外贸情况

单位：百万巴元

	2002 年	2003 年	2004 年	2005 年	2006 年	2007 年
商品出口额（FOB）	405.0	397.3	422.1	533.5	655.1	677.5
商品进口额（FOB）	1909.6	2130.9	2520.0	2862.9	2905.2	3039.9
商品进出口差额	-1504.6	-1733.6	-2097.9	-2329.4	-2250.1	-2362.4
经常账户余额	-354.5	-364.2	-715.2	-725.0	-557.4	-489.1

资料来源：Central Bank of Barbados, *Annual Report 2007*。

从商品结构来看，巴巴多斯的主要出口产品包括：蔗糖和糖浆、朗姆酒、食品、饮料、化学药品、电子产品等；进口产品主

---

① Central Bank of Barbados, *Annual Report 2007*.

要是烟草、石油、机械、建筑材料等。巴巴多斯的主要贸易伙伴有美国、英国、特立尼达和多巴哥、圣卢西亚、牙买加、圣文森特、格林纳丁斯和日本。其中,与美国的贸易额占巴巴多斯总贸易额的比重从1999年的43%降至2006年的38%。特立尼达和多巴哥是巴巴多斯另一个主要贸易伙伴,2006年,该国在巴巴多斯进口额和出口额中所占比例分别为21%和11%,而其他加勒比共同体国家合计占巴巴多斯出口额的22%。

三 外债和国际储备

巴巴多斯外债总额从2003年开始连续三年上升,外债余额从2003年的12.58亿巴元增至2006年的15.99亿巴元。虽然外债总额呈总体上升趋势,但外债负债率却呈下降趋势,从2001年的26.2%降至2007年的21.4%。

在20世纪90年代,巴巴多斯的国际储备一直处于稳步增长态势。1999年,由于经常项目赤字增大,国际储备出现短暂的下降,到2000/2001年度,国际储备又恢复了增长。后一阶段增长的主要原因是政府预防性贷款有了大幅增长。2000年6月和2001年12月,巴巴多斯分别获得1亿美元和1.5亿美元贷款,因此到2001年年底,国际净储备(包括黄金)达到了13.8亿巴元。2002年,国际净储备出现较小的回落。2003年,外汇储备出现较大幅度增加,达到了15亿巴元,创造了巴巴多斯外汇储备的历史最高纪录。2004年,降至11.9亿巴元,降幅超过了20%。2005年,外汇储备有了一定恢复,达到了12.4亿巴元。2006年,外汇储备减少4%。2007年,巴巴多斯外汇储备较2006年增长了30.3%,外汇储备总量达到了15.5亿巴元,超过了2003年15亿巴元的历史最高水平。[①]

---

① Central Bank of Barbados, *Annual Report 2007*.

表 4-12　巴巴多斯外债和外汇储备情况

年　份	2002	2003	2004	2005	2006	2007
外债总额(亿巴元)	13.0	12.6	13.3	15.3	16.0	15.1
负债率(%)	26.2	23.3	23.7	25.4	24.6	21.4
偿债率(%)	56.0	49.8	45.2	45.0	44.9	40.6
外汇储备(亿巴元)	13.7	15.0	11.9	12.4	11.9	15.5

资料来源：Central Bank of Barbados, *Annual Report 2007*。

四　外国投资

巴巴多斯的基础设施相当完善。岛内有密集的公路网，交通十分便利。国际机场可降落大型客机，与北美、欧洲及加勒比国家间每天都有航班。布里奇顿海港设施先进，具有现代化的装卸条件，可提供集装箱、一般货物、冷藏、运输工具和散装货等服务。供电、供水有可靠的保证，且供应能力较高。国内通信也比较发达。再加上稳定的社会关系，健全的金融税收法规，良好的贸易伙伴关系，以及政府颁布的一系列优惠政策，使巴巴多斯成为投资者的天堂。为增加本国劳动力的就业机会，增加外汇收入，巴巴多斯政府十分注重吸引国外投资。

为鼓励外国投资者向一些不发达地区投资旅游业和其他建设设施，巴巴多斯政府颁布了"特殊地区发展法"（Special Development Areas Act），使投资者可享受更加优惠的税收政策。

巴巴多斯投资法规完善、透明，政府鼓励制造业和旅游业的发展，并致力于把巴巴多斯建成一个低税离岸金融中心。根据"巴巴多斯财政刺激法案"及"旅馆援助法案"，企业在利润汇回、免征进口关税、税收等方面享受优惠政策，出口型企业及投资超过一定金额的资本密集型企业的免税期可达 10 年。

此外，巴巴多斯政府还针对不同的行业制定了相应的扶植和鼓励措施。在制造业方面，政府鼓励的投资项目有电子元件、医疗器械、光学仪器、木制家具、体育用品、汽车零件、手工工具、机电产品、照明设备、眼镜片和镜架、手提包和旅行用品等。对制造业的特殊优惠政策包括：(1) 最长可达10年的公司所得税免税期；(2) 免税进口生产所需的设备，零件及原材料等；(3) 政府提供设备先进、租金低廉的工业区内的厂房和免费培训员工；(4) 投资资本、利润和红利汇回国完全没有限制等。

由于拥有较好的投资环境以及较为完备的法律体系，在21世纪的最初几年，外国直接投资整体呈逐年递增态势。2001年，巴巴多斯吸引外资共计1900万美元；2003年，外国直接投资比2002年增长了2.41倍，达到了5800万美元；2004年，回落到5000万美元，降幅为13.79%；2005年达到5400万美元。外资主要来自美国、英国、加拿大等国家，大多集中在建筑业、制造业、旅游业和离岸金融服务业。

表 4-13　2001~2005年巴巴多斯外国直接投资情况

单位：百万美元

年　份	2001	2002	2003	2004	2005
外国直接投资	19	17	58	50	54
外国直接投资/GDP(%)	0.75	0.68	2.15	1.74	1.71

数据来源：巴巴多斯中央银行。

第五章
军　事

第一节　概况

巴巴多斯是东加勒比地区安全体系（the Regional Security System for the Eastern Caribbean）联络处的所在地，该机构主要负责东加勒比地区打击贩毒、灾害救济以及其他有关地区安全的事务。1998 年，巴巴多斯被确定为欧洲毒品控制委员会加勒比办事处（the European Commission Drugs Control Office for the Caribbean）所在地，为实施反毒计划，欧盟向巴巴多斯提供了 3500 万欧元（4000 万美元）的援助资金。此外，联合国毒品和犯罪办事处加勒比地区总部（the UN Office on Drugs and Crime regional headquarters）也设在巴巴多斯。2001 年，泛美开发银行向巴巴多斯提供了 1250 万美元的贷款，帮助巴巴多斯改善司法体制建设。

巴巴多斯的军事力量主要由皇家警察部队和国防军组成。巴巴多斯国防预算占 GDP 的份额较小，2003 年军费开支约 1300 万美元，约占 GDP 总额的 0.2%。2006 年，巴巴多斯军费开支占 GDP 的比重升至 0.5%。

第二节 军种

巴多斯皇家警察部队（The Royal Barbados Police Force） 始建于1835年英国殖民统治时期,是加勒比地区最为专业和高效的警察部队,主要负责维护国内治安,创造安全稳定的社会环境。按照分工的不同,皇家警察部队分为三部分:业务辅助司（The Operations Support Division）、管理辅助司（The Administrative Support Division）和犯罪调查司（the Criminal Investigations Division）。20世纪80年代中期,皇家警察部队人数仅为1000人,后来随着国内犯罪率增高和贩毒问题的严重,皇家警察部队人数有了一定的增加,但数量仍然非常有限。巴巴多斯皇家警察部队训练主要集中在境内的格兰特利·亚当斯（Grantley Adams）国际机场附近的地区警察训练中心（the Regional Police Training Center）,训练经费绝大部分由英国政府提供,该中心还有来自其他英属加勒比国家（开曼群岛、格林纳达、蒙特塞拉特岛、圣卢西亚、圣文森特和格林纳丁斯岛以及英属维尔金群岛）的警察部队接受训练。

根据巴巴多斯宪法规定,皇家警察部队由警察局局长全权指挥,其职位由总督任命。现任警察局长为达尔文·多坦（Darwin Dottin）,毕业于西印度大学律师专业,获得了剑桥大学应用犯罪学和警察等专业文凭。1971年被招募到巴巴多斯警察部队,2003年9月被任命为巴巴多斯警察局局长。

巴巴多斯国防军（The Barbados Defence Force） 1978年4月从巴巴多斯皇家警察部队中独立出来,由常备军、后备军和学生军训团组成。[1] 按照军种分为步兵、海上部队和空军部队,

---

[1] 孟淑贤主编《加勒比各国概况》,世界知识出版社,1997,第31页。

巴巴多斯

后两者人数极为有限。海上部队主要负责巴巴多斯所辖海域的警卫工作，主要包括查办走私、毒品贩运等船只，海上搜寻和营救，移民入境管理和保卫本国渔场，等等。空军部队主要负责空中调运工作。国防军现任参谋长为埃尔文·昆腾（Alvin Quintyne）。

第六章
教育、科学、文化、卫生、体育

第一节　教育

巴巴多斯是东加勒比地区教育历史最悠久的国家，最早可以追溯到1686年由私人出资建立的第一所学校。1840年，巴巴多斯建立了科德林顿学院（Codrington College），这是西印度群岛最早的一所培训教师的中等师范学院。18~19世纪，巴巴多斯的教育系统一直为英国圣公会控制。从1962年开始，教育系统逐渐被本国政府接管。到1984年，只剩下4%的中、小学校仍由英国圣公会管理。

巴巴多斯的教育水平在加勒比地区处于领先地位，政府一直将教育作为最优先的目标。1970年，巴巴多斯人的识字率就已达到99%。尽管巴巴多斯国内外教育专家曾对这一数字的真实性存有质疑，但对于巴巴多斯的教育水平还是持非常肯定的态度，认为至少在20世纪80年代巴巴多斯的教育水平远远超过了加勒比地区的其他国家。据联合国2007年公布的人类发展指数报告，巴巴多斯的教育指标在世界的排名为第31位，是拉丁美洲和加勒比地区排位最高的国家。

巴巴多斯

表6-1 2002~2005年巴巴多斯与世界其他国家的教育比较

单位：%

	成人识字率(2002年)	教育开支/GDP(2002~2005年)	入学率(2004年)
巴巴多斯	99.7	6.9	89
巴哈马	95.5	3.6	66
牙买加	87.6	5.3	77
美国	99.0	5.9	93
英国	99.0	5.4	93

资料来源：UN Development Programme, *Human Development Report*, 2007/2008。

巴巴多斯的小学、中学和高等学校都实行免费教育，政府还为学生免费提供教科书。小学教育的年龄范围为4~11岁，小学生入学率为100%。中学教育的年龄范围是11~18岁，中学生入学率为89%。2002年，巴巴多斯共有109所为公立小学，学生人数为29502人，教师人数为1823人，教师与学生的比例为1∶16；共有32所公立中学，中学入学人数为21436人，教师数量为1389人，教师与学生比例为1∶15；巴巴多斯还有4所公立大学，学生人数为11226人，教师人数为339人，教师与学生比例为1∶33。

巴巴多斯的高等教育（Postsecondary Education）包括7所教育机构，它们都能授予学位和证书，其中4所为特殊职业教育学校，分别是巴巴多斯管理与生产学院（the Barbados Institute of Management and Productivity）、Erdiston师范学院（Erdiston Teacher's Training College）、300周年护士学校（the Tercentenary School of Nursing）和萨缪埃尔·杰克曼·普雷斯科特职业技术学院（the Samuel Jackman Prescod Polytecnic）。1979年，巴巴多斯政府增设了技能培训教育计划，以解决机械、电子、园艺、石工制品和铺设管道等特殊技术人才的短缺。近年来，巴巴多斯政

第六章 教育、科学、文化、卫生、体育

府增大了对旅游、农业和制造业等行业的专业技术人才培养的力度。

高等教育机构中最主要是西印度大学凯夫希尔分校（the Cave Hill Campus of the University of the West Indies）。1960年，西印度大学在特立尼达和多巴哥设立圣奥古斯丁分校后，巴巴多斯也提出了建立分校的要求。巴巴多斯位于西印度群岛的东部，有重视教育的传统。巴巴多斯提出牙买加的莫纳分校及特立尼达和多巴哥的圣奥古斯丁分校与本国相距甚远，巴巴多斯人民无法分享入学机会。西印度联邦解体后，东加勒比地区的8个国家（包括巴巴多斯）欲建立东加勒比联邦，它们也支持巴巴多斯建立西印度大学分校的请求，以便从中受益。巴巴多斯等国的请求得到了西印度大学校长刘易斯的首肯，决定在巴巴多斯的凯夫希尔建立分校并任命L.R.B鲁滨逊为代理校长。1963年10月14日分校正式开学，第一批学生为118人。

凯夫希尔分校的专业设置基本上与莫纳分校一致，有经济学、历史、数学、物理、化学、英语、西班牙语、法语、人文科学、计算机科学、工程、教育、医学、法律和农业等专业。1969/1970学年有学生429人，1975/1976学年达到了1002人。同期，非巴巴多斯（即来自东加勒比其他国家）的学生人数所占比例从31%提高到了42.7%。1990年，凯夫希尔分校的学生数量达到1756人。西印度大学办学经费的90%来源于本地区各国政府的捐赠，其研究费用则来自国际机构的援助。20世纪80年代末，大学日常开支每年约为4亿牙买加元，其中巴巴多斯占12%。在经费使用上，凯夫希尔分校占28%（1989年）。

除西印度大学凯夫希尔外，其他高等教育机构还包括巴巴多斯社区学院（the Barbados Community College）和西印度大学在巴巴多斯开设的科德林顿学院（Codrington College，是一所从事神学研究的学术机构）。

第二节 科技

巴巴多斯全国科学技术委员会（National Council for Science & Technology，NCST）是负责推广科学技术的专门机构，成立于1977年。它原为国家财政与计划部的下属单位，现划为商业、消费者事务部管辖。其主要职责是：（1）收集、比较和评估有关科学技术的信息；（2）协调科技领域内的科学研究和发展；（3）鼓励有关科技研究，其中主要包括：本地资源的开发和利用，对现有技术加以改进，发展能促进工业生产和废物利用的新方法，等等。该委员会建成之初，其扶持重点是短期项目，资金主要来源于政府拨款和美洲国家组织等国际机构的资助。

20世纪90年代，NCST的资助领域进一步拓宽，主要包括调查、农业规划、太阳能利用、石灰石在建筑业上的应用研究，等等。与此同时，NCST也开始与其他公立和私立的研究机构加强合作。

NCST从1999年开始资助太阳能等可再生能源的研究计划，研究目标主要有二。其一，探索并确定可再生能源的新领域。在过去的几年里，巴巴多斯的太阳能热水器得到迅速推广。现在，巴巴多斯是世界上每千人拥有太阳能热水器最多的国家和地区之一。目前正处于探索阶段的新领域有太阳能蒸馏和太阳能电力系统两方面。其中，太阳能电力系统主要集中在发展太阳能制冷技术和太阳能发电这两个方面。其二，为适应政府提出的发展目标，采取新的科技方案，目前处于探索和在研的新项目有：太阳能蒸发器、太阳能电脑、太阳能空调、太阳能制冰器、紧急情况下的太阳能电力供应、太阳能电力应用技师培训，等等。这些项目中很大一部分属于在巴巴多斯首次推广和应用。目前，设在圣

第六章 教育、科学、文化、卫生、体育

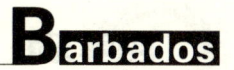

菲利普区 Skeete's Bay 的太阳能制冰厂每天能制造 1 公吨的冰，这些冰被广泛地使用到当地的渔业中。

巴巴多斯还有一些专门的研究机构，主要包括：巴巴多斯天文学会（1956 年成立）；巴巴多斯制药学会（1948 年成立）；与加拿大麦吉尔大学合作的伊莎贝拉研究所，它是一个热带环境研究中心；西印度大学凯夫希尔分校是巴巴多斯著名的医学研究机构。另外，1968 年创建的巴巴多斯社区学院也提供科学技术培训，1933 年成立的巴巴多斯博物馆和历史学会，还是从事地质学、史前史、博物学和海洋生物等方面的专门研究机构。

第三节 文化

巴巴多斯的文化是由多个种族文化有机组成的。作为前英国殖民地和英联邦国家，巴巴多斯的现代文化中仍保留着英国传统文化的深刻影响。在首都布里奇顿，随处可见英国式的建筑，其中英国国教教堂便是巴巴多斯的象征。另外，深受巴巴多斯人民喜欢的板球、赛马等体育项目也是英国传统文化的符号。

由于巴巴多斯人大多是非洲移民的后裔，因此非洲文化传统在巴巴多斯文化中占有更为重要的地位，其中音乐、舞蹈和饮食风俗是最能反映非洲元素的文化形式。巴巴多斯拥有一批蜚声国际的艺术家，其中包括 Mighty Gabby、David Kirton、Red Plastic Bag 和 John King，组合包括 Krosfyah，Square One 和 The Plantation Band。另外，Arturo Tappin 是世界著名的萨克斯演奏家，在世界上有着大量忠实的观众。

1983 年 3 月，英国议会通过了建立国家文化基金会（National Culture Fondation，NCF），这是一个由总理办公室直属的部门。

卡里普索（Calypso）是巴巴多斯文化中独有的歌曲形式，它最早可以追溯到17世纪首批进入巴巴多斯和加勒比其他地区的黑人奴隶，随后它融入了说唱艺术和器乐演奏等风格，并受到欧洲、北美和其他加勒比国家文化的影响。卡里普索的曲风极具感染力，它的取材来源于社会和政治现实，以一种特有的幽默讽刺形式加以表达。

1974年，巴巴多斯建立甘蔗节（Crop Over Festival）后，政府对卡里普索歌曲进行了管理和规划，使之成为甘蔗节的主要表演内容。另外，每年在甘蔗节期间举行的卡里普索歌曲大赛已经成为巴巴多斯最为风行的赛事，该赛事由9个卡里普索团体共同举办，初赛过后，18位卡里普索歌手进入半决赛，胜出的7位进入最后的决赛，挑战上年度的冠军。

卡里普索颇受巴巴多斯男女老少的欢迎，尤其是年轻人对这种歌曲形式青睐有加。每年有大量的青少年参加少年卡里普索冠军赛，获胜的选手将被作为苗子进行专业训练，他们承担着发扬卡里普索音乐传统的历史重任。

第四节 医疗卫生

巴巴多斯的医疗卫生水平处于加勒比地区的前列。随着20世纪80年代中期巴巴多斯经济的不断发展，以及国家医疗卫生体系的建立，人们的生活质量有了较大幅度的提高，医疗卫生指标也有了明显的改善。巴巴多斯的计划生育工作开展得较好，63%的14~49岁的女性都采取避孕措施；人口出生率要低于美国，大致与英国持平。2005年，巴巴多斯人的平均预期寿命为76.6岁。

巴巴多斯卫生部是制定国家卫生政策的专门权力机构。在卫生体系中，基础护理、促进健康、卫生教育和职业保健是卫生部

表 6-2 巴巴多斯与美洲国家卫生指标的比较（1990~2001 年）

	婴儿死亡率(‰)	妇女生育率	女性预期寿命(岁)	男性预期寿命(岁)
巴巴多斯	11	1.5	80	75
巴哈马群岛	17	2.3	74	65
牙买加	20	2.4	78	74
墨西哥	28	2.5	76	70
美国	7	1.9	80	75

资料来源：UN，*World Statistics Pocketbook*，2002。

的优先工作。在公立医院，病人所需的一些基本药品是免费供给的，被列入巴巴多斯药品处方目录（Barbados drug formulary）的药品在私立医院同样也是免费的。孕妇的产前护理以及青少年公共医疗卫生服务一般都由公立综合医院提供。卫生部还负责监控对饮用水、土壤影响较大的废水、废物排放管理，以及空气、噪音污染管理。另外，卫生部还组织全国每年一度的飓风预防演习。

巴巴多斯共有 176 所医院和诊所，平均每万人有 84 张病床。全国总共有 228 名医生，每 1129 人有一个医生。巴巴多斯的医疗机构分公立和私立两种类型。伊丽莎白女王医院（Queen Elizabeth Hospital）是全国最大的公立医院，它位于巴巴多斯首都布里奇顿市，所提供的医疗服务包括：急诊、二级和三级护理。医院共设 650 个住院床位，约占全国住院床位的 90%，它还设有四个加护病房。伊丽莎白女王医院为西印度大学临床医学研究学院提供了研究基地，另外，巴巴多斯还有五所地区医院，可为老年提供长期护理、精神病治疗、身体康复、艾滋病治疗，等等。

巴巴多斯私立医院的从业人员有 100 多人。目前，私立医院在巴巴多斯发展比较迅速。Bayview 医院是全岛最大的私立医院，

巴巴多斯

拥有 30 张病床，37 名专业医护人员。

巴巴多斯的卫生监管部门的分工非常明确，环境工程处（The Environmental Engineering Division）主要负责施工管理、空气和水质量监管；卫生服务管理处（The Sanitation Service Authority）主要负责垃圾收集、垃圾掩埋管理、公墓维护和城市街道清洁等事务；巴巴多斯药品管理处（The Barbados Drug Service）负责全国基本药品的供应。医疗保险目前在巴巴多斯尚处于推广阶段，据统计，在 1995~1996 年，全岛有 18%~20% 的人购买了医疗保险。

巴巴多斯的公共卫生部门的开支全部由政府拨款，通过卫生部分配给各个公共卫生部门。年均卫生支出约占政府总支出的 16%。1999/2000 年度，全国卫生支出共计 1.48 亿美元。

当前巴巴多斯常见的主要疾病如下。

(1) 艾滋病：1984 年，巴巴多斯出现首例艾滋病患者，截至 2005 年 3 月，巴巴多斯共计有 2999 人被查出 HIV 阳性，确诊为艾滋病患者为 1876 例，死亡人数为 1254 例；此外，还有 1745 例艾滋病病毒携带者。在新增艾滋病患者人数方面，1998 年达到最高点，新增艾滋病患者为 176 例；从 1999 年开始每年新增艾滋病患者人数下降，到 2004 年下降至 126 例。艾滋病病毒感染率以及死亡率的下降，主要原因在于巴巴多斯政府推行的高效抗逆转录疗法。据统计，自 2001 年实施高效抗逆转录疗法以来，巴巴多斯艾滋病死亡人数出现逐年下降的趋势，从 2001 年的 95 例降到 2003 年的 40 例和 2004 年的 26 例。巴巴多斯的艾滋病传染途径主要是性传播，男、女艾滋病患者的人数比例约为 2:1。

近年来，巴巴多斯政府加大了对艾滋病的防治力度，专门设立国家防治艾滋病委员会（the National HIV/AIDS Commission, NHAC）。2001 年，巴巴多斯政府制定了"管理、预防和控制艾滋病广泛计划的 2001~2006 年行动方案"。该计划方案由 NHAC

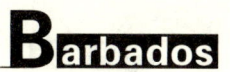

具体实施，共包括四项：①五年内降低 50% 的死亡率；②五年内减少 50% 的 HIV 发病率（incidence of HIV），降低 HIV 感染者向艾滋病患转化率；③降低艾滋病感染者数量；④提高艾滋病病毒携带者福利水平，让他们重新工作，并参与社会活动。为了落实该项计划，巴巴多斯政府在 2001～2006 年期间向 NHAC 提供 5000 万美元的资金。此外，世界银行也给巴巴多斯提供了 1510 万美元的贷款。在防治艾滋病开支方面，2003 年总开支为 530 万美元；2004 年为 520 万美元，人均防治艾滋病开支额为 19 美元，是拉丁美洲和加勒比地区人均开支最高的国家之一；2005 年，防治艾滋病开支有所下降，数额为 335 万美元，降幅达到 33%。

（2）登革热：加勒比国家的地方病，在巴巴多斯患者数量呈逐年增加的趋势。1997 年，巴巴多斯共计有 511 例登革热病患者，其中 5 例死亡；1999 年登革热病患者共计 696 例，死亡 4 例；2000 年，登革热病患者 909 例，死亡 4 例。

（3）呼吸道疾病：1999 年，伊丽莎白女王医院共接受 11447 例哮喘病患者，5 岁以下儿童支气管炎和肺炎发病率约为 0.96‰。全国已有 10 多年没有出现 15 岁以下儿童患肺结核病的报告，1999 年全岛肺结核发病率约为 0.046‰。

（4）癌症：乳腺癌、子宫癌和前列腺癌是巴巴多斯最主要的 3 种癌症，1994～1998 年，平均每年新增 71 例乳腺癌、33 例子宫癌和 28 例前列腺癌患者。

（5）营养型疾病：5 岁以下儿童营养失调的情况非常严重。由于不科学的饮食和多坐少动等不良生活习惯，儿童肥胖现象比较普遍。成年人肥胖问题更为严重，据统计，58% 的妇女和 29% 的男性都有不同程度的超重，其中 30% 的妇女过度肥胖。40 岁以上的巴巴多斯人中，40% 的人患高血压病，18% 的人有糖尿病。

(6) 自 1994 年开始,巴巴多斯基本根除了脊髓灰质炎。1997~2000 年,未出现一例白喉病报告。从 1994 年开始,没有一例破伤风病患者,所有 5 岁以下的小孩都注射了预防白喉、百日咳、破伤风、脊髓灰质炎、麻疹、腮腺炎和肺结核疫苗。2000 年,白喉、百日咳、破伤风预防率达到了 97%,脊髓灰质炎预防率达到 96%,麻疹、腮腺炎的预防率为 92%。

第五节 体育

巴巴多斯自 1968 年开始参加夏季奥运会。本国传统体育项目有板球、曲棍球、赛马、足球、篮球、壁球、高尔夫球、田径等。由于气候宜人,环境优美,巴巴多斯在过去 10~15 年间曾主办过多种体育项目的国际赛事,接待来自全世界许多国家的体育俱乐部、运动员。通过举办诸如 2006 年高尔夫球世界杯和 2007 年板球世界杯等国际性赛事,巴巴多斯的体育事业获得较快的发展,成为加勒比地区的体育强国。2004 年 4 月,在百慕大汉密尔敦结束的加里弗塔运动会上,巴巴多斯获得 5 金 2 银 4 铜,位居奖牌榜的第二位,仅次于牙买加(37 枚金牌、23 枚银牌和 19 枚铜牌)。

一 体育项目

田径 它是巴巴多斯的体育强项。汤普森·奥巴德利(Thompson Obadele)是巴巴多斯最著名的田径选手,1998 年他在南非举行的田径世界杯赛上获得 100 米短跑比赛冠军;同年在西班牙塞维利亚举行的世界田径锦标赛上,分别获得 100 米和 200 米比赛的第四名;2000 年在瑞典国际田径大奖赛上获得 100 米比赛亚军。2000 年的悉尼奥运会上,汤普森获得男子 100 米比赛的铜牌,这是巴巴多斯历史上第一枚奥运奖牌。在

2000 年评出的中美洲及加勒比地区的男女十佳田径运动员中，汤普森凭借在悉尼奥运会上的优异成绩获得中美洲及加勒比地区男子十佳运动员中的第四名。2003 年，在日本横滨国际超级田径赛男子 100 米比赛中，汤普森以 10 秒 20 的成绩夺得冠军。布莱基特·安德雷亚（Blackett Andrea）是巴巴多斯另一位著名田径高手。1999 年，她在西班牙塞维利亚世界田径锦标赛上，获得女子 400 米栏比赛第四名；2004 年 5 月在国际田联日本大奖赛上获得 400 米栏比赛季军。

板球 英联邦国家的传统体育项目。巴巴多斯独立后，仍然保持着这一体育项目。巴巴多斯著名的板球运动员有弗兰克·沃雷尔（Frank Worrell）和加菲尔德·索伯斯（Garfield Sobers）。由于具备较好的体育设施，巴巴多斯成为世界板球赛事的主要主办地之一，每年 1~4 月，这里都举办板球邀请赛，参赛国家包括西印度群岛国家、英国、澳大利亚、新西兰、印度、巴基斯坦和南非等。2007 年，板球世界杯赛是在巴巴多斯举行的。

曲棍球 巴巴多斯的另一传统体育项目。随着近年来赴巴巴多斯访问的体育团体的增多，该国在该项目上的运动水平发展得相当迅速。巴巴多斯曲棍球协会在 1980 年制定了一项政策，鼓励发展"曲棍球旅游"。巴巴多斯政府为促进曲棍球水平的提高，除加大对该项目的投资外，还特意为发展曲棍球运动兴建了一些新的场地。

二 体育设施

随着承办体育赛事的增多，以及体育旅游业的快速发展，巴巴多斯的体育设施也迅速增多，成为加勒比地区体育设施最为完备的国家之一。

国家体育场：巴巴多斯国家体育场建于 1970 年，占地面积 22 英亩。体育场设有 400 米跑道，共有 8 个道次。另外，场内

还有 500 米的自行车赛道。体育场共设 5 个看台，能容纳 5000 名观众，最大的看台设有 600 个座位。体育场设施齐全，能提供电视转播。体育场的看台、入口以及室内自行车场都以本国著名运动员的名字命名。主体育场和附属建筑可进行足球、曲棍球、自行车、拳击、射击、壁球和田径项目的比赛。此外，体育场还设有专门的停车场，停车量超过 1000 辆。

维尔迪体育馆（The Wildey Gymnasium）：坐落在圣迈克尔区维尔迪市的维尔迪体育馆是一个多功能体育场所，该馆是加勒比地区最为先进的体育场所之一。馆内设有 4000 个座位。体育馆可以进行 12 个项目的比赛，它们分别是乒乓球、排球、举重、健美、拳击、篮球、柔道、空手道、羽毛球、体操、手球和简易篮球等。另外，馆内还设有专门为男女运动员设计的先进的桑拿和按摩室；还设有一个医务检查室，可以为运动员做赛前检查。这个多功能的体育中心还有一个人工草皮的曲棍球场，也是加勒比地区唯一一个人工草皮的曲棍球比赛场地。

水上运动中心：它主要为游泳、水球等水上项目设计的，筹资方是巴巴多斯业余游泳协会。馆内分为教学区和比赛区，教学区设有 25 米和 10 米的水道，水深为 1 米；比赛区的泳道完全符合国际标准，有 50 米和 25 米两种泳道。泳道两侧设有看台，可容纳 800 名观众。

第六节　新闻出版

一　政府主管新闻工作的机构

政府新闻署（Government Information Service，GIS）是政府主管新闻的部门，负责管理报纸、电台、电视等，每天向新闻单位免费提供新闻公报，内容涉及总督、总理及政府官员的对内对外活动、重要讲话、政府声明和经济发展公报等,宣传现政府的方针、政策。

政府新闻署成立于 1958 年,当时设立这一机构的初衷是想通过这一机构向公众阐释政府所采取的政策措施,在政府和公众之间建立一个很好的媒介平台。如今,政府新闻署的功能得到很大的充实,并演变成为政府新闻宣传平台和公共关系机构。新闻署下设三个部门,分别是新闻、电台和电视。此外,新闻署还为内阁各部门提供关于公共关系原理、民意调查等方面的培训。

二 报刊

《巴多斯鼓动报》(the Barbados Advocate):创刊于 1895 年,是加勒比地区历史最悠久的报纸之一。原属英国汤姆森(Lord Thomson)报业托拉斯所有,现归特立尼达和多巴哥的麦克纳民公司所有。该报版式为 4 开,每天一般出 12 版,发行量为 2 万多份;星期日出版 18 版,发行量为 3.2 万多份。该报报道内容较为广泛,除了对巴巴多斯本国的外交和经济建设消息有较详细的报道外,还刊载重大国际新闻,特别是加勒比地区的新闻。该报基本倾向支持现政府,有时也会发表批评政府的文章和社论。

《民族日报》(Daily Nation):创刊于 1973 年,该报的报道基本遵循现政府政策,得到一些中小企业主的支持,报道内容主要是国内和加勒比地区新闻。每周出报两次,8 开,每次出 30 版,星期三发行量为 1.8 万多份,星期五发行量约为 2.5 万多份。

《灯塔》(the Beacon):周报,1946 年创刊,是巴巴多斯工党的机关报。

《民主主义者》(Democrat):民主工党机关刊物。

《官方公报》(Official Gazette):政府出版物,双周刊。

《巴詹》（the Bajan，即巴巴多斯人）：月刊，1953 年创办，主要对象是旅居国外的巴巴多斯人和外国游客，发行 32 个国家，每月发行量约为 9000 份。

《议事录》（Journal）：月刊，巴巴多斯商会刊物。

《加勒比观察》（Caribbean Contact）：季刊，加勒比天主教会出版物。

三　电台和电视台

加勒比广播公司（Caribbean Broadcasting Corporation，CBC）：属于官方宣传公司，下设广播电台和电视台，广播电台建于 1963 年，电视台建于 1964 年。该公司原属政府所有，经济上自负盈亏。新闻内容基本上遵循政府当局的政策，同时转播英国广播公司的新闻节目。其国际新闻主要依靠加勒比通讯社和英、美通讯社。2000 年，加勒比广播公司与加勒比通讯社合并，成立加勒比传媒公司。公司业务涵盖广播、电视节目和互联网服务。

巴巴多斯广播公司（Barbados Rediffusion Service LTD）：建于 1934 年，原系英国有线广播公司的分支，1979 年卖给《民族日报》经营。公司拥有 5 家非官方电视台，即"巴巴多斯之声"（Voice of Barbados）、"明星无线电系统"（Star Radio System）、"耶斯调频台"（Yess FM）、"巴巴多斯广播服务"（BBS）和天主教会的一家电台。

第七章
对外关系

第一节 外交政策

巴多斯奉行独立自主和不结盟的外交政策，主张意识形态多元化和不同政治制度国家间和平共处。外交政策的根本宗旨是在主权平等的基础上与各国发展互利关系，促进本国经济的发展，改善人民的生活。主张在国际事务中推行公正、道义和尊重人权的原则，通过建设性合作建立一个新的国际经济秩序。近年来，巴巴多斯在稳定与西方传统关系的同时，积极主张南北对话、南南合作、地区一体化和建立地区安全体系，并积极开拓与亚太国家的关系。巴巴多斯支持反恐，但反对借反恐侵犯人权、忽视发展问题；认为国际社会应当把反恐和小国、穷国的发展问题放在同等重要位置。目前，巴巴多斯与102个国家建立了外交关系。

第二节 与美国的关系

1751年冬天，19岁的美国青年乔治·华盛顿曾陪同患病的哥哥来巴巴多斯疗养。后来他成为美国历史上第一任总统，这也是他一生中唯一的一次离开美洲大陆。1824

巴巴多斯

年,美国在巴巴多斯设立代表处。第二次世界大战后,美国势力逐渐渗入巴巴多斯。1956年,美国在巴巴多斯建立了海军基地。①

1966年11月巴巴多斯独立后,美国便与它建立了外交关系。巴巴多斯历届政府大都非常重视同美国保持友好关系。巴巴多斯在外贸、外援、旅游等方面对美国依赖很大,也是美国所推行的"加勒比盆地计划"的受惠国之一。美国政府的经济援助主要通过诸如美洲开发银行、世界银行和设在布里奇顿的美国援助加勒比地区计划(USAID Caribbean Regional Program)办事处进入巴巴多斯。

1972年巴巴多斯与古巴建交后,美国曾向巴巴多斯政府施加压力,当时的巴罗总理指责美国干涉巴巴多斯内政。1976年,巴巴多斯与牙买加、圭亚那一起谴责美国在巴巴多斯等加勒比国家搞"非稳定化"活动。

1977年,汤姆·亚当斯总理上台后,调整了民主工党政府时期对美国的政策,公开否认巴罗政府对美国的指责。卡特总统上台后也调整了美国对加勒比地区的政策,1977年亚当斯总理应卡特总统之邀访问美国。其后,美国助理国务卿托德曼、驻联合国大使扬、副国务卿哈比卜等先后访问了巴巴多斯。

然而即使在这一阶段,巴美两国之间仍存在一些分歧。1977年7月,美国从驻巴巴多斯的军事基地出动飞机监视苏联在巴巴多斯附近的四艘军舰,由于美方事前未通知巴方,巴巴多斯对此表示不满,美国甚至为此向巴巴多斯政府表示道歉。1979年9月,美国指责苏联在古巴驻军,巴巴多斯明确表示美

---

① U. S. Department of State, *Background Note*: *Barbados* (http: //www. state. gov/r/pa/ei/bgn/26507. htm).

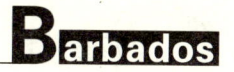

国同样也"不应把加勒比视为自己的势力范围"。巴巴多斯政府甚至认为,"只有巴巴多斯在独立后没有成为一个超级大国的仆从"。

1980年,两国关系有了一定的改善,美国总统卡特许诺给巴巴多斯"少量武器,以维护美国在这个地区的安全利益"。当时,美国政府的战略考虑是巩固与巴巴多斯的关系,以此阻止当时已在圣卢西亚、格林纳达、牙买加、圭亚那和多米尼加等亲古巴的社会主义政权在加勒比地区的影响。随后,两国的关系日益密切。巴巴多斯积极支持美国卡特政府帮助该地区发展经济的计划,希望美国"既重视地区合作,又重视发展双边合作"。在"加勒比经济合作发展小组"的组建过程中,巴巴多斯起到了穿针引线的作用。此外,巴巴多斯还愿同美、英一起加强东加勒比地区的防卫。

1980年,巴巴多斯遵从美国的意愿,抵制1980年在莫斯科举行的第16届奥运会。1982年4月8日,美国总统里根访问巴巴多斯。在与巴巴多斯总理汤姆·亚当斯会见时,里根表示美国的目的是要加强与那些经济脆弱国家的联系,以此防止它们落入"非民主的政治制度"的影响之下。在里根访问巴巴多斯之前,美国政府提出了"加勒比海地区倡议"以及经济援助一揽子计划。根据这一计划,美国将把它对这一地区的直接经济援助从1981年的4.19亿美元增加到1983年的6.65亿美元,军事援助也将从5000万美元提高到1.06亿美元。里根政府的援助计划受到了巴巴多斯的热烈欢迎,亚当斯甚至认为,"加勒比海地区倡议"的意义不亚于二战后的"马歇尔计划"。1983年,巴巴多斯政府响应美国的"号召",参与入侵加勒比邻国格林纳达的行动。

1986年,民主工党领袖巴罗再次执政后,改变了亚当斯时期亲美的政策。一方面,巴罗政府抨击美国对加勒比的军事扩

巴巴多斯

张,宣称不支持美国策划的加勒比"地区安全体系"。巴罗总理认为,美国将步西欧的后尘把加勒比地区划为自己的势力范围,把入侵和占领本地区岛屿当做自己的"天职"。为此,他积极呼吁把加勒比变成"和平区",希望本地区国家不受华盛顿或莫斯科任何一方的指挥。另一方面,巴罗总理批评加勒比共同体内的右派政府(牙买加总理西加和多米尼加总理查尔斯是当时加勒比地区有名的亲美派)。巴罗上台后宣称,他不认为里根是"圣诞老人",只有西加和查尔斯才这么认为,但他们并没有因此把国内搞好。

1987年巴罗总理去世后,巴巴多斯与美国的关系有了一定的好转,特别是1994年巴巴多斯工党重新执政后,两国关系有了根本的改善。巴巴多斯政府承认美国在加勒比地区的安全和战略利益,但同时强调与美国的政治关系不能损害巴巴多斯的独立和主权。巴巴多斯在反毒和打击跨国犯罪等问题上与美国保持密切的合作关系。1996年,巴巴多斯与美国签署了《相互法律援助条约》(mutual legal assistance treaty, MLAT)以及针对有组织犯罪的"引渡条约"。1997年,两国还签署了《海事法执行协议》(maritime law enforcement agreement)。另外,巴巴多斯还是美国政府支持的东加勒比地区安全体系(Regional Security System, RSS)总部所在地。

在反恐问题上,巴巴多斯与美国保持一致。2001年"9·11"事件爆发后,巴巴多斯政府迅速做出反应,谴责恐怖活动,签署了《拿骚反恐宣言》;但主张反恐要标本兼治,并反对实行双重标准。2003年3月美国发动伊拉克战争,巴巴多斯表示强烈反对,主张通过联合国解决伊拉克问题。

目前美国是巴巴多斯最主要的游客来源国之一,同时美国也是巴巴多斯的最大贸易伙伴国。美国在巴巴多斯商品进口和出口中所占份额分别为23%和38%。

表7-1 2002~2006年巴巴多斯与美国的贸易情况

年份	2002	2003	2004	2005	2006
出口额（百万美元）	31.7	33.7	40.7	46.0	87.9
出口所占比例（%）	13.1	13.5	14.4	12.8	22.8
进口额（百万美元）	425.4	445.6	513.9	586.3	601.6
进口所占比例（%）	39.7	37.3	36.4	36.5	37.9

资料来源：Central Bank of Barbados, *Annual Statistical Digest*, 2007。

第三节 与英国的关系

巴巴多斯是英联邦国家，巴英两国一直保持着良好的传统关系。巴巴多斯对外移民主要集中在英国，在英国的巴巴多斯移民相当于巴巴多斯国内总人口的1/5。同时，大约有4500名英国人在巴巴多斯定居，每年约有25万英国游客赴巴巴多斯观光。

巴巴多斯和英国之间高层互访一直比较频繁。2003年、2004年和2005年，英国首相布莱尔接连3年访问巴巴多斯；2005年11月，欧文·阿瑟总理访问英国。

巴巴多斯虽然是一个微型经济体，但却是英国在加勒比地区第四大商品出口市场，同时，英国也是巴巴多斯第二大贸易伙伴国。2002年8月，巴巴多斯针对英国的牛肉和日用品实行了长达17个月的禁止进口。解禁后，两国贸易恢复了增长。2004年，巴巴多斯向英国的出口额占全年出口总额的14.5%，在所有贸易伙伴国中排名第二位，但是巴巴多斯从英国的进口额仅占进口总额的5%。从商品结构来看，巴巴多斯从英国的进口商品主要是交通设备、食品、饮料和化学制品；而巴巴多斯出口英国

的产品绝大部分是蔗糖,蔗糖出口额占巴巴多斯向英国出口总额的 50% 以上。当前,英国在巴巴多斯的市场份额遇到了美国、加拿大和日本的激烈竞争。为进一步加强巴英两国之间的经贸往来,设在布里奇顿的英国最高专员公署在近几年举办了一系列宣传活动,如 2001 年 3 月的"英国贸易周",2003 年 5 月的"英国产品博览会",等等。

为吸引更多的外资进入本国的制造业、旅游业、信息业和建筑业,巴巴多斯与英国签署了《贸易促进和保护协定》(Investment Promotion and Protection Agreement)和"避免双重征税协定",英国为巴巴多斯的出口商品提供了优惠政策。此外,巴巴多斯与英国之间的文化、军事交往也非常密切。

第四节 与加拿大的关系

巴巴多斯与加拿大都是英联邦成员国,两国之间有着传统的友好关系。两国关系可以上溯至 20 世纪 20 年代,当时加拿大设立了商务专员署(The Canadian Trade Commissioner Service)专门负责发展与包括巴巴多斯在内的东加勒比国家的经贸关系。1966 年 11 月 30 日巴巴多斯独立后,加拿大在巴巴多斯首都布里奇顿设立了高级专员公署(High Commissioner),通过它加强加拿大与加勒比地区小国之间的政治和经贸关系,现任加拿大高级专员为迈克尔·威尔士(Michael Welsh)。同时,巴巴多斯也在加拿大设有高级专员公署,高级专员是格林·默里(Glyne S. Murray)。另外,加拿大和巴巴多斯还在英联邦、联合国和美洲国家组织内部保持密切的合作关系。20 世纪 80 年代以来,巴巴多斯同加拿大的关系发展较快,目前加拿大已成为巴巴多斯第二大旅游市场和第四大商品出口市场。

第七章 对外关系

表7-2 2002~2006年巴巴多斯与加拿大双边贸易情况

单位：百万加元

年份	出口额	进口额	贸易总额	外贸顺(逆)差
2000	7.4	33.8	41.2	-26.4
2001	9.1	34.3	43.4	-25.2
2002	7.5	38.5	46.0	-31.0
2003	6.0	46.0	52.0	-40.0
2004	8.5	49.7	58.2	-41.2
2005	7.4	61.3	68.7	-53.9
2006	13.6	66.2	79.8	-52.6

资料来源：The Canadian Trade Commissioner Service。

从商品结构来看，巴巴多斯出口加拿大的主要产品为猪肉、电脑及其配件、药品、新闻用纸、塑料制品，等等。从加拿大进口的产品主要有：饮料、电器、隐形眼镜、钢铁制品和船只等。

2004年，加拿大对巴巴多斯的直接投资额为305亿加元，主要是股票投资。近年来，加拿大是向巴巴多斯提供援助最多的国家之一，2003~2004年加拿大向巴巴多斯提供了76万加元的援助，其中包括政府间的援助、多边援助等。

加拿大和巴巴多斯在安全问题上保持着非常紧密的合作，其中包括缉毒、气候变化和艾滋病防治等。近年来，加拿大皇家骑警（Royal Canadian Mounted Police）、国防部和加拿大惩教署（the Correctional Service of Canada）给巴巴多斯提供了大量的技术支持和专家援助，这些都在巴巴多斯以及整个东加勒比地区的安全建设中发挥着重要作用。

另外，巴巴多斯也是加拿大"季节性农业工人计划"的对象国之一，该计划主要是给加勒比地区农业工人提供季节性工作，主要是在水果、蔬菜等农作物的收获季节期间。这个计划帮

巴巴多斯

助巴巴多斯等加勒比小岛国解决了部分就业问题,同时也推动了外汇流动。

第五节 与拉美和加勒比国家的关系

不论是在独立前还是在独立之后,巴巴多斯一直在加勒比地区事务上扮演着非常重要的角色。葛兰特尼·亚当斯是建立加勒比地区联盟的倡议者,他曾经担任过西印度联盟的总理。独立后,巴罗总理积极推动加勒比一体化进程,以此促进地区经济的稳定和发展。1970年,加勒比发展银行成立,总部设在巴巴多斯首都布里奇顿;1973年7月4日,巴巴多斯、特立尼达和多巴哥、圭亚那和牙买加签署了成立加勒比共同体和共同市场(the Caribbean Community and Common Market,CARICOM)的协定。到1974年5月,大多数加勒比英语国家都加入了CARICOM,成员国也增至14个。

1976年巴巴多斯工党上台执政后,地区经济一体化进一步发展。除继续发展与加勒比国家之间的经济一体化外,巴巴多斯与拉美其他国家也加强了政治和经贸关系。1976~1982年,巴巴多斯实行积极的外交政策,主要动因出于政府在经济方面的考虑,为推动国内经济的发展,巴巴多斯政府制定了诸如促进贸易(包括旅游)和吸引外资等多项政策。

巴罗上台执政后,巴巴多斯与古巴的关系一度比较密切,但自1975年古巴出兵安哥拉后两国关系逐渐疏远。1979年3月,格林纳达"新宝石运动"打破东加勒比地区惯例、发动政变上台后不久,古巴便向格林纳达提供武器,巴巴多斯亚当斯政府对此甚为不满,担心格林纳达倒向古巴。为此,巴巴多斯政府多次明确指出"加勒比受到世界强国和它们的代理人的威胁",告诫苏联、古巴不要在该地区"搞冷战",不要在"国家间搞分裂"。

第七章 对外关系

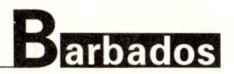

同时,巴巴多斯政府对格林纳达持冷淡态度,加强同周围小国关系,限制"过激"势力在本地区的发展。1979年10月,巴巴多斯在美洲国家组织会议上,同格林纳达、牙买加、巴拿马和尼加拉瓜一起建议加勒比成为"和平区",不承认该地区"是任何大国的势力范围";指出"走什么道路来实现本国人民的民主、社会公正和一体化目标,纯属这些主权国家的职权"。这项建议既是针对美国,同时也是针对苏联的。

巴巴多斯一向认为,加勒比地区的小国势单力薄,难以抵抗大国的打击,需要联合起来走一体化道路。特别是在20世纪70年代末期,牙买加和圭亚那实行"社会主义"政策和格林纳达发生政变后,巴巴多斯更加意识到加强地区团结的必要性。为此,巴巴多斯大力发展与特立尼达和多巴哥之间的关系,结成了"温和派"联盟,两国达成了广泛的协议,其中包括双方自由进入资本市场,共同为两国的防御部队训练军官等。巴巴多斯与特立尼达和多巴哥之间的亲密关系对维持加勒比共同体的稳定起到了至关重要的作用。除了发展与特立尼达和多巴哥之间的关系外,巴巴多斯还积极促进同东加勒比小岛国的合作和团结。1979年5月,亚当斯总理访问了比较温和的圣文森特-格林纳丁斯,12月巴巴多斯派出军队协助对方平定武装叛乱。与此同时,巴巴多斯从维护地区团结出发,立即承认了新独立的多米尼加联邦和圣卢西亚两个国家的新政府,并提供经济上的援助。

1982年,获得连任的亚当斯总理的地区政策有了一定的改变,较多地关注地区安全问题,而对地区内部的政治、经济一体化的热情开始减弱。这种转变主要源于格林纳达的政变。亚当斯总理担心格林纳达人民革命政府将对该地区其他岛国起到负面的示范作用,威胁本地区的稳定和安全。格林纳达总理莫里斯·毕晓普对此进行了反驳,宣称亚当斯的行为是干涉格林纳达的内政,并称亚当斯是"一条只知道讨好新主子里根的饿狗"。随后，巴巴多斯对格林纳达采取有限的外交行动。

进入21世纪，巴巴多斯与加勒比邻国之间的关系进一步密切，特别是与东加勒比国家的关系。目前，巴巴多斯议会通过了建立加勒比法院的决议，是目前通过决议的三个国家之一。近年来，巴巴多斯在促进加勒比共同体各国间政治团结、经济合作和推进地区一体化进程等方面发挥着积极作用。2006年1月，巴巴多斯成为加勒比共同体单一市场首批成员。

巴巴多斯与特立尼达和多巴哥之间的海域争端是巴巴多斯与加勒比国家良好关系中的一个插曲，目前两国已请求国际仲裁。

表7-3　2002~2006年巴巴多斯与加勒比共同体的贸易情况

年　份	2002	2003	2004	2005	2006
出口额(百万美元)	99.4	97.1	101.5	135.8	144.1
出口所占比例(%)	41.2	38.9	35.8	37.8	37.4
进口额(百万美元)	217.5	272.9	336.4	395.7	360.7
进口所占比例(%)	20.3	22.8	23.8	24.7	22.7

资料来源：Central Bank of Barbados, *Annual Statistical Digest*, 2007。

第六节　与中国的关系

1977年5月30日，巴巴多斯与中国建交。建交后，两国间的友好关系顺利发展，政治和经贸往来不断增强，特别是高层互访加深了两国间彼此的了解和信任，对双边关系健康、稳步发展起到至关重要的作用。2007年是中华人民共和国与巴巴多斯建交30周年，两国总理、外长互致贺电，对双边关系给予高度评价。两国在政治、经济、文化等领域开展了良好合作。

第七章 对外关系

一 高层互访

自两国建交以来，中国和巴巴多斯两国政府间的政治互访不断加强，主要呈现出以下几个特点：（1）高层互访日益密切。1980年6月，时任巴巴多斯总理亚当斯率政府代表团对中国进行正式访问，这也是两国建交后首次高层访问。自1987年巴巴多斯总理桑迪福德访华以来，历届巴巴多斯总理都在任期内访问中国，其中欧文·阿瑟曾先后两次访问中国。2008年5月5～9日，巴巴多斯总理汤普森对华进行正式访问。中国方面，自20世纪90年代以来，中国国家领导人访问巴巴多斯的次数呈明显上升趋势。（2）议会交往频繁。1981年3月，时任中国全国人大常委会副委员长的阿沛·阿旺晋美率团访问巴巴多斯。此后，两国议会高层互访日渐增多，议会交往成为两国政治关系中至关重要的内容。（3）政党外交发展顺利。自两国建交以来，中国共产党在与巴巴多斯执政党保持密切合作的同时，也与巴巴多斯在野党保持较好的关系。比如，2000年3月，中共中央联络部副部长率团访问巴巴多斯时，与巴巴多斯工党（当时为执政党）主席以及反对党民主工党领袖进行了友好的会晤。（4）援助外交助推两国关系。自建交以来，援助外交在推动中国与巴巴多斯两国关系方面发挥着重要作用。1990年，时任中国外交部副部长刘华秋访问巴巴多斯时，与巴巴多斯外长莫里斯·金签署了中国政府向巴巴多斯政府提供无偿援助的换文。自此以后，中国先后向巴巴多斯政府提供了多个援助项目，较好地巩固了两国间的政治关系。

二 经贸合作

建交后，中国与巴巴多斯之间的经贸关系稳步发展。2004年11月，巴巴多斯政府承认中国市场经济地

巴巴多斯

位。2005年2月,中巴两国签署关于中国公民赴巴巴多斯旅游的谅解备忘录。这些都为将来两国经贸关系的进一步发展创造了有利的条件。中国政府重视发展与巴巴多斯的经贸关系,积极推动各项经济技术合作,多位经贸主管部门负责人访问巴巴多斯。近年来,中国贸易促进会副会长于平、海关总署副署长刘文杰、中国人民银行行长周小川、中国证监会副主席屠光绍等先后访问巴巴多斯;巴巴多斯外交与外贸部长米勒、工业与国际商业部部长马歇尔等也来华访问或出席国际会议。

据中国海关总署统计,2006年,两国贸易总额为7589万美元,同比增长290.8%。但是从2007年开始,两国贸易额出现了连续两年的下滑,2007年双边贸易额降至3586.0万美元;2008年双边贸易额进一步萎缩,仅为2905.9万美元,同比下降19.0%,其中中国出口额2764.1万美元,同比下降20.4%,进口额141.8万美元,同比增长25.3%。

虽然巴巴多斯进口的大部分中国商品是由第三国转口,但近几年来中国对巴巴多斯直接出口呈明显上升趋势,主要是由于中国产品出口竞争力逐年增强,质量不断提高,价格优势明显,以及中国在当地不断加强广交会的宣传工作,使越来越多的当地客商了解中国产品。目前,中国向巴巴多斯出口的商品主要是集装箱、塑料产品和机电产品等。中国从巴巴多斯进口的产品主要是金属矿砂及金属废料、电力机械、器具及电气零部件等。

中国与巴巴多斯进行了较有成效的经济合作,中国建筑工程总公司曾承建巴巴多斯社会学院扩建工程和技术培训中心的建设项目,技术培训中心于1990年10月竣工,社会学院扩建工程也于1991年3月交付使用。1991年2月,中国建筑工程总公司在巴巴多斯教育部办公楼建筑项目国际竞标中再次获胜,从而实现了该公司自1988年以来在巴巴多斯建筑市场上的第三次夺标。目前,中国和巴巴多斯的主要合作项目有:体育馆和谢尔本文化

表7-4　2001~2008年中国巴巴多斯双边贸易统计

单位：百万美元

年份	双边贸易总额		中国出口		中国进口		贸易顺(逆)差
	贸易额	增长率(%)	出口额	增长率(%)	进口额	增长率(%)	
2001	5.5	79.0	5.4	77.9	—	340.5	5
2002	10.4	89.1	10.2	88.9	0.1	120.1	10
2003	9.2	-11.5	9.2	-10.3	—	-65	9
2004	10.6	15.2	10.4	13.1	0.2	439.5	10
2005	19.4	82.7	19.2	84.9	0.2	-12.6	19
2006	75.9	290.8	75.6	293.6	0.3	39.3	75
2007	35.9	-52.8	34.7	-54.1	1.1	285.1	34
2008	29.1	-19.0	27.6	-20.4	1.4	25.3	26

资料来源：中华人民共和国海关。

中心会议厅的装修两个成套项目，费尔查德街市场改造项目，奇普赛德市场改造项目，克里克桥及公路桥项目，霍姆蔬菜种植实验中心项目，刺绣、草编和羽毛工艺品项目。

根据中国商务部统计，截至2008年年底，巴巴多斯在华实际投资27亿美元，中国在巴巴多斯投资242万美元，中国企业在巴巴多斯完成承包劳务营业额1.54亿美元。

三　文化交往

随着两国关系的发展，双方文化交往也日益增多。1990年12月10~15日，巴巴多斯举办了首届中国文化节，这届中国文化节是由巴巴多斯国家图书馆和中国驻巴巴多斯大使馆联合举办的。在文化节期间，时任中国驻巴巴多斯大使周文重还向巴巴多斯国家图书馆赠送了400余册中国图书。文化节结束后，巴巴多斯还举办了首届中国电影周。电影周期间，巴巴

多斯国家图书馆和所属各分馆以及社区中心放映了中国故事片和纪录片。

1990年,根据《中华人民共和国政府和巴巴多斯政府文化协定》,中国接受巴巴多斯两名留学生来华学习中文。1992年7月,大连外国语学院与西印度大学签订了"教育和文化交流协议"。协议内容包括学生和教师的交流计划、图书管理和语言方面的信息交流,以及书籍和教学材料的交流等。

1997年6月,中国驻巴巴多斯使馆在谢尔本会议中心举办庆祝中巴建交20周年中国建设成就图片展览。2002年5月17日,时任中国驻巴巴多斯大使杨智宽在谢尔本会议中心举行巴巴多斯国际贸易博览会"中国馆"开幕式招待会,包括巴巴多斯代理经济发展部长巴克在内的巴巴多斯各界人士200余人参加招待会,并参观了中国馆。中国贸促会组织的四家中国公司参加了此次博览会。

2005年11月,中国外交部新闻司工作小组访问巴巴多斯,分别会见巴巴多斯新闻署署长杰奎琳、《巴巴多斯鼓动报》总经理布赖恩、《民族日报》总编霍伊特及加勒比广播公司总经理利考克等。2005年11月,巴巴多斯青年代表克拉克和希尔斯来华参加"中拉青年节"。2007年1月,中国驻巴巴多斯大使馆与巴巴多斯国家文化基金会在布里奇顿女王公园展览馆合办了中国当代陶艺展。

第七节　巴巴多斯与国际组织

自独立以来,巴巴多斯一直积极参与地区和国际事务,目前,该国是30多个国际组织成员国。巴巴多斯参与的主要国际组织包括:加勒比共同体和共同市场(CARICOM),加勒比开发银行(CDB),泛美保健组织(PAHO),联合国粮农组织（FAO），77国集团（G-77），泛美开发银行（IADB），国际复兴开发银行（IBRD），国际民间航空组织（ICAO），国际自由劳工联盟（ICFTU），国际开发协会（IDA），国际农业发展基金（IFAD），国际金融公司（IFC），红十字协会国际联合会（IFRCS），国际劳工组织（ILO），国际货币基金组织（IMF），国际海事组织（IMO），国际警察组织（Interpol），国际奥林匹克委员会（IOC），国际标准化组织（ISO），国际电信同盟（ITU），拉美经济体系（LAES），多边投资担保机构（MIGA），不结盟运动（NAM），美洲国家组织（OAS），东加勒比国家组织（OECS），拉丁美洲和加勒比海地区禁止核武器机构（OPANAL），联合国（UN），联合国贸易与发展会议（UNCTAD），联合国教科文组织（UNESCO），联合国工业发展组织（UNIDO），万国邮政联盟（UPU），世界关税组织（WCO），世界劳工组织（WFTU），世界卫生组织（WHO），世界知识产权组织（WIPO），世界气象组织（WMO）、世界贸易组织（WTO），等等。

附 录

一 巴巴多斯独立后历任总督

历任总督名单	任期年限
约翰·蒙塔古·斯通爵士	1966~1967
温斯顿·斯科特爵士	1967~1976
威廉·道格拉斯爵士	1976~1976
戴顿·莱尔·沃德爵士	1976~1984
威廉·道格拉斯爵士	1984~1984
休·斯普林格爵士	1984~1990
戴姆·莉塔·巴罗(女)	1990~1995(任内去世)
德尼斯·威廉姆斯爵士	1995~1996(代理)
克利福德·赫斯本兹爵士	1996~至今

资料来源：巴巴多斯政府网站（http：//barbados. allinfoabout. com/Government. html）。

二 巴巴多斯独立后历届总理

历任总理名单	任期年限	所属政党
埃罗尔·沃尔顿·巴罗	1966~1976	民主工党
汤姆·亚当斯	1976~1985(任内去世)	巴巴多斯工党
伯纳德·圣约翰	1985~1986	巴巴多斯工党
埃罗尔·沃尔顿·巴罗	1986~1987(任内去世)	民主工党
厄斯金·桑迪福德	1987~1994	民主工党
欧文·西摩·阿瑟	1994~2008	巴巴多斯工党
戴维·汤普森	2008~至今	民主工党

资料来源：巴巴多斯政府网站（http：//barbados. allinfoabout. com/Government. html）。

三 著名人物简介

克利福德·赫斯本兹爵士 巴巴多斯现任总督。1926年8月5日生于圣安德鲁教区摩根·刘易斯种植园主家庭。1946年中学毕业以后,克利福德在帕里学校(Parry School)担任了三年教员。1949年,克利福德赴英国伦敦中殿学院(the Middle Temple)攻读法律专业,1952年获得英国米德尔坦普尔律师资格。回到巴巴多斯后,克利福德在私人部门担任了两年律师顾问,同年获准在巴巴多斯从事律师职业。1954年,他成为一名副司法常务官(Deputy Registrar)。1954~1956年,克利福德在格林纳达、安提瓜、圣基茨和内维斯、蒙特塞拉特和安圭拉担任了多个法律职位。1960年,克利福德回国后被任命为巴巴多斯总检察长助理和法律草拟专员。1967年担任巴巴多斯检察长,1968年提升为英国王室御用大律师(Queen's Counsel)。1976~1991年,克利福德被任命为巴巴多斯最高法院法官。1991~1996年,担任上诉法院法官(Justice of Appeal),曾多次担任首席大法官(Chief Justice),并代理过总督。由于在司法方面的卓越贡献,克利福德曾在1986年被授予"金王冠奖章"(the Gold Crown of Merit),1989年被授予爵士头衔,1995年被授予圣安德鲁骑士勋章。1996年6月1日,克利福德爵士宣誓就任巴巴多斯总督,接替去世的巴巴多斯首位女总督莉塔·巴罗爵士。喜欢摄影、种花、网球、板球。已婚。

戴维·汤普森(David Thompson) 巴巴多斯现任总理,原名为戴维·约翰·霍华德·汤普森(David John Howard Thompson),毕业于西印度大学法律系。1987年,赢得圣约翰区众议院席位,从此步入政坛。自此21年以来,他连续担任圣约翰区的众议院代表。1991年,在桑迪福德民主工党政府内阁中

担任地区开发和文化部长，1992~1993年，担任负责财政事务的国务大臣。1994年，戴维·汤普森当选为民主工党领袖，但在1994年和1999年两次大选中民主工党连续败北。2001年，汤普森辞去民主工党领袖。2005年，再次出山出任民主工党领袖。2006年1月起连任该党主席，并出任议会反对党领袖。2008年1月大选后就任总理。

欧文·阿瑟（Owen Arthur） 1949年10月17日出生于巴巴多斯圣彼得。1973年毕业于西印度大学，获经济学硕士学位。毕业后，在西印度大学莫纳分校管理系担任助理研究员，随后在巴巴多斯国家计划局（1973~1979年）和牙买加铝土研究院（1979~1981年）等处任职。1981年，欧文·阿瑟回到巴巴多斯后在财政和计划部担任首席计划分析师，随后在西印度大学社会和经济研究所任职副研究员。与此同时，欧文·阿瑟还曾在巴巴多斯工业发展公司、巴巴多斯中央银行和巴巴多斯农业发展公司任职。1983年被任命为参议员，从此步入政坛。1984年当选众议员，后连任至今。1985~1986年任财政部秘书。1993年7月当选为工党领袖，并在1993~1994年担任议会反对党领袖。1994年9月7日就任总理，1999年、2003年两次蝉联总理。2008年1月，欧文·阿瑟领导的巴巴多斯工党在大选中败北，结束了自己的三届总理任期。目前，欧文·阿瑟担任了英联邦小国部长团主席（Chairman of the Commonwealth Ministerial Group on Small States）和小国全球会议主席（Chairman of the Global Conference on Small States）等职。曾获得古巴颁发的何塞·马蒂勋章。喜爱园艺和烹饪。已婚。

主要参考文献

一 中文著作

〔英〕莱斯利·贝瑟尔主编《剑桥拉丁美洲史》第 5 卷，胡毓鼎等译，社会科学文献出版社，1992。

孟淑贤主编《加勒比各国概况》，世界知识出版社，1997。

〔英〕罗纳德·特里（R. Tree）：《巴巴多斯史》，葛绳武、李光庠、李根长译，天津人民出版社，1981。

二 外文著作

Hilary McD. Beckles, *A history of Barbados: from Amerindian settlement to nation-state*, Cambridge、New York: Cambridge University Press, 1990.

Robert B. Potter, Graham M. S. Dann, *Barbados*, Oxford、Santa Barbara、Calif.: Clio Press, 1987.

Jerome S. Handler and Frederick W. Lange, *Plantation slavery in Barbados: an archaeological and historical investigation*, Cambridge: Harvard University Press, 1978.

Gary A. Puckrein, *Little England: plantation society and Anglo-*

Barbadian politics, New York: New York University Press, 1984.

Central Bank of Barbados, *Annual Statistical Digest 2007*.

Economist Intelligence Unit, *Country Profile 2008: Barbados*.

The Government of Barbados Information Network (http://www.barbados.gov.bb/).

三 网站

中华人民共和国驻巴巴多斯大使馆经济商务参赞处网站(http://bb.mofcom.gov.cn/)。

中华人民共和国外交部网站(http://www.fmprc.gov.cn/chn/pds/gjhdq/gj/bmz/1206_2/)。

《列国志》已出书书目

2003 年度

《法国》，吴国庆编著
《荷兰》，张健雄编著
《印度》，孙士海、葛维钧主编
《突尼斯》，杨鲁萍、林庆春编著
《英国》，王振华编著
《阿拉伯联合酋长国》，黄振编著
《澳大利亚》，沈永兴、张秋生、高国荣编著
《波罗的海三国》，李兴汉编著
《古巴》，徐世澄编著
《乌克兰》，马贵友主编
《国际刑警组织》，卢国学编著

2004 年度

《摩尔多瓦》，顾志红编著
《哈萨克斯坦》，赵常庆编著
《科特迪瓦》，张林初、于平安、王瑞华编著

《新加坡》,鲁虎编著
《尼泊尔》,王宏纬主编
《斯里兰卡》,王兰编著
《乌兹别克斯坦》,孙壮志、苏畅、吴宏伟编著
《哥伦比亚》,徐宝华编著
《肯尼亚》,高晋元编著
《智利》,王晓燕编著
《科威特》,王景祺编著
《巴西》,吕银春、周俊南编著
《贝宁》,张宏明编著
《美国》,杨会军编著
《国际货币基金组织》,王德迅、张金杰编著
《世界银行集团》,何曼青、马仁真编著
《阿尔巴尼亚》,马细谱、郑恩波编著
《马尔代夫》,朱在明主编
《老挝》,马树洪、方芸编著
《比利时》,马胜利编著
《不丹》,朱在明、唐明超、宋旭如编著
《刚果民主共和国》,李智彪编著
《巴基斯坦》,杨翠柏、刘成琼编著
《土库曼斯坦》,施玉宇编著
《捷克》,陈广嗣、姜琍编著

2005 年度

《泰国》,田禾、周方冶编著

《列国志》已出书书目 **Guatemala Jamaica Barbados**

《波兰》，高德平编著

《加拿大》，刘军编著

《刚果》，张象、车效梅编著

《越南》，徐绍丽、利国、张训常编著

《吉尔吉斯斯坦》，刘庚岑、徐小云编著

《文莱》，刘新生、潘正秀编著

《阿塞拜疆》，孙壮志、赵会荣、包毅、靳芳编著

《日本》，孙叔林、韩铁英主编

《几内亚》，吴清和编著

《白俄罗斯》，李允华、农雪梅编著

《俄罗斯》，潘德礼主编

《独联体（1991～2002）》，郑羽主编

《加蓬》，安春英编著

《格鲁吉亚》，苏畅主编

《玻利维亚》，曾昭耀编著

《巴拉圭》，杨建民编著

《乌拉圭》，贺双荣编著

《柬埔寨》，李晨阳、瞿健文、卢光盛、韦德星编著

《委内瑞拉》，焦震衡编著

《卢森堡》，彭姝祎编著

《阿根廷》，宋晓平编著

《伊朗》，张铁伟编著

《缅甸》，贺圣达、李晨阳编著

《亚美尼亚》，施玉宇、高歌、王鸣野编著

《韩国》，董向荣编著

2006 年度

《联合国》，李东燕编著

《塞尔维亚和黑山》，章永勇编著

《埃及》，杨灏城、许林根编著

《利比里亚》，李文刚编著

《罗马尼亚》，李秀环编著

《瑞士》，任丁秋、杨解朴等编著

《印度尼西亚》，王受业、梁敏和、刘新生编著

《葡萄牙》，李靖堃编著

《埃塞俄比亚 厄立特里亚》，钟伟云编著

《阿尔及利亚》，赵慧杰编著

《新西兰》，王章辉编著

《保加利亚》，张颖编著

《塔吉克斯坦》，刘启芸编著

《莱索托 斯威士兰》，陈晓红编著

《斯洛文尼亚》，汪丽敏编著

《欧洲联盟》，张健雄编著

《丹麦》，王鹤编著

《索马里 吉布提》，顾章义、付吉军、周海泓编著

《尼日尔》，彭坤元编著

《马里》，张忠祥编著

《斯洛伐克》，姜琍编著

《马拉维》，夏新华、顾荣新编著

《约旦》，唐志超编著

《安哥拉》，刘海方编著
《匈牙利》，李丹琳编著
《秘鲁》，白凤森编著

2007 年度

《利比亚》，潘蓓英编著
《博茨瓦纳》，徐人龙编著
《塞内加尔 冈比亚》，张象、贾锡萍、邢富华编著
《瑞典》，梁光严编著
《冰岛》，刘立群编著
《德国》，顾俊礼编著
《阿富汗》，王凤编著
《菲律宾》，马燕冰、黄莺编著
《赤道几内亚 几内亚比绍 圣多美和普林西比 佛得角》，李广一主编
《黎巴嫩》，徐心辉编著
《爱尔兰》，王振华、陈志瑞、李靖堃编著
《伊拉克》，刘月琴编著
《克罗地亚》，左娅编著
《西班牙》，张敏编著
《圭亚那》，吴德明编著
《厄瓜多尔》，张颖、宋晓平编著
《挪威》，田德文编著
《蒙古》，郝时远、杜世伟编著

2008 年度

《希腊》，宋晓敏编著

《芬兰》，王平贞、赵俊杰编著

《摩洛哥》，肖克编著

《毛里塔尼亚　西撒哈拉》，李广一主编

《苏里南》，吴德明编著

《苏丹》，刘鸿武、姜恒昆编著

《马耳他》，蔡雅洁编著

《坦桑尼亚》，裴善勤编著

《奥地利》，孙莹炜编著

《叙利亚》，高光福、马学清编著

2009 年度

《中非　乍得》，汪勤梅编著

《尼加拉瓜　巴拿马》，汤小棣、张凡编著

《海地　多米尼加》，赵重阳、范蕾编著

《巴林》，韩志斌编著

《卡塔尔》，孙培德、史菊琴编著

《也门》，林庆春、杨鲁萍编著

2010 年度

《阿曼》，仝菲、韩志斌编著

《华沙条约组织与经济互助委员会》，李锐、吴伟、金哲编著

图书在版编目（CIP）数据

危地马拉　牙买加　巴巴多斯/王锡华，周志伟编著. —北京：社会科学文献出版社，2011.1
（列国志）
ISBN 978 - 7 - 5097 - 1797 - 4

Ⅰ.①危… Ⅱ.①王…②周… Ⅲ.①危地马拉-概况②牙买加-概况③巴巴多斯-概况　Ⅳ.①K974.1②K975.4③K976.2

中国版本图书馆CIP数据核字（2010）第224285号

危地马拉（Guatemala）
牙买加（Jamaica）
巴巴多斯（Barbados）

·列国志·

编 著 者 /	王锡华　周志伟
审 定 人 /	袁东根　吴同平　毛相麟
出 版 人 /	谢寿光
总 编 辑 /	邹东涛
出 版 者 /	社会科学文献出版社
地　　址 /	北京市西城区北三环中路甲29号院3号楼华龙大厦
邮政编码 /	100029　网址 / http：//www.ssap.com.cn
网站支持 /	（010）59367077
责任部门 /	人文科学图书事业部（010）59367215
电子信箱 /	bianjibu@ssap.cn
项目经理 /	宋月华
责任编辑 /	朱希淦
责任校对 /	高　芬
责任印制 /	岳　阳　郭　妍　吴　波
总 经 销 /	社会科学文献出版社发行部 （010）59367081　59367089
经　　销 /	各地书店
读者服务 /	读者服务中心（010）59367028
排　　版 /	北京中文天地文化艺术有限公司
印　　刷 /	三河市尚艺印装有限公司
开　　本 /	880mm×1230mm　1/32
印　　张 /	16.875　插图印张 / 0.25
字　　数 /	429千字
版　　次 /	2011年1月第1版　印次 / 2011年1月第1次印刷
书　　号 /	ISBN 978 - 7 - 5097 - 1797 - 4
定　　价 /	45.00元

本书如有破损、缺页、装订错误，
请与本社读者服务中心联系更换

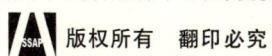

版权所有　翻印必究

《列国志》主要编辑出版发行人

出 版 人	谢寿光
总 编 辑	邹东涛
项目负责人	杨　群
发 行 人	王　菲
编辑主任	宋月华
编　　辑	(按姓名笔画排序)
	孙以年　朱希淦　宋月华
	宋培军　周志宽　范　迎
	范明礼　袁卫华　黄　丹
	魏小薇
封面设计	孙元明
内文设计	熠　菲
责任印制	岳　阳　郭　妍　吴　波
编　　务	杨春花
责任部门	人文科学图书事业部
电　　话	(010) 59367215
网　　址	ssdphzh＿cn@sohu.com